KB123015

搜神記

수신기

搜神記

수신기

신화란 무엇인가

간보 지음
임대근 서윤정 안영은 옮김

동아일보사

고대 신화에서 발굴하는
'지금 여기'의 의미

요즘 텔레비전에서는 '미스터리 쇼' '신비한 ××' '서프라이즈' 같은 제목을 단 프로그램을 적잖이 볼 수 있다. 주로 인간의 이성으로 이해하기 어려운 신비로운 현상과 사건을 소개하고 풀어주는 내용이다. 대부분 비현실적이거나 초현실적인 이야기라서 커다란 놀라움과 호기심을 불러일으키곤 한다. 그중 일부는 정말이지 현대 과학으로도 여전히 설명할 수 없는 미스터리다. 그러나 대부분의 에피소드에서 처음 느꼈던 놀라움은 이내 깊은 이해로 반전된다. 바로 이 점이 이런 프로그램의 묘미라 할 수 있다. 다시 말해 신비한 현상이나 사건이 의미 없는 우연의 결과가 아니라는 점이다. 놀라운 일화 뒤에는 대개 인간의 희로애락, 선악시비가 숨어 있다.

지괴(志怪)라는 장르가 바로 그렇다. '지괴'란 '기이한 일의 기록'이란 뜻이다. 『수신기』는 '지괴'의 대표 격이다. 『수신기』는 동진(東晉)시기 역사학자 간보(干寶)가 지은 책이라고 전해온다. 원본은 사라졌는데, 오늘

날 우리가 보는 판본은 여기저기 흩어져 있던 내용을 후대 사람들이 모아 재편집한 것이다. 수신(搜神)이라는 단어를 현대적으로 풀면 "신을 찾는다"고 말할 수도 있겠다. 하지만 고대 중국어에서 신(神)은 명사적 의미라기보다는 '신기하다' 또는 '기이하다' 등과 같은 형용사적 의미라고 보는 편이 타당하다. 또한 수(搜)도 '찾다'라고 해석하기보다는 '모으다' '수집하다' 등의 의미로 보는 편이 나을 것이다. 따라서 이 책의 서명은 '신기한 이야기 모음' 정도로 이해할 수 있다.

대체로 중국 문학사에서는 『수신기』를 육조시대 대표적 '지괴'로 분류하고 있다. 중국에서는 문이재도(文以載道), 술이부작(述而不作) 등의 전통 때문에 소설이 매우 늦게 발달했다. 그래서 '지괴'는 지인(志人)류나 역사류 이야기와 더불어 초기 소설의 형태로 간주된다. 이 때문에 오늘날 학자들은 대부분 이를 '지괴 소설'이라고 명명하고 있다. 물론 넓은 의미에서 소설이나 전설, 신화, 민담 장르가 명확하게 구분되는 것은 아니지만 근대적(서양적) 사고에 따라 각각의 장르가 마치 독립적인 것으로 간주될 개연성도 전혀 없지는 않다. 부언하자면, 사실 『수신기』 안에는 신화와 전설, 민담, 소설 등이 공존하고 있다고 보아야 할 것이다.

『수신기』는 아마도 간보가 살았던 시대 이래로 '미스터리 쇼'의 역할을 하지 않았나 싶다. 즉 그 시대의 신비, 미스터리, 서프라이즈, 호러나 판타지를 담당하던 장르였다. 다만 해설 내용이 근대적 합리성, 과학 이성에 기반을 둔 것이 아니라, 음양오행설과 같이 다소 성격이 상이한 철학으로 대체된 점이 다를 뿐이다. 현대 과학의 눈으로 초월적인 세계, 초자연적인 이야기를 읽다 보면 자연스럽게 의문이 풀리는 부분도 적지 않다. 동물의 기형 및 기형아 출산, 트랜스젠더, 이종 교배, 지진, 지형 변화 등이 그렇다. 흥미로운 점은 이런 현상을 국가 정치 상황과 결부해서 풀이하려고 시도한다는 사실이다. 당대를 살았던 사람들의 세상에 대한 이해와 희망이 교차하는 지점이다.

『수신기』는 역대 중국 문학과 극예술에도 지대한 영향을 미쳤다. 특히 『산해경』과 함께 환상의 모티프와 영감을 제공하는 모태로서 작용했다. 대표적인 예로 이른바 '4대 전기'라고 일컫는 『수호지』『삼국연의』『서유기』『금병매』에 끼친 영향도 적지 않다. 그뿐만 아니라 오늘날까지도 그 생명력을 잃지 않고 현대적 문화콘텐츠로 재탄생하고 있다. 최근 중국에서는 『수신기』가 TV 드라마와 영화, 애니메이션, 게임 등의 소재로 각광받고 있는 형편이다.

우리가 다시 『수신기』를 번역하고자 시도한 까닭도 바로 여기에 있다. 기획부터 번역과 출판까지 실로 쉽지 않은 여정이었지만, 흥미진진한 이야기의 동시대적 의미를 새로이 발굴해보고 싶었기 때문이다. 고전이 그저 옛날이야기로만 읽히는 것보다는 오늘날 우리의 이야기로 읽힐 때 더 큰 힘을 가질 수 있다고 보았다. 이런 생각에서 각 권마다 옮긴이의 해제를 덧붙여 독자의 이해를 돕고자 했다. 본문과 더불어 해제를 읽어나간다면 자연스레 새로운 감상의 지평을 열어갈 수 있을 것으로 믿는다. 이 책『수신기』와 함께 여러분이 고대 중국의 세계로, 다시 오늘 우리의 꿈과 환상의 세계로 신나는 여행을 떠날 수 있기를 빌어본다.

2016년 초여름
옮긴이 함께 씀

기이한 이야기

비록 책을 통해 옛사람의 기록을 살펴보거나 당시 떠돌던 이야기를 모을 수 있다고 해도 이는 대체로 한 사람이 직접 듣고 본 바는 아닐 것이다. 그러니 어찌 사실과 같지 않은 곳이 없다고 하겠는가! 위(衛)나라 삭(朔)이 나라를 잃은 일을 두고는 두 가지 서로 다른 기록이 전한다. 강태공이 주(周)나라를 섬긴 일을 두고는 사마천이 두 가지 설을 남겼다. 이런 상황은 곳곳에 존재한다. 이로써 보건대, 듣고 본 바를 기록으로 남기는 일은 무척 어렵다. 그 유래가 오래되었기 때문이다. 입으로 직접 전한 말을 적거나 나라의 역사에 근거한 책조차 이와 같을진대, 하물며 천 년 전 일을 기록하고, 서로 다른 풍속을 모으며, 흩어지고 빠진 이야기에서 조각을 묶어내고, 옛사람에게서 전해진 경험을 두고 사실과 조금도 다름이 없다거나 이론의 여지가 없다고 할 수 있겠는가. 나중에 이를 믿는 자들에 의해 이런 이야기가 역사가 되는 병폐 또한 있었다. 그러나 나라는 이런 기록을 남긴 사관에게 그 일을 그만두게 하지 않았고,

선비들도 그런 이야기를 보고 읽는 일을 멈추지 않았다. 어찌 얻는 바가 크고 잃는 바는 작아서 그렇다고 하지 않겠는가? 이제 내가 이 책을 엮으니 만약 그 가운데 옛사람의 책 속에 있는 오류를 이어받은 것이 있다면 그것은 내 잘못이 아니다. 만일 내가 수집한 최근의 일 가운데 거짓과 잘못이 있다면, 옛 선현이나 유생과 더불어 세간의 질책을 나누어 받아야 할 것이다. 이 책의 이야기는 신기한 일이 허황된 것만은 아니라는 점을 충분히 말해준다. 수많은 책을 일일이 볼 수 없었고, 듣고 본 일 또한 모두 적을 수 없었기에 이제 그중 일부를 뽑아 거칠게나마 기록했다. 대체로 줄여놓은 이야기를 펼쳐보았으니 보잘것없는 이야기가 되고 말았을 따름이다. 앞으로 이 같은 기이한 이야기를 좋아하는 인사들이 주요한 부분을 채록해 눈과 마음에 담아두고 감상한다면 이보다 더함이 없을 것이다.

『진서(晉書)』「간보전(干寶傳)」에 수록

차례

옮긴이의 말
고대 신화에서 발굴하는 '지금 여기'의 의미　　　　　　4

서문
기이한 이야기　　　　　　8

권 1	그들은 떠난다	13
권 2	인간은 유한하다	45
권 3	결핍과 극복	63
권 4	서로 분리된 세계	93
권 5	신비하고도 인간적인	117
권 6	민심을 외치다	135
권 7	문화를 읽다	191
권 8	건국신화의 탄생	223

권 9	마술 같은 판타지	237
권 10	꿈의 무의식	253
권 11	설화의 보고	267
권 12	세계를 인식하는 방법	309
권 13	자연과 사물	333
권 14	모든 것의 유래	349
권 15	부활하는 사람들	369
권 16	인간과 귀신의 사랑	391
권 17	괴이한 이야기	427
권 18	귀신을 대하다	445
권 19	기괴한 동물들	479
권 20	어떤 원인과 결과	493

권 1

그들은 떠난다

「권 1」에 등장하는 인물 형상은 적어도 세 종류다. 첫째는 인간의 삶을 영위하는 데 없어서는 안 될 요소를 관장하는 신이다. 농사와 병을 다스리는 신농, 비를 다스리는 적송자 등이 이들이다. 둘째는 신 정도의 지위는 아니지만, 불과 약, 상업 등을 관장하면서 평범치 않은 도술을 부리는 기인이다. 이들은 사람과 신선, 귀신의 형상을 하고 물과 불, 바람을 자유자재로 활용하며 불현듯 나타났다 사라지곤 한다. 셋째는 이런 기인들과 '만나며 헤어지는 인연'을 함께하는 평범한 보통 사람이다. 이야기를 이끌어가는 서술자도 보통 사람이 보고 들은 바를 풀어내고 있다.

신에 대한 이야기는 짧은 편이다. 신농과 적송자에 관한 이야기가 대표적이다. 신농과 적송자는 각각 농사와 병, 비를 다스리는 신이다. 이들은 사람이 살아가는 데 밀접한 문제를 다스린다. 다른 문헌을 찾아보면 중국에는 이들 말고도 여러 신이 등장한다. 삼황오제가 바로 그 대표이다. 이 중 여와(女媧) 같은 신은 무너진 하늘을 바로세우기도 했다. 이런 이야기는 다소 황당한 상상을 품고 있어서 이 책에는 실리지 않았다.

이 책이 인간 중심의 이야기를 엮고자 했다는 방증이다. 물론 불을 가져다준 수인(燧人)이나 수렵과 고기잡이를 가르쳐준 복희 같은 신도 중요하다. 하지만 지은이는 당시 일상생활에 가장 직접적으로 영향을 미친 농사와 질병 등 인간의 현실 문제를 해결해줄 신을 으뜸으로 꼽았다.

기인은 거의 모든 이야기에 등장한다. 주로 신선으로, 도술을 잘 부린다. 이들은 상상 이상으로 장수하거나(악전, 팽조 등) 다시 살아나기도 하고(평상생), 노인이 동자가 되기도 하는(팔공) 등 생명을 연장하고 싶은 인간의 욕망을 잘 보여준다. 또는 비를 내리게도 하고(우길), 바람을 그치게 하는(오맹) 등 불가항력적인 자연현상을 통제하는 능력을 보여주기도 한다. 거대한 자연의 힘을 극복하고자 했던 인간의 의지를 표현했다고 할 수 있다. 그뿐만 아니라 고기를 잡아 올리고(좌자), 순식간에 천리를 가는(왕교) 이야기는 모두 자연현상과 인간사의 원리를 설명하고 싶어 했던 고대인의 상상력에서 비롯됐다. 기인과 관련한 이야기는 세상에서 벌어지는 일을 과학으로 설명할 수 없었던 시절 인간의 상상력을 보여준다.

기인과 보통 사람에 관한 이야기를 꿰뚫고 있는 핵심 주제는 '떠남'이다. 도술을 부리는 사람들은 언제나 보통 사람들의 땅에 머무르지 않고 반드시 떠나가고 만다. 이 '떠남'이야말로 기인을 기인답게 하는 장치다. 그들이 일상 속에서 보통 사람과 얽혀 산다면, 도무지 알 수 없는 인간사 수많은 일을 신비로운 힘의 영역으로 환원하기 어려워지기 때문이다. 그들의 '떠남'은 그래서 그들 자신의 존재를 증빙하는 힘이 될뿐더러, 보통 사람에게도 부조리한 세상을 살아가는 논리를 구축할 수 있는 힘을 제공한다.

초목을 다스린 신농

신농(神農)은 붉은 채찍을 휘둘러 온갖 풀과 나무를 다스렸다. 독이 있는지 없는지, 차가운지 따뜻한지 하는 성질을 알았고, 냄새와 맛을 보아 어떤 병을 다스릴 수 있는지도 알았다. 또 이런 경험을 바탕으로 온갖 곡식을 심기도 했다. 그리하여 천하 사람들이 그를 '신농'이라 불렀다.

비의 신 적송자

적송자(赤松子)는 신농 시절 비의 신이었다. 빙옥산(氷玉散)이라는 불로장생약을 먹고 신농에게도 이를 가르쳐주었다. 그는 불 속에 뛰어들어도 타지 않았다. 곤륜산에 가면 서왕모(西王母)의 석실(石室)에 자주 들어가곤 했다. 또한 바람과 비를 따라 천지를 돌아다녔다. 염제 신농의 어린 딸이 그를 따라 신선이 되어 함께 승천했다. 고신(高辛)시대에 이르러 다시 비의 신이 되어 세상을 누볐다. 오늘날 기우제를 관장하는 무당들은 그를 가장 오랜 조상으로 여기고 있다.

작부 적장자여

적장자여(赤將子輿)는 황제(黃帝) 때 사람이다. 오곡을 먹지 않고 온갖 초목의 꽃을 먹으며 살았다. 요(堯)임금 때는 목공이 되었다. 바람과 비를 따라 오르내릴 수 있었다. 때때로 저잣거리에서 새를 잡을 때 쓰는 화살을 묶어두는 주살끈(繳)을 팔기도 했는데, 이 때문에 그를 작부(繳父)라 불렀다.

제 몸을 불사른 영봉자

영봉자(甯封子)는 황제 때 사람이다. 세간에 전하는 말로는 당시 도기 제작을 관리하던 벼슬인 도정(陶正)이라 했다. 어떤 기인이 그를 찾아가 도기 만드는 불씨를 관리해주었는데, 오색 연기와 함께 불 속으로 드나들 수도 있었다. 시간이 흐른 뒤 기인은 영봉자에게 그 기술을 가르쳐주었다.

봉자는 땔나무를 쌓아놓고 스스로 자신의 몸을 불살라 연기를 따라 위아래로 흩어졌다. 사람들이 남은 잿더미를 살펴보니 그 안에 봉자의

유골이 있었다. 당시 사람들이 그 유골을 영북(甯北)의 산에 장사 지냈으
므로 그를 영봉자라 불렀다.

솔방울을 먹은 악전

악전(偓佺)은 괴산(槐山)에서 약을 캐는 노인이었는데, 솔방울 먹기를
좋아했다. 몸에는 길이 7촌쯤 되는 털이 나 있고, 두 눈은 각이 져 있었
다. 하늘을 나는 듯 달렸고 뛰는 말을 따라잡을 수도 있었다. 그가 예전
에 솔방울을 요임금에게 주었지만 요임금은 짬이 없어 먹지 못했다. 이
때의 소나무란 간송(簡松)을 말한다. 당시 이 솔방울을 먹은 사람들은 모
두 3백 살을 살았다.

7백 살을 산 팽조

팽조(彭祖)는 은나라 때 대부다. 성은 전(錢)이고 이름은 갱(鏗)이었다.
임금 전욱(顓頊)의 자손이자 육종씨(六終氏)의 셋째 아들이었다. 하(夏)나
라부터 상(商)나라 말기까지 7백 살을 살았다고 한다. 늘 계지(桂芝)를
먹었다.

역양이라는 곳에는 팽조의 선실(仙室)이 있다. 옛사람들 말로는 그곳
에서 비가 오고 바람이 불기를 기도하면 즉시 이루어지지 않은 적이 없

었다고 한다. 당시 호랑이 두 마리가 늘 팽조를 모신 사당의 좌우를 지키고 있었다. 오늘날 사당은 없어졌지만 그 터에는 아직도 두 호랑이의 발자국이 남아 있다.

불을 부리는 사문

사문(師門)은 소보(嘯父)의 제자다. 불을 부릴 줄 알았으며 복사꽃을 먹었다. 그는 하(夏) 임금 공갑(孔甲)의 어룡사(御龍師)를 지냈다.

공갑은 사문이 자신의 뜻을 따르지 않자 그를 죽여 성 밖 들판에 묻었다. 비바람이 불어 그를 데려갔고 산의 초목이 모두 불탔다. 공갑이 그를 위해 사당을 지어 제사 드렸지만 돌아오는 길에 죽고 말았다.

나무 양을 탄 갈유

서주 때 갈유(葛由)는 촉(蜀) 땅 강족(羌族) 사람이다. 주(周)나라 성왕(成王) 때 갈유는 나무에 양을 조각해 팔기를 좋아했다.

하루는 그가 나무 양을 타고 촉 땅에 들어가자 촉의 왕후와 귀인이 모두 그를 따라 수산(綏山)에 올랐다. 수산에는 복숭아나무가 많았다. 아미산 서남쪽에 있는데, 끝이 보이지 않을 만큼 높았다. 그를 따라간 사람들은 다시 돌아오지 않고 모두 신선이 됐다.

저자의 속담에 "수산에서 나는 복숭아를 먹으면 신선은 되지 못해도 제 원하는 바대로 얽매이지 않고 살 수 있다"라고 했다. 수산 아래 수십 곳에 갈유를 모신 사당이 세워졌다.

신선에게 선도를 배운 최문자

최문자(崔文子)는 태산군 사람이다. 왕자교(王子喬)에게 선도(仙道)를 배웠다.

왕자교가 흰 매미로 변해 최문자에게 선약(仙藥)을 가져다주었다. 최문자는 깜짝 놀라 창으로 매미를 찔렀다. 그러자 약이 떨어졌다. 최문자가 굽어 살펴보니 바로 왕자교의 신발이었다. 그는 신발을 방 안에 두고 해어진 광주리로 덮어두었다. 잠시 뒤 신발은 큰 새가 되었다. 그가 광주리를 열어 보니 큰 새가 날갯짓을 하더니 날아가버렸다.

고기를 낚던 관선

관선(冠先)은 송(宋)나라 사람이다. 고기잡이를 업으로 삼았고, 수수(睢水) 변에서 백 년이 넘게 살았다. 고기를 잡으면 어떤 것은 놓아주고 어떤 것은 내다 팔고 어떤 것은 자기가 먹었다. 늘 모자를 쓰고 허리띠를 맸다. 벽려(薜荔) 기르기를 좋아해 그 꽃과 열매를 먹었다.

송나라 경공(景公)이 그에게 도술을 물었지만 대답하지 않자 그를 죽여버렸다. 수십 년 뒤 그는 송나라 성문 위에서 거문고를 켰고, 수십 일이 지나서야 떠나갔다. 송나라 백성이 집집마다 그를 제사 지냈다.

용자(龍子)를 얻은 금고

금고(琴高)는 조(趙)나라 사람이다. 거문고를 잘 탔고, 송나라 강왕(康王)의 사인(舍人) 벼슬을 지내며 왕과 귀족을 옆에서 모셨다. 그는 연자(涓子)와 팽조(彭祖)의 신선술을 행했고, 기주(冀州) 탁군 지방을 2백 년이나 떠돌아다녔다. 나중에는 세상을 마다하고 탁수(涿水) 속으로 들어갔는데, 용의 씨라고 전하는 기이한 물건인 용자(龍子)를 얻었다.

어느 날 그가 제자들과 약속을 정하며 "내일 모두 목욕재계하고 강가에서 기다리면서 사당을 세워놓도록 하라"라고 일렀다. 때가 되자 과연 붉은 잉어를 타고 나타나 사당에 자리를 잡았다. 당시 수많은 사람이 그 모습을 보았다. 그렇게 한 달을 머무르더니 다시 물속으로 돌아갔다.

붉은 용을 타고 떠난 도안공

도안공(陶安公)은 육안현의 연금사였다. 그는 여러 차례 불을 내 쇠붙이를 다루었는데, 불이 한번 타오르면 보랏빛이 하늘을 찔렀다.

그가 연금 가마 아래 엎드려서 간청하고 있었는데, 잠시 뒤에 주작이 가마 위로 날아와 앉더니 말했다.

"안공, 안공. 가마가 하늘과 통하게 될 것이오. 칠월 칠석에 그대를 맞이하러 붉은 용이 올 것이오."

때가 되자 안공은 붉은 용을 타고 동남쪽으로 떠났다. 성읍에 사는 수많은 사람이 미리 그를 보내기 위해 준비하고 있었다. 안공은 그들 모두에게 작별을 고했다.

바위를 뚫은 사람

한 사람이 초산(焦山)에 들어가 7년을 살았다. 노군(老君)이 나무로 만든 송곳을 그에게 주고는 바위를 뚫어보라고 했다. 바위 두께는 다섯 척이나 되었다. 노군이 말했다.

"이 바위를 뚫으면 신선이 될 것이다."

그 사람은 40년에 걸쳐 바위를 뚫고는 마침내 신선이 되는 비결을 얻었다.

황금 지팡이를 짚은 노소천

노소천(魯少干)은 산양현 사람이다. 한문제(漢文帝)가 평민 복장으로 황금을 지니고 그를 찾아가 도술을 가르쳐달라고 청했다. 노소천은 황금 지팡이를 짚고 손에 상아 부채를 든 채 문밖까지 나와 한문제를 맞았다.

회남왕을 만난 여덟 노인

회남왕(淮南王) 유안(劉安)은 도술을 좋아해 요리사들을 준비해놓고 손님을 맞이하곤 했다. 정월 상신일에 여덟 노인이 찾아와 뵙기를 청했다. 문지기가 회남왕에게 아뢰자 회남왕은 문지기더러 스스로 그들을 난처하게 만들어보라고 했다. 문지기는 노인들에게 이렇게 말했다.

"우리 임금께서는 장생불로를 좋아하시는데 어르신들께서는 보아하니 늙음을 막는 도술을 가지고 있지 않은 듯합니다. 그러니 제가 감히 가서 소식을 전해 올리지 못하겠습니다."

여덟 노인은 이대로는 회남왕을 만나지 못할 줄 알고 여덟 동자로 모습을 바꾸었는데, 그 얼굴빛이 마치 복숭아꽃 같았다. 회남왕은 그제야 그들을 만나 성대한 예절을 갖추고 음악을 베풀어 마음껏 누리게 했다.

회남왕은 거문고를 들어 연주하며 노래를 불렀다.

"하늘은 밝고도 밝아서 사해를 비추누나. 내 도술을 좋아하는 줄 알아 그대들이 오셨구려. 그대들 내게 복을 주어 날개가 돋아 신선 되게 하소서. 푸른 구름 타고 날아올라 양보산 자락 돌게 하소서. 해와 달과 별을 보고 북두칠성 만나게 하소서. 바람과 구름 타고 천상의 옥녀를 부리게 하소서."

이 노래가 이른바 「회남조(淮南操)」이다.

귀신을 부린 유근

유근(劉根)은 자가 군안(君安)으로 경조(京兆) 장안(長安) 사람이다. 한성제(漢成帝) 때 숭산에 들어가 도술을 배웠다. 그때 기인을 만나 비결을 전수받고 마침내 선도를 깨달아 귀신을 부릴 수 있게 되었다.

영천태수 사기(史祈)가 유근이 요괴인 줄 알고 사람을 보내 그를 불러와 죽이려 했다. 유근이 관부에 도착하자 사기가 말했다.

"네가 사람들에게 귀신을 드러내 보일 수 있다면, 귀신의 형체가 곧 나타나게 해보거라. 사실이 아니면 너를 죽일 것이다."

유근이 답했다.

"아주 쉽소. 저 앞에 있는 붓과 벼루를 빌려 부적을 쓰겠소."

유근은 이내 부적을 들고 탁자를 두드리기 시작했다. 조금 있더니 별안간 귀신 대여섯이 나타나 죄수 둘을 묶어 사기 앞에 데려다놓았다. 사기가 자세히 보니 자신의 부모였다. 그의 부모가 유근에게 머리를 조아리며 말했다.

"우리 아들이 예의를 모르니 만 번 죽어도 마땅합니다."

부모는 다시 사기를 꾸짖었다.

"네 자손은 조상을 빛내지 못할 것이니라. 어찌해서 신선에게 죄를 지어 부모까지 연루시켰느냐!"

사기는 놀랍고 애달파서 울며 머리를 조아리고 유근에게 죄를 빌었다. 유근은 문득 말없이 떠나갔지만 어디로 갔는지 알 수 없었다.

신발을 신고 날아온 왕교

한명제(漢明帝) 때 상서랑인 하동 사람 왕교(王喬)가 업현 현령으로 부임했다. 왕교는 신선의 도술을 부릴 줄 알아 달마다 초하루에 현에서 조정까지 가곤 했다. 한명제는 왕교가 자주 오는데도 가마나 말이 보이지 않자 이상하게 여겨 태사(太史)에게 비밀리에 그를 살펴보도록 했다.

태사가 아뢰기를, 왕교가 도착할 때 언제나 들오리 한 쌍이 동남쪽에서 날아왔다고 했다. 황제는 사람을 보내 매복하고 있다가 들오리가 날아오면 그물을 던져 잡으라고 명했다. 그러나 잡고 보니 신발 한 켤레였다. 상서에게 와서 보게 하니 명제 영평 4년에 상서대 관리들에게 하사한 신발이었다.

떠나간 계자훈

계자훈(薊子訓)은 어디서 온 사람인지 모른다. 동한 때 낙양에 이르러 조정 고관 수십 명을 접대했다. 그때마다 술 한 말과 말린 고기 한 조각으로 그들을 대접하며 이렇게 말했다.

"먼 곳에서 와서 대접할 것이 마땅치 않아 그저 작은 성의만 보일 뿐입니다."

주연에 수백 사람이 함께했지만 술과 고기가 종일 바닥나질 않았다. 그가 떠난 뒤에 보면 흰 구름이 피어올랐는데 아침부터 저물 때까지 그대로였다.

당시 백 세 되는 한 노인이 "내가 어렸을 때 계자훈이 회계 저잣거리에서 약 파는 것을 보았는데 안색이 지금과 같았다"라고 했다.

계자훈은 낙양에 머물기를 원치 않아 마침내 떠나갔다.

위나라 정시 연간에 어떤 사람이 장안 동쪽 패성에서 계자훈과 어떤 노공이 함께 구리로 만든 동인(銅人)을 어루만지는 모습을 보았는데 서로 이렇게 말했다고 한다.

"그때 이 동인을 만드는 모습을 보았는데, 벌써 5백 년이 다 되어가는군요."

이 모습을 본 어떤 사람들이 "계 선생님, 잠시만 기다리시지요"라고 소리를 지르자 계자훈 일행은 걸어가며 이에 답했다. 흡사 천천히 걷는 것처럼 보였지만 실은 뛰는 말도 따라갈 수 없을 정도였다.

저자에서 구걸한 음생

한(漢)나라 때 음생(陰生)은 장안 위교(渭橋) 아래 사는 거지 아이였다. 음생은 늘 저잣거리에 나가 구걸을 했다. 시장 사람들은 음생을 싫어해

똥을 쏟아붓곤 했다. 그러나 음생은 조금 뒤 다시 저자에 와서 구걸을 했는데, 옷이 원래처럼 깨끗해져서 오물이 보이질 않았다.

마을 관리가 그 일을 알고 음생을 잡아들여 수갑과 족쇄를 채워 감옥에 가두었다. 그러나 음생은 곧바로 다시 저자로 나가 구걸을 계속했다. 관리가 다시 음생을 붙잡아 죽이려 했지만 이미 도망친 뒤였다.

한편 그에게 똥을 쏟은 사람들은 집이 저절로 무너지는 바람에 십여 명이나 죽었다. 그래서 장안에는 이런 노래가 유행했다. "거지 아이를 보면 맛난 술을 주어야 집이 무너지는 재난을 안 당한다네."

다시 살아난 평상생

곡성현에 평상생(平常生)이라는 이가 있었는데 어디 사람인지는 모른다. 여러 차례 죽었다가 다시 살아났지만, 당시 사람들은 그런 일이 없다고 여겼다.

나중에 홍수가 나서 큰 재난을 겪은 곳이 한두 군데가 아니었다. 그때 평상생이 결문산(缺門山)에서 큰 소리를 질렀다. "평상생이 여기 있소!" 이어서 "비가 그치면 홍수는 닷새 안에 반드시 물러갈 것이오!"라고 했다. 비가 그치고 나서 사람들은 평상생을 찾아 산으로 올라가 사당을 세우고 그에게 제사를 지내려 했다. 그러나 그의 옷과 지팡이와 허리띠만 보일 뿐이었다. 이후 수십 년 동안 평상생은 다시 화음현에서 문지기 노릇을 했다.

신통을 부린 좌자

좌자(左慈)는 자가 원방(元放)으로 여강 사람이다. 어려서부터 신통했다. 좌자는 일찍이 조조가 베푼 연회에 참석했는데, 조조는 미소를 머금고 여러 빈객을 둘러보며 말했다.

"오늘 여러 귀빈이 모인 풍성한 잔치에 산해진미가 모두 차려졌습니다. 오나라 송강의 특산물인 농어로 만든 회가 빠졌을 뿐이군요."

좌자가 대답했다. "그건 쉽게 마련할 수 있습니다."

좌자는 구리 그릇 하나를 달라고 하더니 물을 붓고 낚싯대 하나에 찌를 달아 그릇 안에 드리웠다. 조금 있더니 농어 한 마리가 올라왔다. 조조가 즐거워 손뼉을 쳤고 모인 사람들은 모두 놀라워했다.

조조가 말했다. "한 마리로는 손님을 다 대접할 수 없으니 두 마리면 딱 좋겠구나."

좌자가 다시 낚싯대를 드리우자 조금 뒤 또 농어 한 마리가 올라왔다. 두 마리 모두 3척이 넘는 크기에 싱싱해서 먹기 아까울 정도였다. 조조는 손수 내려가 생선을 잡아 자리한 손님들에게 두루 나누어주었다.

조조가 말했다. "이제 농어는 얻었지만 촉 땅에서 나는 생강이 없어 아쉽구나."

좌자가 말했다. "그것도 구할 수 있습니다."

조조는 그가 가까운 곳에 나가 사 오려는 게 아닐까 의심해 이렇게 말했다.

"내가 예전에 촉 땅에 사람을 보내 비단을 사 오라 한 적이 있으니, 그대가 보내는 사람에게 일러 내 신하더러 두 단을 더 사 오라 하게."

좌자가 보낸 사람이 나가더니 조금 뒤 돌아왔는데 생강을 가져왔다. 그러고는 조조에게 말했다.

"촉 땅 비단 시장에서 전하의 사신을 봤습니다. 그에게 두 단을 더 사라고 전했습니다."

한 해 남짓 뒤 조조의 사신이 돌아왔는데 과연 두 단을 더 사 왔다. 조조가 물으니 "작년 모월 모일에 저잣거리에서 한 사람을 만났는데 전하의 명령을 제게 전해주었습니다" 하고 대답했다.

그 뒤 조조가 한번은 근교로 나갈 일이 있어서 관리 수백이 그를 따랐다. 좌자는 술 한 동이와 육포 한 조각을 가져와 관리들에게 나누어주었는데, 취하거나 배부르지 않은 사람이 없었다.

조조가 기이하게 여겨 사람을 보내 그 까닭을 조사하라고 했다. 술도가에 이르러 살펴보니 모두들 어제 술과 고기를 잃어버렸다고 했다. 조조는 화가 나서 몰래 좌자를 죽이려 했다.

한번은 좌자가 조조의 손님으로 왔다. 조조가 좌자를 붙잡으려 하자 그가 홀연히 벽 속으로 들어가 보이지 않았다. 조조는 이에 더욱 좌자를 잡고 싶어 했다. 누군가 저자에서 좌자를 보고는 그를 잡으려 했지만 온 저자 사람들이 좌자와 똑같은 모습으로 변해서 누가 진짜인지 알 수 없었다.

나중에 누군가는 양성산 꼭대기에서 그를 보고 또 붙잡으려 했지만 양 떼 속으로 들어가 보이지 않았다. 방법이 없음을 안 조조는 명령을 내려 양 떼에게 고했다.

"조공께서는 더 이상 그대를 죽이려 하지 않을 것이오. 단지 그대의 도술을 시험해보고자 했을 뿐이오. 이제 증명됐으니 그대를 만나고 싶을 뿐이오."

문득 늙은 숫양이 앞다리를 구부리고 사람처럼 일어나 말했다.

"이렇게까지 할 필요가 있소!"

그러자 사람들이 곧 말했다. "이 양이 바로 좌자다." 그러고는 양쪽으로 달려갔다. 그러나 수백 마리 양떼가 모두 한꺼번에 숫양으로 변해 앞다리를 구부리고 사람처럼 일어나 말했다.

"이렇게까지 할 필요가 있소!"

그리하여 어떤 양을 잡아야 할지 모르게 되었다.

노자(老子)는 말했다.

"내가 큰 근심을 하는 이유는 내 몸이 있어서다. 만일 내게 몸이 없다면 어떤 근심이 있겠는가!"

노자 같은 사람도 자기 몸이 없어지기를 바란다는 말을 했으니, 그도 좌자에 비하면 한참 부족한 경지 아니겠는가?

비를 청한 우길

손책(孫策)이 강을 건너 허창을 공격할 때 우길(于吉)과 함께 나아갔다. 그때는 큰 가뭄이 들어 도처가 불같이 더웠다. 손책은 장병들을 재촉해 신속하게 강을 건널 배를 끌어모으도록 했다.

한번은 손책이 아침부터 친히 나가 독촉을 했는데 보아하니 장병 대부분이 모두 우길 쪽에 몰려 있었다. 손책은 격노했다.

"내가 우길만 못하다는 것이냐? 너희는 어찌 거기에 가 있는 것이냐?"

그러고는 사람을 보내 우길을 체포했다. 손책은 잡혀 온 우길을 꾸짖었다.

"하늘이 비를 내리지 않아 물길이 막혀 때맞춰 강을 건너기도 힘들다. 그래서 내가 직접 일찍부터 나왔거늘, 너는 나와 근심 걱정을 같이하지 않고 편안히 배 안에 앉아 귀신 놀이만 하면서 군사들의 마음을 흩뜨려 놓는구나. 오늘 내 너를 죽이리라."

손책은 사람을 시켜 우길을 묶어 햇볕이 내리쬐는 빈터에 두고는 그에게 비를 청하라고 명했다. 만일 하늘을 감동시켜 낮까지 비가 온다면 사면할 것이요, 그렇지 않으면 죽일 것이라 했다.

조금 지나자 구름의 기운이 하늘로 올라가 빽빽하게 모여들었다. 낮이 되자 마침내 큰비가 내리기 시작했고 계곡과 시내가 물로 가득 찼다. 장병들은 즐거워하며 우길이 이제 면죄를 받겠구나 하고 생각해 모두들 그를 찾아가 위로했다. 그러나 손책은 결국 우길을 죽이고 말았다. 장병들은 애통해하며 시신을 수습했다.

날이 어두워지자 문득 구름이 일어 우길의 시신을 덮었다. 이튿날 아침에 가 보니 시신은 어디로 갔는지 알 수 없었다.

손책은 우길을 죽이고 나서 혼자 앉아 있을 때마다 마치 우길이 자기 옆에 와 있는 듯했다. 마음속으로 우길을 끔찍이 싫어하니 정신도 조금 이상해졌다.

나중에 몸에 상처가 나서 치료를 받고 나왔는데, 거울을 들고 자신의 모습을 비추자 우길이 거울 속에 나타났다. 고개를 돌려보았지만 아무도 없었다. 이와 같은 일이 여러 번 있었다. 손책은 거울을 내던지며 크게 소리를 질렀다. 그러자 상처가 모두 터지며 곧 죽고 말았다. (우길은 낭야 사람으로 도사였다.)

사라진 개염

개염(介琰)은 어느 지역 사람인지는 모르지만 건안군 방산(方山)에 살았다. 그의 스승 백양공(白羊公) 두필(杜必)에게서 도가의 법술인 현일무위(玄一無爲)의 도술을 배워 능히 몸을 바꾸고 숨길 수 있었다.

개염은 일찍이 동해를 다녀오는 길에 오나라 수도 말릉(秣陵)에 잠시 들렀는데 그때 오나라 임금 손권을 만나게 되었다. 손권은 개염을 붙잡아두려고 그에게 궁묘(宮廟)를 지어주고, 하루에도 몇 번씩 사람들을 보내 안부를 물었다. 개염은 때로는 어린아이로 변했다가 때로는 늙은이로 변하기도 했다. 아무것도 먹고 마시지 않았으며, 사람들이 음식을 보내도 받지 않았다.

손권이 그의 도술을 배우고 싶어 했지만 개염은 궁에 많은 비빈이 있어 도술을 배우기 마땅치 않다 여겨 여러 달이 지나도록 가르치지 않았다. 화가 난 손권이 개염을 붙잡아 와서는 병사들에게 활로 그를 쏘라고 명했다. 화살이 날아갔지만 묶인 끈만 남아 있고 개염은 어디로 사라졌는지 보이지 않았다.

원수를 갚은 서광

오나라 때 서광(徐光)이라는 사람은 저잣거리에서 자주 도술을 부렸다. 어느 날 서광이 오이 장수에게 오이를 하나 달라고 했는데 그가 내주지 않았다. 이에 또 다른 오이 장수에게 오이 씨앗을 얻어서 지팡이로 땅을 파고 심었다. 조금 있더니 씨앗이 자라 싹이 나고 덩굴이 뻗쳐 꽃이 피고 열매가 열렸다. 서광은 오이를 따먹고 구경꾼들에게도 나누어 주었다. 오이를 파는 사람이 자리에 돌아가 보니 자신이 팔던 오이가 모두 사라진 뒤였다.

서광은 늘 홍수나 가뭄을 예언하곤 했는데 매우 영험했다. 언젠가 한 번 대장군 손침(孫綝)의 집 앞을 지날 때 옷을 걷고 빠른 걸음으로 걸으면서, 경멸하듯 길 양쪽으로 침을 뱉고 발로 땅을 밟았다. 누군가 까닭을 물으니 이렇게 대답했다.

"이곳엔 피비린내가 흐르고 있어 참을 수가 없소."

손침이 그 이야기를 듣고 서광을 증오해서 마침내 죽여버렸다. 그런데 그의 목을 베었어도 피가 흐르지 않았다.

나중에 손침이 어린 황제를 폐하고 다시 경제(景帝)를 옹립한 뒤 황릉을 참배하러 가려고 막 마차에 오르려 할 때였다. 큰 바람이 불어 손침의 마차를 덮치더니 마차가 엎어지고 말았다. 살펴보니 나무 위에서 서광이 손을 휘저어 큰바람을 불러일으키면서 그를 비웃는 게 보였다. 손침은 옆에 있는 시종들에게 물었지만 아무도 서광을 보지 못했다 했다. 오래지 않아 경제가 손침을 죽였다.

도술을 부린 갈현

갈현(葛玄)은 자가 효선(孝仙)으로 일찍이 좌원방(左元放)을 따라다니며 『구단액선경(九丹液仙經)』을 배웠다. 손님과 밥을 먹을 때 신선의 도술을 이야기했는데, 손님이 말했다. "밥을 먹고 나면 선생께서 어떤 도술을 부릴 수 있는지 특별히 한번 보여주십시오."

갈현이 대답했다. "지금 바로 보고 싶지는 않은가요?" 그러더니 곧 입 안의 밥알을 뱉어냈다. 그러자 밥알이 곧 큰 벌 수백 마리로 변해 손님의 몸에 달라붙었다. 그러나 침을 쏘지는 않았다. 한참 뒤 갈현이 다시 입을 벌리자 벌이 모두 그 안으로 들어갔다. 갈현이 그것을 씹자 원래의 밥알로 돌아왔다.

갈현은 또 개구리, 두꺼비, 벌레, 제비와 참새 따위를 부려 마치 사람처럼 음악에 맞추어 춤을 추게 했다. 겨울에는 손님을 위해 신선한 참외와 대추를 준비했고 여름에는 얼음과 눈꽃을 선물했다. 또한 동전 수십개를 가져다 사람을 시켜 우물 속에 던져 넣은 다음, 그릇 하나를 우물 입구에 대고 소리를 지르면 동전이 하나하나 날아올라 그릇에 담겼다.

그가 손님을 위해 술자리를 베풀면 술잔을 건네는 사람이 없어도 술잔이 저절로 손님 앞에 와 있었다. 술을 다 마시지 않은 사람이 있으면 술잔은 그의 앞을 떠나지 않았다.

한번은 갈현과 오나라 왕이 누각에 앉아 백성이 기우제 때 쓰려고 흙으로 사람을 빚는 모습을 보고 있었다. 오왕이 말했다.

"백성이 비가 오기를 바라지만 설마 저걸 만든다고 비가 오겠는가?"

갈현이 대답했다. "비를 부르는 건 쉽습니다."

그가 부적 하나를 그려 사당에 두자 곧바로 천지가 어두워지더니 큰비가 퍼부어 곳곳에 물이 흐르기 시작했다.

오왕이 말했다. "물에 고기가 있는가?"

갈현이 다시 부적을 그려 물속으로 던졌다. 잠시 뒤 커다란 물고기 수백 마리가 생겨나자, 사람들에게 이를 잡아가라고 했다.

바람을 그치게 한 오맹

오맹(吳猛)은 복양현 사람으로 오나라에서 벼슬을 했다. 서안 현령을 맡아 분녕에서 살았다. 오맹은 효성이 지극했다. 그는 기인 정의(丁義)를 만나 신선의 도술을 배웠다. 나중에 다시 비결과 부적술을 배워 도술이 매우 높아졌다.

한번은 세찬 바람을 만났는데 그가 부적을 그려 지붕 위로 던지자 소식을 전한다는 청조(靑鳥)가 이를 물어가더니 바람이 곧 멎었다. 누군가 어찌 된 영문인지 묻자 오맹이 답했다.

"남호에 배 한 척이 있는데 이번 태풍에 피해를 당했습니다. 그래서 배에 있던 도사가 도움을 청했습니다."

상황을 맞추어보니 과연 그러했다.

서안 현령이었던 간경(干慶)이 죽은 지 벌써 사흘째가 되었는데 오맹이 이를 알고 말했다. "그의 숨이 아직 다하지 않았으니 내가 하늘에 이 일을 고하겠소." 그러고는 시신 옆에서 잠을 청했다. 며칠 뒤 그와 현령이 함께 일어났다.

나중에 오맹이 제자를 데리고 고향으로 돌아가는데 강 물살이 급해져서 사람들이 건널 수 없을 지경이었다. 그때 오맹이 수중의 흰 깃털 부채로 바람을 일으켰다. 강물이 옆으로 나뉘면서 가운데에 길이 생겼다. 그 틈에 사람들은 여유 있게 강을 건너갔다. 건너고 나니 강물은 다시 이전처럼 흐르고 있었다. 옆에서 지켜보던 사람들이 모두 기이하게 여겼다.

오맹은 일찍이 심양에서 벼슬을 했다. 참군(參軍)인 주씨 집에 갑자기 광풍이 불자 그가 곧장 부적을 써서 지붕 위로 던지니 바람이 곧 잠잠해졌다.

누에를 친 원객

원객(園客)은 제음군 사람으로 용모가 뛰어났다. 마을 사람들이 모두 자기 딸을 시집보내고 싶어 했지만 원객은 끝내 받아들이지 않았다.

일찍이 오색 향초를 심었는데, 수십 년 동안 기른 뒤에 거기서 열리는 열매를 먹었다. 어느 날인가는 문득 오색의 신비한 나비 한 마리가 오색 향초 위에 날아와 앉았다. 원객이 나비를 잡아 천을 깔고 그 위에 두니 누에 알을 낳았다. 양잠을 할 때가 되자 밤에 선녀가 와서 원객을 도왔다. 향초를 누에에게 먹이니 누에고치 백이십 개를 얻었다. 크기가 모두 항아리만 했다. 누에고치마다 예닐곱 날이 걸려서야 실을 다 뽑을 수 있었다. 실을 다 뽑은 뒤에는 선녀와 원객이 함께 신선이 되어 떠났는데 어디로 갔는지는 아무도 모른다.

동영과 직녀

한나라의 동영(董永)은 천승현 사람이다. 어려서 어머니를 여의고 아버지와 함께 살았다. 밭에 나가 일할 때마다 작은 수레에 아버지를 싣고 함께 가곤 했다. 아버지가 돌아가셨지만 장례를 치를 돈이 없어 스스로 몸을 팔아 노비가 되었다. 노비가 되면서 얻은 돈으로 장례를 치렀다. 주인은 그가 어질고 효성스러운 것을 알고 만 전(錢)을 주어 집으로 돌아가 상을 치르게 했다.

동영은 삼년상을 마친 뒤 주인에게 돌아가 노역을 할 생각이었다. 주인집에 가는 도중 한 여인을 만났는데 그 여인이 "당신의 아내가 되고 싶어요"라고 말했다. 동영은 여인과 함께 주인의 집에 이르렀다.

주인이 동영에게 말했다. "돈은 내가 그냥 준 것이니라."

동영이 대답했다. "은혜를 입어 아버지를 편히 모셨습니다. 제가 비록 비천한 사람이나 힘을 다해 부지런히 일해서 크신 은덕을 갚겠습니다."

"네 아내는 무엇을 할 줄 아느냐?"

"베를 짤 줄 압니다."

"정 보답하고 싶다면 네 아내에게 비단 백 필만 내게 짜주라 하면 되겠구나."

그렇게 해서 동영의 아내는 주인에게 줄 비단을 짜기 시작했고, 열흘 만에 일을 마쳤다. 아내는 주인집을 나서면서 동영에게 말했다.

"저는 하늘의 직녀입니다. 당신의 지극한 효성을 본 천제께서 그대를 도와 빚을 갚으라고 명하신 것입니다."

말을 마치더니 곧장 하늘로 날아올라 사라져버렸다.

구익부인의 죽음

원래 구익부인(鉤弋夫人)은 죄를 지어 죽임을 당했다. 장례를 치른 뒤에도 시신이 썩지 않고 오히려 향기가 십여 리까지 이를 정도였다. 그래서 운릉(雲陵)에 묻었다.

한무제(漢武帝)는 그녀를 애도했지만, 한편으로는 그녀가 보통 사람이 아니라는 생각이 들어 무덤을 파서 관을 열어 보았다. 관 속은 텅 비어 시신이 보이지 않았다. 단지 신발 두 짝만 남아 있었다. 일설에는 소제

(昭帝)가 즉위하면서 다시 안장하려 했는데, 시신은 없고 실로 짠 신발만 남아 있었다고도 한다.

두란향과 장전

한나라의 두란향(杜蘭香)은 자칭 남강 사람이다. 진민제(晉愍帝) 건업 4년 봄에, 두란향은 여러 차례 장전(張傳)을 찾아갔다. 장전은 그때 열일곱 살이었다. 두란향의 마차가 문밖에 보이더니 여종 하나가 와서 그에게 대신 고했다.

"어머니가 날 나으시고 이곳으로 저를 보내 당신을 낭군으로 맞으라 하셨습니다. 어찌 그 뜻을 따르지 않을 수 있겠습니까?"

장전은 일찍이 이름을 장석(張碩)으로 바꾸었다. 장석이 두란향을 들어오라 해서 보니 대략 열예닐곱쯤 돼 보였다. 그런데 말하는 이야기들이 모두 매우 오래전 일인 듯했다. 두란향에게 여종 둘이 있었는데, 그중 나이 많은 자는 훤지(萱支)라 했고, 어린 자는 송지(松支)라 했다. 신선의 소가 끄는 황금 마차를 타고 왔는데 그 안에는 먹을 것과 마실 것이 두루 갖춰져 있었다.

두란향이 시를 지어 말했다.

"어머니 영험한 산에 사시면서 늘 높은 하늘로 나가 유람하셨네. 여러 시녀들 깃털 장식 깃발 들고 시중드니 신선 사는 용성(墉城) 궁전 나가지 않으셨네. 바람 불어 나를 실어 보내니 어찌 다시 혼탁한 세상이라 부끄러워하겠소. 내 말을 들으면 복을 누리고 나를 의심하면 화가 이를 것이오."

그해 팔월 어느 날 아침 두란향이 다시 찾아와 시를 지어 말했다.

"은하(銀河)에서 유유자적하니 순간에 구억산(九嶷山)에서 이곳까지 이르렀네. 흘러가는 세상 속에서 그대는 길을 헤아리지 못하니, 어찌 약수를 건너 신선이 되지 않으려 하는가."

두란향은 크기가 달걀쯤 되는 마 열매 세 알을 꺼내더니 말했다.

"이걸 드시면 풍파를 두려워할 필요가 없고, 추위와 더위를 피할 수 있습니다."

장석은 두 개를 먹고 하나를 남겨두려 했다. 하지만 두란향은 허락하지 않고 모두 먹으라고 권했다. 그녀가 말했다.

"본래 낭군의 아내가 되려고 했으니 애틋한 감정은 변함이 없습니다. 다만 수명이 서로 맞지 않아 미묘하게 어긋나는 게 걱정될 뿐입니다. 태세(太歲)가 동방묘(東方卯)에 위치할 때 다시 그대를 찾아오겠습니다."

두란향이 다가오려 하자 장석이 물었다.

"신에게 기도하고 제사 지내는 일은 어떻습니까?"

두란향이 말했다.

"마(魔)를 없애면 곧 병을 고칠 수 있습니다. 제사를 과도하게 지내봐야 좋은 점이 없습니다."

두란향은 약을 '소마(消魔)'라 불렀다.

현초와 신녀

위(魏)나라 제북군에서 벼슬을 한 현초(弦超)는 자가 의기(義起)이다. 가평 연간, 하루는 한밤중에 홀로 잠을 자다가 신녀(神女)와 함께 있는 꿈을 꾸었다. 신녀는 자칭 천상의 옥녀(玉女)라고 했다. 원래는 동군 사람으로 성은 성공(成公)이고 자는 지경(知瓊)이라 했다. 어려서 부모를 여의었는데, 천제가 홀로 어렵게 사는 모습을 가련히 여겨 인간 세상에 내려가 남편을 만날 것을 명했다고 했다. 현초가 꿈속에서 보니 지경의 용모는 남달리 아름다웠다. 깨어난 뒤에도 오래도록 상념에 잠겼는데, 꿈속의 일이 실제인 것도 같고 아닌 것도 같았다. 며칠 밤을 그러했다.

하루는 지경이 화려한 마차를 타고 나타났다. 자태와 용모가 선녀 같은 여종 여덟이 함께 따라왔다. 모두 비단옷을 입고 있었다. 지경은 스스로 일흔 살이라 했지만 보기에는 열대여섯 같았다. 마차에는 주전자와 잔 등 청색과 백색 유리 보석으로 만든 그릇이 있었다. 음식 또한 매우 기이했다. 그녀는 좋은 술을 차려놓고 현초와 더불어 먹고 마셨다. 그러면서 현초에게 말했다.

"저는 천상의 옥녀인데 인간 세상에 시집을 가라고 보내졌습니다. 그리하여 그대를 따르고자 합니다. 그대가 덕이 있고 전생의 인연이 있으니 마땅히 부부가 되어야 합니다. 부부가 되면 별다른 이익은 없을지라도 손해 또한 없을 것입니다. 우리는 늘 날랜 마차를 타고 건장한 말을 부리며, 산해진미를 맛볼 수 있습니다. 옷을 짓는 비단도 모자라지 않을 것입니다. 그러나 저는 선계의 사람이므로 그대의 아이를 낳을 수는 없습니다. 질투심은 없으니 그대가 다른 여자와 혼인을 하더라도 괜찮습니다."

그리하여 그들은 부부가 되었다. 지경은 현초에게 시 한 편을 지어주었다.

"봉래산 선경에서 노닐 때 운반과 석경을 울리며 음악소리 떠들썩했네. 영지(靈芝)는 비가 없어도 잘 자라고, 뛰어난 덕은 시운과 함께하네. 신선이 어찌 공연히 감응하리오. 하늘의 뜻을 따라 서로 만나려 하네. 나를 받아들이면 집안에 영광을 주리니, 나를 거스르면 재화를 입으리오."

이것이 시의 대략적 내용인데 원래 2백 자 남짓 분량이어서 모두 기록할 수는 없다.

또한 『역경(易經)』에 주석을 달았는데, 총 일곱 권으로 괘사(卦辭)와 상사(象辭), 단사(彖辭)를 모두 담았다. 글에 숨은 이치를 풀었을 뿐 아니라, 양웅(揚雄)의 『태현(太玄)』이나 설씨(薛氏)의 『중경(中經)』처럼 길흉을 점치는 데도 쓰였다. 현초는 그 의미를 모두 통달하고 이것으로 길흉을 점쳤다.

그들이 부부가 된 지 일고여덟 해가 지났다. 현초의 부모가 아들을 다른 여자에게 장가보내자 지경은 하루걸러 하루씩 현초와 함께 밥을 먹고 잠을 잤다. 저녁에 와서는 아침이면 나는 듯 떠났다. 현초만 그녀를 볼 수 있었고 다른 사람은 보지 못했다. 현초는 깊숙한 규방에서 지냈다. 사람들은 늘 그 안에서 사람이 말하는 소리를 듣고, 누군가 왔다 간 흔적을 볼 수 있었다. 그러나 지경의 모습을 보지는 못했다.

나중에 누군가가 이상히 여겨 현초에게 이를 묻자 현초가 사정을 발설해버렸다. 그러자 옥녀는 그에게 이제 그만 떠나겠다고 말했다.

"저는 선계 사람입니다. 비록 그대와 정을 나누었지만 다른 사람이 이를 아는 것은 원치 않습니다. 그대의 성품이 조심스럽지 않아 제 신분이 드러났으니 더 이상 함께할 수 없습니다. 여러 해 동안 함께해 정과 의리가 가볍지 않으니 일단 헤어지면 어찌 애통하지 않겠습니까. 하지만 상황이 부득이하니 잘 지내시지요."

지경은 다시 여종들을 불러 시중들게 하면서 술상을 차려 그와 함께 먹고 마셨다. 또 대나무로 만든 상자를 열어 비단옷 두 벌을 현초에게 남겨주었다. 마침내 시 한 수를 남기면서 작별을 고하니 눈물이 멈추질 않았다. 그러고는 쓸쓸히 마차에 올라 나는 듯 떠나갔다.

현초는 여러 날 상심해서 몸을 가눌 수 없을 정도였다. 지경이 떠난 지 다섯 해째, 현초는 주군(州郡)의 명을 받고 낙양으로 일을 보러 가던 중 제북군 어산 아래 작은 길에 이르렀다. 서쪽을 향해 가면서 멀리 앞을 바라보니 앞쪽 굽어진 곳에 마차 하나가 있는데 마치 지경의 것인 듯했다. 현초가 서둘러 말을 달려 가보니 과연 그녀였다. 마차 장막을 걷고 서로 마주하니 한편으로 기쁘고 한편으로는 슬픔이 밀려왔다. 지경은 좌참(左驂)의 말고삐를 붙잡고 현초에게 수레 끈을 잡고서 마차에 오르게 했다. 둘은 함께 마차에 타고 낙양까지 이르러 부부가 되어 옛날처럼 사이좋게 지냈다. 태강 연간에도 여전히 살아 있었다. 다만 지경은 날마다 왔다 갔다 하지는 않고, 삼월 삼짇날, 오월 오일, 칠월 칠석, 구월 구일, 매달 초하루와 열닷새에만 내려와 하룻밤을 지내고 떠나갔다. 장무선(張茂先)이 지경을 위해 「신녀부(神女賦)」를 지었다.

인간은 유한하다

「권 2」에는 귀신 이야기가 종종 등장한다. 수광후나 하후홍 이야기가 대표적이다. 수광후 이야기는 인간과 귀신의 대결에서 인간이 승리한 다는 내용을 담고 있다. 그러나 사실 이 귀신은 장제가 꾸며낸 이들로 실제 귀신은 아니었다. 소문으로 전하는 다른 이의 비범한 능력을 눈앞에서 확인하고 싶어하는 인간의 욕구와 실제로 귀신을 처치할 수 있는 능력자의 출현을 바라는 심리가 뒤얽힌 이야기라고 할 수 있다.

실제로 귀신이 나타난 이야기는 하후홍이라는 인물을 통해 풀어내고 있다. 이야기는 귀신이 배탈 난 사람들에게 오골계로 만든 약을 붙이면 된다는 비책을 가르쳐주는 것으로 끝난다. 즉 인간이 풀지 못하는 미스터리한 일을 귀신이 해결해주는 셈이다. 귀신을 단지 대립하는 존재로만 여기지 않고 인간 삶의 어려움을 해소해주는 존재로 간주하고 싶었던 고대인의 상상이 잘 드러난다.

또한 재앙을 극복하는 인간의 능력도 자주 나타난다. 성도 저자에 난 큰 불을 끈 번영, 어지러이 흐르는 강물을 잠잠하게 한 조병, 지세 파악에 능한 한우 등은 모두 막강한 자연의 힘을 극복하는 능력자들이다. 그러나 이런 능력자도 현실 권력과의 투쟁에서는 실패하고 만다. 거센 강물을 순하게 만든 조병을 따르는 백성이 많아지자 마을 현령은 "백성을 미혹한다고 싫어하여 잡아 죽였다"고 한다. 조병이 비록 자연의 힘을 극복했을지 몰라도 현실 권력에 대해서는 실패하고 말았다. 어쩌면 자연보다도 더 막강한 정치권력의 힘을 적나라하게 비꼬고 있는지도 모른다.

그러나 의미 있는 가치는 더 오래도록 보존된다. 백성이 그를 위해 영강에 사당을 세우니 오늘날까지도 모기와 벌레조차 들어가지 못하고 있다는 부언을 통해 이 사실을 알 수 있다.

여자가 남자가 되는 능력을 가진 사람(서등), 변신술을 잘 부리는 사람(국도룡)에 관한 이야기도 흥미롭다. 자신의 모습 혹은 정체성을 바꾸고 싶다는 욕망은 인간에게 보편화되어 있기 때문이다. 비록 매우 간단한 이야기로 이뤄져 있지만, 현재 조건에 만족하지 않고 자신의 정체성을 바꾸고 싶어 하는 인물 형상은 『수신기』의 중요한 모티프 중 하나다. 하지만 이런 인간의 능력도 유한할 수밖에는 없다.

혼령을 부른 이소옹은 오늘날 중국 영화의 기원을 말할 때 자주 등장하는 이야기다. 일찍이 『중국영화발전사』를 쓴 청지화(程季華)가 중국 영화의 기원을 논의하면서 이 이야기를 거론한 바 있다. 이부인을 일찍 저승으로 떠나보낸 한무제가 방사를 불러 그 영혼을 부른다는 이야기다. 방사는 무제를 위해 큰 장막을 두르고 촛불을 밝혀 이부인의 영혼을 부른다. 일종의 초혼 의식이다. 장막 안에 있는 여인의 모습이 마치 이부인과 흡사하여, 무제는 애틋한 마음으로 시를 지어 부른다. 지금 생각하면 분명 외모가 가장 비슷한 다른 여인을 불러다가 시각 효과를 극대화했으리라고 어렵지 않게 짐작할 수 있다. 그러나 방사가 상상해낸 장치는 현실의 인물을 재현함으로써 이를 바라보는 '관객'의 마음을 움직였다. 따라서 이런 장치가 마치 현대적 의미의 스크린과 필름을 통해 만들어내는 영화와 비슷하다고 여겨지기도 한다. 그렇다고 현대 영화의 기원을 곧바로 이런 '장막 쇼'에 연결하는 건 다소 억지스럽다 아니할 수 없다.

귀신을 혼낸 수광후

수광후(壽光侯)는 한장제(漢章帝) 때 사람이다. 그는 귀신을 혼낼 수 있었다. 귀신을 함정에 빠뜨리거나, 본모습을 드러내게 할 수도 있었다.

마을 사람의 아내가 귀신에게 병을 얻었다. 수광후가 귀신을 처벌하는데, 몇 장 길이의 큰 뱀을 잡아 문밖에서 죽였다. 그러자 마을 사람의 아내가 평안해졌다.

또 어느 곳에는 큰 나무 한 그루가 있었는데 나무에 요괴가 살았다. 나무 아래 머무르던 사람이 죽거나 나무 사이를 날던 새가 떨어지곤 했다. 수광후가 요괴를 혼내자 한여름인데도 나뭇잎이 시들었다. 그러더니 일고여덟 장이 넘는 큰 뱀이 나무 중간에 걸려 죽어 있었다.

한장제가 소문을 듣고 수광후를 불러 그런 일이 있었느냐고 묻자 그는 그렇다고 답했다. 장제가 말했다.

"궁전에 요괴가 있네. 한밤중이 지나면 붉은 옷을 입고 머리를 풀어헤친 사람들 여러 명이 횃불을 들고 모여 다니네. 그들을 처리할 수 있겠는가?"

수광후가 대답했다.

"작은 요괴에 불과하니 쉽게 없앨 수 있습니다."

한편 장제는 일부러 세 사람을 요괴로 위장시켰다. 잠시 뒤 수광후가 도술을 행하자 그들 세 사람이 갑자기 땅위에 엎어지더니 숨이 끊기고 말았다. 장제가 놀라 말했다.

"그들은 요괴가 아니다. 내 너의 도술을 시험했을 뿐이니라."

그러고는 서둘러 수광후에게 그들을 구하라 했다.

누군가는 이렇게 전하기도 한다.

한무제 때 궁전에 요괴가 있었다. 요괴는 늘 붉은 옷을 입고 머리를 풀어헤치고 촛불을 들고 몰려다녔다. 무제가 유빙(劉憑)에게 "이 요괴들을 없앨 수 있느냐?" 하고 물으니 유빙이 대답했다. "할 수 있습니다."

유빙이 파란 부적을 던지자 요괴들이 바닥에 쓰러져 죽었다.

무제가 놀라 말했다. "내가 너의 도술을 시험해보았을 뿐이니라."

유빙이 도술을 풀자 그들은 다시 깨어났다.

물을 뿜어 불을 끈 번영

번영(樊英)은 호산에 은거하고 있었다. 한번은 서남쪽에서 광풍이 불어오자 번영이 자신을 따라 도를 배우던 제자들에게 말했다.

"성도 저잣거리에 맹렬한 불이 났구나."

그러면서 입에 물을 한 모금 물고는 서남쪽으로 뱉어냈다. 또한 제자에게 그 날짜를 기록해두라 했다.

나중에 촉 땅 사람이 와서 말했다.

"그날 큰불이 났는데 동쪽에서 구름이 솟아오르더니 문득 큰비가 내려 불이 꺼졌습니다."

서등과 조병

민중군에 서등(徐登)이라는 사람이 있었는데, 여자였다가 남자로 바뀌었다. 동양군의 조병(趙昞)과 더불어 도술에 뛰어났다.

그때 전란이 일어났는데, 우연히 둘이 한 시냇가에서 만났다. 두 사람은 서로 자신의 재주가 더 좋다고 여겼다. 서등이 먼저 도술을 부려 시냇물을 멈추자, 조병은 버드나무에 싹이 나도록 했다.

둘은 서로를 보며 웃었다. 서등이 나이가 더 많아서 조병은 그를 스승으로 모셨다.

나중에 서등이 죽자 조병은 장안현으로 갔지만 백성은 그를 알아보지 못했다.

한번은 조병이 초가지붕 위로 올라가 큰솥을 걸고 불을 지펴 밥을 지었다. 집주인이 깜짝 놀랐지만 조병은 웃기만 할 뿐 조금도 신경 쓰지 않았다. 집 또한 무너지지 않았다.

강을 건너는 조병

조병이 한번은 강가에 이르러 강을 건너려 했지만 뱃사공이 허락하지 않았다. 이에 조병은 수레 장막과 덮개를 펼치고 그 위에 앉아 긴 휘파람 소리를 내며 바람을 불렀다. 그러고는 강물을 가로질러 건너갔다. 그 모습을 보고 경탄해서 따르는 자가 많았다.

장안현 현령은 조병이 백성을 미혹한다고 여겨 그를 잡아 죽였다. 사람들이 그를 위해 영강현에 사당을 세웠는데, 오늘날까지도 모기와 벌레가 사당에 얼씬거리지 않는다.

서등과 조병의 청렴

서등과 조병은 고귀하고 청빈했다. 동쪽에서 흐르는 강물로 신선에게 제사 지내고 뽕나무 껍질을 벗겨 육포로 삼았다.

진절에게 도포를 선물한 동해군

진절(陳節)이 여러 신선들을 찾아갔다. 동해 바다신인 동해군(東海君)이 그에게 고운 실로 짠 파란 도포를 선물로 주었다.

미쳐버린 변홍

  선성현의 변홍(邊洪)이 군사를 관리하는 영교(領校)가 되어 광양현으로 떠났다. 그러다 어머니가 돌아가시는 바람에 집으로 돌아왔다.

  그때 한우(韓友)가 그를 찾아와 함께 머물렀다. 그런데 그날 이미 날이 저물었는데도 한우가 부랴부랴 길을 나서면서 시종에게 일렀다.

  "속히 짐을 챙기거라. 밤에라도 이곳을 떠나야 하니."

  시종이 의아해했다.

  "오늘은 벌써 어두워져서 수십 리 길을 가기는 어렵습니다. 왜 그렇게 서둘러 돌아가려 하십니까?"

  한우가 말했다.

  "이곳은 피로 가득한 땅이니 어찌 더 머물겠느냐."

  시종이 거듭 만류했지만 한우는 듣지 않았다.

  그날 밤 변홍이 갑자기 미쳐서 두 아들을 목 졸라 죽이고 아내도 죽였다. 또 아버지의 두 몸종을 베었다. 그러고는 변홍도 도망쳤다. 며칠 뒤 사람들이 집 앞 숲 속에서 변홍을 찾았지만 이미 목매달아 죽은 뒤였다.

황공의 일을 말하는 국도룡

  국도룡(鞠道龍)은 변신술을 잘 부렸다. 한번은 그가 이렇게 말했다.

  "동해 사람 황공(黃公)은 변신술을 잘해 큰 뱀과 호랑이도 제압할 수 있네. 황공은 늘 적금도(赤金刀)를 차고 다녔지. 나이가 들어서는 술을 너무 많이 마셨네. 진(秦)나라 말년에 백호 한 마리가 동해에 나타나니 황제가 그에게 적금도로 도술을 써서 제압하라 명하셨네. 하지만 황공은 이미 변신술을 쓸 수 없게 되어 호랑이에게 물려 죽었다네."

잉어를 불러낸 사규

사규(謝糺)가 손님을 초대해 식사를 할 때 붉은 부적을 그려 우물 안에 던졌다. 그러자 잉어 한 쌍이 튀어 올라왔다. 곧바로 회를 뜨라고 명령해 자리에 있는 사람들이 모두 함께 먹었다.

천축 사람의 마술

진(晉)나라 영가 연간에 천축 사람이 강남에 왔다. 그 사람은 여러 가지 마술을 부릴 줄 알았다. 혀를 끊었다가 다시 붙이거나 입으로 불을 뿜기도 했다. 사람들이 모여들어 마술을 구경했다. 그가 혀를 막 끊으려고 혀를 길게 뽑아 구경꾼에게 보여준 뒤 칼로 자르자, 피가 흘러 땅에 떨어졌다. 자른 혀는 그릇에 넣고 모두에게 돌려가며 보여주었다. 나머지 혀 반쪽은 아직 입안에 남아 있었다. 조금 뒤 자른 혀를 가져다가 입에 넣어 붙이고 잠시 앉았다. 자리에 있던 구경꾼들이 보니 혀가 원래대로 돌아가 있었다. 그의 혀가 정말로 잘린 것인지 아닌지 알 수 없을 정도였다.

자르고 붙이는 마술은 계속됐다. 비단 한 필을 가져온 뒤 두 사람에게 양쪽 끝을 잡게 하고 가운데를 잘랐다. 다시 잘린 부분을 붙여놓았는데 원래 모습과 같았다. 당시 많은 사람이 거짓이라고 의심하면서 몰래 시험해보았지만 정말로 잘린 비단이었다.

그가 불을 뿜을 때에는 먼저 그릇에 약을 넣었다. 화약 한 알과 기장으로 만든 설탕인 여당(黎糖)을 섞어 여러 차례 불어댔다. 그가 입을 벌리면 불길이 뿜어져 나왔다. 이어서 그 불로 땔감을 태워 밥을 지으니, 진짜 불이었다. 종이와 끈 따위를 불 속에 집어던지면 모두 지켜보는 가운데 다 불살라지고 말았다. 하지만 잠시 뒤 잿더미를 뒤져 꺼내보니 원래 물건이 그대로 있었다.

부남왕의 판결법

부남왕(扶南王) 범심(範尋)은 산에서 호랑이를 길렀다. 누군가 죄를 지으면 호랑이에게 던졌고, 호랑이가 물지 않으면 죄를 사해주었다. 그래서 사람들은 그 산을 대충산(大蟲山) 또는 대령산(大靈山)이라고 불렀다.

또 악어 열 마리를 길러서, 죄를 지은 사람이 있으면 악어에게 먹이로 던졌다. 악어가 먹지 않으면 죄를 사해주었다. 죄가 없는 사람은 악어라도 물지 않았다. 이렇게 해서 악어 연못이 생겨났다.

범심은 또 물을 끓여 금반지를 끓는 물속에 집어넣고 손을 넣어 반지를 찾으라고 했다. 잘못이 없는 사람은 손이 데지 않았고 죄가 있는 사람은 곧 데고 말았다.

가패란의 궁궐 이야기

한나라 척부인(戚夫人)의 시녀 가패란(賈佩蘭)은 나중에 부풍 사람 단유(段儒)의 아내가 되었다. 가패란은 궁궐에서 겪었던 이야기를 들려주곤 했다. 현악기와 관악기에 맞추어 노래 부르며 춤을 추었고, 모두들 다투어 아름다운 옷을 입으면서 즐거운 시절을 보냈다고 했다.

시월 보름에는 함께 영녀묘(靈女廟)에 가서 돼지고기와 기장술로 신령에게 제사 지내고 피리를 불고 축(築)을 켜면서 「상령(上靈)」을 노래했다. 이어서 함께 손을 잡고 땅을 구르며 박자를 맞추면서 「적봉황래(赤鳳凰來)」를 불렀다. 이는 당시 무속이었다.

칠월 칠석이면 백자(百子)라는 연못에서 우전국(于闐國)의 노래를 불렀다. 노래를 다 부른 뒤에는 채색 실로 머리를 묶었다. 이를 상련수(相連綬)라 했다.

팔월 초나흘에는 규방 북문으로 나가 대나무 숲 아래서 바둑을 두었다. 바둑에 이긴 사람은 한 해 동안 복이 있고 진 사람은 한 해 동안 병이 든다고들 했다. 명주실을 가지고 북극성을 보며 장수와 무병을 기원하기도 했다.

구월에는 수유(茱萸)를 꽂고 쑥떡을 먹고 국화주를 마시면 장수할 수 있다고 했다. 국화가 피어날 때 줄기와 잎을 함께 따서 기장쌀에 넣어 발효하면 이듬해 구월 구일에 마실 수 있었다. 이를 국화주라 불렀다.

정월 첫째 진일(辰日)에는 사악한 기운을 없애려고 연못가에서 손을 씻고 쑥떡을 먹었다. 삼월 첫째 사일(巳日)에는 흐르는 물가에서 노래 부르고 춤을 추었다.

황궁의 한 해가 이와 같이 흘러갔다.

혼령을 부른 이소옹

한무제는 이부인(李夫人)을 총애했다. 이부인이 죽자 무제는 늘 그녀를 그리워했다. 어느 날 제나라 방사(方士) 이소옹(李少翁)이 찾아와 이부인의 영혼을 부를 수 있다고 말했다. 그리하여 밤에 장막을 설치하고 안에 촛불을 밝힌 다음, 무제에게는 또 다른 장막에 들어가 멀리서 바라보도록 했다.

무제가 보니 한 미녀가 장막 안에 있는데 마치 이부인 같았다. 한무제는 괴로운 마음을 이기지 못해 안절부절못하며 장막 안에서 앉았다가 일어나 걷기도 했다. 그러나 가까이 가서 살펴볼 수는 없었다. 무제는 더욱 비통한 마음이 들어 시를 지어 읊었다.

"그대가 맞는 게요? 아닌 게요? 거기 서 있는 모습 멀리서 바라보니 나는 듯 가볍구려. 어찌 그리 나긋나긋 걸어 이리 늦게 온 것이오?"

그리고 악부(樂府)의 악사를 불러 그 시를 노래로 연주하도록 했다.

영릉의 도인

한나라 때 북해군 영릉에 도인이 한 명 있었는데 산 사람과 죽은 사람을 서로 만나게 해줄 수 있었다. 몇 해 전 아내를 잃은 같은 마을 사람 하나가 이 소문을 듣고 그를 찾아왔다.

"죽은 아내를 한 번만이라도 볼 수 있다면 죽어도 여한이 없겠습니다."

도인이 대답했다.

"죽은 아내를 만나는 것은 가능하오. 그러나 북소리가 들리거든 머뭇거리지 말고 바로 나오시오."

도인은 아내를 만날 수 있는 방법을 알려주었다. 조금 뒤 그 사람은 아내를 만나 이야기를 나누었다. 마치 아내가 살아 있을 때처럼 기쁨과 슬픔, 정과 사랑이 솟아났다. 조금 지나니 낭랑한 북소리가 울렸다. 남자는 더는 머무를 수 없었다. 그가 문을 나서려고 할 때 문득 옷깃이 문틈에 끼었다. 그러자 옷깃을 잘라버리고 밖으로 나왔다.

한 해 남짓 지난 뒤 그 사람도 죽었다. 집안사람들이 합장을 하려고 먼저 죽은 아내의 무덤을 열어보니 관 밑에 예전에 잘렸던 남자의 옷깃이 놓여 있었다.

거위로 무당을 시험한 손휴

오나라 손휴(孫休)가 병이 나서 박수무당을 찾아가 병을 치료하고자 했다. 그래서 어떤 박수무당을 우선 시험해보았다. 사람을 시켜 거위를 죽여 정원에 묻고, 그 위에 작은 집을 지어 침상과 책상을 펼쳐놓았다. 그리고 부인의 신발과 옷을 그 위에 놓아두었다. 무당에게 보여준 뒤에는 이렇게 말했다.

"만일 이 무덤 속에 죽어 있는 부인의 모습을 설명할 수 있다면 큰 상을 내리고 너를 믿을 것이니라."

무당은 하루 종일 말이 없었다. 손휴가 재촉하자 무당이 마지못해 말했다.

"사실 혼령은 보이지 않고 흰 거위가 무덤에 서 있는 모습만 보일 뿐입니다. 그래서 곧바로 아뢰지 못했습니다. 혹시나 혼령이 이런 모습으로 변한 것이 아닌가 의아해하고 있었습니다. 거위가 원래 모습으로 변하기를 기다렸지만 그대로 있을 뿐 다시 변하지 않으니 어인 까닭인지 모르겠습니다. 감히 이와 같이 상황을 아룁니다."

석자강 주주의 무덤

오나라 손준(孫峻)이 손권의 딸 주주(朱主)를 죽여 석자강(石子岡)에 묻었다. 오나라 마지막 임금 손호(孫皓)가 즉위해 무덤을 개장하고자 했다.

그러나 많은 무덤이 서로 늘어서 있어 주주의 무덤을 알아보기가 어려웠다. 다행히 궁인들은 여전히 주주가 죽을 때 입었던 옷을 기억하고 있었다. 이에 두 무녀를 시켜 각각 한쪽에서 혼령이 나타나길 기다리게 하고, 찰전(察戰)을 맡은 관리들에게는 무녀들을 살펴서 둘이 서로 가까이 가지 못하도록 했다. 한참 지나자 두 무녀가 함께 아뢰었다.

"한 여인을 보았는데 나이는 서른 남짓 됐고 머리는 파란 비단실로 묶었으며 자백색 겹옷을 입고 붉은 비단 신발을 신었습니다. 석자강으로 올라가다가 중간쯤 이르러 손으로 무릎을 누르면서 길게 탄식했습니다. 잠시 멈추어 있더니 다시 어떤 무덤 위로 올라가 쉬면서 오랫동안 배회했습니다. 그러다 문득 보이지 않았습니다."

두 사람의 말이 약속이나 한 듯 맞아떨어졌다. 그 무덤을 열어보니 관속 시체가 입고 있는 옷이 무녀의 설명과 같았다.

귀신을 본 하후홍

하후홍(夏侯弘)은 스스로 귀신을 보고 또 이야기도 나눈다고 말했다. 진서장군 사상(謝尙)이 타던 말이 갑자기 죽자, 사상은 매우 슬퍼했다. 사상이 말했다.

"만일 그대가 이 말을 살려낼 수 있다면 정말로 귀신을 본 것이라 믿겠네."

하후홍이 나가더니 한참 뒤에야 돌아와 말했다.

"사당의 신령이 그 말을 좋아해서 데려간 것입니다. 이제 살아 돌아올 것입니다."

사상은 죽은 말 앞에 앉아 있었다. 조금 뒤 말 한 필이 갑자기 문밖에서 달려와 죽은 말의 시체 쪽으로 뛰어가더니 곧 보이지 않았다. 그 순간 죽은 말이 움직이더니 곧장 일어나 걸을 수 있게 되었다.

어느 날 사상이 그에게 말했다.

"내게 후사가 없으니 이는 내 평생의 벌인가 보오."

하후홍은 한동안 아무 말도 하지 않더니 이윽고 입을 열었다.

"최근 보이는 귀신들은 소귀(小鬼)에 불과해서 결코 그 이유를 알지 못할 것입니다."

나중에 하후홍이 문득 귀신 하나를 만났다. 새 마차에 앉아 있는데, 여남은 명이 뒤를 따르고, 파란 비단 옷을 입고 있었다. 하후홍이 다가가 마차를 끄는 소의 코를 들어 올렸다. 마차에 탄 사람이 하후홍에게 물었다.

"왜 길을 막는 거요?"

하후홍이 대답했다.

"물어보고 싶은 게 있소. 진서장군에게는 아들이 없소. 이분은 훌륭하고 명성도 자자하니 후사가 끊기게 해서는 안 되오."

마차에 있던 사람이 감동한 얼굴로 말했다.

"그대가 말한 사람은 바로 내 아들이오. 아들이 젊었을 때 집안의 여종과 사통해서 결코 다른 사람과 혼인하지 않겠다고 맹세했지만 나중에 그 맹세를 어겼소. 이제 그 여종이 죽어 저승에서 이 일을 고하니 그에게 아들이 생기지 않은 것이오."

하후홍은 이 일을 사상에게 고했다. 사상이 말했다.

"내가 어렸을 때 정말로 그런 일이 있었소."

나중에 하후홍은 강릉에서 대귀(大鬼)를 만났다. 귀신은 창을 들었고 몇몇 소귀가 그를 따르고 있었다. 하후홍이 두려워 길옆으로 그들을 피해 내려갔다. 하후홍은 대귀가 지나간 뒤에 창을 든 소귀를 붙잡아 물었다.

"이게 무엇이냐?"

"사람을 죽이는 창이오. 이걸로 배 가운데를 찌르면 바로 죽지 않는 사람이 없소."

"그런 병을 낫게 하는 방법이 있느냐?"

"오골계로 만든 약을 배에 붙이면 곧바로 나을 것이오."

하후홍이 또 물었다.

"지금 어디 가는 것이냐?"

"형주와 양주에 가는 길이오."

당시는 연일 배탈이 유행하고 있었는데 병에 걸리면 죽지 않는 이가 없었다. 하후홍이 사람들에게 오골계로 만든 약을 배에 붙이라 가르쳐 주자 열에 여덟아홉은 죽지 않았다. 지금 죽을병을 치료할 때 오골계로 만든 약을 붙이는 방법이 바로 하후홍에게서 비롯된 것이다.

결핍과 극복

　「권 3」에는 인간이 살면서 언제나 겪게 되는 곤란 또는 결핍의 문제가 주로 등장한다. 인간의 '결핍'은 세 가지로 집약된다. 죽음과 질병, 가난이 그것이다. 「권 3」의 이야기는 대개 이 같은 죽음, 질병, 가난이라는 문제 상황을 어떻게 해결해나갈 수 있는지를 그리고 있다.

　죽음은 어떤 인간도 피해갈 수 없는 문제다. 안초에게 수명 연장법을 가르쳐준 관로 이야기는 죽음이라는 문제를 해결하고 싶은 인간의 욕망이 가장 잘 드러나 있다. 어려서 죽을 상이었던 안초에게 관로는 비방을 가르쳐준다. 안초는 북두성군과 남두성군이 바둑을 두고 있을 때 몰래 가서 술 시중을 들었고, 그 결과 아흔아홉까지 살 수 있도록 허락받는다. 고대인은 삶과 죽음을 관리하는 신과 같은 존재가 있다고 믿고, 이들에게 정성을 다하면 죽음도 미룰 수 있다고 여겼다. 그러나 이야기를 자세히 읽다 보면 결국 누군가에게 자신의 성실함을 보여주는 과정을 통해서 원하는 바를 얻게 된다는 보편적 원리가 담겨 있음을 알게 된다.

　죽음 이후의 사람들은 세상에서 영원히 떠나가는 게 아니다. 종종 인간 세계의 문제에 개입해 문제를 야기하곤 한다. 신도 현령을 위해 점을 쳐준 관로 이야기에는 죽은 남자 둘이 건물 안에서 창과 활을 들고 있어 현령 집 여자들이 두려워하며 병에 걸리는 장면이 그려진다. 이들은 죽음 이후에도 살아 있는 사람들의 삶에 영향을 미친다. 이야기는 이들의 관이 알맞은 장소에 묻혀 있지 않기 때문이라고 진단하고, 그 관을 다른 곳에 다시 묻어주자 문제가 해결됐음을 보여준다. 사후의 인간에게 살아 있는 사람이 마땅한 도리를 다해야만 한다는 점을 강조함으로써, 산 사람과 죽은 사람 사이에 이뤄져야 할 상호 관계를 일러주고 있는 것이다.

질병이라는 문제 발생 또는 그 문제 해결은 '동물'과 밀접히 관련된다. 「권 3」에는 동물 이야기가 자주 나온다. 세계는 인간의 세계와 동물의 세계로 나뉘어 있다. 그러나 동물은 자주 인간의 삶에 개입한다. 동물의 개입은 여러 문제를 일으키지만, 때로 인간은 동물을 이용해 문제를 해결하기도 한다.

장중영 집의 괴물 이야기는 기이한 일의 근원을 '파란 개'를 닮은 괴물에게서 찾고 있다. 이야기에서 동물은 괴물과 동일시된다. 괴물로 인해 밤에 진흙이 들어가기도 하고, 활과 화살이 절로 움직이기도 하고, 대나무 상자는 멀쩡한데 그 안에 든 옷가지만 불타기도 한다. 이런 일은 동물을 닮은 괴물과 집안의 종이 함께 저지른 것으로 판명된다. 동물과 인간의 합작인 셈이다.

왕기의 점을 친 관로 이야기를 보자. 집에 일어나는 이상한 현상을 해결하고자 점을 치자 동물과 관련한 괘가 나온다. 뱀, 까마귀, 제비가 그 주인공이다. 그러나 뱀은 늙은 서좌가 변한 것이고, 까마귀는 문지기가 변한 것이다. 즉 사람이 동물로 그 정체를 바꾸었다는 상상이다. 이를 통해 "만물의 변화는 일정한 형상이 있는 것이 아니고, 사람의 변화도 정해진 형체가 있는 것이 아니"라는 세계관을 보여준다. 인간이 동물이 될 수도 있고 동물이 인간이 될 수도 있는 정체의 변화를 통해 만물은 언제나 한곳에 머물러 있지 않고 변화할 수 있으며, 또 변화해야만 한다는 소박한 진리를 설파하고 있다. 더불어 넘어설 수 없을 것 같은 동물과 인간의 경계가 사라지며, 언제든 서로 초월하고 횡단할 수 있다는 믿음을 알려준다.

　병을 점친 순우지 이야기는 위독한 어머니를 고치기 위해 동물을 희생시키는 방법을 보여준다. 원숭이를 사 와 사흘 동안 때린 뒤 풀어주자, 원숭이는 개에게 물려죽고 만다. 이야기에서 원숭이는 인간을 구하기 위한 대안으로 제시된다. 동물이 인간의 병을 고치는 대속물(代贖物) 기능을 담당하는 것이다.

　귀신을 내쫓은 한우 이야기에서도 딸아이가 병이 난 원인을 여우라고 지목한다. 인간에게 병을 가져온 원인이 동물에 있으며 이를 해소함으로써 치병의 효과를 보았다는 이야기이다. 종기를 고친 화타 이야기도 마찬가지로 뱀으로 인해 종기가 생겨났다고 보고 그 원인을 제거함으로써 병을 고치게 됐음을 그린다.

　고대인은 이렇게 인간의 이성으로 이해할 수 없는 상황, 회피할 수 없는 삶의 문제, 죽음과 질병, 가난이라는 '결핍'을 해결하기 위해 다양한 상상력을 발휘했다. 그 과정에서 점술사라는 비범한 능력을 가진 인간의 등장은 필연적이었다. 점술사는 이미 발생한 문제의 원인을 찾아내고, 그 원인을 제거할 수 있는 방법과 비책을 일러주며, 나아가서는 미래에 벌어질 일까지도 예언한다. 관로와 순우지, 곽박, 한우, 화타 등은 모두 이러한 결핍과 문제 상황을 해결해준 인물들이다. 평범한 이들과 달리 기이한 능력을 가진 당대의 의사이자 교사, 상담가 등의 역할을 동시에 수행한 사회 '리더'라고 할 수 있다.

공자의 단서를 얻은 종리의

한나라 영평 연간에 종리의(鐘離意)라는 회계 사람이 살았다. 자는 자아(子阿)이다. 그는 노(魯)나라 재상을 맡고 있었다. 그가 부임한 뒤 자신의 돈 1만 3천 문(文)을 호조(戶曹) 공흔(孔訢)에게 내주어 공자의 마차를 수리하도록 했다. 또 손수 공묘(孔廟)에 가서 공자의 탁자와 의자, 패검(佩劍)과 신발을 닦기도 했다.

장백(張伯)이라는 사내가 공묘 댓돌 아래서 풀을 뽑다가 흙 속에서 옥구슬 일곱 개를 얻었다. 장백은 옥구슬 하나를 품에 감추고 여섯 개를 종리의에게 주었다. 종리의는 주부(主簿)에게 옥구슬을 탁자 위에 잘 놓아두라 명했다.

공자가 강학(講學)을 하던 방 침상 머리에 단지 하나가 놓여 있었다. 종리의가 공흔에게 물었다.

"이것은 무슨 단지인가?"

공흔이 대답했다.

"공자님의 단지입니다. 안에 단서(丹書)가 있는데 감히 열어보지 못하고 있습니다."

"공자님은 성인이다. 이렇게 단지를 걸어놓은 걸 보면 후대 사람에게 무언가를 보여주시려는 뜻이었을 게다."

단서를 열어보니 그 안에서 흰 비단에 쓴 글이 나왔는데 이렇게 적혀 있었다.

"후세에 내 저술을 정리할 이는 동중서(董仲舒)일 것이다. 내가 타던 마차를 수리하고 내 신을 문지르고 내가 걸어놓은 단지를 열어볼 사람은 회계 사람 종리의일 것이다. 옥구슬은 일곱인데 장백이 그중 하나를 감출 것이다."

종리의가 곧 장백을 불러 물었다.

"옥구슬이 일곱 개인데 왜 하나를 숨겼느냐?"

장백은 머리를 조아려 용서를 빌며 즉시 옥구슬을 꺼내놓았다.

편지를 봉한 단예

단예(段翳)는 자가 원장(元章)으로 광한군 신도현 사람이다. 그는 『역경(易經)』에 정통했고, 사방의 바람 소리를 감별해서 점을 치는 방술인 풍각(風角)에 능했다.

한 제자가 그를 찾아와 여러 해를 배웠는데, 스스로 모든 방술을 익혔다고 여겨 고향으로 돌아가겠다고 말했다. 단예는 고약을 만들어 편지와 함께 죽통에 넣고 봉해주며 말했다.

"위급한 일을 만나면 열어보거라."

제자가 가맹현에 이르렀을 때 어떤 관리와 강을 건너는 일로 다툼이 벌어졌다. 급기야 나루터를 관리하는 자가 제자를 따르던 몸종의 머리를 깨뜨리고 말았다. 제자가 죽통을 열어 편지를 펼쳤더니 이렇게 쓰여 있었다.

"가맹현에서 관리와 싸우게 될 텐데, 머리가 깨진 사람에게 이 약을 바르고 싸매주거라."

제자가 그대로 했더니 다친 사람이 곧 나았다.

집 안의 괴물을 물리치다

우부풍 사람 장중영(臧仲英)이 시어사(侍御史)를 맡게 되었다.

그런데 노비가 밥을 지어 탁자에 올려놓으면 진흙이 들어가 더러워졌다. 음식이 다 익으려 할 때 음식을 하던 솥이 어디론가 사라지는 일도 있었다. 활, 화살 등 각종 병기는 저절로 움직였다. 대나무 상자에 불이 나 안에 들어 있던 옷이 모두 타버렸는데 대나무 상자는 원래대로 멀쩡하기도 했다.

어느 날 아침에는 아내와 딸, 여종의 거울이 모두 사라졌다. 며칠 뒤 거울이 앞방에서 뜰까지 늘어서 있었다. 그때 누군가 말하는 소리가 들려왔다.

"너희 거울을 돌려주마."

한번은 서너 살 된 장중영의 손녀가 사라져서 아무데서도 찾을 수가 없었다. 이삼일이 지난 뒤 보니 화장실 똥더미에서 울고 있었다. 이러한 일이 한두 번이 아니었다.

여남군 사람 허계산(許季山)이 점을 잘 쳤는데, 이 일로 점을 치더니 말했다.

"집에 다 늙은 파란 개가 있을 것이오. 그 개가 집안일을 보는 사람 중 익희(益喜)라는 자와 함께 괴이한 짓을 하는 것이라오. 근본적으로 이상한 일이 일어나지 않게 하려면 개를 죽이고 익희라는 자를 고향으로 돌려보내시오."

장중영이 그대로 처리하니 괴이한 일은 더 이상 나타나지 않았다. 나중에 장중영은 태위장사로 자리를 옮긴 뒤 노나라 재상이 되었다.

밝은 빛을 보다

태위(太衛) 교현(喬玄)은 자가 공조(公祖)로 양(梁)나라 사람이다. 처음에는 행정 수반인 사도를 보좌하는 사도장사(司徒長史)로 임용되었다.

오월 말에 중문 옆에서 자고 있는데 한밤중이 지난 뒤 동쪽 벽이 희어지더니 문이 열리는 것처럼 밝아졌다. 좌우 사람들을 불러서 보았냐고 물었지만 모두 보지 못했다고 답했다. 자리에서 일어나 직접 가서 손으로 만져보았지만 벽은 원래 상태 그대로였다. 그러나 침상으로 돌아오니 다시 그런 장면이 보였다. 교현은 마음속으로 두려움에 떨었다.

친구 응소(應劭)가 찾아오자 교현은 상황을 자세히 이야기해주었다. 응소가 말했다.

"내 동향 사람 중에 동언흥(董彦興)이라는 자가 있는데 바로 허계산(許季山)의 외손자일세. 심오한 도리와 비밀을 깊이 연구해 도술과 그 변화를 잘 알고 있네. 휴맹(眭孟)이나 경방(京房)도 그를 넘어설 수 없을 걸세. 하지만 도량이 좁아 점치는 일을 부끄럽게 생각한다네. 최근에 동언흥이 스승 왕숙무(王叔茂)를 보러 왔으니, 내가 그를 불러오겠네."

잠시 뒤, 동언흥과 응소가 함께 도착했다. 교현은 겸손한 태도로 동언흥을 극진히 대접했다. 풍성한 주연을 준비해 직접 아랫자리에 앉아 술을 권했다.

동언흥이 말했다. "저는 시골의 유생일 뿐, 이렇다 할 특별한 재주가 없습니다. 그런데도 이렇게 융숭하게 맞아주시고 말씀도 가려 하시니 정말 몸 둘 바를 모르겠습니다. 제가 그저 길흉을 좀 판단할 수는 있으니 태위님께 도움이 되었으면 합니다."

교현은 거듭 마다하다가 결국 그의 말을 따랐다. 동언흥이 말했다.

"집안에 이상한 일이 있군요. 아마도 담장에 빛이 나서 문이 환하게 열리는 모습을 보셨을 겁니다. 하지만 결코 나쁜 일은 아닙니다. 유월 상순에 닭이 울고 하늘이 밝아질 때 남쪽 집에서 곡하는 소리가 들리면 곧 길해질 겁니다. 가을이 되면 북쪽 고을로 벼슬을 받아 가게 될 텐데 고을 이름에 금(金) 자가 들어 있을 것입니다. 그 뒤에는 벼슬이 장군과 삼공(三公)까지 이를 것입니다."

교현이 말했다. "이상한 일이 벌어져서 집안의 재난을 돌보기도 어려운 상황인데 어찌 감히 그런 일을 바라겠습니까. 그저 저를 위로하려고 하는 말 아닙니까."

그 뒤 유월 아흐렛날이 밝기 전에 태위 양병(楊秉)이 갑작스레 죽고 말았다. 칠월 칠일에 교현은 거록군(鉅鹿郡) 태수가 되었다. 거(鉅) 자가 바로 쇠 금(金) 변이다. 나중에 교현은 도료장군에 봉해졌고 또 삼공에까지 올랐다.

점괘의 길흉을 판단하다

관로(管輅)는 자가 공명(公明)으로 평원현 사람이다. 『주역(周易)』에 정통해 점을 잘 쳤다. 안평태수인 동래 사람 왕기(王基)는 자가 백여(伯輿)였는데, 집안에 자주 이상한 일이 일어나 관로를 불러 점을 치게 했다. 점괘가 나오자 관로가 말했다.

"태수님의 괘에는 출신이 비천한 여자가 하나 있습니다. 아들 하나를 낳았는데 태어나자마자 부엌으로 뛰어들어가 타 죽었습니다. 또 큰 뱀한 마리가 침상 위에서 붓을 물고 있는데 모두들 바라보니 곧 사라졌습니다. 다시 까마귀 한 마리가 집으로 날아와 제비와 다툼을 벌였는데, 제비는 죽고 까마귀는 날아갔습니다. 이렇게 세 가지 괘가 있습니다."

왕기가 매우 놀라 말했다.

"괘가 매우 자세하구려. 솜씨가 그 정도였다니. 어서 괘의 길흉을 내게 알려주시오."

관로가 말했다.

"별다른 화는 없습니다. 다만 객사가 오래되어 이매(魑魅)와 망량(魍魎) 같은 요괴가 함께 괴이한 일을 저지르고 있을 뿐입니다. 아이가 태어나자마자 뛰었다는 것은 무슨 뜻일까요. 스스로 그럴 수는 없으니 불의 요괴가 아이를 부엌으로 끌어들인 것입니다. 큰 뱀이 붓을 들었다는 것은 무슨 뜻이겠습니까. 늙은 서좌(書佐)를 가리킬 뿐입니다. 제비와 싸운 까마귀는 문지기를 가리킵니다. 정신이 바르면 요괴가 해칠 수 없습니다. 도술이라고 해서 만물의 변화를 그치게 할 수는 없습니다. 오래되어 떠도는 요괴에게는 반드시 정해진 운명이 있을 것입니다. 지금처럼 괴상에 요괴가 하는 짓이 보이는데 해를 가하는 징조가 없다면 그리 걱정하실 일도 없습니다.

옛날 은(殷)나라 고종(高宗)이 제사를 지내던 큰솥은 들새가 울던 곳에 두지 않았습니다. 은나라 중종(中宗)의 돌계단은 상곡(桑穀)이 자라는 곳에 있지 않았습니다. 그러나 들새가 날아와 울어대니 무정(武丁)은 현명한 고종이 되었고, 상곡이 자라자 태무(太茂)는 흥성했습니다.

앞의 세 가지가 길한 징조인지 어찌 알겠습니까? 마음을 편히 다스려 덕을 수양하십시오. 요괴들이 나타나 방해한다고 해서 성품을 해치지 마십시오."

그 뒤에는 아무런 괴사도 일어나지 않았고, 왕기는 안남장군에 올랐다. 나중에 관로의 동향 사람인 내태원(乃太原)이 관로에게 물었다.

"자네 예전에 왕기에게 요괴의 일을 말하면서 늙은 서좌가 큰 뱀으로 변했고 문지기가 까마귀로 변했다고 했네. 그들은 본래 모두 사람인데 어째서 미천한 동물로 변한 겐가? 괘상에 나오는 내용인가, 꾸며낸 말인가?"

관로가 대답했다.

"본성과 하늘의 뜻에 따르지 않는다면, 어떻게 괘상을 떠나 마음 가는 대로 꾸며내겠는가? 만물의 변화에는 일정한 형상이 없고, 사람이 다른 것으로 변하는 데도 정해진 형체가 있는 게 아닐세. 때로는 큰 것이 작아지기도 하고, 때로는 작은 것이 커지기도 하니, 좋고 나쁨의 구분이 본래 없는 것일세.

만물의 변화는 모두 자연법칙을 따르네. 하(夏)나라의 곤(鯀)은 천자(天子)인 우임금의 아버지가 됐고 조왕(趙王) 유여의(劉如意)는 한고조의 아들이 되었네. 그러나 곤이 누런 곰으로 변하고 유여의가 푸른 개가 되었으니, 이 또한 가장 높은 신분에서 평범한 들짐승으로 변한 형국일세. 하물며 뱀은 지지(地支) 가운데 진사(辰巳)와 어울리고, 까마귀는 태양의 정령이네. 이는 바로 등사성(騰蛇星)의 분명한 상징이며, 태양의 잔상과도 같다네. 서좌든 문지기든 각자 자신의 미천한 신분으로 뱀과 까마귀가 되었으니 그런대로 괜찮은 셈 아닌가?"

수명 연장법을 가르쳐주다

관로가 평원현에 이르러 안초(顔超)를 만나고 보니 어려서 죽을 상이었다. 안초의 아버지가 관로에게 아들의 수명을 연장해달라고 청했다. 관로가 안초에게 말했다.

"집에 돌아가거든 맑은술 한 주전자와 사슴 육포 한 근을 준비해두어라. 묘일(卯日)이 되면 추수가 끝난 보리밭 남쪽 큰 뽕나무 아래서 두 사람이 바둑을 두고 있을 것이다. 그곳에 가서 술을 따르고 사슴 육포를 차려두거라. 잔에 술이 비거든 다시 따르거라. 술과 고기를 다 먹을 때까지 그리 하거라. 만일 무언가를 묻거든 그저 고개를 숙여 대답하고 말은 일체 하지 말거라. 그러면 반드시 너를 구해줄 사람이 있을 것이다."

안초가 관로의 말대로 보리밭에 갔더니 정말로 두 사람이 바둑을 두고 있는 게 보였다. 안초는 그 앞에 육포를 차려놓고 술을 따랐다. 두 사람은 바둑에 빠져 있어서, 술과 고기를 먹으면서도 고개를 돌려 안초를 쳐다보지는 않았다. 몇 차례 술을 마신 뒤 북쪽에 앉은 사람이 문득 안초가 옆에 있는 것을 보고는 꾸짖으며 물었다.

"어째서 여기 있는 게냐?"

안초는 그저 고개를 숙여 인사를 할 뿐이었다. 남쪽에 앉은 사람이 말했다.

"방금 이 아이의 술과 고기를 먹었으니 설마 무정하게 대하진 않겠지?"

북쪽에 앉은 사람이 말했다.

"문서를 이미 다 써두었네."

남쪽에 앉은 사람이 말했다.

"내게 한번 보여주시게."

그가 보니 문서에는 안초의 수명이 열아홉이라고 적혀 있었다. 그는 붓을 들어 '아홉 구' 자의 위치를 '열 십' 자 앞으로 바꿔놓고는 안초에게 말했다.

"내 너를 아흔 살까지 살게 해주었느니라."

안초는 감사 인사를 하고 집으로 돌아왔다.

관로가 안초에게 말했다.

"그분들이 너를 많이 도와주어 장수할 수 있게 되었으니 다행이구나. 북쪽에 앉은 분은 북두성군(北斗星君)이고 남쪽에 앉은 분은 남두성군(南斗星君)이니라. 남두성군은 사람의 삶을 관장하고 북두성군은 사람의 죽음을 관장한다. 사람은 무릇 태아 때부터 남두성군으로부터 태어날 날을 받고 북두성군에게 죽을 날을 받는다. 바라는 게 있다면 모두 북두성군에게 빌어야 하느니라."

유해를 옮겨 묻다

신도현 현령의 집 여자들이 두려움에 떨면서 연이어 병이 났다. 현령은 관로에게 점을 쳐달라고 청했다. 관로가 말했다.

"북쪽 건물 서쪽에 죽은 사내가 둘 있는데 하나는 창을 들었고 하나는 활을 들고 있습니다. 머리는 벽 속에 있고 다리는 벽 밖으로 나와 있습니다. 창을 든 자는 사람의 머리를 찌릅니다. 그래서 사람들의 머리가 무겁고 아파 고개를 들 수 없는 것입니다. 활을 든 자는 사람의 배에 화살을 쏩니다. 그래서 화살에 맞은 사람들이 속이 아파 먹지를 못하는 것입니다. 사내들은 낮에 놀러 나가고 밤에 돌아와 사람을 해칩니다. 그리하여 여자들에게 두려움이 찾아온 것입니다."

그 말을 들은 현령은 건물 안을 파보았다. 지하 팔 척까지 팠더니 과연 관이 두 개 있었다. 관 하나에는 창이 있었고 다른 관에는 뿔로 장식한 활과 화살이 있었다. 얼마나 오래되었는지 화살은 나무 부분이 모두 썩었고 쇠와 뿔만 남아 있었다. 현령은 유해를 옮겨 성 밖으로 20리 떨어진 곳에 묻어주었다. 그러자 집안에 다시는 병이 나지 않았다.

병의 원인을 밝혀내다

이조에 사는 백성 곽은(郭恩)은 자가 의박(義博)이었다. 형제가 셋 있었는데 모두 다리를 저는 병을 앓았다. 이에 관로에게 점을 쳐 그 까닭을 알려달라 청했다. 관로가 말했다.

"괘를 보니 원래 무덤이 있는데 무덤 속에 여자 귀신이 들어 있습니다. 백모 아니면 숙모일 것입니다. 옛날 기근이 찾아왔을 때 누군가가 쌀 몇 되를 탐내 그분을 우물에 빠뜨렸습니다. 우물에 빠져 신음 소리를 내고 있는데 다시 그가 큰 돌을 떨어뜨려 머리를 깨뜨렸습니다. 여자는 외로운 원혼이 되어 비통하게 하늘에 하소연하고 있습니다. 그래서 당신 형제들에게 이런 병이 생긴 것입니다."

쥐를 죽여 화를 피하다

순우지(淳于智)는 자가 숙평(叔平)으로 제북군 여(廬) 땅 사람이다. 성품이 진중하고 의로웠다. 어려서부터 책을 읽어 『주역』에 정통했고, 점을 잘 쳤으며, 저주하는 도술을 잘 부렸다. 고평현 사람 유유(劉柔)가 밤에 잠을 자는데 쥐가 그의 왼손 가운뎃손가락을 물었다. 기분이 꽤 좋지 않아서 순우지에게 물어보니 그가 점을 치고는 말했다.

"쥐가 본래 당신을 물어 죽이려 했으나 그러지 못했소. 내가 거꾸로 쥐를 죽일 방법을 알려드리리다."

곧이어 유유의 손목에 난 가로줄 뒤쪽 3촌쯤 떨어진 곳에 붉은색으로 밭 전(田) 자를 써주었다. 크기는 1촌 2푼쯤 되었다.

유유가 밤에 손을 밖으로 내놓고 누워 잤는데 나중에 보니 큰 쥐가 그 앞에 엎어져 죽어 있었다.

가난을 해결하다

상당군에 포원(鮑瑗)이 살았다. 그의 집안에는 죽거나 병든 사람이 많은 데다 가난하기까지 했다. 순우지가 점을 치고는 말했다.

"당신이 사는 집이 불길해서 이렇게 곤궁한 것이오. 집 동북쪽에 큰 뽕나무가 있을 것이오. 곧바로 저잣거리에 가시오. 저자 입구부터 몇 십 발자국쯤 떨어진 곳에 새 채찍을 파는 사람이 있을 텐데, 그에게 채찍을 사서 뽕나무 위에 걸어두시오. 3년이 지나면 반드시 많은 돈을 벌게 될 것이오."

포원이 이 말을 듣고 저자에 가서 채찍을 사 오고, 뽕나무 위에 3년을 걸어두었다. 3년이 지난 어느 날 우물을 팠는데 돈 수십만과 동철(銅鐵)로 된 그릇 2만여 개를 얻었다. 그 뒤 집안이 더 이상 쪼들리지 않았고 병자도 모두 나았다.

온 집안의 화를 막다

초현 사람 하후조(夏侯藻)가 어머니의 병이 심해지자 순우지에게 가서 점을 치려고 했다. 그때 갑자기 여우 한 마리가 문 앞을 가로막고 울부짖었다. 하후조는 깜짝 놀라 서둘러 순우지에게 달려갔다. 순우지가 말했다.

"화가 매우 급히 이를 것이오. 속히 돌아가서 여우가 울던 곳에 엎드려 가슴을 두드리며 통곡하시오. 집안사람들이 기이하게 여겨 한 사람도 빠지지 않고 나와서 볼 때까지 하시오. 한 사람이라도 나오지 않으면 울음을 멈추지 마시오. 그러면 화를 면할 수 있소."

하후조가 돌아가 그 말대로 했다. 심지어 병든 어머니도 밖으로 나왔다. 집안사람이 다 모이자 다섯 칸짜리 집이 누군가 잡아끄는 것처럼 무너지고 말았다.

병을 해결하다

호군(護軍) 장소(張劭)의 어머니가 병이 위독했다. 순우지가 점을 치고는 그에게 서쪽에서 열리는 시장에 가 원숭이 한 마리를 사 와 어머니 팔에 걸어두라고 했다. 다시 옆에 있는 사람들에게 원숭이를 때려 계속해서 소리를 지르게 한 뒤 사흘 만에 풀어주라 했다.

장소가 그대로 따랐다. 풀려난 원숭이는 문을 나서자마자 곧 개에게 물려 죽었다. 그 뒤 어머니의 병이 점차 좋아졌다.

팥을 뿌려 여종을 얻다

곽박(郭璞)은 자가 경순(景純)이다. 여강군에 이르러 고을 태수 호맹강(胡孟康)에게 서둘러 강을 건너 남쪽으로 가라고 권했다. 그러나 호맹강은 그 말을 듣지 않았다.

곽박은 급히 짐을 꾸려 떠나려고 했는데, 그가 좋아했던 여종을 놓고 갈 수는 없었다. 곽박은 일단 팥 서 말을 가지고 호맹강의 집 주위에 에둘러 뿌려놓았다.

호맹강이 아침에 일어나 보니 붉은 옷을 입은 사람들 수천 명이 집을 둘러싸고 있었다. 그러나 가까이 가서 보니 사라져버려 마음이 꺼림칙했다. 곽박을 불러 점을 치라 하자, 곽박이 말했다.

"집에서 이 여종을 거두어서는 안 되고 동남쪽 이십 리 밖에 팔아버려야 합니다. 하지만 결코 흥정을 해서는 안 됩니다. 그러면 귀신들을 없앨 수 있습니다."

곽박은 몰래 사람을 보내 싼값에 그 여종을 샀다. 다시 태수의 우물 속에 부적을 던지자, 붉은 옷 입은 사람 수천 명이 스스로 우물 속으로 뛰어들었다. 호맹강은 무척 기뻐했고, 곽박은 여종을 데리고 떠났다. 수십 일이 지난 뒤 여강은 물에 잠기고 말았다.

죽은 말을 되살려내다

조고(趙固)는 자신이 타던 말이 문득 죽어버리자 매우 슬퍼했다. 곽박에게 물으니 그가 말했다.

"수십 명에게 죽간을 들고 동쪽으로 30리를 가게 하면 수풀 속 무덤 곁에 심어진 나무가 있을 것이오. 돌아가며 죽간으로 나뭇가지를 때리면 반드시 괴물이 튀어나올 텐데, 그것을 잡아서 돌아오시오."

말대로 하니 과연 괴물을 잡을 수 있었다. 생긴 모습이 원숭이와 비슷했다. 잡아서 돌아와 문에 들어섰는데, 괴물이 죽은 말의 머리 쪽으로 잽싸게 뛰어가더니 말의 코에 대고 숨을 내뱉고 들이쉬었다. 조금 뒤 말이 일어났다. 재빠른 동작으로 힝힝대면서 평소처럼 먹고 마셨다. 어찌된 일인지 괴물은 다시 보이지 않았다. 조고가 기이하게 여겨 곽박에게 많은 돈을 주었다.

선대의 허물을 밝혀내다

양주의 별가(別駕)인 고구(顧球)의 누이가 열 살이 되었을 무렵부터 병이 들어 쉰 살이 넘도록 계속 앓았다. 곽박에게 점을 치라 명하니 대과(大過)괘가 변한 승(升)괘가 나왔다. 점괘는 이러했다.

"대과괘는 뜻이 좋지 않소. 무덤 위 마른 버드나무에 꽃이 피지 않는 형상이오. 떠도는 혼령이 용마차를 끌고 나타나 아이를 해치니, 요사한 것이 들러붙어 떨어지지 않소. 나무를 베고 영험한 뱀을 죽인 것이 연유이니, 자신의 잘못이 아니고 선대의 과실이오. 나는 단지 괘에 대해서 이야기할 수 있을 뿐 별다른 방법이 없소."

고구가 이 말을 듣고 집안에 있었던 일을 조사해보았다. 알고 보니 아버지가 일찍이 큰 나무를 베다가 뱀 한 마리를 발견해 죽였고, 그 뒤 누이에게 병이 났다고 했다. 병이 나자 새 수천 마리가 집 위를 뱅글뱅글 돌았다. 사람들이 기이하다고 여겼지만, 어찌 된 영문인지 알지 못했다. 그 지역 농민들이 집 옆을 지나다가 고개를 들어 보니 용 한 마리가 마차를 끌고 있었다. 마차는 오색 빛깔로 휘황찬란했고 매우 컸는데, 조금 뒤에는 어디론가 사라져 보이지 않았다.

흰 소를 불러내다

의흥군에 방숙보(方叔保)라는 사람이 열이 나는 병인 상한(傷寒)에 걸려 곧 죽으려 하자 곽박을 불러 점을 쳤다.

점괘는 불길했다. 곽박이 흰 소 한 마리를 구해 이를 다스려야 한다고 말했다. 그러나 아무리 애써도 흰 소를 구할 수 없었다. 오직 양자원(羊子元)의 집에 흰 소가 있었는데 빌려주려 하지 않았다.

그러자 곽박이 방숙보를 위해 흰 소를 불러냈다. 그날 커다란 흰색 소 한 마리가 서쪽에서 나타나 곧장 방숙보의 집으로 들어왔다. 소가 들어서자 방숙보가 놀랐고, 병이 곧 나았다.

지혜로운 사람을 만나면 산다

서천 사람 비효선(費孝先)은 그림으로 점을 치는 궤혁(軌革)에 정통해 당시 사람들이 모두 그의 이름을 알았다. 대약현 사람 왕민(王旻)이 성도에 장사를 하러 왔다가 그에게 점을 보았다. 비효선이 말했다.

"머물라고 하면 머물지 말고, 씻으라고 하면 씻지 마시오. 곡식 한 섬을 찧어 쌀 서 말이 되느니, 밝음을 만나면 살 것이요, 어둠을 만나면 죽을 것이오."

그러면서 재삼 왕민에게 이 말을 잘 기억해두면 문제가 없을 거라고 경고했다. 왕민은 그의 말을 마음에 새겼다.

왕민이 돌아올 때 길에서 큰비를 만났다. 어떤 집 앞에서 쉬고 있었는데 길을 가던 사람들이 모두 몰려들었다.

왕민이 생각했다. '머물라고 하면 머물지 말라 했는데 바로 이런 상황

을 가리키는 게 아닐까?'

왕민은 결국 비를 무릅쓰고 길을 갔다. 조금 있자 그 집이 무너져 내렸고, 왕민만 화를 피할 수 있었다.

왕민의 아내는 오래전 이웃 사람과 정을 통했고, 서로 부부가 되자고 약속했다. 그들은 왕민이 돌아오면 독을 써서 죽일 생각이었다. 왕민이 돌아오자 아내가 사통한 남자와 약속하며 말했다.

"오늘밤 목욕하고 있는 사람이 바로 내 남편일 거예요."

날이 저물려 하자 아내가 왕민에게 목욕을 권하면서 수건과 빗을 준비해주었다.

왕민은 의심이 들었다. '씻으라 해도 씻지 말라고 했는데 바로 이런 상황이 아닐까?'

왕민은 끝내 씻지 않겠다고 고집을 부렸다. 아내는 화가 나서 정부와 나눈 말은 생각지도 못하고 자기가 목욕을 하러 갔다. 결국 아내는 한밤중에 죽임을 당했다.

날이 밝은 뒤 왕민은 아내가 죽은 모습을 보고 크게 놀랐다. 마을 사람들도 모두 상황을 보러 왔지만 무슨 까닭인지 알 길이 없었다. 결국 왕민은 관가에 붙잡혀 가서 신문과 고초를 당했다. 살인죄를 뒤집어썼으나 자신을 변호할 수 없었다. 군수가 법을 집행하려 하자 왕민이 울며 말했다.

"죽는 것은 죽는 것이지만 비효선의 예언은 효험이 없구나."

곁에 있던 사람들이 왕민의 말을 위에 아뢰었다. 군수가 사형 집행을 멈추고 왕민을 불러 물었다. "네 이웃이 누구냐?"

왕민이 답했다. "강칠(康七)입니다."

군수가 사람을 보내 강칠을 잡아왔다.

"네 아내를 죽인 범인은 틀림없이 저자이다."

신문을 해보니 정말 그러했다. 군수가 이에 관리들에게 말했다.

"벼 한 섬을 찧어 쌀 서 말을 얻는다 했으니, 그렇다면 남는 것은 왕겨(왕겨를 뜻하는 '糠'이 강칠의 '康'과 발음이 같음)만 일곱 말 아니겠느냐?"

이로 인해 사건의 진상이 드러났으니 "지혜로운 사람을 만나면 살 것"이라는 말이 효험이 있었음에 틀림없다.

미리 황금을 숨겨놓다

외소(隗炤)는 여음군 홍수정(鴻壽亭) 백성으로 『주역』에 정통했다. 그가 죽기 전 나무 널빤지에 글자를 써서 아내에게 주며 말했다.

"내가 죽고 나면 큰 기근이 올 것이오. 그렇다 해도 결코 집을 팔지는 마시오. 다섯 해가 지나고 봄이 되면 황제의 특사가 우리 마을에 머물 것인데 성은 공(龔)일 것이오. 그 사람이 내게 빚을 졌으니 이 나무 널빤지를 가져다 보여주고 돈을 받으시오. 내 말을 잊지 마시오."

그가 죽은 뒤 집안 살림은 정말 힘들어졌다. 아내는 몇 번이고 집을 팔고 싶었지만 남편의 유언을 기억하고 참아냈다.

외소가 말한 때가 되자 과연 공씨 성을 가진 특사가 홍수정에 와서 머물렀다. 외소의 아내는 널빤지를 들고 가 그에게 빚을 갚으라고 했다.

특사는 나무 널빤지를 손에 쥔 채 무슨 영문인지 몰라 어리둥절해했다.

"나는 평생 빚을 져본 적이 없거늘 어찌 이러는 것이오."

외소의 아내가 말했다. "제 남편이 죽기 전에 손수 이 나무 널빤지를 써주며 저한테 이리 하라 했습니다. 제가 아무렇게나 이러는 것이 아닙니다."

특사는 한참을 골똘히 생각하더니 알겠다는 듯 톱풀을 가져다가 점을 쳤다. 점괘가 나오자 그는 손뼉을 치며 감탄했다.

"외소가 정말 기막히구나! 자신의 지혜를 드러내지 않고 스스로 종적을 감추어 아무도 알아보는 사람이 없도록 했구나. 외소야말로 곤궁과 영달, 길함과 흉함을 통찰한 사람이구나."

그러고는 외소의 아내에게 말했다.

"나는 빚을 지지 않았소. 당신 남편에게는 원래 돈이 있었는데, 죽고 나면 집안이 잠시 어려워질 것을 알았소. 그래서 태평한 때가 올 때까지 돈을 숨겨둔 것이오. 자식과 아내에게도 알리지 않은 까닭은 빈곤한 날이 다하지도 않았는데 먼저 다 써버릴까 염려해서요. 그는 내가 『주역』에 정통하다는 것을 알고 널빤지에 자신의 뜻을 써 넣었소. 황금 5백 근이 파란 질항아리에 담겨 있소. 동판으로 덮어 집 동쪽에 묻어놓았소. 벽에서 한 장쯤 떨어져 있고 깊이는 아홉 척쯤 될 것이오."

외소의 아내가 집에 돌아와 땅을 파 보니 과연 황금이 있었다. 점괘가 말해준 대로였다.

여우 귀신을 붙잡다

한우(韓友)는 자가 경선(景先)으로 여강군 서현 사람이다. 점을 잘 보았고 경방(京房)에게서 배운 염승술(厭勝術)도 잘했다.

유세칙(劉世則)의 딸은 귀신에 씌어 여러 해 동안 병이 나 있었다. 무당이 귀신을 쫓는 기도를 하고, 또 낡은 성의 빈 무덤을 파헤치고, 여우와 악어 수십 마리를 잡아 오기도 했지만 병은 여전히 나아지지 않았다.

한우가 점을 치고는 포대 자루 하나를 만들게 했다. 딸아이가 발작하기를 기다렸다가 창문에 포대를 펼쳐두었다. 한우가 문을 닫고 마치 무언가를 쫓아내는 듯 기운을 뿜어냈다. 조금 뒤 포대가 바람을 불어넣은 것처럼 불룩해졌다. 그러나 포대가 곧 터져버려 일이 실패하고 말았다.

딸아이의 병은 여전히 심각했다. 한우가 다시 포대 두 개를 만들어 겹쳐서 펼쳐놓고 저번처럼 기운을 내뿜자 자루는 다시 불룩해졌다. 그가 급히 포대 입구를 묶고 나무에 매달았다. 20여 일이 지난 뒤 포대가 점점 줄어들었다. 열어 보니 안에는 두 근쯤 되는 여우털이 있었다. 그 뒤 딸아이의 병이 나았다.

여행길에 앞서 재앙을 물리치다

회계군의 엄경(嚴卿)은 점을 잘 보았다. 마을 사람 위서(魏序)가 동쪽으로 가려고 했는데, 흉년이 들어 강도가 늘자 엄경에게 점을 봐달라고 청했다. 엄경이 말했다.

"동쪽으로 가는 건 조심해야겠소. 간다면 틀림없이 해를 당할 거요. 단순한 강도가 아니오."

위서는 그 말을 믿지 않았다. 엄경이 말했다.

"이왕 가기로 했다면 화를 미리 없애는 게 좋겠소. 서문 바깥에 사는 과부댁에 가서 흰색 수캐를 얻어 온 다음, 타고 가는 배 앞쪽에 묶어두시오."

위서가 개를 가지러 갔지만 흰색은 없고 여러 색이 섞인 얼룩이뿐이었다. 엄경이 말했다.

"얼룩이도 괜찮소. 그러나 털빛이 순일하지는 않으니 유감이오. 독이 조금 남아 있을 테지만 가축 같은 것이 다칠 뿐이니 염려하지 마시오."

마침내 위서가 길을 떠났는데 개가 갑자기 큰 소리를 내며 마치 누군가에게 얻어맞기라도 하는 듯 짖어댔다. 가까이 가서 보니 검은 피를 한 말이나 쏟은 채 벌써 죽어 있었다. 그날 밤, 위서의 전답에 흰 거위 몇 마리가 까닭 없이 죽어 있었다. 집안사람들은 아무런 화도 입지 않았다.

종기 속에 든 뱀을 잡다

패(沛)나라 사람 화타(華佗)는 자가 원화(元化)이고 이름은 부(旉)라고도 했다.

낭야군 사람 유훈(劉勳)이 하내군에 태수로 부임했는데 스물이 다 된 딸이 하나 있었다. 딸은 왼쪽 무릎 관절에 난 종기로 괴로워하고 있었다. 종기는 가렵기는 했지만 아프지는 않았다. 어쩌다 종기가 나았다가도 수십 일이 지나면 재발했다. 칠팔 년 동안 줄곧 그와 같았다.

유훈이 화타를 불러 진찰을 시키니 화타가 말했다.

"이 종기는 쉽게 고칠 수 있습니다. 왕겨처럼 누런 털을 가진 개 한 마리와 좋은 말 두 필을 준비해주십시오."

화타는 끈으로 개 목을 묶더니 말에게 개를 끌도록 했다. 말이 힘들어하면 다른 말로 바꾸었다. 말이 30여 리를 뛰자 개는 더 이상 움직일 수조차 없었다. 화타는 다시 지나는 행인들에게 개를 끌라고 해서 모두 약 50리를 걸었다.

다시 약을 가져와 유훈의 딸에게 마시게 하니 딸아이는 세상모르고 조용히 자리에 누웠다. 화타가 큰 칼로 개의 뒷다리 쪽 배를 가른 뒤, 잘라낸 부위를 종기 쪽에 갖다 댔다. 간격은 종기에서 이삼 촌 정도였다.

조금 뒤 뱀처럼 생긴 것이 종기에서 빠져나왔다. 화타가 철침으로 뱀의 머리를 찔렀다. 뱀이 딸아이의 피부 안에서 버둥거리더니 잠시 후 멈추었다.

화타가 뱀을 끄집어내서 보니 3척 길이의 완전한 뱀이었다. 다만 눈두덩만 있고 눈알이 없었다. 비늘은 또 거꾸로 나 있었다. 화타가 고약 가루를 종기 위에 발라주니 이레 만에 곧 나았다.

뱀을 내쫓아 인후통을 없애다

한번은 화타가 길을 가다가 인후통을 앓는 사람을 만났다. 무언가를 먹고 싶어도 넘기지를 못했다. 집안사람들이 그를 마차에 태워서 의원을 찾아가던 길이었다.

신음 소리를 들은 화타가 마차를 멈추게 해서 병자를 자세히 살펴보고는 말했다.

"방금 지나온 길에 떡을 파는 집이 있소. 거기에 다진 마늘 식초가 있을 텐데, 그 식초를 세 되 마시면 병이 자연히 나을 게요."

화타의 말대로 하니 곧장 뱀 한 마리가 병자의 몸에서 튀어나왔다.

서로 분리된 세계

「권 4」에는 물, 강, 호수 등의 이미지가 자주 등장한다. 물 이미지는 주로 소녀, 여성 등 이미지와 겹치면서 이야기를 만들어간다. 이 때문인지 「권 4」에 가장 처음 등장하는 두 이야기가 바로 각각 물과 여성을 표상한다. 풍백과 우사 이야기는 두 별자리를 언급하고 있지만, 이들의 이름은 '바람'과 '비'를 대신한다. 여인의 정체를 밝힌 장관 이야기는 목욕재계하고 있는 여인 별자리에 관한 내용이다. 물과 여성을 모두 저 하늘에 있는 별자리로 치환했으니, 어쩌면 당시 사람들도 이후 펼쳐질 이야기가 조금은 비현실적일 수 있겠다는 생각을 했는지도 모르겠다.

많은 이야기가 폭풍과 폭우를 소재로 펼쳐진다. 하백이 된 풍이, 사위를 맞은 하백 등이 모두 그렇다. 대표적으로는 호모반을 들 수 있다. 우연히 태산을 지나던 호모반이 태산부군의 부름을 받아 찾아가니 자신의 딸인 하백의 아내에게 편지를 전해주라는 요청을 받는다. '태산'이 황하의 신 '하백'에게 딸을 시집보냈다는 상상은 거대한 자연이 상호 조화 속에서 균형을 맞춰 살아간다는 원리의 표현일 것이다. 그러나 동시에 태산은 시집간 딸을 만날 수 없어 그리워하고 있으니, 이는 또한 강과 산이 그만큼 이질적 자연현상임을 보여주는 장면이기도 하다.

호모반은 태산부군이라는 신적 존재의 메신저 역할을 한다. 그 뒤 사후 아버지의 고통스러운 모습을 대신해 태산부군에게 간청을 하게 되지만, 결국에는 아들을 잃고 마는 곤경에 빠진다. 이 과정에 등장하는 태산부군의 말, 즉 "삶과 죽음은 다른 길이라 서로 가까이할 수 없소"라는 선언은 스스로 생사의 경계를 통제하고자 하는 인간의 욕망이 얼마나 지난한 것인지를 보여준다.

장박의 두 딸 이야기는 『심청전』을 통해 우리에게도 익숙한 소녀 투수(投水) 설화이다. 강 한가운데 멈춰 선 장박의 배를 움직이기 위해 딸을 던져야만 하는 상황이 펼쳐진다. 어쩔 수 없는 상황에서 화가 난 장박은 딸을 직접 물에 던져버리고 만다. 그러나 결과적으로는 딸이 강물에서 살아 돌아온다는 해피엔딩으로 이야기를 끝맺는다. 여기에는 꿈을 통해 앞일을 예지할 수 있다는 당시 사람들의 믿음이 드러나 있다. 장박의 딸들과 혼인을 원한 여산의 신이 꿈에 나타났기 때문이다. 또한 "귀신은 사람과 혼인할 수 없다"는 원칙 때문에 두 딸이 살아 돌아오게 된다. 인간과 귀신이 서로 분리된 세계에서 살고 있으며 간섭할 수 없다는 믿음이 드러나 있다. 『수신기』의 뒤편에 나오는 수많은 이야기는 인간과 귀신의 간섭을 그리고 있지만, 어쩌면 그 근저에는 이 같은 '세계의 분리'라는 전제가 놓여 있을 것이다.

청홍군의 여종 이야기는 거대한 자연의 위력을 극복하려는 인간의 의지를 보여준다. 팽택호를 지날 때마다 호수에 선물을 던진 구명에게 팽택호의 신인 청홍군이 여종을 답례로 하사한다는 내용이다. 이야기는 구명이 여종을 통해 큰 부자가 됐다고 전한다. 선한 일을 베풀면 그 결과가 좋으리라는 인과응보, 권선징악의 메시지가 담겨 있다.

그러나 궁극적으로 「권 4」의 이야기는 폭우와 거친 강, 호수 등이 뿜어내는 위력을 자신의 삶에 조화롭게 적응시키고자 했던 고대인의 노력을 보여준다. 이런 이야기는 대부분 남녀의 결합이라는 소재와 연관돼 있다. 이 점을 보면, 거대한 자연의 위력을 극복할 수 없었던 인간으로서, 자연을 극복 대상이 아니라 친화적 대상으로 인식하고 있었음을 알 수 있다.

이밖에도 「권 4」에는 거대한 산 이야기나 신발, 비녀와 같은 일상적 사물에 관한 이야기도 실려 있다. 또한 몇몇 이야기에는 『오행서』『맥경』『탕방』『환방』 등과 같은 다른 책이 언급되기도 한다. 문헌과 지식의 교차 인용을 통한 상호 텍스트성의 맹아를 볼 수 있는 대목이다.

풍백과 우사

풍백(風伯)과 우사(雨師)는 별자리다. 풍백은 기수(箕宿)이고 우사는 필수(畢宿)다.

정현(鄭玄)은 사중(司中)과 사명(司命)이 각각 문창(文昌)의 네 번째와 다섯 번째 별이라고 했다. 우사는 또한 병예(屛翳), 호병(號屛), 현명(玄冥)이라고도 불렸다.

여인의 정체를 밝히다

촉군의 장관(張寬)이란 사람은 자가 숙문(叔文)이다. 한무제 때 시중(侍中)을 지내며 무제를 모시고 감천(甘泉)에서 제사를 지냈다. 위교(渭橋)에 이르자 한 여인이 위수에서 목욕을 하고 있는 게 보였다. 여자는 유방이 7척이나 되었다. 무제가 기이하게 여겨 사람을 보내 물었다. 여자가 대

98

답했다.

"뒤쪽 일곱 번째 수레에 앉은 사람이 제가 어디서 왔는지 알고 있을 겁니다."

그때 장관이 바로 일곱 번째 수레에 있었다. 그가 대답했다.

"하늘에서 제사를 주관하는 별자리입니다. 제사를 지내기 전에 몸과 마음을 깨끗이 하지 못하면 저 같은 모습으로 나타납니다."

관단령을 보호한 태공망

문왕(文王)이 태공망(太公望)을 관단령(灌壇令)으로 삼았다. 그 뒤 한 해 동안 바람도 불지 않을 만큼 모든 일이 태평했다.

어느 날 문왕이 꿈에서 매우 아름다운 여인을 보았는데 길을 막고 울고 있었다. 그 까닭을 물으니 대답했다.

"저는 태산신의 딸로 동해신에게 시집을 갔습니다. 이제 친정에 가려 하는데 관단령이 길을 막고 있습니다. 관단령에 큰 덕이 있어 저를 방해하는 것입니다. 제가 지나가면 반드시 광풍과 폭우가 일어날 텐데 그러면 그의 덕을 해칠 것입니다."

문왕이 꿈에서 깨어나 태공망을 불러 물었다. 그날 과연 광풍이 불고 폭우가 내렸지만, 관단령 밖으로만 지나갔다. 문왕이 이에 태공망의 벼슬을 높여 대사마(大司馬)로 삼았다.

생사의 길은 같지 않다

호모반(胡母班)은 자가 계우(季友)로 태산군 사람이다. 그가 일찍이 태산 가에 이르렀는데 문득 숲에서 붉은 옷을 입은 기사(騎士) 한 명을 만났다. 그가 호모반을 부르더니 말했다.

"태산부군(泰山府君)이 그대를 보고자 합니다."

호모반은 이상히 여겨 주저하면서 대답하지 못했다. 그러자 또 다른 기사가 나타나 재차 청했다. 호모반은 그들을 따라 수십 걸음을 걸어갔다. 기사가 호모반에게 잠시 눈을 감으라고 했다. 조금 있다 다시 눈을 뜨니 매우 위엄 있는 궁궐이 보였다. 호모반은 궁궐에 들어가 태산부군에게 절했다. 태산부군은 그를 위해 술자리를 베풀고는 말했다.

"그대를 보고 싶었을 뿐 다른 뜻은 없소. 그저 편지 한 통을 사위에게 보내고 싶을 뿐이오."

호모반이 말했다. "따님이 어디 계십니까?"

"딸은 하백(河伯)의 아내요."

"제가 바로 편지를 가지고 가겠습니다. 하지만 어찌해야 전할 수 있을지 모르겠습니다."

"오늘 황하로 가서 뱃전을 두드리며 노비를 부르면 편지를 가지러 사람이 올 것이오."

호모반은 인사를 하고 나왔다. 아까 그 기사가 다시 눈을 감으라 했다. 조금 뒤 그는 원래 있던 길로 돌아왔다.

호모반은 서쪽으로 가서 태산부군의 말대로 황하에서 노비를 불렀다.

아니나 다를까, 한 여종이 물에서 나와 편지를 받아 물속으로 들어갔다. 잠시 뒤 그 여종이 다시 나와 말했다.

"하백이 그대를 보고 싶어 합니다."

여종도 호모반에게 눈을 감으라 했다. 호모반은 하백을 만나러 갔다. 하백은 술자리를 거하게 벌이고는 그를 환대하면서 매우 친절하게 대했다. 헤어지려고 할 때 하백이 호모반에게 말했다.

"먼 길을 와서 내게 편지를 전해주어 고마운데 뭐 드릴 게 없구려."

이에 곁에 있던 사람에게 "내 파란 신발을 가져오너라" 하고 명했다.

하백은 신발을 호모반에게 주었다. 호모반이 나오면서 눈을 감으니 홀연히 원래 배로 돌아와 있었다.

호모반은 장안에 이르러 한 해 만에 집으로 돌아갔다. 태산 가에 이른 그는 감히 조용히 지나갈 수 없었다. 그래서 나무를 두드리며 자기 이름을 말했다.

"호모반이 장안에서 돌아왔습니다. 상황을 보고 드리겠습니다."

조금 뒤 이전에 본 기사가 나오더니 호모반을 예전처럼 궁궐로 데려갔다. 호모반이 편지를 보낸 과정을 이야기했다.

태산부군이 고마워하며 말했다. "내가 다시 그대에게 보답하겠소."

호모반은 말을 마친 뒤 화장실에 갔다. 그런데 문득 아버지가 형구를 차고 노역을 하고 있는 모습이 보였다. 그런 사람이 수백 명이었다.

호모반이 눈물을 흘리며 아버지에게 절하며 물었다.

"아버지, 어째서 여기 계신 겁니까?"

아버지가 대답했다. "내가 불행히도 죽어서 3년의 형벌을 받았는데 이제 두 해가 지났구나. 여기는 정말 고통스러워 견디기 어렵구나. 네가 태산부군과 잘 안다니 나를 위해 이야기를 좀 해주려무나. 이 노역을 좀 면해달라고 말이다. 나는 고향의 토지신이 되고 싶다."

호모반이 아버지의 분부대로 태산부군에게 절하며 청을 올렸다. 부군이 말했다.

"삶과 죽음은 다른 길이라 서로 가까이할 수 없소. 나도 그를 도와줄 수가 없구려."

호모반이 간절히 청하자 태산부군은 마지못해 허락을 했다. 호모반은 작별을 고하고 집으로 돌아왔다. 그런데 한 해쯤 지난 뒤, 호모반의 아들이 하나씩 죽어버렸다. 호모반이 놀라고 두려워 다시 태산에 가 나무를 두드리며 뵙기를 청했다. 기사가 다시 그를 태산부군에게 데려갔다. 호모반이 말했다.

"지난번 제 언사가 너무 가벼웠습니다. 집으로 돌아간 뒤 아들이 모두 죽었습니다. 아직도 화가 끝나지 않은 것 같아 걱정이 되어 아뢰러 왔습니다. 불쌍히 여겨 구해주십시오."

태산부군이 박장대소하며 말했다.

"그것이 바로 내가 전에 그대에게 생사의 길이 같지 않으니 서로 가까이할 수 없다고 말한 이유라오."

그는 곧바로 밖에 있던 사람을 불러 호모반의 아버지를 데려오라 했다. 조금 뒤 호모반의 아버지가 대청으로 나오자 태산부군이 물었다.

"그전에 그대가 고향에 돌아가 토지신이 되어 집안에 복을 내리길 원했네. 그런데 손자들이 다 죽어버렸으니 어찌 된 영문인고?"

호모반의 아버지가 대답했다.

"고향을 떠난 지 오래됐는데 돌아갈 수 있다고 하니 기쁘기 그지없었습니다. 게다가 술과 음식도 풍족하니 손자들 생각이 간절해져서 부르고 말았습니다."

이에 태산부군이 그를 대신할 사람을 보냈다. 호모반의 아버지는 울면서 밖으로 나갔다. 호모반은 집으로 돌아왔다. 그 뒤 그는 다시 아들을 얻어 평안하게 살았다.

하백이 된 풍이

송나라 때 홍농군의 풍이(馮夷)는 화음현 동향 제수 사람이었다. 그는 팔월 상순 경일(庚日)에 황하를 건너다 물에 빠져 죽었다. 천제가 그를 하백으로 명했다.

『오행서(五行書)』에는 이렇게 이르고 있다.

"하백이 경진일에 죽었다. 그날은 배를 타고 멀리 나갈 수 없었는데 결국 빠져 죽어 돌아오지 못했다."

사위를 맞은 하백

오나라 땅 여항현 남쪽에 상호(上湖)가 있었는데 호수 중간에 제방을 쌓아두었다. 한 사람이 말을 타고 연극을 보러 갔다가 서너 명을 데리고 잠촌에 가서 술을 마셨다. 그는 조금 취해 저녁이 돼서야 집에 돌아가려 했다. 그날은 날이 더운지라 잠시 말에서 내려 호수 제방으로 가 돌을 베고 잠이 들었다. 그런데 말을 묶어놓은 줄이 끊겨 말이 도망가버렸다. 따르던 사람들이 모두 말을 쫓아갔지만 늦도록 돌아오지 않았다.

그가 잠에서 깨어 일어나니 날이 어두워져 있었다. 주위에는 사람도 말도 보이지 않았다. 그때 열예닐곱쯤 되는 여자가 걸어와 말했다.

"소녀 인사 올립니다. 날이 어두워져서 사방이 무서운데 여기서 무엇을 하시려는 건지요?"

그가 물었다.

"당신은 누구요? 어떻게 해서 이곳에 왔소?"

그러더니 또 열서넛 된 소년이 다가왔다. 아주 똑똑해 보였고 새 마차를 타고 있었다. 마차 뒤에는 스무 명이 따르고 있었다. 남자가 있는 곳에 이르자 그에게 마차에 오르라 하더니 말했다.

"제 아버지께서 그대를 한번 보고자 하십니다."

그러고는 함께 마차를 타고 떠나갔다. 가는 길에 보니 횃불이 죽 이어져 있었다. 잠시 뒤에는 성곽과 집이 보였다.

성에 들어선 마차는 관가에 이르렀다. '하백신(河伯信)'이라고 적힌 깃발이 있었다. 오래지 않아 주인을 만났는데 나이는 서른 남짓이었고 안색은 붓으로 그린 듯했으며 많은 시종을 거느리고 있었다. 주인은 그를 보더니 매우 기뻐하면서 주안상을 차리라 명하고는 말했다.

"내게 딸이 하나 있는데 매우 총명하오. 그대에게 시집을 보내고 싶은

데 어뗘시오."

남자는 그가 하백인 줄 짐작하고 쉽사리 거절하지 못했다. 하백은 곧 혼례를 준비해 곧바로 식을 거행하자고 했다. 아랫사람이 와서 준비가 다 되었다 아뢰었다. 하백은 남자에게 비단 홑옷과 망사 겹옷, 비단치마, 망사 저고리와 바지, 신발을 주었는데 하나같이 정교하고 아름다웠다. 또한 남자에게 종 열 명과 여종 수십 명을 내주었다.

신부의 나이는 열여덟아홉쯤이었고 매우 예뻤다. 두 사람은 마침내 혼인을 했다. 혼인한 뒤 사흘이 지나도록 성대한 연회를 열고 손님들을 접대했다. 나흘째가 되자 하백이 말했다.

"혼례에는 법도가 있으니 이제 그를 집으로 돌려보내거라."

작별 인사를 하자 신부는 황금으로 만든 그릇과 사향주머니를 남자에게 주면서 이별을 고했다. 또 돈 십만 냥과 세 권 분량의 약방을 주며 말했다. "이것으로 백성에게 공덕을 베풀 수 있을 겁니다." 그러고는 또 "십 년 뒤에 모시러 가겠습니다" 하고 말했다.

집에 돌아온 남자는 다시 혼인하지 않고 출가해서 도인이 되었다. 그가 얻은 약방은 『맥경(脈經)』 『탕방(湯方)』 『환방(丸方)』이었다. 그는 사방을 떠돌며 병자들을 고쳤는데, 그가 쓴 처방은 모두 영험했다. 나중에 어머니가 나이 들고 형도 죽자 환속해서 아내를 맞았으며 벼슬까지 지냈다.

화산의 사자가 전한 편지

진시황 36년, 사자(使者) 정용(鄭容)이 관동에서 함곡관으로 들어오려 했다. 서쪽 화산 북쪽으로 가니 멀리 흰말이 끄는 흰색 마차가 화산에서 달려오는 모습이 보였다. 정용은 아마도 사람이 탄 마차가 아닐 것이라 여겨 길에 멈추어 서서 기다렸다. 마차가 달려오더니 안에 탄 사람이 정용에게 물었다. "어디 가십니까?"

정용이 대답했다. "함양(咸陽)에 갑니다."

그 사람이 말했다. "저는 화산의 사자인데 호지군(鎬池君)에게 편지 한 통만 보내주길 바랍니다. 함양에 가려면 호지를 지나야 할 것입니다. 거기 큰 오동나무가 있고 아래쪽에는 무늬가 있는 돌이 놓여 있을 것입니다. 돌을 들어 나무를 치면 대답하는 사람이 있을 텐데, 그에게 편지를 전해주면 됩니다."

정용이 그의 말대로 호지에 이르러 돌로 오동나무를 두드리니 과연 편지를 받으러 온 사람이 있었다. 이듬해 진시황이 죽었다.

죽었다 살아난 장박의 두 딸

장박(張璞)은 자가 공직(公直)으로 어느 지역 사람인지는 모른다. 나중에 그가 오군의 태수가 되었다가 조정에서 불러 돌아가는 길에 여산(廬山)을 지나게 되었다. 그의 자녀들이 여산 사당을 살펴보자 여종이 한 신상을 가리키며 딸을 놀렸다.

"이걸로 신랑 삼으세요."

그날 밤 장박의 아내는 여산의 신이 혼인 예물을 가져오는 꿈을 꾸었다. 그는 이렇게 말했다.

"내 아들이 못났는데 거두어 사위를 삼아주시니 고맙소. 이 예물로 조그만 성의를 보이고자 하오."

잠에서 깬 장박의 아내는 기이하다고 생각했다. 여종이 그때의 상황을 아뢰자 아내는 무서워하며 장박을 재촉해 서둘러 배를 띄웠다.

그러나 강 한가운데 이르러 배가 움직이지 않았다. 배 안에 있는 사람들이 모두 놀라 벌벌 떨었다. 물속으로 배에 있던 물건을 집어던졌지만 그래도 배는 움직이지 않았다. 누군가 말했다.

"딸을 던져야 배가 움직일 겁니다."

그러자 모두들 동의했다.

"신의 뜻이 이미 분명하게 드러난 마당에 딸 하나를 위해 모두를 죽일 수는 없습니다. 어찌하겠습니까?"

장박이 말했다.

"딸아이를 던지는 모습은 차마 내 눈으로 볼 수 없구려."

그러고는 선창에 있는 작은 누각으로 올라가 누워버리고는 아내에게 딸을 던지라 했다. 아내는 자신의 딸 대신에 죽은 오빠의 딸을 내놓기로 하고, 수면 위에 돗자리를 펼친 다음 아이를 그 위에 앉혔다. 그제야 배가 움직이기 시작했다.

장박은 다시 아래로 내려와서 자기 딸이 아직 살아 있는 걸 보고는 크게 노했다.

"내가 무슨 체면으로 살아간단 말이냐!"

그러고는 딸을 물속으로 던져버렸다.

배가 다음 포구에 이르자 멀리 포구 아래 멀리 두 여자아이의 모습이 보였다. 한 관리가 강가에 서 있다가 말했다.

"저는 여산신의 주부(主簿)입니다. 여산신께서 귀신은 사람과 혼인할 수 없다는 사실을 알고, 당신께 미안하다고 전하라 하셨습니다. 또한 당신의 인의에 감동해 두 아이를 돌려보내셨습니다."

나중에 아이들에게 물어보니 "예쁜 집과 관리와 병사들을 봤는데 물속인 줄 몰랐습니다" 하고 대답했다.

여산신의 사위가 되다

건강군의 작은 벼슬아치 조저(曹著)가 여산신의 사자에게 불려갔다. 여산신은 조저에게 딸 완(婉)을 배필로 맺어주었다.

조저는 늘 마음이 불안해서 여러 차례 집으로 돌아가기를 청했다.

완이 두 눈으로 눈물을 흘리며 고별 시를 짓고, 조저에게 비단으로 지은 바지저고리를 주었다.

궁정호의 두 여인

궁정호에 고석묘라는 사당이 있었다. 한 상인이 도성으로 가던 중 사당 아래를 지나다가 두 여자를 만났다. 여인들이 그에게 말했다.

"우리를 위해 신발 두 켤레만 사다주세요. 그러면 반드시 배로 보답하겠습니다."

상인이 도성에 이르러 예쁜 신발을 사서 상자에 담아두었다. 또 자신은 책 칼을 하나 사서 역시 상자에 담아두었다.

상인이 궁정호에 돌아와 상자에서 책 칼 꺼내는 걸 잊고 상자와 향을 사당에 두고 떠났다. 배를 타고 강 가운데로 갔는데 문득 잉어 한 마리가 배 안으로 뛰어들었다. 배를 가르니 그 안에 책 칼이 들어 있었다.

비녀를 돌려준 궁정묘의 신

남주 땅의 어떤 사람이 관리를 보내 무소뿔로 만든 비녀를 손권에게 진상케 했다. 배가 궁정묘를 지날 때 관리는 그곳에서 신령에게 무사를 기도했다. 그런데 신령이 문득 그에게 명했다.

"네 무소뿔 비녀를 갖고 싶구나."

깜짝 놀란 관리는 감히 대답하지 못했다. 조금 뒤 관리는 비녀를 신상 앞에 있는 탁자 위에 놓았다. 신령이 다시 말했다.

"석두성에 도착할 때 네 비녀를 돌려주마."

관리는 하는 수 없이 떠나갔다. 비녀를 잃어버렸으니 이제 감옥에 갇혀 죽겠구나 하는 생각밖에 들지 않았다. 그런데 관리가 석두성에 이를 무렵 문득 세 자나 되는 큰 잉어가 배 안으로 뛰어올랐다. 배를 갈라 보니 그 안에 비녀가 있었다.

괴물을 잡았다 놓아주다

곽박이 강을 건너오자 선성군 태수 은우(殷祐)가 그를 끌어들여 참군(參軍)으로 임명했다.

당시 선성군에 괴물이 하나 있었는데 몸집이 물소처럼 크고 잿빛에 짧은 다리를 가지고 있었다. 다리 모양은 마치 코끼리 같았고 앞가슴과 꼬리는 모두 흰색이었다. 힘은 셌지만 움직임은 느렸다. 괴물이 선성군으로 내려오자 사람들이 모두 놀랐다.

은우가 사람을 보내 매복하고 있다가 괴물을 붙잡고 나서 곽박에게 점을 보게 했다. 그러자 둔(遁)괘가 고(蠱)괘로 변했다. 원래 괴물의 이름은 여서(驢鼠)라고 했다. 점을 다 보았을 때 매복했던 사람들이 창으로 괴물을 찔렀는데 깊이가 한 자 넘게 들어갔다.

마을의 벼슬아치가 사당에 가서 괴물 죽이는 일을 허락해달라고 청했다. 그러자 무당이 말했다.

"사당신께서 허락하지 않으십니다. 원래 그는 궁정호 여산신의 사자로 형산(荊山)으로 가는 길이었습니다. 잠시 우리 마을을 지나는 것뿐이니 해치지 말라 하십니다."

이에 괴물을 풀어주니 다시는 사람들 눈에 띄지 않았다.

청홍군의 여종을 얻다

여릉군 사람 구명(歐明)이 상인을 따라 장사를 하려고 팽택호를 지날 때마다, 많든 적든 배 위에 있는 물건을 호수로 던지면서 "선물이오" 하고 말했다. 그렇게 하길 여러 해가 지났다.

한번은 그가 또 팽택호를 지나는데 문득 호수 가운데 큰길이 보였다. 길에는 인간 세상에서 볼 수 있는 일들이 펼쳐지고 있었다. 마차를 탄 몇몇 관리들이 구명을 맞이하면서 말했다.

"청홍군(靑洪君)께서 그대를 모셔 오라 하십니다."

조금 뒤 마차가 도착한 곳을 보니 관부였다. 입구에는 관리와 병졸들이 있었다. 구명이 두려워하자 한 관리가 말했다.

"두려워하지 마시오. 청홍군은 그대가 늘 선물을 보내준 게 고마워 그대를 부른 것이오. 틀림없이 후한 선물을 내릴 것이오. 하지만 그때 선물을 받지 말고 원하는 바를 말하면 좋을 것이오."

구명이 청홍군을 만나 원하는 바를 말했다. 청홍군은 그가 원하는 바를 구명에게 딸려 보냈다. 구명이 원했던 것은 청홍군의 여종이었다. 구명은 그녀를 데려옴으로써 원하는 바를 얻었으며, 여러 해 뒤에는 큰 부자가 되었다.

황석공을 모신 사당

익주 서쪽, 운남 동쪽에 사당이 있다. 돌산을 파 석실을 만들고 그 아래 신상을 두어 모신다. 신은 자칭 황공(黃公)이라 하는데, 그래서 사람들은 장량(張良)에게 가르침을 준 황석공(黃石公)의 영혼이라 믿는다.

사당은 청정무구해 살생을 하지 않는다. 기도하러 오는 사람들은 백전짜리 돈, 붓 한 쌍, 묵 한 개를 석실 가운데 놓고 앞을 보며 빈다. 처음에는 석실 안에서 나오는 소리가 들리다가 조금 뒤에는 신령이 무엇을 원하느냐고 묻는다. 기도하는 사람이 대답하면 신령은 그 길흉을 하나하나 설명해준다. 그러나 신령의 모습은 보이지 않는다. 지금까지도 여전히 그와 같다.

신령으로 나타난 번도기와 춤추는 성부인

영가 연간에 한 신령이 연주에 나타났다. 자칭 번도기(樊道基)라 했다.

그런가 하면 성부인(成夫人)이라 하는 한 늙은 여인은 음악을 좋아하고 공후(箜篌)를 잘 탔다. 누군가 거문고를 켜고 노래 부르는 소리가 들리면 곧바로 일어나 춤을 추었다.

신령을 의심한 대문모

패(沛)나라 사람 대문모(戴文謀)는 양성산에 은거하며 살았다. 한번은 객당에서 밥을 먹는데 문득 신령이 부르는 소리가 들렸다.

"나는 천제가 보낸 사자요. 내려가서 그대에게 좀 의탁할까 하는데 괜찮겠소?"

대문모는 깜짝 놀랐다. 그러자 신령이 다시 말했다.

"나를 의심하는 거요?"

대문모가 무릎을 꿇고 빌었다.

"저희 집이 가난해서 지내시기에 부족하지 않을까 걱정할 뿐입니다."

그러고는 곧 방을 치우고 신선의 위패를 모셔두었다. 아침저녁으로 먹을 것을 바치며 매우 조심스럽게 행동했다.

나중에 대문모와 아내가 내실에서 조용히 그 일을 이야기했다. 아내가 말했다. "아마도 그저 요괴가 붙었을 것입니다."

대문모가 동의했다. "나도 의심스럽소."

대문모가 다시 제단에 먹을 것을 바치러 가자 신령이 말했다.

"내가 여기서 덕을 보았으니 좋은 것을 주려고 준비하고 있었는데 너희들이 의심할 줄은 몰랐구나."

대문모가 서둘러 용서를 빌자 객당에서 갑자기 수십 명이 부르짖는 소리가 들려왔다. 그가 나와 보니 오색 깃털을 가진 큰 새 한 마리가 날아와 있었고, 수십 마리 비둘기가 뒤따르고 있었다. 새들은 동북쪽 구름 속으로 파고들더니 마침내 보이지 않았다.

천제의 사자를 만나 도움을 얻다

미축(糜竺)은 자가 자중(子仲)으로 동해군 구현 사람이다. 조상이 장사를 해서 가산이 많았다.

한번은 미축이 낙양에서 돌아가는 길이었다. 집에서 수십 리쯤 떨어진 곳 길가에서 아름다운 여인을 만났다. 여인은 그에게 마차에 태워달라고 청했다. 20여 리쯤 가자 여인은 고맙다고 작별 인사를 하면서 미축에게 말했다.

"저는 천제의 사자입니다. 동해군에 있는 미축의 집을 불사르러 가는 길입니다. 저에게 마차를 태워주어 감사한 마음에 알려주는 것입니다."

이야기를 들은 미축은 그녀에게 구해달라고 부탁했다.

여인이 말했다.

"불을 안 지를 수는 없습니다. 이렇게 하죠. 빨리 집으로 가세요. 저는 천천히 갈 테니까요. 정오에는 반드시 불이 날 겁니다."

미축이 급히 집에 당도해 재물을 옮겨두었다. 정오가 되자 과연 큰불이 났다.

부엌신에게 제사 지내 복을 받다

한선제(漢宣帝) 때 남양군에 음자방(陰子方)이란 사람이 있었다. 효성이 지극했고 항상 덕을 베풀었으며 부엌신에게 제사 지내길 좋아했다.

음자방이 납일(臘日) 아침에 밥을 지으려 하자 부엌신이 나타났다. 그는 부엌신에게 공손히 재배하며 복을 빌었고, 집에 있는 누렁개 한 마리를 잡아서 제사를 올렸다.

그때부터 그의 집은 매우 빠르게 부유해지기 시작했다. 밭이 7백여 고랑이 되었고, 마차와 말, 노비 수가 지방 군주에 비할 만했다.

음자방이 일찍이 말했다.

"내 자손들은 틀림없이 강대해질 것이다."

과연 삼대손 음식(陰識) 때에는 더욱 창성해서 한 집안에 봉후 네 명과 태수 수십 명이 나왔다. 이 때문에 훗날 그의 자손들은 늘 납일이 되면 부엌신에게 제사를 지내며 누렁개를 바쳤다.

누에신에게 제사를 지내다

오현 사람 장성(張成)이 밤에 잠에서 깨어났다. 그는 문득 한 여인이 집 남쪽 구석에 서 있는 모습을 보았다. 여인은 장성에게 손짓을 하며 말했다.

"여기가 그대 집의 잠실(蠶室)인데 나는 이곳 신이니라. 내년 정월 보름에는 반드시 흰죽을 쑤어 잠실에 바르고 나에게 제사를 지내라. 그리하면 반드시 그대의 누에를 백 배로 늘리리라."

그때부터 장성의 집은 해마다 많은 누에를 얻었다. 지금도 사람들은 해마다 쌀죽을 쒀서 그렇게 하고 있다.

무녀가 된 여인

예장군에서 대(戴)씨 성을 가진 여인이 병이 나서 오래도록 낫지 않았다. 한번은 여인이 인형처럼 생긴 돌멩이를 보았다. 여인은 돌멩이에게 말했다.

"사람의 모습을 하고 있으니 혹시 귀신인 건 아니오? 만일 내 오랜 병을 낫게 할 수 있다면 극진히 모시겠소."

그날 밤 여인의 꿈에 한 사람이 나타나 말했다.

"내가 지켜주겠습니다."

그 뒤 여인의 병은 점차 좋아졌다. 그리하여 여인은 산 아래 사당을 세웠다. 대씨 성을 가진 여인은 스스로 무녀가 되었다. 그래서 사당 이름을 대후사(戴侯祠)라 했다.

죽어서 신선이 되다

한나라 때 양선현 현장 유기(劉玘)는 늘 "나는 죽어서 기필코 신선이 되리라" 하고 말했다. 그러던 어느 날 저녁, 유기가 술에 취해 별다른 병도 없이 죽고 말았다. 비바람이 불어 그의 시신을 넣은 관마저 사라졌다. 그날 밤 형산에서 수천 명의 사람들이 지르는 함성이 들려왔다. 마을 사람들이 가서 보니 관이 이미 무덤에 묻혀 있었다. 이에 산의 이름을 군산(君山)이라 고쳤으며, 사당을 세워 그를 제사 지냈다.

권 5

신비하고도 인간적인

「권 5」에 실린 이야기는 어떤 일관성이나 공통된 소재를 찾기 힘들다. 다만 대체로 한왕조 말기, 그러니까 왕망이 정권을 찬탈하고 위진남북조시대가 펼쳐질 무렵 이야기가 주를 이룬다. 특히 오나라의 중심이었던 강남에서 벌어진 일이 많다. 많은 이야기가 회계 지역을 중심으로 전개된다.

이야기 열 편 가운데 다섯 편은 장자문, 즉 장후에 관한 내용이다. 장자문은 실존했던 인물이다. 그는 당시 광릉, 오늘날에는 양저우라 불리는 지역 사람이었다. 원래 이름은 흠이고 자가 자문이다. 한왕조 말에 말릉이라는 곳 태수, 즉 말릉위(秣陵尉)를 지냈다. 그는 지역에 나타난 강도를 뒤쫓다가 종산이라는 곳에서 역습을 당해 죽고 만다. 죽은 뒤 묻힌 곳도 종산이었다. 전해 내려오는 바에 따르면 죽은 뒤 저승에서 열 명의 염라 가운데 으뜸인 진광왕이 됐다고 한다. 후대 황제들도 그를 높이 모셔 추숭했다. 남조 제나라 때는 그에게 제호를 올렸고, 남당 때에는 장무제라는 시호를 올리기도 했다.

그런 까닭인지 장자문에 관한 전설이 적잖이 전해 내려오고 있다. 오나라 때는 백마를 타고 흰 깃털 부채를 든 채 시종을 거느린 모습으로 나타나, 그를 위해 사당을 세우고 장후로 봉해주었다고 한다. 이후 많은 이들이 제사를 지내기 시작했고 오늘날까지 그런 풍습이 남아 전해진다.

송왕조 시절 역사서 『자치통감(資治通鑑)』이나 지리서 『태평환우기(太平寰宇記)』, 청왕조 때 신선 이야기를 모은 『역대신선통감(歷代神仙通鑑)』 등에도 그에 관한 이야기가 등장한다. 그러나 모두 그가 벼슬을 하고 사후에 사당이 세워지고 장후로 봉해졌다는 공식 기록만 있을 뿐, "술과 여색을 좋아하며 경박하고 방탕해서 스스로 절제하지 못했다"는 기록은 찾아보기 어렵다. 아마 이런 서술은 『수신기』의 작자가 모종의 이유 때문에 윤색했을 가능성이 높다.

그도 그럴 것이 여러 이야기에서 그는 때로는 원혼(冤魂)의 형상으로, 때로는 고집불통 형상으로, 때로는 별일도 아닌데 청년들의 목숨을 빼앗는 형상으로, 때로는 여색을 밝히는 속물적 인간의 전형으로 나타난다. 전체적으로는 이야깃거리가 풍부한 역동적 인물을 창조하기 위한 당대 민중 혹은 작가의 노력이 이러한 결과로 드러났을 것이다. 물론 장자문은 백성을 위해 호랑이를 잡아주는 역할을 하기도 한다. 이는 죽어서 지역의 토지신이 된 장자문이 그 지역을 장악하는 맹주로서 형상화됐음을 의미한다. 고대인에게는 자신이 살아가는 지역을 관리하는 영험한 신적 존재가 필요했고, 장자문은 가장 인간적인 모습으로 그런 역할을 담당했던 것으로 보인다.

이밖에 「권 5」는 다른 곳에서 자주 등장하는 여성에 대한 희롱과 억압, 차별을 다룬 이야기나 특정한 사물(붓, 물, 책 등)을 활용한 지시와 금기를 통해 인간관계 속에서 지켜야 할 약속과 의리의 문제 등을 다루기도 했다.

귀신이 된 장자문

장자문(蔣子文)은 광릉군 사람이다. 술과 여색을 좋아하며 경박하고 방탕해서 스스로 절제하지 못했다. 그는 늘 자신의 골상이 수려해 죽은 뒤 신선이 될 것이라고 말했다.

한나라 말기에 그는 말릉현 현위(縣尉)로 부임했다. 어느 날 종산 아래까지 도적들을 쫓아갔는데 도적이 그의 이마를 가격했다. 그는 인끈을 풀어 상처를 감싸맸지만 결국 잠시 뒤 죽고 말았다.

오(吳)의 선왕 손권이 즉위할 때, 장자문의 생전 동료가 길에서 그를 만났다. 장자문은 백마를 타고 흰 깃털 부채를 들고 있었는데 따르는 시종들도 옛날 모습 그대로였다. 이를 본 동료가 놀라서 몸을 돌려 달아났다. 장자문이 그를 쫓아가며 말했다.

"나는 이곳 토지신이 되어 그대가 다스리는 백성들에게 복을 내리려하네. 그러니 백성에게 알려 나를 위해 사당을 지으라 하게. 그러지 않으면 큰 화를 입을 것이네."

그해 여름에는 전염병이 크게 돌아 백성이 저마다 두려워했다. 어떤 이들은 남몰래 장자문에게 제사를 지냈다. 장자문이 또 나타나 사당의 무당에게 말했다.

"내가 손씨를 힘써 보호해줄 터이니 나를 위해 사당을 짓게. 그러지 않으면 벌레를 사람들 귀에 집어넣어 화를 당하게 할 것이네."

오래지 않아 눈에놀이 같은 작은 벌레들이 귀에 들어가 사람들을 죽였다. 의원들도 이를 고치지 못했다. 백성은 더욱 두려움에 떨었다.

그러나 손권은 그 일을 믿지 않았다. 장자문이 무당에게 다시 말했다.

"만일 나를 제사 지내지 않으면 큰불을 일으켜 재앙을 일으키겠네."

그해 하루에도 수십 곳에서 불이 났다. 불은 임금의 궁궐에까지 이르렀다. 조정에서 이 일을 의논하던 사람들은 귀신에게 머물 곳을 만들어주어야 해가 미치지 않을 것이라 여겼다. 그래서 적절한 조치를 취해 장자문을 위로하기로 했다. 손권은 사자를 보내 장자문을 중도후(中都侯)에 봉하고 그 동생 장자서(蔣子緖)를 장수교위(長水校尉)로 봉해 인끈을 내렸다. 또 그들을 위해 사당을 지어주었다. 종산은 장산(蔣山)이라 고쳐 불렀으니, 바로 지금 건강 동북쪽에 있는 장산이다. 그때부터 화가 그쳤다. 백성은 장후(蔣侯)를 성대하게 제사 지냈다.

유적부를 부르다

유적부(劉赤父)라는 사람 꿈에 장후가 나타나 주부 노릇을 해달라 청했다. 약속한 기한이 다가오자 그는 사당에 가서 사정을 아뢰었다.

"어머니가 연로하고 아이들은 아직 어려 상황이 실로 어렵습니다. 부디 장후께서 해량해주십시오. 회계 사람 위과(魏過)가 다재다능해 신선을 잘 모십니다. 저 대신 그를 천거하고자 합니다."

그러고는 피가 흐를 때까지 머리를 박으며 절했다. 사당의 무당이 말했다.

"장후께서는 자네에게만 그 일을 맡기고 싶어 하시네. 위과가 어떤 사람인데 갑자기 이렇게 천거하는 것인가!"

유적부는 계속 매달렸지만 끝내 허락을 얻지 못했다. 오래지 않아 유적부의 아버지가 죽었다.

혼인은 무를 수 없다

함녕 연간에 태상경 한백(韓伯)의 아들 한 아무개와 회계내사 왕온(王蘊)의 아들 왕 아무개, 광록대부 유탐(劉耽)의 아들 유 아무개가 함께 장산묘에 놀러 갔다. 사당에는 여인상 몇 개가 놓여 있었는데, 매우 단아했다. 세 사람은 술에 취해 여신상을 가리키며 저마다 자신과 부부가 될 것이라는 농담을 늘어놓았다. 바로 그날 밤 세 사람 꿈속에 장후가 보낸 사람이 말을 전하러 왔다.

"우리 집 딸들은 모두 못생겼는데 그대들이 어여삐 여겨 돌보아주는 은혜를 입었소. 날을 정해 그대들을 맞이하러 오겠소."

꿈이 너무 분명했던지라 세 사람이 서로에게 물어보았는데 정말로 모두 같은 꿈을 꾸었고 내용도 완전히 같았다. 그들은 매우 두려워져서 소와 양, 돼지를 준비해 장산묘에 가 사죄하며 용서를 빌었다. 그날 밤 또 꿈에 장후가 친히 그들에게 나타나 말했다.

"그대들이 이미 내 딸들을 특별하게 대해주었으니 나 또한 그대들이 내 딸과 부부가 되기를 진실로 바라고 있네. 기한이 이르렀는데 어찌 중도에 생각을 바꾸는 일을 용납하겠는가?"

오래지 않아 세 사람이 모두 죽었다.

산 사람을 사랑하다

회계군 무현 동쪽 교외에 성은 오(吳)이고 자는 망자(望子)인 열여섯 살 난 어여쁜 여인이 있었다. 어떤 이웃이 북을 치며 춤을 춰서 신을 부르는 행사에 여인을 초대했다. 여인이 그곳에 가려고 제방을 따라 걷는데 도중에 문득 용모가 출중한 귀인을 만났다. 귀인은 배를 타고 있었다. 따르는 종만 십여 명이었는데 모두 매우 깨끗하고 단정한 옷차림을 하고 있었다. 귀인이 사람을 보내 오망자에게 물었다.

"어디까지 가시오?"

망자는 사정을 이야기했다. 귀인이 말했다.

"내가 바로 그곳에 가는 중이니 함께 배를 타고 가시지요."

망자는 사양하며 배에 오르지 않았다. 그러자 배가 갑자기 사라졌다.

망자가 사당에 이르러 신령에게 절을 하니 방금 전 배에 있던 귀인이 다시 보였다. 사당 안에 위엄 있는 모습으로 앉아 있는데 바로 장후의 신상이었다. 장후가 망자에게 물었다.

"어찌해서 늦었소?"

그러고는 귤 두 알을 망자에게 던져주었다.

장후는 그 뒤로도 여러 번 모습을 드러냈고, 두 사람의 감정은 점점 깊어갔다. 망자가 속으로 어떤 것을 원하면 하늘에서 그 물건이 그대로 떨어졌다. 한번은 잉어를 먹고 싶다고 생각하자 신선한 잉어 두 마리가 나타났다. 망자가 겪은 신기한 일이 이웃 마을까지 전해졌고, 영험이 있다고 하여 마을 사람들이 모두 망자를 떠받들었다.

다시 3년이 지나고 망자가 문득 다른 마음을 먹자 장후는 망자와 왕래를 끊고 말았다.

호랑이를 물리치다

진군 사람 사옥(謝玉)이 낭야내사에 임명돼 경성에 살았다. 그 일대는 호랑이가 횡행해 여러 사람을 물어 죽였다.

한 사내가 작은 배에 젊은 아내를 태우고는 큰 칼을 배에 꽂아두었다. 날이 어둑해질 무렵 순찰을 도는 사람들이 왔다. 순찰을 도는 병사들이 그에게 말했다.

"이 일대는 호랑이가 자주 출몰하오. 집사람까지 태우고 이렇게 경솔

하게 행동하면 매우 위험하오. 순찰 초소에 가서 머물도록 하시오.”

서로 이것저것을 물은 뒤에 순찰하는 병사들이 돌아가자 사내의 아내도 강가로 올라왔다. 그런데 막 아내가 올라왔을 때 호랑이에게 붙잡히고 말았다. 사내가 칼을 뽑고 고함을 지르며 호랑이를 뒤쫓았다. 그는 이전에 장후의 신령을 모셨기에 장후신에게 도와달라고 고함을 쳤다.

그렇게 소리를 지르며 십 리 길을 쫓아가니 문득 검은 옷을 입은 사람이 앞장 서서 길을 이끌었다. 사내는 검은 옷을 입은 사람을 따라 대략 이십 리 길을 더 갔다. 그러자 큰 나무가 하나 있는 동굴 입구에 이르렀다. 동굴 안에 있던 호랑이 새끼가 밖에서 나는 소리를 듣고 어미가 온 줄 알고 뛰어나왔다. 사내는 동굴 입구에서 호랑이 새끼를 죽이고 나서, 칼을 빼들고 나무 옆에 숨었다. 한참을 기다리니 마침내 어미 호랑이가 나타났다. 호랑이는 아내를 바닥에 내려놓고 거꾸로 끌어서 굴 안으로 들어갔다. 사내는 다시 칼을 휘둘러 호랑이의 허리를 벴다. 호랑이는 죽었고 아내는 다행히 아직 살아 있었다. 날이 밝을 무렵에는 말도 하게 되었다. 아내에게 상황을 물어보니 이렇게 말했다.

“호랑이가 나를 등에 태우고는 거기까지 가서 내려놓았어요. 몸에는 아무런 상처도 없어요. 그저 풀과 나무에 조금 긁혔을 뿐이에요.”

사내는 아내를 부축해 배로 돌아왔다. 이튿날 저녁 꿈에 한 사람이 나타나 말했다.

“장후께서 나에게 도와주라 하셨네. 알고 있는가?”

집에 돌아간 사내는 돼지를 잡아 장후에게 제사 지냈다.

강 건너는 일을 도와주다

회남군 전초현에 정씨 성을 가진 며느리가 살았다. 여인은 본래 단양현 정씨 집안의 딸이었다. 나이 열여섯에, 전초현 사씨 집안으로 시집을 왔다.

시어머니는 성품이 엄하고 무서워 일을 정해놓고 시켰다. 할 일을 다 못하면 며느리가 견디지 못할 정도로 채찍질을 하곤 했다. 결국 며느리는 구월 구일에 목을 매달아 죽었다. 그러자 혼령이 나타나 백성들 사이에 소문이 퍼졌다. 혼령이 무당의 입을 빌려 말했다.

"다른 집안에 시집와서 날마다 쉬지도 못하고 죽도록 일했는데 구월 구일 하루도 쉬지 못하게 하는구나. 그날은 일을 하게 하지 말거라."

한번은 정씨 부인이 모습을 드러냈다. 담청색 옷을 입고 검푸른 일산을 받쳐들었으며 여종 하나를 데리고 있었다. 우저진으로 간 정씨 부인은 강을 건널 배를 찾았다. 마침 두 사내가 배에서 고기를 잡고 있었다. 정씨 부인은 그들을 소리쳐 불러 강을 건너게 해달라 청했다. 두 사내가 부인을 희롱하며 말했다.

"내 마누라가 돼주시오. 그럼 강을 건네줄 테니."

정씨 부인이 말했다.

"좋은 분들인 줄만 알았는데 알고 보니 사리도 모르는군요. 당신들이 사람이라면 내 진흙에 파묻어 죽이겠소. 만일 귀신이라면 물속에 처넣어 죽여버리겠소."

말을 마치고는 물러나 풀숲으로 숨어버렸다.

조금 뒤 한 노인이 배에 갈대를 싣고 왔다. 정씨 부인은 그에게 다시 강을 건너게 해달라 청했다. 노인이 말했다.

"배에 장막이 없는데 이대로 강을 건널 수 있겠소? 아마 앉아 있기 불편할 게요."

정씨 부인은 괜찮다고 했다. 이에 노인은 배에 실은 갈대를 절반 정도 치우고 두 사람을 태워 남쪽 강가까지 데려다주었다. 정씨 부인은 작별하면서 노인에게 말했다.

"저는 사람이 아니라 귀신입니다. 스스로도 강을 건널 수 있지만 백성에게 제 사정을 들려주기 위해서 그랬습니다. 어르신이 인정을 베풀어 갈대를 치우고 강을 건너게 해주셔서 정말 감격했습니다. 제가 정말 감사를 드려야겠습니다. 속히 돌아가시면 무언가 얻게 될 것입니다."

노인이 말했다.

"제대로 돌봐주지도 못해 부끄러운데 어찌 감사를 받겠소."

노인이 강 서쪽에 이르자 두 남자가 물에 빠져 죽어 있는 게 보였다. 다시 앞으로 몇 리를 가니 수천 마리에 달하는 물고기가 강가에서 뛰어오르는데 바람이 물고기 떼를 강가로 몰아넣고 있었다. 노인은 갈대를 버린 뒤 물고기를 가득 싣고 집으로 돌아갔다.

정씨 부인은 단양현으로 돌아갔다. 강남 사람들은 모두 부인을 정고(丁姑)라 불렀다. 해마다 구월 구일이 되면 사람들은 아무 일도 하지 않는다. 모두들 이날을 쉬는 날로 여긴다. 지금까지도 곳곳에서 정씨 부인을 제사 지내고 있다.

병든 자를 살려주다

산기시랑(散騎侍郎) 왕우(王祐)가 깊은 병이 들어 어머니와 헤어지고자 했다. 오래지 않아 어떤 이가 손님이 찾아왔다고 말했다.

"별가(別駕) 벼슬을 한 아무개 군 아무개 마을 아무개가 찾아왔습니다."

왕우도 줄곧 그 사람 이름을 들었던 터였다. 조금 뒤 그 손님이 갑자기 들어오더니 말했다.

"나와 그대는 모두 글 읽는 사람이니 원래부터 인연이 있는 셈이고, 또한 같은 마을 사람이니 서로 감정도 특별하오. 올해 나라에 큰일이 있어 지금 장군 세 분을 전국으로 보내 각지에서 사람을 징발하고 있소. 우리 십여 명은 조공명(趙公明) 댁에서 참좌(參佐)를 지내고 있소. 우리가 서둘러 여기 온 것은 그대의 고매한 집안을 보고 기대려 함이오. 그대와 관계를 잘 맺으면 정말 좋겠소."

왕우는 그자가 귀신이라는 것을 알고 말했다.

"내가 불행히도 병이 깊어 조만간 죽을 운명이오. 이왕 그대를 만났으니 내 목숨이나 좀 구해주시오."

"인생에 한 번 죽는 일은 필연이오. 사람이 죽으면 살아 있을 때의 귀천과 관계가 없소. 내게 병사 3천이 있는데 그대가 필요하오. 허락한다면 군사를 다스리는 명부를 그대에게 주겠소. 이런 기회는 얻기 어려우니 결코 사양하지 마시오."

"어머니는 연로하고 내겐 형제도 없으니 일단 죽고 나면 어머니 곁에는 봉양할 사람이 없소이다."

말하면서 울음이 났는데 그칠 수 없을 지경이었다. 참좌도 슬퍼하며 말했다.

"그대의 벼슬이 상백(常伯)이지만 집안에 돈이 많지 않구려. 앞서 그대와 어머니가 헤어지려고 한다는 말을 들었는데 애통하기 그지없소. 그대는 나라의 높은 선비이니 어찌 가만히 죽게 놔둘 수 있겠소. 내가 그대를 위해 방법을 찾아보리다."

이에 몸을 일으켜 떠나가면서 말했다. "내일 다시 오리다."

참좌는 이튿날 다시 왔다. 왕우가 말했다.

"그대가 나를 살려주는 걸 허락하는 것이오? 정말로 이런 은혜를 베푸는 것이오?"

"내 이미 허락했소. 설마 그대를 속이기라도 하겠소?"

그가 데려온 수행원 수백 명을 보니 모두 키가 두 척쯤 되었다. 검은색 군복을 입고 붉은색 칠로 표지를 삼고 있었다. 왕우가 집에서 북을 두드리며 제사를 지내자 귀신들이 북소리를 듣고 모두 장단에 맞추어 춤을 추었다. 그들의 옷깃이 펄럭이며 쐐쐐 하는 바람소리를 냈다. 왕우가 그들에게 주연을 베풀려 하자 참좌가 사양했다. "필요 없소." 그는 곧 몸을 일으키면서 왕우에게 말했다.

"당신의 병은 몸속의 불과 같아서 반드시 물로 꺼야 하오."

그가 물 한 잔을 가져와 이불을 걷더니 그 위에 쏟아부었다. 그는 또 말했다.

"그대가 누운 자리 아래 붉은 붓 여남은 자루를 남겨주겠소. 다른 사람에게 선물해서 꽂고 다니게 하면 들고 나면서 재화를 면할 것이고 일을 할 때도 실수가 없을 것이오."

곧 다시 말하길 "왕갑(王甲)과 이을(李乙)에게도 붓을 주었소"라고 했다.

참좌는 왕우의 손을 붙잡고 작별을 고했다.

그때 왕우는 편안히 잠들어 있다가 한밤중에 문득 깨어났다. 그러고는 곁에 있는 사람들을 불러 이불을 걷게 했다.

"귀신이 내게 물을 부었으니 이불이 다 젖었을 것이오."

이불을 젖혀보니 정말 물이 있었다. 윗이불 아래쪽과 아랫이불 위쪽에 고여 있었는데, 이불 안으로 젖어들지 않았으며, 마치 연꽃 위에 맺힌 이슬 같았다. 그 물을 재어보니 모두 석 되하고 일곱 합(合)이었다. 그때 왕우의 병은 삼분의 이 정도 좋아졌고 며칠 지나자 완전히 나았다.

대개 조공명 댁의 참좌가 잡아야 한다고 언급한 사람들은 모두 죽었는데 왕문영(王文英)만 반년 뒤에 죽었다. 또한 참좌가 붉은 붓을 주었다고 언급한 사람들은 모두 질병과 병란을 거치면서도 화를 입지 않았다. 애초에 요서(妖書)에 이렇게 쓰여 있었다.

"천제가 세 장군, 즉 조공명과 종사계(鐘士季) 등을 보내 각자 귀신 수만 명을 데리고 사람을 잡으라 했다."

그러나 귀신들이 어디 있는지 아는 사람은 없었다.

왕우가 병이 나은 뒤 그 요서를 보니 안에 적힌 내용이 참좌가 말한 조공명의 일과 맞아떨어졌다.

3년 동안 집을 나서지 마시오

한나라 하비현 사람 주식(周式)이 동해에 가는 도중 관리 한 명을 만났다. 관리는 책 한 권을 들고 있었는데 배에 자신을 태워달라고 청했다. 배가 십여 리쯤 가자 관리가 주식에게 말했다.

"내가 잠시 만날 분이 있소. 책을 여기 둘 테니 절대 보지 마시오."

관리가 떠난 뒤 주식은 몰래 책을 열어보았다. 거기에는 죽어야 할 사람들의 이름이 쓰여 있었다. 아래쪽에 주식의 이름도 있었다. 조금 뒤 관리가 돌아왔다. 그때까지도 주식은 여전히 책을 보고 있었다. 관리가 화를 냈다.

"특별히 당신에게 책을 보지 말라고 경고했는데 그렇게 무시해도 되는 것이오?"

주식이 서둘러 고개를 조아리며 피를 흘릴 때까지 머리를 땅에 찧었다. 한참 지나자 관리가 말했다.

"나를 멀리 이곳까지 태워주어 고맙소. 하지만 이 책에 있는 당신 이름은 지울 수 없소. 지금 속히 집으로 돌아가 3년 동안 나오지 마시오. 그리하면 죽음을 면할 수도 있을 것이오. 다른 사람에게는 내 책을 보았다는 이야기를 하지 마시오."

주식이 집에 돌아와 두문불출하기를 두 해 남짓 되었다. 집안사람들은 모두 이상하게 여겼다.

하루는 이웃집에서 갑자기 사람이 죽자 주식의 아버지가 화를 내며 주식에게 조문을 하러 가라 했다. 주식은 할 수 없이 밖으로 나가려고 문을 나섰다. 그런데 문을 막 나서자마자 바로 그 관리를 만나고 말았다. 관리가 말했다.

"내가 당신에게 3년 동안 문을 나서지 말라 했는데 오늘 문을 나섰군. 어찌하면 좋겠소? 내가 당신을 찾지 못하면 잡혀가 채찍을 맞게 될 것이오. 이왕 당신을 보았으니 나도 방법이 없소. 사흘 뒤 정오에 당신을 데리러 오겠소."

주식이 집에 돌아와 울면서 전후 사정을 이야기했다. 아버지는 그래도 믿지 못했고, 어머니는 밤낮으로 그를 지켰다. 사흘 뒤 정오가 되자 과연 그 관리가 주식을 데리러 왔다. 주식은 마침내 죽고 말았다.

오얏나무를 베다

남돈현에 사는 장조(張助)는 밭에서 농사를 짓다가 오얏나무 씨앗을 보고는 가져가려 했다. 그런데 주위를 살펴보니 벌레 먹은 뽕나무 안에 진흙이 있었다. 장조는 거기에 씨앗을 심고는 마시다 남은 물을 가져다 뿌려주었다. 나중에 뽕나무 안에서 오얏나무가 자라는 걸 본 사람이 그 기이한 일을 전했다.

하루는 눈병을 앓는 사람이 그 오얏나무 아래서 쉬다가 말했다.

"오얏나무신께서 내 눈병을 고쳐주시면 돼지를 바칠 텐데."

사실 눈병은 작은 질병일 뿐이어서 얼마 뒤 자연히 나았다. 그런데 마치 개 한 마리가 짖으면 여러 마리가 따라 짖는 것처럼, 사람들 사이에 이 말이 전해지고 전해졌다. 급기야 눈먼 사람이 눈을 뜨게 됐다는 이야기로 부풀려졌다. 멀고먼 곳까지 떠들썩해져서 그 위세가 대단했다. 오얏나무 아래는 늘 제사를 지내러 오는 수백 수천의 마차와 말로 붐볐다. 제물로 바치는 술과 고기도 넘쳐났다.

한 해 남짓 지난 뒤 장조가 먼 곳에 다녀오다가 그 장면을 보고 놀라 말했다. "여기 무슨 신령이라도 있는 건가? 내가 심었던 오얏나무일 뿐 아닌가?" 이어서 장조는 오얏나무를 베어버렸다.

왕망의 왕위 찬탈을 예언하다

왕망(王莽)이 섭정을 할 때 유경(劉京)이 조정에 나가 아뢰었다.

"제군 임치현의 정장 신당(辛當)이 여러 차례 꿈에서 한 사람을 보았는데 이렇게 말했다고 합니다. '나는 천제의 사자요. 섭정하는 가짜 황제가 진짜 황제가 될 것이오. 나를 믿지 못하겠거든 이 마을 가운데 새 우물이 나타나는지 보시오. 그것이 바로 증거요.' 정장이 자리에서 일어나 살펴보니 과연 마을에 새로운 우물이 생겼는데 깊이가 땅 밑으로 백 척이나 되었다고 합니다."

민심을 외치다

「권 6」에서 주로 다루는 시대는 한나라다. 신비한 자연현상과 관련 있는 사회, 정치 및 풍속이 주된 제재이다. 특히 지방 제후의 왕권 찬탈 음모를 언급한 이야기가 많다. 이에 대한 징조로 나타난 자연현상은 마치 우화나 만화 캐릭터처럼 형상화된 방식으로 제시되어 해학성과 풍자성을 더한다. 몇 가지 예를 살펴보자.

주제도 안 되는 연왕이 반란을 일으켰다가 죽음을 맞게 되는 사건에 대한 조짐은 무엇이었는가. 쥐가 제 꼬리를 물고 궁문에서 미친놈처럼 저 혼자 밤낮없이 춤추다 죽는 상황이다. 무능한 군주 아래서 정권 찬탈의 야망을 품고 있는 신하의 모습은 제례 악사의 관을 쓰고 궁문을 나서는 개의 모습으로 나타난다. '꼴불견'이라는 세 자를 잘 형상화했다. 말에게 뿔이 솟은 현상은, 오왕이 군사를 일으켜 조정에 반란하는 사건의 징후로 보았다. 뿔이 없어야 마땅할 동물에게 뿔이 솟는다는 에피소드는 간혹 등장하거니와, 그 상징적 의미는 우리에게는 쉽게 간파될 법하다. 그야말로 "못난 송아지 엉덩이에 뿔난다"는 우리 속담의 구현이다.

설사 의도는 그렇지 않았다 해도 결과적으로는 풍부한 비유적 효과를 내게 됐다. 이런 방식의 정치 평론은 날카롭고 엄정하며 깊이 있는 역사의식을 드러낸다. 상업 언론을 등에 업고 권력의 나팔수 노릇을 하는 논객의 졸렬한 시사평론에 댈 바가 아니다.

민심은 제후가 지역에 안착해 안정된 상황 속에서 치안을 수행하고 경제와 문화를 부흥시키는 정치를 해주기를 바란다. 그러나 제후는 황제의 꿈을 버리지 못하고 호시탐탐 때를 노리니, 제후국은 끝없는 전시 체제로 운영될 수밖에 없다. 그렇게 전쟁으로 이어질 제후의 야심은 민초의 삶을 파괴하고 그 운명을 나락으로 떨어뜨리는 결과를 초래한다. 『수신기』가 왕조에 대한 제후의 충성을 강조한 까닭은 그것이 유가 이데올로기일 뿐만 아니라 민중의 생존을 위한 선결 조건이기 때문이다.

무능한 리더의 정치도 민생을 병들게 하는 원인이다. 군주가 밝은 인재를 등용하지 않고, 현명한 자가 핍박받으며 외척과 같은 간신이 권세를 남용하는 상황, 음지에서 일어나는 부패와 부정으로 국가가 운영되는 사정이 곳곳에 언급된다.

이런 상황에 앞서 먼저 제시되는 현상이 바로 비정상적 자연재해다. 그런데 민초가 우려하는 바는 궁극적으로 자연재해가 아니라 인재(人 災)다. 대규모 부역으로 농사를 지을 틈이 없는 상황은 괴이한 징조를 불러온다. 그래서 다리 다섯 개 달린 소가 태어난다. 안 그래도 소에 질 세라 뼈 빠지게 일하는 민초이다. 그나마 농사의 때라도 맞추도록 농한 기에 부역을 시켜야 마땅하거늘, 위정자의 횡포는 그마저도 지켜주질 않는다. 힘 좋은 소가 심지어 다리를 다섯 개나 달고 일한들 당해낼 수 있겠느냐는 원망이 절절히 녹아 있다.

잔혹한 형벌을 행하는 위정자에게는 우물에서 검은 용이 나올 것이 라고 겁을 준다. 직접적 저항이 불가능할 때 환상에 빗대어서라도 백성 을 두려워할 줄 모르는 탐관오리에게 경고를 보내는 것이다. 그래도 세 상에 두려워해야 할 무언가 있다는 사실 말이다. 얼마나 현명한 저항 방 식인가.

『수신기』는 결코 희망의 끈을 놓지 않는다. 그 희망은 막연히 오늘을 버티기 위해 "언젠가는"을 되뇌는 것과는 다르다. 땅에 가장 가까운 민초에게는 계절의 순환과 때에 따른 만물의 변환이 그 뼈와 피와 사상을 이루었다. 그래서 모든 것은 때가 되면 변한다는 믿음은 민초의 정서와 사고 체계에 확고 불변하게 자리 잡았다. 이야기 곳곳에 반복되는 주장은 오행설의 근간이 되는 자연과 우주의 순행적 원리, 나아가 사회 법칙으로의 적용 내지 전화(轉化)이다. 즉 "자연의 섭리를 잘 이해한다면 그것을 반드시 인간의 삶에도 적용할 줄 알아야 한다"는 것이다.

또한 이에 근거해 역사 발전의 내적 동인, 발전 법칙을 사유하려는 시도 또한 엿보인다. 즉 나름대로 권력의 흥망성쇠에 관한 패턴과 주기를 분석해낸다. 이런 분석의 기저에는 왕조가 영원무궁한 절대적 당위를 갖는 존재가 아니며, 권력이 계절처럼 순환한다는 사유가 내재되어 있다. 권력자는 평가가 가능할 뿐 아니라 그 존재 가치도 유동적인 객관적 대상이 된다. 왕조 내부의 악행과 부패, 민심 이반이 쌓이고 쌓이면 결국 무너지고 말리라는 혜안으로부터 나온 혁명적 경고로도 읽힌다. 그러니 그토록 긴 암흑의 세월 속에서도 민중은 역사에 대한 희망을 버리지 않을 수 있었고, 정도를 걷는 권력, 올바름을 갈망하고자 하는 의지를 껶지 않을 수 있었다.

괴변, 이변, 흉조, 요물스런 조화 등으로 표현되는 이야기는 그 맥락을 충분히 이성적으로 파악할 수 있는 상징성을 지니고 있다. 누구를 향하고 있는지, 무엇을 바라고 있는지, 그리고 무슨 메시지를 전달하고 있는지 말이다. 그렇다면 민심 혹은 지은이 간보는 잡혀가지 않고도 할 말을 하기 위해 의도적으로 상징을 조작했을까? 음양오행설과 요괴 이론은 그런 조작을 합리화하거나 철학적, 신앙적으로 뒷받침하려고 만들어졌을까? 시국을 개탄하는 심정을 우회적으로 표현하기 위해 자연현상을 역사적 사건에 끼워 맞추었을까?

전하는 바에 따르면 간보를 비롯한 설화 수집가들은 되도록 민간의 전설을 개작하지 않고 보전하는 데 힘썼다고 한다. 따라서 이런 상징을 단순한 비유나 풍자 혹은 우회적 비판 수단으로만 이해할 수는 없다. 융의 심리학 이론에 비추어 볼 때, 여타의 신화 전설이 그렇듯 여기에 등장하는 자연현상은 궁극적으로 민심에 어린 상(象), 즉 민심이 신뢰하고 표현된 방식이라고 보는 편이 더 근접하지 않을까. 융은 그의 저서 『원

140

형과 무의식』에서 이렇게 쓰고 있다.

"원시인의 정신적 기질은 신화를 지어내는 것이 아니라 체험한다. 신화는 원래 전(前) 의식적인 심혼의 표시로, 무의식적인 정신적 사건에 관한 의도하지 않은 표명이며, 물리적인 사건의 비유에 불과한 것이 아니다."

아이러니하게도 환상성은 오히려 합리와 과학의 구속을 면해줌으로써 민중의 심리와 사유를 더욱 여과 없이 발현시키는 역할을 했다. 합리가 비워진 공간은 절절한 민초의 심정과 열망으로 채워졌다. 그래서 오히려 식자층이 걸려 넘어지곤 하는 논리의 왜곡이나 이데올로기의 구속을 넘어설 수 있게 했다. 이렇게 볼 때 얼핏 허무맹랑해 보이는 주술적 이야기의 내면은 얄팍한 논술보다 훨씬 더 묵직한 실체로 다가올 것이다. 진솔한 환상이 『수신기』의 문학적 가치를 높이고 있는 셈이다.

요괴에 대하여

요괴란 정기(精氣)가 사물에 붙어 만들어진다. 정기가 사물 내부를 교란하면 사물 외부에 변화가 일어난다. 사물의 형상과 영혼과 기질은 바로 외부와 내부의 상호작용으로 이루어진 것이다.

그것은 오행(五行)에 근거해서 외형과 언어 및 보고 듣고 생각하는 다섯 가지 영역을 지배한다. 간혹 늘거나 줄기도 하고, 오르고 내리는 등 기복이 있어 변화무쌍하지만, 길흉화복의 징조로 판단하면 그 어떤 영역이라도 다 설명할 수 있다.

산이 움직이다

하나라 걸(桀)임금 때 여산이 사라졌다. 진시황 때에는 산이 셋이나 사라졌다. 주나라 현왕(顯王) 32년에 제후국 송나라 대구에 있던 사당이 사라졌다. 한나라 소제(昭帝) 말년에는 진류군 창읍현의 사당이 사라졌다. 사상가 경방(京房)이 쓴 『역전(易傳)』에는 이렇게 적혀 있다.

"산이 소리 없이 옮겨 가면 장차 전란이 닥치고 사직이 멸망할 징조이다."

옛날 회계군 산음현에 자리한 낭야에는 괴산이라는 산이 있었다. 세간에 전해오기로 원래는 낭야군 동무현의 바다 속에 있었다고 한다. 당시 날은 저물고 광풍과 폭우가 몰아닥쳐 주위가 온통 칠흑 같더니만, 다음 날 아침이 되자 동무현의 산이 떡하니 와 있었다 한다. 백성이 괴이하게 여겨 '괴산'이라 이름 지었다. 한편, 원래 그 산이 있던 동무현에서는, 하룻밤 사이에 산이 흔적도 없이 사라졌다. 그 산의 모양을 기억하고 있던 사람들이 나중에서야 동무현의 산이 산음현으로 옮겨 왔다는 사실을 알게 되었다. 지금도 괴산 자락에는 동무리라는 마을이 있다. 이 산이 어디서 왔는가를 알리기 위해 '동무'로 지명을 삼은 것이다. 그 밖에 교주의 어떤 산은 청주의 구현으로 옮겨 갔다.

산이 이동하는 것은 이상 징후이다. 이 두 사건이 일어난 때는 정확하지 않다.

『상서(尙書)』 「금등(金騰)」 편(실제로는 「홍범」 편에 수록되어 있다－옮긴이)에는 이렇게 기록돼 있다.

"산이 옮겨 가는 일은 군주가 도를 갖춘 인재를 등용하지 않고 현명한 이들을 발탁하지 못하는 때에 일어난다. 혹은 제후가 권세를 휘두르며 군주가 소신 있게 상벌을 내리지 못하는 상황이다. 뒷문으로는 줄 대기가 성행한다. 이런 형국을 해결하지 못한다면 결국 왕조와 나라가 바꾸게 될 것이다."

어떤 이는 이렇게 설명했다.

"자연의 섭리를 잘 이해하는 사람은 반드시 인간의 삶에 바탕을 둔다. 인간의 삶을 잘 이해하는 사람은 또한 반드시 자연의 섭리에 준거한다. 그래서 봄, 여름, 가을, 겨울의 네 계절이 있고, 해와 달이 서로를 밀어내며, 추위와 더위가 차례로 갈마든다. 대자연이 순환하며 운행하는 과정에서 조화를 이루면 비가 되고, 기운이 세지면 바람이 된다. 흩어지면 이슬이 되고, 어지럽게 뒤섞이면 안개가 되며, 응집하면 서리와 눈이 되고, 넓게 뻗으면 무지개가 된다. 이것이 자연의 정상적인 법칙이다. 사람에게는 사지육신과 오장육부가 있으며, 깨어났다가는 잠들고, 숨과 음식을 들이고 또 낸다. 정기가 순환하는 과정에서 흘러 다니면 혈기가 되고, 겉으로 드러내면 표정이 되고, 질러내면 음성이 된다. 이 또한 인간의 정상적인 법칙이다. 만일 자연의 사계가 운행을 멈춘다면 추위와 더위가 뒤얽힌다. 금성, 목성, 수성, 화성, 토성 등 다섯 개 별이 제멋대로 성하고 쇠하며, 별자리가 뒤죽박죽 움직이고, 해와 달이 빛을 잃은 채 망가지고, 불길한 별이 출현해 날아다닐 것이다. 이는 세상이 위험에 처한다는 경고이다. 더위와 추위가 때에 맞지 않으면 천지의 숨결이 막힌 것이다. 돌이 서고 땅이 솟구쳐 오르면 천지에 혹이 난 것이다. 산이 무너지고 땅이 꺼지면 천지에 독창이 생긴 것이다. 광풍과 폭우가 몰아닥치면 천지의 정기가 토사곽란을 일으킨 것이다. 비와 이슬이 내리지 않고 강과 도랑이 바싹 마르면 천지가 애타고 목마른 것이다."

털이 나고 뿔이 돋다

상(商)나라 주왕(紂王) 때, 어떤 커다란 거북의 몸에 털이 돋고, 토끼 머리에 뿔이 났다. 이는 곧 전쟁이 일어날 조짐이었다.

말이 여우로 변하다

주선왕(周宣王) 33년에 유왕(幽王)이 태어났다. 그해에 어떤 말이 여우로 변했다.

옥이 곤충으로 변하다

진헌공(晉獻公) 2년에 주혜왕(周惠王)이 정(鄭)나라에 머물렀다. 정나라 사람이 혜왕의 왕부에 들어가 옥을 잔뜩 훔쳐 왔다. 그러자 옥이 물에 사는 곤충인 물여우로 변해 그에게 모래를 쏘아댔다.

땅이 솟거나 꺼지다

주나라 은왕(隱王) 2년 4월에 일어난 일이다. 제나라 땅 일부가 갑자기 맹렬하게 솟아오르며 넓어졌다. 한 길이 넘게 넓어지고 1척 5촌 정도가 높아졌다.

경방이 쓴 『역요(易妖)』에서는 이렇게 말하고 있다.

"땅이 갑자기 솟으며 넓어지는 일을 두고 사계절을 나누어 길흉을 점쳐보면, 봄과 여름에는 길한 징조인 경우가 많다. 반대로 가을과 겨울에는 흉조인 경우가 많다."

한편 역양군의 여러 성읍이 하룻밤 사이에 땅으로 꺼져 들어가 호수가 되었다. 바로 지금의 역호(歷湖)이다. 이 사건이 일어난 때는 정확히 알 수 없다.

『운두추(運斗樞)』에는 이렇게 적혀 있다.

"성읍이 땅으로 꺼져 들어갔다면 음이 양을 삼킨 꼴이다. 그러므로 서로 살육하는 세상이 올 것이다."

자식을 마흔 명이나 낳다

주애왕(周哀王) 8년의 일이다. 제후국 정(鄭)나라에 사는 어떤 여인이 자식을 마흔 명이나 낳았다. 그중 스무 명은 잘 자랐고, 스무 명은 죽었다. 애왕 9년에 진(晉)나라에는 어떤 돼지가 사람을 낳았고, 삼국시대 적오 7년에 어떤 여자는 한 배에 세쌍둥이를 낳았다.

용을 낳은 시녀

주열왕(周烈王) 6년의 일이다. 임벽양군(林碧陽君)의 시녀가 용 두 마리를 낳았다.

돼지가 되어 화를 입히다

노장공(魯庄公) 8년의 일이다. 제양공(齊襄公)이 패구에서 사냥을 하고 있었다. 돼지 한 마리가 보이자 그의 수하가 말했다.

"저 돼지는 아무래도 아드님이신 팽생(彭生) 같습니다."(제양공이 아들 팽생을 시켜 노환공을 죽여놓고, 이후 다른 제후들의 비난이 두려워 팽생을 죽였다 — 옮긴이)

그러자 양공이 노해 멧돼지를 쏘았다. 돼지가 마치 사람처럼 일어서더니 울부짖었다. 양공은 두려운 나머지 수레에서 떨어져 발을 삐었고 신발마저 잃어버렸다.

유향(劉向)은 이를 두고 돼지가 일으킨 화라고 했다.

뱀이 성문에서 싸우다

노장공 때 정(鄭)나라에 있었던 일이다. 성 남문에서 성 안쪽 뱀과 성

바깥쪽 뱀이 서로 싸운 끝에 성 안쪽의 뱀이 죽었다. 유향은 이 일을 두고 뱀의 재앙이라고 했다. 경방이 쓴 『역전』에는 이렇게 기록돼 있다.

"왕이 후계자를 세우는 과정이 의심스러우면 뱀이 성문에서 싸우는 해괴한 일이 일어난다."

용이 서로 싸우다

노소공(魯昭公) 19년에 용 두 마리가 정나라 성문 밖 유수(洧水)의 심연에서 싸움을 벌였다. 유향은 이를 두고 용의 재앙이라고 평했다.

경방의 『역전』에서는 이렇게 쓰고 있다.

"민심이 불안하면 그 도시에는 용이 결투를 하는 괴이한 일이 일어난다."

뱀 아홉 마리가 기둥을 휘감다

노정공(魯定公) 원년에 뱀 아홉 마리가 기둥을 휘감는 일이 일어났다. 이를 두고 점을 쳐보니, 구세조(九世祖)의 묘에 제사를 지내지 않아 일어난 일이라고 했다. 그래서 양궁(煬宮)을 지었다.

말이 사람을 낳다

진(秦)나라 효공(孝公) 21년, 어떤 말이 사람을 낳았다. 소왕(昭王) 20년에는 수말 한 마리가 망아지를 낳다 죽었다. 유향은 이 모든 일이 말에서 생겨난 화라고 했다.

경방의 『역전』에는 이렇게 쓰여 있다.

"여러 제후와 패악한 수장들이 천자의 권위를 침탈하거나 나눠 가지면 수말이 망아지를 낳는 해괴한 일이 일어난다. 위에 천자가 없고 제후들이 서로 전쟁을 벌이면 말이 사람을 낳는 괴변이 생긴다."

여자가 남자로 변하다

위양왕(魏襄王) 13년에, 어떤 여자가 남자로 변했다. 게다가 그는 아내를 맞이하고 자식까지 보았다. 경방의 『역전』에서는 이렇게 쓰고 있다.

"여자가 남자로 변한다는 것은 음기가 창성해 비천한 인간이 왕이 됨을 뜻한다. 남자가 여자로 변하는 것은 음기가 양기를 이겨 넘치는 상황이니, 그렇게 되면 결국 나라가 재앙을 입어 멸망한다."

또 어떤 사람은 이렇게도 말했다.

"남자가 여자로 변하는 까닭은 궁형을 남발하기 때문이다. 여자가 남자로 변하는 것은 아녀자가 정치를 한다는 뜻이다."

발 다섯 개 달린 소

진나라 혜문왕(惠文王) 5년에 왕이 구연이라는 지방을 시찰하고 있었다. 어떤 사람이 와서 다리가 다섯 개 달린 소를 바쳤다. 당시 진나라는 부역할 백성을 대거 징발해 온 나라가 이에 반발해 들끓고 있었다. 경방의 『역전』에서는 이렇게 이른다.

"대규모로 부역을 일으키면 백성이 농사의 때를 빼앗긴다. 이런 일이 다리 다섯 개 달린 소가 나타나는 괴이한 징조로 이어진 것이다."

거인이 나타나다

진시황 26년에 거인(巨人)이 나타났다. 키가 5장이나 되고 발에는 6척이나 되는 신발을 신었다. 모두 이민족 복식을 하고 있었다.

모두 열두 거인이 임조현에 나타났다. 그래서 그 모양을 본떠 동상을 열두 개 세웠다.

용이 우물에 나타나다

한혜제(漢惠帝) 2년 정월 계유일 아침, 난릉현 정동리에 있는 온릉(溫陵)이라는 우물 속에 용 두 마리가 나타났다가 셋째 날인 을해일 밤에 사라졌다. 경방의 『역전』에서는 이렇게 적고 있다.

"덕을 행하다가 박해를 당하는 이가 있으면 용이 우물에 출현하는 괴이한 징조로 나타난다."

또 이렇게도 말했다.

"너무 잔혹한 형벌을 시행하면 우물에서 검은 용이 나온다."

말 머리에 뿔이 돋다

한문제 12년에 있었던 일이다. 오(吳) 땅에서 어떤 말 머리에 뿔이 났다. 뿔은 귀 앞쪽에 나서 위로 뻗어 있었다. 오른쪽 뿔은 길이가 세 마디쯤이고, 왼쪽 뿔은 두 마디쯤 되었다. 굵기는 양쪽 모두 두 마디 가량이었다.

유향은 이렇게 여겼다. "말은 뿔이 나서는 안 되는 동물이다. 오왕이 군사를 일으켜 조정에 대항해서는 안 되는 것처럼 말이다. 말에 뿔이 난 것은 오왕이 곧 반란을 일으킬 조짐이다."

경방의 『역전』에서는 이렇게 적었다.

"신하가 군주를 바꾸려 들고, 나라의 정치가 순조롭지 못하면 말에 뿔이 솟는 흉조가 나타난다. 이는 나라에 어진 선비가 부족함을 뜻한다."

또 이렇게도 적었다.

"천자가 친히 출정하면 말에 뿔이 솟는다."

개 머리에 뿔이 돋다

문제(文帝) 후원 5년 6월, 제나라 옹성문 밖 어떤 개의 머리에 뿔이 났다. 경방의 『역전』에서는 이렇게 말했다.

"위정자가 과실을 범하고 수하들이 그를 해치려 들면 개 머리에 뿔이 돋는 흉조가 나타난다."

사람 머리에 뿔이 돋다

한경제(漢景帝) 원년 9월, 교동군 하밀현에 사는 일흔 남짓 되는 어떤 사람의 머리에서 뿔이 솟았다. 뿔에는 털까지 나 있었다. 경방의 『역전』에서는 이렇게 적었다.

"재상이 정치를 전횡하면 사람 머리에 뿔이 나는 흉조가 나타난다."

『오행지(五行志)』에는 이렇게 되어 있다.

"사람은 뿔이 없어야 마땅하다. 제후들이 군사를 일으켜 수도로 진격하지 말아야 하는 것처럼 말이다. 사람에게 뿔이 돋더니 그 후에 결국 오나라, 초나라 등 일곱 제후국의 병란이 발생했다."

진무제(晉武帝) 태시 5년에 이르러, 원성현에 사는 일흔 살 난 사람에게 뿔이 솟았다. 이는 제후국 조왕(趙王) 사마륜(司馬倫)이 정권을 찬탈하고 난을 일으킬 조짐이었다.

개와 돼지가 짝짓기를 하다

한경제 3년, 한단 지방에서 어떤 개가 돼지와 짝짓기를 했다. 이때 조왕이 반란을 일으켰는데, 마침내 다른 여섯 나라도 그에 동조해 함께 반역을 일으켰다. 밖으로는 흉노와 결탁하면서 이를 원조하는 것이라는 평계를 댔다.

『오행지』의 논지는 이러하다.

"개는 민심의 지지를 얻지 못하는 전쟁을 뜻하고, 돼지는 북방 흉노족을 상징한다. 반역을 도모하자는 논리는 누구에게도 설득력이 없고, 이종 교배는 생명의 순리를 거스르는 것이다."

경방의 『역전』은 이렇게 말한다.

"부부가 서로 존경하지 않으면 개와 돼지가 서로 교배하는 흉조가 생긴다. 이는 도덕에 어긋나는 일이니 나라에 병변이 발생할 것이다."

까마귀 떼가 싸움을 벌이다

경제 3년 11월, 초(楚) 땅 여현에서 흰목 까마귀 떼와 검은 까마귀 떼가 싸웠다. 흰목 까마귀는 수세에 몰려 이기지 못하고 수천 마리가 사수(泗水)에 떨어져 죽었다. 유향은 이를 흑백 대결의 조짐이라고 여겼다.

당시 초왕 유무(劉戊)는 워낙 극악무도해 형벌로 신공(申公)을 모욕했고, 또 오왕과 작당해 모반을 꾀했다.

까마귀 떼가 싸우는 일은 군대가 전쟁을 행할 조짐이다. 흰목 까마귀는 크기가 작으므로 세력이 작은 쪽이 패한다는 사실을 암시한다. 물에 떨어진다 함은 장차 물이 있는 지역에서 죽으리라는 사실을 예고한다.

초왕 유무는 이러한 징조의 의미를 알지 못했다. 그래서 오왕의 제안에 호응해 군사를 일으켰고, 한나라 조정과 맞섰다. 결국 패해서 도망가다가 단도현에 이르러 월 지방 사람에게 죽임을 당했다. 까마귀가 사수에 떨어져 죽은 사건이 보여준 계시는 이토록 영험했다.

경방의 『역전』에서는 이렇게 이른다.

"친족을 배반하면 그 흉조로 흰 까마귀와 검은 까마귀가 싸우는 일이 일어난다."

연왕 유단(劉旦)이 역모를 꾀할 적에도 까마귀 한 마리와 까치 한 마리가 연왕의 궁궐에 있는 연못에서 싸웠다. 결국 까마귀가 연못에 떨어져 죽었다. 이에 대해 『오행지』의 논지는 이러했다.

"초왕과 연왕은 모두 한나라 왕실의 친척이며, 왕실을 수호해야 할 제후이다. 그런데도 오만방자하게 불의한 역모를 꾀했다. 까마귀와 까치가 싸우다가 죽은 사건은 그 징조였다.

저들의 행동거지가 점술의 계시와 똑같았으니 이로써 하늘의 섭리가 반드시 인간 세상을 관장한다는 점을 알 수 있다. 연나라의 음모가 아직 드러나지 않았을 때 연왕이 궁중에서 자살을 했는데, 그 때문에 물색 털이 난 까마귀 한 마리가 죽었다.

초나라는 백성을 윤택하게 돌보는 일은 뒷전이면서 오히려 병란을 일으키기나 하니 급기야 초왕의 군대가 황야에서 대패하기에 이르렀다. 이런 일을 경고해 금색 털을 가진 까마귀들이 무수히 죽었다. 하늘의 섭리가 매우 정교하고도 세밀한 데까지 미침을 똑똑히 보여준다."

경방의 『역전』에서는 이렇게 적고 있다.

"권력을 독식하고 난을 일으켜 정벌과 약탈, 살육을 감행하면 그 흉조로 까마귀와 까치가 싸우는 일이 일어난다."

소 등에 발이 솟다

한경제 중원 6년에 일어난 일이다. 어느 날 양효왕(梁孝王) 유무(劉武)가 북산에서 사냥을 하고 있었다. 그때 어떤 사람이 다가와 소 한 마리를 바쳤다. 그 소는 등 위로 발이 솟아 있었다.

유향은 이를 두고 소의 재앙이라고 여겼다. 안으로는 사려가 깊지 않고 제멋대로이며, 밖으로는 규정을 훨씬 넘어서는 토목공사를 일으키니 결국 소가 재앙을 불러온 것이다. 발이 등에서 난다면 하극상의 조짐이다.

사당 아래서 싸운 뱀

한무제 태시 4년 7월에 이런 일이 있었다. 조나라에 뱀 한 마리가 나타나 성 밖에서 기어 들어왔다. 뱀은 효문제(孝文帝)의 사당 앞에서 성안의 뱀과 뒤얽혀 싸웠다. 결국 성안의 뱀이 죽었다.

그런 일이 있은 지 두 해째 되는 가을, 위태자(衛太子)에게 무고의 화 (巫蠱之禍: 조나라 강충이 위나라 태자 유거가 무제를 해치는 주술을 행했다고 모함 하자 유거가 두려워 그를 죽였다. 유거는 무제의 군대가 자신을 잡으러 오자 자살했 다 - 옮긴이)가 닥쳤다. 바로 조나라 사람인 강충(江充)이 일으킨 화였다.

쥐가 춤을 추다

한소제(漢昭帝) 원봉 원년 9월의 일이다.

연나라에 누런 쥐가 한 마리 있었다. 쥐는 제 꼬리를 물고 왕궁의 단 문(端門)에서 춤을 추었다. 연왕이 어찌 된 일인지 가서 보니 쥐는 그때 에도 여전히 춤을 추고 있었다. 연왕이 부하를 시켜 술과 고기를 놓고 제사를 드리게 했지만 쥐는 계속해서 춤을 추기만 할 뿐 멈출 줄 몰랐 다. 쥐는 그렇게 하루 밤낮을 줄곧 춤만 추다가 급기야 죽고 말았다.

이는 당시 연왕 유단이 반란을 도모하다가 결국 죽게 되리라는 징조 였다.

경방은 『역전』에서 이렇게 말한다.

"살인을 했는데도 진상을 밝혀 죄를 묻지 않으면, 그 흉조가 쥐가 성 문에서 춤을 추는 일로 나타난다."

바위가 저절로 일어서다

한소제 원봉 3년 정월, 태산군 무래산 남쪽 기슭에 마치 수천 명이 모여 있는 듯 시끄럽게 웅성거리는 소리가 들렸다. 사람들이 그곳으로 가보니 커다란 바위 하나가 저절로 일어서고 있었다. 바위 높이는 한 길 다섯 자나 되고 둘레는 마흔여덟 아름이나 되며, 땅에 박힌 부분만도 여덟 자였다. 게다가 바위 아래는 세 개의 돌이 떠받치고 있었다. 바위가 일어서자 흰 까마귀 수천 마리가 바위 주변에 모여들었다. 이는 한나라 선제(宣帝)의 중흥을 예고하는 길조였다.

벌레가 잎을 갉아 글자를 새기다

한소제 때, 하루는 상림원에 있는 커다란 버드나무가 부러져 쓰러졌다. 그 이후로 어느 날 그 나무가 다시 우뚝 서더니 가지와 잎이 새로 돋았다. 벌레가 그 잎을 갉아먹어 글자 모양이 나타났는데 이런 글귀가 쓰여 있었다.

"제후의 왕손은 병이 다 나았으니 이제 일어설 것이다."

개가 머리에 관을 쓰다

한소제 때 창읍왕(昌邑王) 유하(劉賀)는 어느 날 꼬리 없는 커다란 흰색 개 한 마리를 보았다. 개는 종묘에 제사 지낼 때 음악을 연주하는 사람이 쓰는 방산관(方山冠)을 쓰고 지나갔다.

한영제(漢靈帝) 희평 연간에는 궁 안 사람들이 재미 삼아 개에게 관을 씌우고 인끈을 매어주는 등 사람처럼 차려입히며 놀곤 했다. 어느 날 그렇게 놀던 중 개 한 마리가 갑자기 조정 문을 나가더니 사공부(司空府) 안으로 뛰어들었다. 개의 차림새를 본 사람 중 해괴하다고 여기지 않는 이가 없었다. 경방의 『역전』에서는 이렇게 전한다.

"군주가 올바른 정치를 행하지 않고, 신하가 정권 찬탈을 꿈꾸면, 개가 관을 쓰고 궁문을 뛰쳐나가는 해괴한 일이 벌어진다."

암탉이 수탉이 되다

한선제 황룡 원년에 미앙전(未央殿) 전각에 딸린 마구간에서 암탉 한 마리가 수탉으로 변했다. 닭은 깃털까지 변했지만 울지도 않고 암탉 무리를 이끌고 다니지도 않았다. 게다가 수탉에게만 있는 며느리발톱이 보이지 않았다.

한원제(漢元帝) 초원 원년에 승상부사의 집에서 암탉이 알을 낳았는데, 그놈이 점점 수탉으로 변했다. 볏과 며느리발톱이 돋았고, 우렁차게 울었으며 암탉 무리를 몰고 다녔다.

영광 연간에 이르러, 하루는 어떤 사람이 뿔이 솟은 수탉을 바쳤다.

『오행지』에서는 이러한 징조가 모두 외척인 왕씨 집안이 정권을 마음대로 휘두를 징조라고 했다.

경방은 『역전』에서 이렇게 이르고 있다.

"현명하고 유능한 인재가 모함을 당하거나 기아에 시달리는 등 자신의 능력을 펼치지 못하는 세상에 살게 되면, 그로서는 나아가 뜻을 펴지 못할 시절에 처했음을 알기에, 그저 시대를 걱정하며 상심할 수밖에 다른 도리가 없다. 그때 졸렬한 자들이 백성을 미혹해 높은 지위를 차지하면 그 흉조가 닭 머리에 뿔이 솟는 것으로 드러나게 된다."

또 이렇게도 말했다.

"아녀자가 정권을 쥐고 흔들면 나라가 조용할 날이 없고, 암탉이 울면 그 집의 주인은 영화를 누리지 못한다."

원망을 헤아리지 못하다

한선제 때 일이다. 연(燕) 땅과 대(岱) 땅의 중간쯤 되는 곳에서 남자 셋이 한 여자를 공동 아내로 맞아 자녀 넷을 낳았다. 분가를 해야 할 상황이 되어 아내와 자식을 나누려는데, 도무지 공평하게 나눌 수가 없었다. 그래서 결국 소송을 하기에 이르렀다.

정위(廷尉) 범연수(范延壽)는 이 안건에 대해 다음과 같은 판결을 내려

결과를 상부에 올렸다.

"이들은 사람의 법도를 따라 산 것이 아니라 금수의 법대로 살았습니다. 금수의 법을 적용하면, 자식은 아비를 따를 것이 아니라 어미를 따르게 되어 있습니다. 청하옵건대 저 사내 셋을 죽이고 자식들은 어미에게 주십시오."

그 판결을 듣고 선제는 탄식했다.

"어째서 굳이 상고시대의 법을 따라 일을 처리하였는가? 만일 그렇게 한다면 논리적으로야 합당하겠지만 인정에는 어긋나는 것을!"

그렇다. 범연수는 사건에 맞추어 형법을 적용할 줄은 알았지만, 사람의 마음에 쌓인 원한이 언젠가는 조화를 부려 세상과 운명을 바꾸게 된다는 도리까지는 미처 헤아릴 줄 몰랐다.

풀 덩이가 하늘에서 쏟아지다

한나라 원제 영광 2년 8월의 일이다. 하루는 하늘에서 풀 덩이가 비처럼 쏟아졌다. 풀 이파리가 서로 단단히 얽혀 있어 대포의 탄환만 한 덩어리 모양을 하고 있었다.

평제(平帝) 때인 원시 3년 정월에도 하늘이 풀 덩이를 비처럼 쏟아내는 일이 벌어졌다. 풀 덩이 모양이 영광 연간에 내린 것과 똑같았다.

경방의 『역전』에서는 이렇게 적고 있다.

"군주가 봉록에 인색하면 신뢰가 떨어지고 인재가 떠난다. 그 재화의 징조가 바로 하늘이 풀 덩이를 뿌리는 것으로 나타난다."

베어진 나무가 다시 일어서다

한원제 건소 5년, 연주자사인 호상(浩賞)은 백성이 관부의 허가 없이 개인적으로 사당을 세우지 못하게 했다.

산양군 탁모향에 있는 어느 사당에 커다란 홰나무 한 그루가 있었는데, 하루는 관리가 와서 나무를 베어버렸다. 그날 밤, 나무는 놀랍게도 원래 자리에 다시 섰다.

이 일을 두고 이렇게들 얘기했다.

"무릇 베어져 말라버린 나무가 다시 선다는 것은 틀림없이 버려졌던 무엇인가가 다시 흥성한다는 뜻이다. 분명 세조(世祖)가 흥기할 징조이다."

쥐가 나무 위에 집을 짓다

한성제 건시 4년 9월의 일이다. 장안성 남쪽에 쥐들이 지푸라기와 보릿대, 측백나무 이파리 따위를 물고 민간의 묘지 옆에 서 있는 측백나무며 느릅나무 위로 기어 올라가 집을 지었다. 그중에서도 특히 동백나무에 제일 많이 지었다. 쥐 집 안에 쥐새끼는 없고 마른 쥐똥만 몇 되씩 쌓여 있었다. 당시 이 일을 두고 의견을 나누던 대신들은 아무래도 홍수가 날 모양이라고들 수군댔다.

쥐란 본디 자질구레한 것을 훔치는 조그마한 동물이다. 밤에 돌아다니고 낮에는 숨어 있는 습성을 가졌다. 그런데 지금은 반대로 낮에 쥐구멍을 떠나서 나무 위로 올라갔다. 이는 비천한 사람이 고귀한 지위에 머물게 될 것임을 암시한다.

위사후(衛思后)의 화원에도 동백나무가 있었다. 쥐들의 변괴가 있은 이후로 황후 조씨가 비천한 신분에서 존귀한 황후의 자리에 올랐다. 그러나 조황후의 처지는 위황후와 같았다. 조황후는 결국 자식을 낳지 못한 채 폐위되어 자살했다.

그 이듬해, 늙은 부엉이 한 마리가 스스로 둥지를 태워서 새끼들을 죽게 만든 일이 있다고들 했다.

경방의 『역전』에서는 다음과 같이 전한다.

"신하가 공금을 유용하고 사사로이 챙기면 쥐가 나무 위에 집을 짓는 흉조가 나타난다."

개가 사람으로 변해 화를 일으키다

한성제 하평 원년, 장안에 석량(石良)과 유음(劉音)이라는 사내 둘이 함께 살고 있었다.

하루는 사람 모양을 한 괴물체가 홀연 그들의 집에 나타났다. 괴물체를 때리자 곧 개로 변해 문밖으로 뛰쳐나갔다.

놈이 나간 후에는 또 몇 사람이 갑옷을 입고 활을 든 채 석량의 집으로 들어왔다. 석량 등은 다시 그들과 격투를 벌였다. 그 결과 상대편 중 몇은 죽었고 몇은 부상을 입었다.

나중에 보니 모두 개가 변한 자들이었다.

2월부터 그런 일이 줄곧 반복해서 일어나더니 6월에 이르러서야 그쳤다.

「홍범(洪範)」에서는 이런 일이 모두 개가 불러온 변고라고 했다. 즉 좋은 의견을 따르지 않을 때 나라에 생기는 변고라는 뜻이다.

새가 제 둥지를 태우다

한성제 하평 원년 2월 경자일, 태산 산상곡에서 매 한 마리가 제 둥지를 태우는 일이 일어났다.

손통(孫通) 등 몇몇 사내가 산속에서 매, 까마귀, 까치들이 시끄럽게 짖어대는 소리를 듣고 무슨 일인가 하고 그쪽으로 가 보았다. 매 둥지는 홀랑 타서 연못으로 떨어지고 그 안에 있던 새끼 세 마리는 모두 타 죽고 말았다. 새 둥지가 얹혀 있던 나무는 네 아름이나 되게 컸고, 둥지는 땅에서 다섯 길 다섯 자나 높이 떨어져 있었다.

『주역』에서는 다음과 같이 이른다.

"새가 제 둥지를 태우면 길 떠난 이가 처음에는 기뻐 웃다가 나중에는 통곡을 하게 될 것이다."

　과연 종국에는 왕조가 망하는 재앙이 일어나고 말았다.

물고기가 비처럼 쏟아지다

　한나라 성제 홍가 4년 가을, 신도에 물고기가 비처럼 쏟아졌다. 물고기 길이는 5촌이 조금 안 되었다.

　성제 영시 원년 봄에는 북해에 큰 물고기가 나타났다. 길이 여섯 길에 너비 한 길이 되는 것들이 모두 네 마리였다.

　애제(哀帝) 건평 3년, 동래군 평도현에 역시 거대한 물고기가 나타났다. 물고기는 길이가 여덟 길에 너비가 한 길하고도 한 자나 되었는데, 모두 일곱 마리가 나타나서 전부 죽었다.

　동한 영제(靈帝) 희평 2년에는 동래군 바다에 또 거대한 물고기 두 마리가 나타났다. 길이는 여덟아홉 길쯤 되고 너비는 두 길이 넘었다.

　경방의 『역전』에서는 이렇게 적고 있다.

　"바다에 여러 차례 거대한 물고기가 나타난다면 이는 사악한 이가 임용되어 조정에 나아가고 어진 인재는 조정에서 멀어진다는 뜻이다."

나무가 사람 모양으로 자라다

한성제 영시 원년 2월의 일이다. 하남군 가우현에 가죽나무가 한 그루 있었다. 가지가 사람 머리와 똑같은 형상을 하고 있었다. 눈썹과 눈, 수염까지 모두 갖추었고 다만 머리카락이 없을 뿐이었다.

한애제 건평 3년 10월, 여남군 서평현 수양향에서 나무 한 그루가 땅에 쓰러졌다. 쓰러진 채로 가지가 돋더니 사람 형상으로 자라났다. 온몸은 푸르스름한 누런색이고, 얼굴은 하얗고, 머리에는 콧수염과 머리카락까지 있었다. 조금씩 자라더니 종국에는 크기가 여섯 마디 한 푼이 되었다.

경방의 『역전』에서는 말한다.

"군왕의 덕이 쇠락하면 비천한 인간들이 흥성하고 권세를 누린다. 그러면 나무가 사람 모양으로 자라는 일이 벌어진다."

그런 일이 있은 뒤, 과연 왕망이 왕위를 찬탈하는 사건이 일어났다.

말 머리에 뿔이 솟다

한성제 수화 2년 2월에 천자의 마구간에서 말 머리에 뿔이 솟아나는 일이 벌어졌다. 뿔은 말 왼쪽 귀 앞쪽에 돋았는데, 둘레가 두 마디쯤 되었다.

그때 왕망은 대사마 벼슬을 맡고 있었다. 이 일로 미루어 보면 이미

그때부터 왕망의 마음속에 천자를 해하려는 생각이 싹트고 있었던 셈
이다.

참새를 낳은 제비

한성제 수화 2년 3월, 천수군 평양현에서 제비가 참새 새끼를 낳았다.
어미는 참새에게 먹이를 물어다 먹여 키웠는데, 다 키우고 나자 모두 날
아갔다.

경방의 『역전』에서는 이렇게 말한다.

"나라를 훔치려는 마음을 품은 신하가 조정에 있으면 그 흉조로서 제
비가 참새를 낳는 일이 생긴다. 제후들도 모두 해를 입어 몰락하게 된
다."

또 이렇게도 말한다.

"저와 같은 종족이 아닌 새끼를 낳는 것은 제왕의 자손이 그 지위를
계승하지 못함을 암시한다."

다리 셋뿐인 망아지

한애제 건평 3년에 정양군에서 어떤 수말이 망아지를 낳았다. 그런데
망아지 다리가 세 개뿐이었다. 어쨌든 망아지는 말무리를 따라다니며

먹고 마셨다.

『오행지』에서는 이 일을 이렇게 풀이했다. "말이라는 짐승은 나라가 전쟁을 벌일 때 쓰인다. 말에 다리가 세 개 났다는 뜻은 훌륭한 인재를 소홀히 해 임용하지 않았음을 상징한다."

죽은 나무가 다시 일어서다

한애제 건평 3년, 영릉군에서 나무 한 그루가 땅에 쓰러져 죽었다. 나무 둘레는 한 길 여섯 자였고 길이는 열 길 일곱 자나 되었다. 어떤 백성이 그 뿌리를 잘라 보니 길이가 아홉 자 남짓이나 되었는데, 다 말라 죽어 있었다. 그런데 뜻밖에도 3개월 뒤 죽었던 나무가 원래 자리에 다시 일어섰다.

경방의 『역전』에서는 이렇게 적고 있다.

"행실을 바르게 하지 않고 음탕한 행위를 일삼으면 요상한 징조로 죽었던 나무가 다시 살아나는 일이 생긴다. 황후와 비빈이 정권을 쥐고 흔들면 나무가 쓰러졌다가 다시 일어서고, 말라 죽은 나무가 다시 살아난다."

태아가 뱃속에서부터 울다

한애제 건평 4년 4월의 일이다.

산양군 방여현에 전무색(田無薔)이라는 여자가 살았다. 전무색이 아이를 임신했는데, 태아가 아직 태어나기 두 달도 전에 어머니 뱃속에서 울어댔다.

전무색은 아기를 낳자 젖을 먹이고 돌보아 키우기는커녕 밭고랑에 매장해버렸다. 사흘이 지난 뒤 행인이 그곳을 지나다가 갓난아기 울음소리를 들었다. 행인이 그 사실을 알리자 아기의 어머니는 그제야 땅을 파고 아이를 안아다가 키우기 시작했다.

서왕모가 전한 글

한애제 건평 4년 여름의 풍속이다. 도성 부근인 경사군 백성은 마을이며 거리마다 모여들어 장막을 설치했다. 도박과 오락 도구를 차려놓고 춤과 노래를 준비해 서왕모에게 제사를 지냈다.

이런 모임에서는 대개 서왕모가 전한 글을 나누어주었는데 그 내용은 이러하다.

"서왕모는 백성에게 고하노라. 이 글을 몸에 지닌 사람은 죽지 않으리라. 만일 이 말을 못 믿겠거든 문을 돌리는 경첩 밑부분을 보라. 흰 머리카락이 있을 터이니 그것으로 증거가 되리라."

이런 행사가 가을까지 계속되다가 그쳤다.

남자가 여자로 변하다

한애제 건평 연간, 예장군에 사는 남자가 여자로 변했다. 그 뒤 시집도 가고 아이도 하나 낳았다.

장안에 사는 진봉(陳鳳)이라는 이가 말했다.

"양이 변해 음이 된다면 장차 제사를 이을 자손이 없어질 터이니, 스스로 도와야 하는 자행상생(自行相生)의 형국이다."

일설에는 이런 해석도 있다.

"남자가 여자가 되고, 또 시집을 가 남의 아내가 되었는데 자식을 하나만 낳았다는 말은, 장차 한 세대가 지나면 곧 대가 끊기게 된다는 뜻이다."

과연 이 일이 있은 뒤 애제가 붕어하고 그 자식 평제는 왕망에게 독살당했다. 이로써 왕망은 왕위를 찬탈했다.

죽었다 되살아난 여인

한평제 원시 원년 2월의 일이다.

삭방군 광목현에 사는 조춘(趙春)이라는 여자가 병으로 죽었다. 이미

염을 마치고 입관해 장례를 치르는데 이레 뒤 되살아나서 관 뚜껑을 열고 나왔다. 그러고서 하는 말이, 죽어서 돌아가신 부친을 만났다고 했다. 아버지가 "네 나이 이제 겨우 스물일곱이니 아직 죽기에 마땅치 않구나"라고 했다는 것이다.

이 이야기는 삭방군 태수에 의해 알려졌다. 사람들은 이 일을 두고 이렇게들 해석했다.

"극에 달한 음기가 양기로 변했으니 비천한 사람이 고귀한 신분으로 올라간다는 뜻이다. 이를 나타내는 해괴한 징조로 사람이 죽었다가 되살아나는 일이 생겼다."

과연 그런 일이 있은 뒤 왕망이 왕위를 찬탈했다.

머리 둘 달린 아기

한평제 원시 원년 6월, 장안에 사는 한 여자가 아들을 낳았는데 머리가 둘에 목도 두 개였다. 얼굴은 마주 보고 있었고 사지는 모두 하나의 몸통에 나 있었다. 또한 전부 가슴 앞쪽으로 뻗어 있었다. 눈은 엉덩이에 달렸는데 크기가 약 두 마디쯤 되었다.

경방의 『역전』에서는 이렇게 말한다.

"규괘(睽卦), 즉 괴리되어 외롭다. 혈혈단신 길 가던 객이 커다란 멧돼지를 만나 길바닥에 납작 엎드리는 상이로다. 그 흉조로 머리 두 개 달린 사람이 태어났다. 그다음은 신하들이 서로 남의 공을 가로채 제 것으로 만드는 상인데, 그에 따른 흉조도 똑같다. 사람 혹은 가축의 머리와 눈이 몸에 난다면, 이는 그 나라 군주가 죽음을 맞이한다는 뜻이다. 그래서 정권이 바뀌게 된다.

흉조는 그 나라가 정도(正道)를 걷고 있지 않음을 깨우치고 질책하기 위해 나타난다. 그래서 유형에 따라 상징하는 바가 다르다. 예를 들어 목이 두 개라면 아랫사람이 마음을 모아 협력하지 않음을 암시한다. 손이 여러 개라면 임용한 사람이 사악한 마음을 먹고 있음을 뜻한다. 발이 작다면 아랫사람이 맡은 일을 감당할 만한 인재가 못 되거나 아니면 아예 사람을 쓰지 않는다는 뜻이다. 대체로, 신체 하부 기관이 상부에 있으면 군주를 공경하지 않는다는 뜻이다. 상부 기관이 아래에 난다면, 높은 사람이 태만하고 방탕하며 경박하다는 뜻이다. 저와 동종이 아닌 새끼를 낳았다면 음란한 상황을 나타내고, 사람이 다 자란 채로 태어난다면 군왕이 너무 조급하게 일을 이루려 하는 상황을 암시하는 변괴다. 낳자마자 애가 말을 한다면 이는 허세 부리기를 좋아하는 경우이다.

각종 변괴가 의미하는 뜻은 이러한 유형에 맞추어 짐작할 수 있다. 이런 흉조의 깨우침과 경고에도 불구하고 과실을 고치거나 바로잡지 않는다면 결국 재앙이 일어나고 말 것이다."

다리 셋 달린 새

한장제 원화 원년에 대군 고류현에서 까마귀 한 마리가 새끼를 낳았는데, 다리가 세 개였다. 게다가 크기는 닭만 했으며 몸은 온통 붉은색이고 머리에는 한 마디 남짓한 뿔이 돋아 있었다.

뱀이 궁궐에 나타나다

한환제(漢桓帝)가 즉위할 때 커다란 뱀 한 마리가 궁궐의 덕양전에 나타났다. 이를 보고 낙양 시장을 관리하는 수령인 순우익(淳于翼)이 이렇게 말했다.

"뱀은 갑옷 모양 비늘로 둘러싸인 동물이니 갑옷과 무기를 상징한다. 뱀이 궁궐 안에 나타났다는 말은 필시 외척으로서 큰 벼슬자리에 있는 이가 장차 군대의 제재를 받게 된다는 계시다."

그래서 순우익은 관직을 버리고 슬그머니 도망가 숨어버렸다. 과연 연희 2년에 이르러 대장군 양기를 죽이고 그 가솔을 잡아들여 처벌하느라 경사(京師)의 군대까지 동원되었다.

살코기가 비처럼 내리다

한환제 건화 3년 가을인 7월에 북지군 염현에서 일어난 일이다. 어느 날 하늘에서 살코기가 비처럼 뿌려졌다. 고기는 양 갈빗살로 보였고 크기가 손바닥만 했다.

이런 일이 있을 무렵 조정의 상황을 보면 양태후(梁太后)가 섭정을 하고 있었다. 그 바람에 양기는 제멋대로 권력을 휘둘렀다. 양기는 무단으로 태위인 이고(李固)와 두교(杜喬)를 주살했으므로 천하의 원성을 샀다. 결국 그로부터 얼마 후 양씨 일가는 멸족당했다.

괴상한 치장이 유행하다

한환제 원가 연간, 경도의 부녀자들에게는 기이한 행색이 유행했다. 바로 '수심 눈썹'이라든지 '눈물 화장' '늘어뜨린 말 쪽머리' '굽은 허리 걸음' '치통 미소' 따위이다.

'수심 눈썹'이란 수심 가득한 표정으로 보이도록 눈썹을 가늘고 굽이지게 그리는 것이다. '눈물 화장'은 눈 밑에 연하게 연지분을 찍어서, 훌쩍이며 울었던 눈물 자국처럼 보이게 하는 화장이다. '늘어뜨린 말 쪽머리'란 머리 타래를 한쪽으로만 내려뜨리는 것이다. '굽은 허리 걸음'이란 걸을 때 마치 연약한 발목이 몸을 지탱하지 못할 것처럼 허리를 굽히고 곧 쓰러질 듯 불안하게 걷는 방법이다. 그리고 '치통 미소'란 마치 이가 살살 아픈 듯, 웃고 있지만 즐거워 보이지는 않는 처연한 미소를 말한다.

이런 화장과 행동거지는 사실 대장군 양기의 아내인 손수(孫壽)가 제일 먼저 시작했다. 그러자 경성에서 유행하더니 이내 전국의 여자들이 다 따라하게 되었다.

하늘의 계시를 알리는 이들은 이런 현상을 경계했다.

"곧 군대가 잡으러 오기 때문에 아녀자들이 수심에 잠기고 눈살을 찌푸리며 울고불고 하는 것이다. 형리와 옥졸이 밀치고 걷어차기 때문에 허리가 부러져 구부러지며, 쓰러져서 머리 타래도 한쪽으로 쏠리게 된다. 또한 설령 마지못해 말하거나 웃는다 해도 실은 다시는 말하거나 웃을 심정이 아닌 상황이다."

과연 연희 2년에 이르러 양기의 가족은 결국 모두 사형에 처해졌다.

소가 닭을 낳다

한환제 연희 5년의 일이다. 임원현에서 어떤 소가 닭을 낳았다. 닭은 머리가 둘이고 발이 네 개였다.

예언을 증명하다

한영제는 종종 서원(西園)에서 유희를 즐기곤 했다. 후궁과 궁녀들에게 객사의 주모 역할을 시켜놓고, 자신은 떠돌이 장사꾼 차림새로 객사에 들러 술과 음식을 내오라 주문하면 궁녀들이 이를 차려놓았다. 그러고선 함께 먹고 마시며 즐겼다.

이런 유희를 보고 세상에서는, 천자가 곧 제왕의 지위를 버리고 미천한 노복의 신분으로 떨어지리라는 유언비어가 돌았다. 그 후로 천하에 대란이 일어났다.

고대의 기록을 보면 "붉은 액운이 삼칠수다"라는 예언이 있다. 삼칠수란, 왕조가 210년이 지나면 외척이 왕위를 찬탈하며, 또한 붉은 눈썹의 재화를 맞이하게 된다는 뜻이다. 예언은 이렇게 이어진다. "그러나 왕위를 훔친 도적은 복락을 길게 누리지는 못할지니 고작 18년을 유지할 뿐이다. 그 후에는 또 빼어난(秀) 비룡(飛龍)이 등장해 왕조의 대업을 중흥할 것이다. 그로부터 다시 210년이 지나면 또 한 번 누런 머리의 재앙이 닥쳐와 천하가 큰 혼란에 빠질 것이다."

한고조가 제왕의 대업을 이룬 이래, 평제 말년까지 210년이 흐르자 왕망이 황위를 찬탈했다. 그가 감히 그런 일을 저지를 수 있었던 것은 자신이 황태후의 친척이었기 때문이다.

그로부터 18년 후 산동의 도적 번숭(樊崇)과 조자도(刁子都) 등이 봉기를 일으켰다. 그들은 눈썹을 붉게 칠했다. 그 때문에 세상에서는 그들 무리를 붉은 눈썹인 적미(赤眉)라고 불렀다.

그때 광무제가 등장해 황위를 되찾았는데 광무제의 이름이 바로 유수(劉秀)였다.

영제(靈帝) 중평 원년에 장각(張角)이 병사를 일으켜 조직을 36방(方)으로 나누었다. 그를 따르는 무리가 수십만 명이나 되었는데 모두 황색 두건을 썼으므로 세상 사람들이 황건적(黃巾賊)이라고 불렀다. 오늘날 도교의 도복은 이로부터 비롯되었다.

황건적은 처음에는 업(鄴) 땅에서 일어났다가 진정(眞定) 지방에 모여들었다. 그들은 백성을 미혹하고 속이며 이렇게 말했다.

"저 하늘은 이미 죽었다. 이제는 황건의 하늘이 설 것이다. 갑자년이 되면 천하가 대길(大吉)하리라."

이들이 업 땅에서 시작했음은 천하의 대업이 일어남을 예고하고, 진정에 모여들었다는 말은 거기서 운명적으로 대업이 마무리된다는 암시이다. 어리석은 백성은 그들을 향해 무릎 꿇어 절하고, 의탁하고 숭배하며 맹신했다. 황건교가 가장 성행한 곳은 형주와 양주였다. 이를 믿는 백성 가운데는 재산을 버리고 길에서 떠돌다가 죽은 이가 셀 수 없을 만큼 많았다. 장각의 무리는 2월에 처음 병사를 일으켰고, 그해 겨울인 12월에 마침내 완전히 진압되었다.

광무제의 중흥으로부터 황건적 기의까지 210년을 미처 채우지 못한 채 천하에 대란이 일어났다. 한왕조의 황위는 폐위되어 끊기고 말았다. 이를 보아도 삼칠수의 예언이 영험하다는 사실을 알 수 있다.

복식에서 대란의 조짐을 읽다

한영제 건녕 연간에 백성의 복식을 보면, 남자는 윗도리를 길게 해 입는 반면 아랫도리는 아주 짧게 입었다. 여자는 긴 치마를 잘 입었던 반면 윗도리는 매우 짧았다. 이 상황을 해석해보면 양기는 아래가 없고 음기는 위가 없는 형국이니, 천하가 태평할 리 없었다. 과연 훗날 천하에 대란이 일어났다.

배우자를 잡아먹다

한영제 건녕 3년 봄, 하내군의 부인이 남편을 잡아먹었고, 하남군의 사내가 아내를 잡아먹었다. 부부란 음양이 짝을 이루어 깊은 정으로 맺어진 사이이다. 그런데 지금은 오히려 서로를 잡아먹었다. 이는 음양이 서로 침범하는 형국이다. 이 어찌 일식이 불러들이는 재앙에 못 미칠쏜가!

과연 영제가 죽고 나자 천하에 대란이 닥쳐왔다. 군왕은 멋대로 신하를 학살하며 폭정을 일삼고, 신하는 신하대로 군주를 겁박해 시해하며 반역을 꾀했다. 무력으로 서로를 참살하고, 골육 간에 원수를 지게 되었다. 이러한 상황이 백성에 주는 피해는 말할 것도 없이 극에 달했다. 그런 까닭에 인간 요물이 출현해 이 같은 상황이 일어날 것을 미리 알렸을 뿐이다. 만일 신유(辛有)나 도승(屠乘) 같은 현자가 있었다면 이러한 흉조를 제대로 해석해 앞으로 일어날 정황을 예측했을 텐데, 세상에 그들이 없다는 사실이 안타까울 따름이다.

노란 사람이 벽에 나타나다

한영제 희평 2년 6월, 낙양 백성 사이에 떠도는 풍문이 있었다. 호분사(虎賁寺)라는 사찰 동쪽 벽에 노란 사람이 있다는 얘기였다. 수염이며 눈썹이며, 누가 봐도 알아볼 수 있을 만큼 또렷한 사람 모양이었다. 그를 봤다는 이가 수만 명이었다. 온 성안 사람들이 모두 그를 구경하러 나서는 바람에 길이 꽉 막히기까지 했다.

중평 원년 2월, 장각(張角) 형제가 기주에서 병사를 일으키고 자칭 황천(黃天)이라 했다. 36방을 설치했는데, 사방팔방에서 그들에게 호응하니 황건적 장수들이 곳곳에 분포하게 되었다. 그뿐만 아니라 조정의 관리와 군졸도 그들과 은밀히 내응했다. 이렇게 기세를 떨치던 황건적 무리는 나중에 점점 피로와 기아에 시달렸다. 그제야 관부는 비로소 공격할 틈을 얻어 그들을 겨우 제압할 수 있었다.

나무가 본성을 잃다

한영제 희평 3년, 우교(右校) 관부에 딸린 빈터에 높이가 네 척 남짓 되는 가죽나무 두 그루가 서 있었다. 그중 한 그루가 돌연 맹렬하게 자라기 시작하더니 불과 얼마 지나지 않아 키는 한 길이 넘게 자라고 두께는 한 아름이나 굵어졌다. 나무는 오랑캐 행색을 한 사람 모양으로 변해갔다. 머리, 눈, 귀밑머리, 수염, 머리카락까지 다 갖추었다.

희평 5년 10월 임오일에는 이런 일도 있었다. 황궁 정전(正殿) 옆쪽에 예닐곱 아름이 되는 홰나무가 있었는데, 하루는 그것이 저절로 뽑히더니 거꾸로 섰다. 그래서 뿌리가 위를 향하고 나뭇가지는 아래를 향하게 되었다.

또 영제 중평 연간, 장안성 서북쪽으로 예닐곱 리 떨어진 곳에 속이

빈 나무가 있었는데, 그 나무에 사람 얼굴이 나타났다. 귀밑머리까지 자란 것이 영락없는 사람 얼굴이었다.

이런 일에 대해서 「홍범」에는 나무가 본성을 잃어 재앙을 불러들인다고 적혀 있다.

암탉이 수탉처럼 변하다

한영제 광화 원년의 일이다. 남궁(南宮) 시중(侍中) 부서에 속한 암탉 한 마리가 있었는데, 그놈이 수탉으로 변할 기세였다. 온몸의 깃털이 수탉처럼 변했는데 다만 머리의 볏은 미처 변하지 않았다.

머리 둘 달린 아이가 뜻하는 것

한영제 광화 2년, 낙양 상서문 밖에 사는 한 여인이 아이를 낳았다. 아이는 머리가 두 개였다. 어깨 두 개가 가슴 하나에 달렸는데, 이 모든 것들이 앞을 향해 있었다. 여인은 상서롭지 못하다고 여겨 아이를 낳자마자 버렸다.

그런 일이 있은 뒤 조정은 커다란 혼란에 빠졌고, 권문세가는 정권을 전횡하며 사욕을 채우기에 바빴다. 군주와 신하 간에 분별조차 지켜지지 않으니 이야말로 흡사 머리가 두 개 있는 꼴이었다.

훗날 동탁(董卓)은 태후를 살육하고, 불효의 죄명을 덮어씌워 천자를 폐위해 내쫓았다가 나중에는 아예 없애버렸다. 한나라를 건국한 이래로 이보다 더 큰 재앙은 없었다.

흰옷 입은 사내가 나타나다

한영제 광화 4년에 있었던 일이다. 남궁에 있는 중황문(中黃門) 관서에 어떤 사내가 서 있었다. 사내는 키 구 척에 흰옷을 입고 있었다. 중황문을 지키는 문지기가 꾸짖는 말투로 물었다.

"너는 웬 놈이냐? 감히 흰 상복을 입고 황궁에 난입하다니!"

그러자 사내가 대답했다.

"나는 양백하(梁伯夏)의 후손이다. 하늘이 나더러 천자가 되라 하며 보냈느니라."

문지기는 그를 잡으려고 앞으로 달려들었다. 하지만 그는 홀연 사라지고 말았다.

풀이 사람 모양으로 변하다

한영제 광화 7년, 진류군의 제양현과 장원현, 제음군과 동군의 원구현과 이호현 경계에서 있었던 일이다. 길가에 풀이 났는데, 풀이 사람 모양을 하고서 저마다 손에 칼이며 검, 활 등 각종 무기를 들고 있었다. 그중 어떤 것은 소, 말, 용, 뱀, 새의 형상이었다. 흰 짐승은 흰 대로 검은 짐승은 검은 대로 각기 제 색깔을 띠었다. 깃털, 머리, 눈, 다리, 날개 등 온전한 모양새를 갖추고 있어서 그냥 대충 비슷한 게 아니라 아주 똑같았다. 옛 문헌에는 이렇게 적혀 있다.

"풀이 불러일으킨 재앙이로다."

과연 그해에 황건적이 난을 일으켰고 한왕조는 점차 쇠락의 길로 접어들었다.

머리 둘 달린 아이를 낳다

한영제 중평 원년 6월 임신일에 벌어진 일이다. 낙양 상서문 밖에 유창(劉倉)이라는 남자가 살았는데, 그의 아내가 사내아이를 낳았다. 그런데 아이는 한 몸에 머리 두 개가 달려 있었다.

한헌제(漢獻帝) 건안 연간에는 어떤 여자가 아들을 낳았는데, 그 아이 역시 한 몸에 머리 두 개가 달려 있었다.

참새 떼가 능에서 싸우다

한영제 중평 3년 8월에 벌어진 일이다. 회릉에서 참새 만여 마리가 모였다. 처음에는 비통하고 애절하게 울부짖더니 이내 서로 마구잡이로 싸우고 죽이기 시작했다. 싸워서 잘려나간 대가리가 나뭇가지며 가시덤불 여기저기 걸려 있었다. 아니나 다를까, 중평 6년에 이르러 영제가 결국 붕어했다.

무릇 능(陵)이란 높고 큰 것을 상징한다. 또한 참새는 작위를 뜻한다. 그러므로 이는 다음과 같은 하늘의 경고였다.

"저들 작위를 지니고 봉록을 받는 존귀한 이들이여. 그런데도 서로를 해치니 결국 멸망에 이를지어다."

노래가 드러낸 조짐

한나라 때 경성에는 혼인 잔치에 꼭두각시놀음을 하는 풍속이 있었다. 또한 손님들이 먹고 마시다 술이 웬만큼 거나해지면 이어서 애절한 만가(挽歌)를 불렀다.

꼭두각시놀음이란 본래 옛날 초상집에서 하는 연극이었다. 만가란 원래 관을 무덤 속으로 내릴 때 관을 지탱하는 밧줄을 쥔 채로 서로 주거니 받거니 부르는 애통한 노래였다.

하늘은 백성의 풍속을 통해 이렇게 경고하고 있었다.

"나라가 곧 극도로 쇠미해지리라. 부귀영화를 누리는 이들은 모두 사멸하리라."

한영제가 죽은 뒤부터 경성은 폐허로 변해갔다. 집집마다 사람과 시체 먹는 벌레들이 더불어 연명했다. 꼭두각시놀음과 만가가 정말로 영험했던 것일까?

노랫말이 뜻하는 것

한영제 말년, 경사에 이런 노랫말이 떠돌았다.

"제후는 제후가 아니고, 왕은 왕이 아니라네. 수레 천 대와 말 만 마리가 위에 계신 분을 북망산으로 보낸다네."

중평 6년에 이르러 사후(史侯) 유변(劉辨)이 천자의 자리에 올랐다. 당시 한헌제가 아직 작위를 책봉 받지 못했을 때여서, 중상시(中常侍)인 단규(段珪) 등에게 납치되었다. 조정 공경대부며 백관은 어쩔 수 없이 그의 뒤를 따를 뿐이었다. 헌제는 황하 변까지 끌려가서야 겨우 노식의 도움으로 살아 돌아올 수 있었다.

죽은 사람이 되살아나다

한헌제 초평 연간, 장사(長沙)에 환씨 성을 가진 이가 있었다. 그가 죽어 염을 하고 관을 닫은 지 달포가 지났다. 그런데 뜻밖에 그의 어머니가 관 속에서 나는 소리를 들었다. 놀라서 관을 열어 보니 그가 되살아나 있었다.

점술가는 이 일을 이렇게 풀이했다.

"음기가 극에 달해 양기로 변했으니, 이는 신분이 낮은 이가 높은 자리에 오를 징조다."

그 뒤 조조(曹操)가 벼슬도 없는 평범한 신분에서 시작해 훗날 결국 왕업을 일으켰다.

왕조 교체를 예언하다

한헌제 건안 7년, 월수(越嶲)에 사는 어떤 남자가 여자로 변했다. 당시 주군(周群)은 이 일을 두고 이렇게 진언했다.

"애제 때도 역시 이런 변괴가 있었습니다. 이는 장차 왕조가 갈리는 일이 벌어진다는 예고입니다."

과연 건안 25년에 이르러 조비(曹丕)가 황위를 찬탈하고 헌제를 폐위해 산양공(山陽公)으로 봉했다.

동요와 여인의 예언

건안 초기 형주에는 이런 동요가 떠돌았다.

"팔구 년 사이, 쇠락의 길로 접어드네. 십삼 년엔 아무것도 남지 않네."

그 노래는 한나라 광무제(光武帝)의 중흥 이래 지나온 성쇠의 역사 속에 오직 형주만 온전히 보존될 수 있었으니, 그것은 유표(劉表)가 형주 땅을 다스리는 형주목이었기 때문이라는 뜻이다. 덕분에 백성은 풍요롭고 태평한 세월을 보냈지만, 건안 9년에 이르자 쇠락하기 시작했다. 유표의 아내가 죽고 여러 장수들도 흩어지거나 죽었기 때문이다.

건안 13년에는 아무것도 남지 않으리라고 한 까닭은 유표에게도 죽음이 임박해 형주가 쇠퇴하고 전패했기 때문이다.

이 무렵 화용현에 한 여인이 살고 있었는데, 하루는 그녀가 갑자기 울부짖었다.

"곧 큰 초상이 나겠네!"

그 말이 너무 황당하므로 현에서는 요설로 여기고 여자를 옥에 가두었다.

달포가 지나자 그녀가 옥중에서 또 갑자기 통곡을 하며 말했다.

"형주목 유표께서 오늘 돌아가셨네!"

화용현에서 형주까지는 수백 리 길이었다. 현에서 파발마를 보내 확인하고 오라 일렀다. 확인해보니 과연 유표가 죽었다. 이에 현에서는 그 말이 요설이 아님을 알고 여자를 풀어주었다. 그녀는 또 이런 노래를 불렀다.

"이립(李立)이 뜻밖에 귀인이 되겠구나."

얼마 지나지 않아 조조가 형주를 평정한 뒤, 자가 건현(建賢)인 탁군 사람 이립을 형주자사에 임명했다.

나무가 피를 흘리다

건안 25년 정월, 위무제(魏武帝) 조조가 낙양에서 궁궐 전각을 짓기 시작했다. 그런데 탁룡지(濯龍池)의 나무를 베었더니 나무에서 피가 흘렀다. 배나무를 옮겨 심으려고 팠더니, 나무뿌리가 상해 또 피를 흘렸다.

무제는 이를 보고 너무나 혐오스러워했고, 마침내 몸져누웠다. 같은 달 결국 그는 붕어했다. 따라서 이해가 곧 위문제(魏文帝) 황초 원년이 되었다.

까치 둥지의 예언을 읽다

위나라 황초 원년에 미앙궁(未央宮)에 있는 제비집 속에 뜻밖에 매 새끼가 있었다. 그놈은 부리와 발톱이 다 붉은색이었다.

청룡 연간에 명제가 능소각(凌霄閣)을 지었다. 건축을 막 시작했는데, 그 위에 까치가 둥지를 틀었다.

명제가 이에 대해 고당륭(高堂隆)의 견해를 물었다. 그러자 그는 이렇게 답했다.

"『시경(詩經)』에 이런 구절이 있습니다. '까치는 집만 지을 뿐, 뻐꾸기가 산다네.' 지금 궁실을 짓는데 까치가 와서 둥지를 틀었다는 말은 '이 궁실이 완결되지 못한다. 이를 짓는 이는 그곳에 머물지 못하리라'는 상징이 틀림없습니다."

말이 강에서 나오다

위제왕(魏齊王) 조방(曹芳)이 다스리던 가평 초기에 이런 일이 있었다. 하루는 백마하(白馬河)에서 요상한 말 한 마리가 나오더니 밤새 관가 목초지 주변을 돌아다니며 울부짖었다. 그러자 관가에서 사육하는 뭇 말이 모두 그에 호응해서 함께 울었다. 다음 날 놈의 발자국을 조사해보니 발굽이 한 곡(斛)만 했다. 녀석은 족히 몇 리 길을 돌아다닌 듯했다. 그러고선 다시 강으로 들어갔다.

매를 닮은 새끼를 낳은 제비

위나라 경초 원년, 위국현에 사는 이개(李蓋)의 집에 제비 한 마리가 살았다. 하루는 제비가 커다란 새끼를 낳았다. 새끼의 모양은 매 같았고, 부리는 또 제비를 닮았다.

이에 대해 고당륭이 명제에게 고했다.

"이는 위나라 황실에 커다란 이변이 있을 조짐입니다. 조정 안에 있는 신하 중 재능이 뛰어난 신하는 마땅히 경계하셔야 합니다."

아니나 다를까, 그 후에 선제가 일어나 황족 조상(曹爽)을 살해하고 위나라 황실을 장악했다.

부러진 나무를 보고 왕실의 흥망을 예언하다

촉의 후주(後主) 유선(劉禪)이 다스리던 경요 5년에 있었던 일이다. 하루는 궁중에 있는 커다란 나무가 까닭 없이 저절로 부러졌다. 이를 보고 초주(譙周)가 깊은 근심에 잠겼지만 어디에 말할 곳이 없었다. 그래서 자기 집 나무 기둥 위에 다음과 같은 글을 적었다.

"중이대(衆而大), 기지회(期之會), 구이수(具而授), 약하복(若何復)?"

본래 조(曹)는 무리가 많다는 뜻이고 위(魏)란 엄청나게 크다는 뜻이다. '중이대, 기지회'라는 구절은, 조씨를 따르는 무리가 많고 세력이 미치는 범위가 크니 천하가 당연히 그를 중심으로 통일되리라는 뜻이다. '구이수, 약하복'이라는 구절은, 하늘이 모든 조건을 갖추어 그에게 내려주시니 이런 좋은 기회를 잡아 일어설 수 있는 이가 또 어디 있느냐는 뜻이다. 촉이 결국 망한 것을 보면 역시 초주의 말이 들어맞았음을 알 수 있다.

거센 바람이 손권의 죽음을 예고하다

오의 손권이 통치하던 태원 원년 8월 초하루, 갑자기 큰 바람이 불어닥쳐 강과 바다가 용솟음치더니 이내 넘쳐흘렀다. 그 바람에 평평한 땅에 물이 여덟 척이나 차올랐다. 거센 바람이 불어 손견(孫堅)의 묘인 고릉(高陵) 옆에 있는 나무가 2천 그루나 뽑혀버렸고, 심지어 무거운 돌로 만든 비석이 살짝 흔들리기까지 했다. 오나라 성곽에 달려 있던 대문 두 짝도 바람에 떨어져나갔다. 이런 일이 있은 뒤 그 이듬해, 손권이 죽었다.

피가 벼로 변하다

오의 손량(孫亮)이 통치하던 오봉 원년 6월, 교지군에서 피가 벼로 변했다. 옛날 삼묘족(三苗族)이 멸망하려 할 적에도 오곡의 종이 바뀌는 일이 있었다. 당시 이 풀도 본성을 잃고 요물이 되었던 게 틀림없다. 과연 그 뒤 손량은 폐위되고 말았다.

커다란 바위가 저절로 서다

오의 손량이 다스리던 오봉 2년 5월, 양선현 이리산(離里山)에서 커다란 바위가 저절로 일어섰다.
그 무렵, 손호가 대가 끊기고 몰락한 가업을 이어 제위에 올랐다. 바위가 절로 선 것은 바로 그가 제왕의 지위를 되찾을 조짐이었다.

손호의 등극을 예고하다

오의 손휴가 통치하던 영안 4년, 안오현에 진초(陳焦)라는 백성이 살았다. 그는 죽은 지 이레 만에 다시 살아나서 무덤을 뚫고 나왔다. 이는 오정후(烏程侯) 손호가 끊어졌던 가업을 이어 황제에 등극할 상서로운 조짐이었다.

복식에서 민중의 괴로움을 엿보다

오경제(吳景帝) 이후의 당시 복식을 보면, 보통 윗도리가 길고 아랫도리는 짧았다. 게다가 위에는 대여섯 벌을 겹쳐 입었고 아래는 한두 벌만 겹쳐 입었다.

이런 복식 풍조가 의미하는 바는 대략 다음과 같다. 즉 상류층은 풍요로워 사치를 일삼는 반면, 하층민은 가난에 내몰려 굶주리는 상황을 암시한다. 다시 말해 윗사람에겐 남아도는데 아랫사람에겐 늘 모자라고 부족하다는 상징이다.

문화를 읽다

　「권 7」은 서진시대를 주로 다루었다. 이 권에는 특히 풍속이나 문화에
관한 내용이 많이 언급된다. 흥미롭게도 다른 권에서 주로 자연현상의
이변으로 정치와 역사의 조짐을 드러냈다면, 이 권에서는 상당 부분 풍
속이나 문화로 자연 이변의 역할을 대체하고 있다. 연관 지을 때도 자연
이변에 대해 그랬던 것처럼 절묘하고 납득 가능한 상징을 활용했다. 따
라서 해당 문화 현상과 정치적 사건 사이에 논리적 연관성이 희미하고
때로는 다소 억지스럽기도 하다.

　그러나 그 기저에 자리한 확고한 신념은 깊은 인상을 준다. 풍속, 나
아가 문화가 단순히 우연하게 발생하고 통용되지 않으며, 특정한 맥락
을 가지고 있다는 점, 주요하게는 정치, 사회구조에 따라 절대적으로 영
향을 받는다는 점 말이다. 이것은 현대 문화 담론에 비추어도 결코 손색
이 없다.

　비단 민초의 풍속만 언급된 게 아니다. 상류층의 사치와 향락으로 빚
어진 풍속의 타락상도 적나라하게 묘사했다. 동진 판 〈상속자들〉이라
고 할 만한 귀족 자제들의 나체 놀음 이야기에는 간과할 수 없는 두 가

지 내용이 들어 있다. 첫째 귀족 자제의 위락 행태에 대한 주변의 반응이 부류별로 완전히 다른 양상을 서술하면서 그 반응을 자세히 적은 점이다. 그렇게 함으로써 몇몇 '금수저'의 놀이 문화를 언급하는 데 그치는 것이 아니라, 지배층의 타락에서 파생되어 사회 전반에 조장된 가치, 윤리 및 도덕 체계의 아노미를 지적해낸다. 둘째, 문화 현상을 통해 당시 상류층의 부패가 국력 약화를 초래하고 외세 침입으로 이어진 점을 지적하고 있다.

문화와 관련해 더욱 깊이 있는 지적은 이민족풍 생활양식 이야기에 등장한다. 상류층이 외제 물품으로 집을 꾸미고 외국 요리를 차려 연회를 벌이는 장면인데, 이 또한 단순히 외제 물품 수입을 경계하는 차원의 묘사는 아닐 것이다. 다른 여러 이야기에서도 드러나듯, 민중은 국가 지배층이 민족혼을 팔아 외세와 결탁하고 있으며, 그것이 결국 침입으로 이어져 민초의 삶이 유린됐음을 이미 알아차리고 있었다.

『시경』의 한 부분인 풍(風)은 주로 당시 대중가요를 싣고 있다. '풍'이란 바람, 풍조, 유행, 시쳇말로 트렌드라는 표현과도 상통한다. 그것은 결국 민심의 흐름이다. 그러니까 풍은 민중의 문화인 셈이다. 「권 7」은 민심의 흐름을 읽기 위한 각고의 노력을 보여준다. 그리고 그 민심의 흐름이 어쩔 수 없이 민중 봉기로 이어졌다는 사실을 읽어내고 있다.

바위에 나타난 그림

일찍이 한나라 원제와 성제 시절에 선견지명을 지닌 선사가 이렇게 예언했다.

"위나라가 되면 연호에 '화(和)' 자가 들어가는 시대가 올 것이다. 그때 서쪽으로 3천여 리 떨어진 곳에 가보면, 틀림없이 틈이 갈라진 바위가 있을 것이다. 다섯 마리 말이 그려진 그림과 함께 글자도 나타날 텐데, 이는 바로 '대대적으로 조씨를 토벌하라(大討曹)'는 뜻이다."

위나라가 막 흥성하고 있는데, 장액군의 유곡(柳谷)이라는 곳에 틈이 갈라진 바위가 생겨났다. 한나라 헌제 건안 연간부터 틈이 갈라지기 시작해 위나라 문제 황초 연간에 모양이 만들어졌고, 위나라 명제 태화 연간에 글자까지 모두 드러났다. 바위의 쪼개진 금 모양이 신비했는데, 둘레가 56척이고, 중간 부분 높이가 5척 6촌이었다. 돌의 바탕은 푸른색이고 갈라진 금은 흰색이었다. 거기에는 용, 신마, 기린, 봉황, 신선 등의 그림이 또렷하게 그려져 있었다. 이는 위(魏)를 대신해 진(晉)이 일어나리라는 운명을 담은 하늘의 징조이다.

진나라 태시 3년에 이르러, 장액군 태수 초승(焦勝)은 상서를 올렸다.

"신이 저희 장액군에 남아 있는 도참(圖讖)과 최근 나온 돌무늬를 대조했습니다. 여기 무늬를 본뜬 그림을 삼가 주군께 바치나이다."

무늬를 찬찬히 살펴보니 다섯 마리 말이 있는 그림이었다. 그중 하나에는 어떤 이가 평두건을 쓰고 창을 잡고서 말 위에 탄 모습이 있었다. 또 하나에는 아직 완전한 모양을 갖추지 못한 말 형상이 있었다. 그림 속에는 '금(金)' '중(中)' '대사마(大司馬)' '왕(王)' '대길(大吉)' '정(正)' '개수(開壽)' 같은 글자가 있었다. 그중 온전한 문장으로 나타난 경우도 있었다. 바로 '금이 마땅히 이를 취하리라(金當取之: 금은 오행으로 볼 때 진나라를 가리킨다 - 옮긴이)'라는 문장이었다.

복식에서 불길한 조짐을 엿보다

진무제 태시 초반에 유행했던 복식을 보면, 상의는 간단하게 입고 하의는 여러 가지 방식으로 멋을 내 풍성하게 입었다. 옷을 입을 때 허리 부근에서 윗도리를 아랫도리 속에 집어넣는 식이었다. 이는 군주가 쇠약해지고 신하는 방종해진다는 것을 암시하는 상징이다.

원강 말년에 이르러 부녀자들 사이에 유행한 복식을 보면, 등과 가슴을 덮는 등거리를 밖으로 빼 옷깃이 달린 옷에 덧대었다. 이는 안에 있는 것이 바깥으로 뛰쳐나옴을 뜻하는 징조이다.

또한 장인들은 수레를 적당히 가볍고 간단하며 작게 만들었다. 이런 수레를 오히려 높이 쳤다. 수레 형태는 자주 바뀌었지만, 모두 푸른 껍질을 벗겨낸 얇고 흰 대나무 껍질로 만든 것을 좋다고 여겼다. 이는 무릇 고대에 쓰이던 상여 모양이다. 이 모두 진나라에 화가 미칠 징조였다.

이민족 풍습이 뜻하는 것

호족(胡族)식 회전의자, 맥족(貊族)식 쟁반은 모두 북방 오랑캐의 용구이다. 강족(羌族)식 샤브샤브, 맥족식 구이 따위는 오랑캐의 조리법이다. 모두 진무제 태시 연간 이래로 중원 지역 사람들 사이에 유행했다. 귀족이나 부유한 집안에는 반드시 이런 물건이 갖춰져 있기 마련이었다. 또한 경사를 맞아 잔치를 벌이고 손님을 대접할 적에도 이런 음식을 내놓아야 잘 차렸다고 여겼다. 이런 풍속은 서융(西戎)과 북적(北狄)의 중원지역 침범을 예고하는 조짐이었다.

게가 쥐로 변하다

진(晉)나라 태강 4년, 회계군의 방게와 참게가 모두 쥐로 변했다. 쥐떼는 논밭을 뒤덮고 벼와 곡식을 모두 먹어치우며 큰 재앙을 몰고 왔다. 게가 처음 쥐로 변할 때 털과 살은 있었지만 뼈가 없었다. 그래서 밭둑을 넘어가지 못했다. 며칠이 지난 후에는 모두 암쥐가 되었다.

용이 무기 창고에 나타나다

진나라 태강 5년 정월, 용 두 마리가 무기 창고에 있는 우물 속에 나타났다. 모름지기 무기 창고란 황제가 위엄을 떨치고 나라를 방위하기 위한 무기를 보관하는 장소이다. 창고는 은밀하고 깊숙한 곳에 있어 용이 머무르기에 마땅치 않았다.

그런 일이 있은 지 7년 만에 제후들이 서로 다투고 해치는 일이 벌어졌다. 다시 28년이 지난 뒤 과연 오랑캐 두 명이 제위를 훔치려 기도했다. 그 이름에는 모두 '용(龍)' 자가 들어 있었다.

다리 둘 달린 호랑이

진무제 태강 6년, 남양군에서 다리가 두 개밖에 없는 호랑이를 포획했다. 호랑이란 본래 음계(陰界)의 정령이면서 양계(陽界)에 와서 머물고 있는 짐승으로, 금(金)을 상징한다. 남양은 불의 명칭이다. 금의 정령이 불 속에 들어가서 본래 모습을 잃었으니 이는 왕실이 혼란스러워질 불길한 징조였다.

또 태강 7년 11월 병진일, 하간군에서 뿔이 네 개 난 짐승이 나타났다. 마치 하늘이 이렇게 경고하는 듯했다. "뿔은 전쟁을 상징한다. 넷은 사방을 상징한다. 즉 전란이 사방에서 일어나리라는 뜻이다." 훗날 하간왕(河間王)이 사방의 군대를 포섭해 곧바로 동란을 일으키고자 준비했다.

죽은 소머리가 말을 하다

진무제 태강 9년, 유주 변방, 장성 북쪽에서 있었던 일이다. 죽은 소머리가 말을 하는 일이 벌어졌다.

당시 황제는 자주 병마에 시달렸으므로 후사를 이을 일이 매우 걱정이었다. 황제는 후사 문제를 조정 대신에게 맡겼다. 마땅히 나라의 대의를 보는 안목을 가지고 공정한 판단을 내려야 했지만 대신들은 그렇게 하지 못했다. 한편 황제도 이미 정신 착란에 빠질 조짐을 보였기 때문에 그들의 의견을 제대로 판단할 수가 없었다.

지붕으로 날아오른 물고기

진무제 태강 연간에 일어난 일이다. 잉어 두 마리가 무기 창고 지붕에 나타났다. 무기고란 전쟁에 쓰일 병기를 보관하는 곳이다. 물고기는 갑옷처럼 생긴 비늘을 두르고 있으니 역시 병기를 상징한다. 물고기는 본래 극음(極陰)에 속하는 동물이며 지붕은 극양(極陽)에 속한다. 그러므로 물고기가 지붕에 나타난 현상은, 병기가 불러올 화로 인해 극음의 기가 극양의 기를 침범하리라는 암시이다.

진혜제 초기에 가황후(賈皇后)가 양황후(楊皇后)의 아버지인 양준(楊駿)을 주살하는 일이 벌어졌다. 이로 인해 궁궐 안에 화살이 어지럽게 날아다니며 교전하는 불상사가 있었다. 양황후는 폐서인되어 유폐된 궁실에서 암살당했다. 원강 연간 말에 가황후는 정권을 제멋대로 휘두르면서 태자를 모함해 죽였다. 훗날 가황후 자신도 폐서인되어 사형당했다.

10년을 두고 황후의 난이 두 번이나 일어나니, 아무래도 물고기가 지붕에 오른 징조가 맞아떨어진 셈이다. 그때부터 이미 진나라 황조에 닥칠 재앙이 만들어지고 있었다.

경방은 『역요』에서 이렇게 말한다.

"물고기가 물을 떠나 길로 날아들면 곧 전쟁이 일어난다."

나막신 모양이 같아지다

애초에 나막신이 만들어졌을 때, 부녀자 것은 굽이 둥글었고, 남자 것은 네모났다. 남녀를 구별하기 위해서였다. 그러나 진무제 태강 연간에는 부녀자의 신도 모두 네모난 모양으로 바뀌어 남자 것과 다를 바 없었다.

가황후가 투기해 양황후와 태자를 해치고 정권을 잡아 권력을 함부로 휘두르게 되리라는 사실을 암시하는 징조였다.

휘감은 쪽머리가 유행하다

　진(晉)나라 때 부녀자들이 머리를 묶는 방식은 이러했다. 머리를 묶은 뒤 비단 끈으로 쪽진 똬리를 단단히 휘감는다. 이를 '휘감은 쪽머리'라고 부른다. 이런 머리 모양은 원래 궁중에서 시작되었는데, 따라하다 보니 온 나라에 유행이 퍼졌다.

　진나라 말년에 와서 결국 회제(懷帝)와 민제(愍帝)가 유요(劉曜)에게 포로로 납치되어 죽는 일이 일어나고 말았다.

잔과 쟁반을 뒤엎어 춤추다

　진나라 태강 연간에 '진세녕(晉世寧)'이라는 춤이 유행했다. 잔과 쟁반을 손바닥으로 내리누른 채 들어서 뒤집었다 엎었다 하며 추는 춤이다. 춤과 함께 부르는 노래에는 이런 가사가 있었다.

　"진세녕. 잔과 쟁반으로 춤을 추어라."

　뒤집었다 엎었다 하는 행동은 지극히 위험하다는 뜻이다. 잔과 쟁반은 술을 마시는 용기이다. 그런데 이 춤의 이름을 '진세녕', 즉 '진나라 세상은 평안하다'라고 한 까닭은 무엇이겠는가. 당시 사람들은 그저 먹고 마시는 일이나 챙기며, 되는대로 생각 없이 살아갈 뿐이었다. 원대한 사상이나 지식 발달과는 갈수록 멀어져 수준이 떨어졌다. 그 꼴이 마치 그릇이 손바닥 위에서 노는 듯한 모양새라는 점을 나타낸다.

융단으로 옷을 짓다

진나라 태강 연간, 온 나라에 융단으로 두건, 허리띠, 덧바지 밑단을 만드는 일이 유행했다. 백성은 이렇게 농담을 하곤 했다. "중원은 틀림없이 오랑캐에게 깨질 거야."

융단은 오랑캐 부족이 만들어냈다. 그런데 천하가 이로써 머리띠, 허리띠, 바짓단 등을 만들어댔다. 오랑캐에 의해 벌써 세 가지나 만들어진 셈이다.('만들어지다'는 글자 '제制'는 제압과 통제 등을 나타낸다 – 옮긴이) 그러니 중원이 패하지 않을 도리가 있겠는가?

수양버들을 꺾네

진나라 태강 말년에 경성 낙양 사람들이 '수양버들을 꺾네(楊柳歌)'라는 노래를 부르곤 했다. 이 곡 시작 부분에는 전쟁하는 병사의 고달픔을 묘사하는 가사가 나오고, 마지막 부분에는 적을 잡아 참살하는 내용이 나온다. 이런 노래가 유행한 뒤, 양준(楊駿)은 주살되었고 양태후(楊太后)

는 감금됐다가 죽임을 당했다. 노래가 맞아떨어진 셈이다.

요동 지역 말 머리에 뿔이 솟다

진무제 태희 원년에 일어난 일이다. 요동 지역에서 머리에 뿔이 난 말이 나타났다. 뿔은 두 귀 아래에 약 세 마디 크기로 돋았다.

이런 변괴의 영향으로 진무제가 붕어하고, 왕실이 전화에 휩싸였다.

병기 모양 장신구를 달다

진혜제(晉惠帝) 원강 연간에 부녀자들이 몸치장하는 장신구 중 다섯 가지가 무기 모양을 하고 있었다. 금, 은, 상아, 대모(거북의 등) 같은 재질을 써서 도끼와 창 모양 장신구를 만들어 달고 다녔다. 혹은 그런 모양 비녀를 만들기도 했다.

남녀유별은 일국의 예의와 범절 가운데 가장 중요하다. 그래서 남자와 여자는 옷과 음식을 모두 달리한다. 그런데 부녀자가 병기를 가지고 장신구를 삼다니 변괴도 이런 변괴가 없다. 그리하여 마침내 가황후가 그토록 사악한 일을 저지르는 사건이 벌어진 것이다.

동종이 눈물을 흘리다

진나라 원강 3년 윤2월에 일어난 일이다. 궁전 앞쪽에 있는 동종(銅鐘) 여섯 개가 다 같이 한 시간여 동안 눈물을 흘리다가 겨우 그쳤다. 재작년 가황후가 양황후를 금용성에서 죽인 일이 있었다. 그러고도 가황후는 전혀 잘못을 뉘우치는 기색이 없으니 동종이 마치 상심하듯 눈물을 흘린 것이다.

남녀가 뒤섞인 몸

진혜제 때 수도인 낙양에 사는 어떤 사람은 한 몸에 남녀 성기를 다 가지고 있었다. 게다가 성교를 할 때는 필요에 따라 두 가지 성기를 구분해 제각각 사용할 수 있었다. 천성 또한 매우 음탕했다.

천하가 병란에 휩싸인 것은 이렇듯 남녀의 기질이 어지럽게 뒤섞인 해괴한 요물이 업을 쌓았기 때문이다.

여자가 남자로 변해가다

진혜제 원강 연간, 안풍군에 한 여자가 살았다. 이름은 주세녕(周世寧)이라 했다. 주세녕은 여덟 살이 되면서 몸이 점점 남자로 변해갔다. 열

일고여덟에 이르러서는 남자의 기질과 성기도 갖추게 되었다. 그러나 여자의 육체가 변하긴 했어도 완전히 없어지지 않았고, 남자의 육체가 만들어지긴 했지만 온전치 못했다. 나중에 아내를 들였지만 자식을 낳지 못했다.

뱀이 사당으로 들어가다

진혜제 원강 5년 3월의 일이다. 임치현에 커다란 뱀 한 마리가 나타났다. 몸통이 십여 길이나 되었고, 두 마리 새끼 뱀을 업고 있었다. 뱀은 성의 북문으로 들어와서는 지름길인 번화가를 따라 기어가더니 한양성에 있는 경왕사(景王祠)로 들어갔다. 들어간 후에는 이내 사라져버렸다.

땅이 피를 흘리다

진혜제 원강 5년 3월에 일어난 일이다. 여현에 속한 어떤 곳에서 땅이 피를 흘리기 시작했다. 동서로 약 백여 걸음 되는 지역이 온통 피를 흘렸다.

그런 일이 있고 나서 8년 뒤에 봉운(封云)이 병사를 이끌고 서주를 침략하니, 그 난리 중에 죽거나 다친 이가 수만 명이나 되었다.

벼락이 제단을 깨뜨리다

진혜제 원강 7년에 일어난 일이다. 세찬 벼락이 내리쳐 성 남쪽에 있는 고매사 제단석을 깨뜨려버렸다. 고매사는 궁정에서 아들 낳기를 기원하는 제사를 올리는 사당이다. 당시 가황후가 투기해 회제와 민제를 모함하고 살해했으니, 하늘이 이를 보고 노한 것이다. 벼락은 장차 가황후가 죄를 받고 주살되리라는 예고였다.

까마귀 머리 지팡이가 유행하다

진혜제 원강 연간, 세상에 이런 유행이 돌았다. 누군가 까마귀 머리 모양 지팡이를 만들어 짚고 다니자, 너도 나도 이를 본떠 겨드랑이에 끼워 팔을 얹고 다녔다. 급기야 지팡이 끝에 바닥이 평평한 금속판을 덧씌워, 걷다가 멈출 때 지팡이를 세워둘 수 있게 했다.

회제와 민제 시절, 왕실에는 재난과 변고가 많았다. 경사는 쇠락하고 황폐해졌다. 원제는 본래 신하인 제후 신분이었지만 동쪽 지방에서 덕을 쌓아 명성을 떨쳤다. 곁에 두고 팔을 받쳐줄 지팡이는 원제가 진왕조의 통치를 유지할 징조였다.

귀족 자제들의 나체 놀음

진혜제 원강 연간, 귀족 자제들이 노는 품새는 어떠했는가. 그들은 대개 머리를 풀어헤치고 벌거벗은 채로 함께 모여 술을 마시며 여종이나 첩을 희롱하곤 했다. 이처럼 놀지 않는 이는 분위기 깬다고 원망을 듣고, 이런 풍속을 비판하는 이는 조롱당했다. 세속에 영합하는 인사들마저도 이 놀음을 부끄러워하며 함께하지 않으려 했다.

귀족 자제들의 이런 풍기문란이 바로 오랑캐인 호인(胡人)과 적인(狄人)이 중원을 침범하게 된 씨앗이었다. 과연 그 뒤에 마침내 두 오랑캐의 난이 일어났다.

바위가 물에서 뭍으로 올라오다

진혜제 태안 2년, 단양군 호숙현 하가호(賀家湖)에 이런 일이 있었다. 어떤 커다란 바윗덩어리가 2백 보 되는 거리를 떠다니다가 뭍에 올라왔다. 백성이 놀라 탄성을 지르며 이렇게 전했다.

"바위가 왔다!"

그로부터 얼마 지나지 않아 석빙(石氷)이 병사를 이끌고 건업(建鄴)에 진주했다.

궁중에 제멋대로 들어가다

진혜제 태안 원년 4월, 어떤 사람이 운룡문(雲龍門)에서 궁궐 전각 앞으로 들어왔다. 그는 북쪽을 향해 두 번 절하더니 이렇게 말했다.

"나는 중서랑(中書郞)이 될 것이다." 궁정의 금군이 즉시 그를 체포해 참살했다.

황궁은 존귀하고 지밀해야 하므로 평범한 사람은 출입이 금지된다. 그런데 미천한 사람이 제멋대로 들어왔는데도 문을 지키는 관리가 이를 살피지 못했다. 궁실이 장차 텅 빌 것이며, 하극상이 일어나리라는 전조였다.

과연 그 후에 황제는 장안으로 천도했고 이곳 궁궐은 결국 텅텅 비고 말았다.

소가 말을 하다

진혜제 태안 연간에 일어난 일이다. 강하군 공조(功曹) 장빙(張騁)이 탄소가 돌연 입을 열어 말을 하기 시작했다.

"천하가 곧 어지러워질 테니 내가 심히 피곤하오. 나를 타고 어디로 가려 하오?"

장빙 및 그를 따르던 수하들은 모두 놀라 두려워했다. 그들은 소를 달래려고 말했다.

"자네를 집으로 돌아가도록 할 테니, 더는 말을 하지 말게."

그래서 모두 중간에 되돌아가게 되었다. 집에 이르자 채 멍에를 내리기도 전에 소가 또 말을 했다.

"왜 이렇게 일찍 돌아왔소?"

장빙은 두렵기도 하고 근심스럽기도 해서 이 일을 비밀에 부치고 발설하지 않았다.

안륙현에 점을 잘 보는 이가 있어 장빙이 그에게 가서 이 일을 두고 점을 쳐보았다. 점쟁이는 이렇게 말했다.

"엄청난 흉조요. 단지 한 집안에 그칠 화가 아니오. 장차 천하에 전란이 일고, 군 전체가 무너질 것이오!"

장빙이 집에 돌아와 보니 이번에는 소가 사람처럼 일어나 걸어 다니고 있었다. 다른 사람들도 이 광경을 목격했다.

그해 가을 장창(張昌)이라는 도적이 봉기했다. 장창 무리는 먼저 강하군을 공략했다. 한나라 왕조를 부흥시키려 한다고 호소하며 백성을 기만하고 미혹했다. 자신들은 봉황처럼 상서로운 존재이자, 세상에 강림한 성인이라고 했다. 장창의 군대를 따른 이들은 모두 이마에 붉은색을 칠해 화덕(火德)의 상서로움을 내보였다. 민심은 동요하고 백성은 속속 기의에 가담했다. 장빙과 그의 형제들도 장창의 기의군에서 장군도위를 맡아 반란에 가담했지만 얼마 못 가 패망했다. 그래서 한 군 전체가 무참히 파괴되었고 사상자가 인구의 절반이 넘었다. 결국 장빙 일가도 멸족했다.

경방의 『역요』에는 다음과 같이 적혀 있다.

"소가 능히 말을 할 수 있으면 그 말 대로 이루어진다. 그러니 소의 말을 듣고 길흉을 짐작할 수 있다."

미투리가 길가에 모여들다

진혜제 원강과 태안 연간에 장강과 회하 유역에서는 낡은 미투리가 저절로 길가에 모여드는 일이 벌어졌다. 많을 때는 사오십 켤레나 되었다. 사람들이 미투리를 흩어놓고 덤불에 던지기도 했지만 다음 날 가보면 원래대로 길가에 모여 있었다.

어떤 사람은 들고양이가 미투리를 물어다 모아놓는 모습을 봤다고 말하기도 했다. 세상에는 이런 말이 떠돌았다.

"미투리는 신분이 낮고 비천한 사람들이 신는다. 미투리는 발밑에 깔려 마냥 고된 노동에 시달려야 하니 바로 평민과 백성의 상징이다. 낡고 해진 미투리는 백성의 삶이 고되고 피폐함을 보여준다. 한편 길이란 대지의 무늬다. 길은 사방이 서로 통하게 하는 방도이며 황제의 명령이 다다르는 경로이기도 하다. 작금에 낡고 해진 미투리가 길에 모여 있는 형상은 바로 백성이 지극한 고통에 시달리고 있으며 곧 모여들어 난을 일으킬 것임을 상징한다. 이로 인해 사방의 길이 막힐 것이다. 더구나 이는 황제의 명령이 막힘을 예고한다."

병기에서 불빛이 흘러나오다

진혜제 영흥 원년, 성도왕(成都王) 사마영(司馬穎)이 군사를 데리고 장사 땅을 공격하고 업 땅으로 되돌아와 성 안팎에 병기를 진열해두었다.

그날 밤, 병기의 날끝에서 불빛이 흘러나왔다. 멀리서 보면 촛불 같았는데, 가까이에서는 보이지 않았다. 훗날 그는 패망하고 말았다.

괴물을 낳은 여종

진회제(晉懷帝) 영가 원년의 일이다. 오군 오현 사람인 만상(萬詳)의 집 여종이 괴물을 낳았다. 괴물의 머리는 새를 닮았고 두 발은 말발굽 형태였다. 손은 하나이고 피부에는 털이 없었다. 꼬리도 달려 있었는데, 누런색에 크기가 대접만 했다.

용과 거위를 낳은 여종

진회제 영가 5년, 포한현 현령인 엄근(嚴根)의 집에 사는 노비가 용 한 마리, 여자아이 한 명, 거위 한 마리를 낳았다.

경방의 『역전』에는 이렇게 적혀 있다.

"사람이 사람 아닌 다른 것을 낳았는데 일찍이 세상에서 본 적이 없다면, 머지않아 큰 전란이 일어나리라는 예고이다."

당시는 회제가 혜제를 승계한 직후여서 온 세상이 혼란에 빠져 들끓고 있었다. 얼마 지나지 않아 회제는 납치되어 평양으로 끌려갔다. 그는 나중에 결국 반역한 오랑캐에게 살해당했다.

개가 말을 하다

진회제 영가 5년, 오군 가흥현에 장림(張林)이라는 이가 살았다. 그 집에서 기르는 개 한 마리가 어느 날 돌연 말을 하기 시작했다. 개는 이렇게 말했다. "천하 사람들이 다 굶어 죽게 생겼구나."

그러더니 과연 두 오랑캐 부족이 침범해 세상이 황무지로 변하고 백성은 기아에 허덕였다.

두더지를 보고 점을 치다

진나라 영가 5년 11월, 연릉현에 두더지가 나타났다. 곽박이 점을 쳐보았다. 점괘는 임(臨)괘를 마주쳐서 익(益)괘로 변한다고 나왔다. 곽박이 말했다.

"이 군 동편에 있는 어떤 현에 장차 황제의 권력을 휘두를 요물이 나타나겠지만 오래가지 못하고 곧 자멸하겠구나."

수유나무가 뒤엉키다

진나라 영가 6년 정월이었다. 무석현에 수유나무 네 그루가 서로 뒤엉혀서 자라나니, 그 모양이 마치 연리지 같았다.

이전에 곽박은 연릉에 두더지가 나타나자 점을 치고, 임괘를 마주쳐서 익괘로 변한다고 예고했다. 그러면서 말했다.

"나중에 틀림없이 해괴한 나무가 자랄 것이다. 겉으로는 마치 상서로운 조짐 같지만 실제로는 그렇지 않다. 지극히 흉하고 독살스러운 나무이다. 그런 나무가 있는 곳 동서로 수백 리 안에는 틀림없이 반역자가 숨어 있다."

그 뒤 실제로 서로 뒤얽힌 수유나무가 나타난 것이다. 마침내 오흥군에서 공조 벼슬을 하고 있던 서복(徐馥)이 난을 일으켜 오흥군 태수 원수(袁琇)를 죽였다.

돼지가 머리 둘 달린 아이를 낳다

진나라 영가 연간, 수춘성에서 돼지가 사람을 낳았다. 그런데 아이는 머리가 둘이었고, 결국 얼마 살지 못했다. 주복(周馥)이 아이를 가져다가 살펴보았다.

식자들은 이 일을 두고 이렇게 논했다.

"돼지란 북방 가축으로 오랑캐 '호(胡)'와 '적(狄)'의 상징이다. 머리가 둘이면 위(上)가 없는 셈이니, 마음속으로 황제를 공경하지 않는다는 뜻이다. 낳자마자 죽은 것은 목적한 바를 완수해내지 못함을 뜻한다."

곧 하늘이 인간 세상에 다음과 같은 경계의 뜻을 전한 바와 같다.

"마음속에 자신을 이롭게 할 간계가 쉬 생기는 자는 결국 자멸의 길로 접어든다."

과연 오랑캐는 원제(元帝)에게 격퇴당했다.

생견으로 지은 홑옷이 유행하다

진나라 영가 연간, 사대부들이 앞다투어 생견으로 만든 홑옷을 입곤 했다. 견식 있는 이들은 이런 풍속을 두고 다음과 같이 나무랐다.

"생견으로 지은 홑옷은 옛날에는 소복이었다. 제후가 천자의 상을 치를 때 입었던 상복이다. 그런데 요새 와서 천자의 상이 나지도 않았는데 아무 까닭 없이 이런 옷을 입으니 어찌 불길한 징후가 아니겠는가?"

과연 그 뒤 회제와 민제가 붕어했다.

면목 없는 시절을 예고하다

예전에 위무제 조조의 군대에서 별 이유도 없이 흰색 모자를 지어 쓰는 일이 유행한 적 있었다. 이는 흰색 상복과 같으니 초상이 날 흉조였다. 처음에는 앞쪽에 챙을 덧대어 뒤와 구별했다. 그래서 '낮 모자'라고 불리며 널리 유행했다. 그러다 진나라 영가 연간에 이르러서는 아예 챙을 없애버렸기 때문에 '낮 없는 모자'라 불렸다.

한편 부인네들이 머리를 묶을 때는 점점 더 느슨하게 묶는 일이 유행했다. 그바람에 마침내 머리꽂이가 좀처럼 곧게 서 있지 못하게 되었다. 머리는 흐트러진 채 이마에 드리워져 겨우 눈만 보일 뿐이었다.

'낮이 없다'는 것은 부끄럽고 창피하다는 뜻이다. '이마를 덮는다'는 것은 외모를 수치스러워한다는 뜻과 같다. '머리를 점점 더 느슨하게 묶는다'는 것은 천하에 예의와 정의가 사라져 인간의 성정이 방종해졌음을 뜻한다. 이런 상황이 극에 달하면 결국 나라의 커다란 수치와 굴욕으로 귀결되기 마련이다.

과연 그 후 2년 만에 '영가(永嘉)의 난'이 일어났다. 사해가 분열되고 하층민은 도탄에 빠져 허덕이니 비통하기 이를 데 없었다. 그야말로 살기조차 부끄러운, 면목 없는 시절이 되지 않았던가.

배가 붙은 채로 태어나다

진나라 민제 건흥 4년에 있었던 일이다. 서도(西都) 장안이 함락되고 원제가 진나라 황제에 오르자 전국은 안정을 찾았다.

그해 10월 22일, 신채현 관리인 임교(任喬)의 처 호씨가 나이 스물다섯에 딸 둘을 낳았다. 그런데 두 딸의 얼굴이 마주 향하고, 배 한가운데가 서로 붙어 있었다. 허리 위와 배꼽 아래는 각각 나뉘어 있었다.

이는 전국이 아직 다 통일되지 않았음을 나타내는 흉조이다. 당시 궁궐 내사(内史) 벼슬을 맡은 여회(呂會)가 황제에게 상소를 올려 이렇게 말했다.

"『서응도(瑞應圖)』에 이르기를, 뿌리는 다르지만 가지가 이어진 것을 연리지라고 부릅니다. 또 모는 다르지만 알곡은 함께 열려 훨씬 더 많이 달리는 경우를 일컬어 가화(嘉禾)라고 한다 했습니다. 초목 따위조차 이런 상황을 상서로운 조짐이라 여깁니다. 지금 두 사람의 속이 같으니(同心) 이는 틀림없이 하늘이 내리는 영험한 징조입니다. 그래서 『주역』에도 두 사람이 합심하면 그 굳건함과 예리함으로 제아무리 단단한 무쇠라도 능히 뚫을 수 있다고 말했습니다. 하늘이 이토록 길한 징조를 섬동(陝東) 경내에서 보여주셨으니 이는 사해의 신하와 백성이 한마음으로 힘을 모으리라는 암시입니다. 신은 넘치는 환희를 이기지 못해 삼가 그림을 그려 올리나이다."

이 일을 보고 당시 식자들이 그를 비웃어 마지않았다. 군자는 이렇게 말한다.

"앎을 구하는 일은 어렵도다. 그토록 재주 많은 장문중(臧文仲)조차 물새에게 제사를 올리는 어리석음을 범하지 않았던가? 천하의 온갖 지식은 네모난 책에 담겨 전해지니, 그것은 천겁이 가도 잊히지 않는다. 그러므로 선비는 배우지 않으면 안 된다. 예부터 이런 말이 있다. '나무에 가지가 없으면 병들었다고 한다. 사람이 배우지 않으면 눈이 멀었다고 한다.' 자신이 까맣게 모르는 일을 만나면 그 부족함이 저렇게 나타난다. 그러니 어찌 부지런히 학식을 닦고자 힘쓰지 않을 수 있겠는가!"

억울한 죽음이 가뭄을 부르다

진나라 원제 건무 원년 6월, 양주에 극심한 가뭄이 들었다. 12월에는 또 하동군에 지진이 났다.

한 해 전 12월, 독운령사(督運令史) 순우백(淳于伯)을 참살했다. 당시 그의 피가 거꾸로 솟아 두 길 세 자나 되는 기둥을 이루었으며, 되돌아 떨어진 뒤 네 자 다섯 치나 흘러 나갔다. 그때 순우백은 사실 억울한 죽음을 당했다. 그 일로 삼 년 동안 가뭄이 이어졌다.

그러니 형벌을 아무렇게나 적용할 게 아니다. 그러면 음기가 서로 뭉치지 않아 양기가 음기를 억누르게 된다. 음기에 해당하는 형벌을 잘못 취하자 원망하는 기운이 조응해 양기의 천벌이 내려진 것이다.

머리 둘 달린 송아지

진나라 원제 건무 원년 7월, 진릉성의 동문에서 소 한 마리가 새끼를 낳았다. 새끼는 몸은 하나지만 머리는 둘이었다.

경방의 『역전』에는 이같이 적혀 있다. "소가 새끼를 낳았는데 머리가 두 개요 몸은 하나라면 장차 천하가 분열될 조짐이다."

지진이 나서 물이 솟다

진나라 원제 태흥 원년 4월, 서평군에 지진이 나서 물이 솟아나왔다. 12월에 여릉군, 예장군, 무창군, 서릉군에도 지진이 나고 물이 솟으며 산이 무너졌다. 이는 왕돈(王敦)이 황제를 밟고 오를 징조였다.

괴이한 송아지를 낳다

진나라 원제 태흥 원년 3월, 무창군 태수 왕량(王諒) 집에서 소 한 마리가 새끼를 낳았다. 그런데 새끼는 머리 두 개, 다리 여덟 개, 꼬리 두 개, 배가 하나였다. 이놈은 스스로 산도를 나오지 못해 여남은 사람이 밧줄로 묶어 끌어냈다. 어미는 살았지만 새끼는 결국 살지 못했다.

그로부터 3년 뒤 궁궐 후원에서 키우는 소가 새끼를 낳았는데, 다리 하나에 꼬리는 세 개였다. 이놈도 역시 태어나자마자 죽었다.

머리 둘 달린 망아지를 낳다

진나라 원제 태흥 2년, 단양군 군리(群吏)인 복양연(濮陽演)의 말이 망아지를 낳았다. 머리가 둘인데, 목 앞에서부터 나뉘어 있었다. 망아지는 태어나자마자 죽었다.

당시 정치는 사사로운 이익을 취하려는 권력자들 손에 좌우되고 있었으니, 두 머리는 이를 상징한다. 과연 그 후 왕돈이 황제의 권위를 짓밟고 올라섰다.

괴이하게 태어난 여자

진나라 태흥 초년에 한 여인이 있었다. 그녀는 성기가 배, 즉 배꼽 아래에 있었다. 중원 지역에서 강동으로 이주해 왔는데, 본성은 음탕하지만 자식을 낳을 수 없었다.

또 다른 여인은 음부가 머리 위에 있었다. 그녀는 양주에 살고 있었는데, 역시 태생이 음탕했다.

경방은 『역요』에서 이렇게 말했다. "사람이 자식을 낳았는데 음부가 머리 위에 있다면 천하에 대란이 일어날 징조이다. 만일 음부가 배에 붙어 있다면 천하에 전쟁이 일어날 징조이다. 만일 등에 있다면 천자에게 후사를 이을 자손이 없을 징조이다."

걷잡을 수 없는 불길이 일다

진나라 태흥 연간에 왕돈이 무창을 진압하고 점령했다. 당시 무창에 불이 났다. 수많은 사람이 모여 불길을 잡으려고 애썼다. 하지만 이쪽을 끄면 또 저쪽에서 불길이 일었다. 동서남북 사방으로 몇십 군데가 한꺼번에 타오르니 여러 날이 가도록 불길은 잡히지 않았다.

예부터 내려오는 말에 이른바 "걷잡을 수 없는 재난이 마구 몰려오면 비록 수많은 무리라 해도 손쓸 도리가 없다"라고 했는데, 바로 그 말 그대로였다.

이는 신하가 군주의 권력을 행사하는 상황을 나타낸다. 즉 양기가 극성하다 못해 절도를 잃은 경우에 해당한다. 당시 왕돈의 권력은 군주를 뛰어넘었다. 군주를 무시하는 마음을 먹고 있었으니 이런 재난이 일어날 수밖에 없었다.

붉은 주머니로 상투를 매다

진나라 태흥 연간에 병사들이 붉은 주머니로 상투를 감싸 동여맸다. 식견이 있는 이들은 이같이 말했다.

"상투는 머리에 있으므로 이는 건(하늘)이라 한다. 즉 군주의 길을 뜻한다. 주머니는 곤(땅)에 해당한다. 즉 신하의 길이다. 요새 붉은 주머니로 상투를 감싸 넣는데, 이는 신하의 길이 군주의 길을 침범한다는 상징이다."

옷을 지을 때 위에서 내려온 고름이 짧으면 겨우 겨드랑이까지밖에 닿지 못한다. 갓을 쓰려면 갓끈을 목에 묶어야 한다. 만일 아랫부분, 즉 끈 묶는 목 부분에서 너무 꽉 조이면 위의 상투는 제대로 설 공간이 없어진다. 바지를 지을 때 아랫구멍을 조이지 않아서 가랑이 폭이 위부터 아래까지 똑같으면, 신하의 권력이 도를 넘어 커질 징조이다. 과연 얼마 지나지 않아 왕돈이 역모를 일으켜 급기야 경성까지 쳐들어왔다.

창 자루에 꽃이 피다

진나라 태흥 4년에 왕돈이 무창에 있을 때였다. 호위를 맡은 병졸이 든 창의 자루에 꽃이 피어났다. 연꽃처럼 생겼는데, 대엿새 후에 시들어 떨어졌다. 이 일을 두고 논자들은 이렇게 풀이했다.

"『주역』에 '고사한 버드나무에 꽃이 피었으니 얼마나 갈 수 있겠는가?'라고 했다. 지금 죽은 나무 자루에 비정상적인 꽃이 피었다. 게다가 마침 장군이 거처하는 전각 안에서 벌어진 일이다. 지금 저 전각을 보라. 웅장한 위세며 화려한 군장이 호화롭기 짝이 없지만, 마치 비정상적인 꽃이 만개한 것처럼 오래갈 수 없는 노릇이다."

그 후에 왕돈은 황제의 명을 거역한 죄로 육시를 당했다.

깃털 부채 모양을 바꾸다

옛날에 깃털 부채 자루를 만드는 방법은 어떠했을까. 먼저 나무를 깎아 새의 날개 골격과 비슷한 모양으로 벌린 다음, 나무 편에 붙은 깃털

수가 '십'이라는 완전수가 되도록 했다.

당초 왕돈이 남쪽을 정벌할 때, 깃털 부채 손잡이를 길게 해서 아래로 튀어나온 손잡이를 잡기 쉽도록 고쳤다. 그리고 깃털 수도 여덟 개로 줄였다. 식견 있는 이들은 이를 두고 근심에 젖어 말했다.

"무릇 깃털 부채란 결국 새 '날개'를 뜻한다. 지금 새로 손잡이를 길게 만들었다는 말은 장차 손잡이를 틀어쥐어 깃털이 달린 날개를 통제하겠다는 뜻이다. 게다가 '십'을 '팔'로 바꾸었다는 말은 아직 갖추어지지 않은 것이 이미 갖추어진 것을 빼앗는다는 뜻이다. 이는 아무래도 왕돈이 권력을 독점해 조정을 제멋대로 쥐고 흔들게 되는 상황을 나타낸다. 다른 한편으로는 부덕한 재목이 분수에도 맞지 않게 황제의 지위를 탐내고 있음을 보여준다."

큰 뱀이 머무는 사당

진명제(晉明帝) 태녕(太寧) 초년의 일이다. 무창에 커다란 뱀 한 마리가 있었다. 뱀은 곧잘 오래된 사당 옆에 있는 나무 속 구멍에 머물렀다. 번번이 고개를 내밀어 사람을 따르며 던져주는 음식도 받아먹었다.

경방의 『역전』에는 이렇게 적혀 있다.

"뱀이 성읍에 나타나 삼 년 동안 나오지 않으면 큰 전란이 일어나고 나라에 크나큰 우환이 깃든다."

과연 얼마 지나지 않아 왕돈이 역모를 일으켰다.

건국신화의 탄생

「권 8」은 전형적인 건국신화다. 순임금, 탕임금, 주무왕, 한고조 유방, 후한을 세운 광무제 등 제왕 신화와 함께 강태공 신화가 들어 있다. 완정한 신화라기보다는 야사, 혹은 일화와 같은 형태다.

건국신화는 일반적으로 부족보다 큰 규모의 '국가'로 나아가는 청동기시대 이후에 생겨났다고 본다. 신화가 점차 역사와 결합한다고 해서 '신화의 역사화'라고 일컫기도 한다. 건국신화는 기본적으로 두 가지 점이 중요하다. 첫째 정당성, 즉 건국 주체인 통치자가 자격 있는 정당한 인물임을 강조하는 역할이다. 둘째 정체성, 즉 국가 구성원이 공유해야 할 건국의 이상이나 비전 혹은 정체의 특성이 담겨 있다.

통치자의 정당성을 강조하기 위해 건국신화에 흔히 쓰인 모티프는 '신의 아들'이라는 출생 전략이다. 우리의 단군신화가 전형적이다.

혹은 뭔가 특별한 신적인 능력을 갖추고 있음을 드러내기도 한다. 여기에서도 그런 사례가 보인다. 주무왕이 폭군의 대명사 걸임금을 토벌하러 가는데 황하에 거센 폭풍우와 풍랑이 일어난다. 사람들이 두려움에 떨자 큰 소리로 외쳐 풍랑을 잠재운다. 이런 일화는 매우 보편적인 신화 모티프이다.

출생이나 초월적 영웅성과는 성격이 다른 모티프도 정당성을 부여하는 요소로 자주 사용된다. 붉은색, 붉은 연기, '불과 빛의 덕' 등과 같은 표현이 그렇다. 그 밖에도 초월성을 드러내기 위해 쓰인 모티프로 별자리, 상서로운 기린 등이 있다.

또 다른 중요한 상징물은 바로 예언이 적힌 두루마리다. 다른 일화에서도 공자가 경전을 탈고하고 나자 무지개가 내려와 황옥으로 변했는데 거기에 유방이 제왕이 되리라는 예언이 적혀 있다고 말한다. 이처럼 고대의 신성한 문서는 공통적으로 제왕들에게 정통성을 부여하고 힘을 실어준다. 고대인은 '문(文)', 즉 글이나 문자에 신성한 힘이 있다는 믿음을 가지고 있었을 것이다.

이에 대한 방증이 바로 공자에 의해 천명이 드러난다는 사실이다. 이는 도무지 이치에 맞지 않는 무리수다. 춘추시대를 살다간 공자는 대략 기원전 551년에 나고 기원전 479년에 죽었다고 전한다. 유방은 기원전 247년쯤 태어나 기원전 195년에 죽었다. 제위에 오른 해는 기원전 202

년이다. 공자가 자신의 사후 300년 뒤 세워질 왕조의 건국자를 맞히다니! 이렇게 무리수를 쓰면서까지 '문'의 아이콘인 공자에게 보증을 세우려는 의도는 무엇이었을까.

이런 신화는 건국의 주체가 '문'을 숭상한다는 정체성을 드러낸다. 식자층도 아니고 거개가 문맹이었을 민초가 '문'을 숭상한다는 의미는 여러 측면에서 무궁무진한 의미를 캐낼 수 있는 커다란 보따리와 같다. 비록 통치 이데올로기로서 상징을 통한 '문화 지배'의 영향을 배제할 수는 없지만, 어쨌든 건국신화에는 대대로 회자하는 민초의 이상 또한 녹아 있기 때문이다.

이를테면 이런 분석은 어떤가. 첫째, '문'은 기록이다. 기록은 언제라도 볼 수 있도록 세세대대 남는 것이다. 즉 역사이자 민초의 눈이다. 제왕은 '문'에 의해 천명의 부름을 받은 만큼 '문'을 두려워해야 한다. 즉 역사와 민중을 천명으로 생각하고 두려워해야 한다는 뜻이다. 둘째, '문'은 심오한 진리를 담고 있다. 국가 대업은 '문'으로 이루어진다. 여기에는 명분, 신념, 원칙, 원리 등이 담겨 있다. 비록 힘없이 통치당하는

입장일망정 명분 없이 '무(武)', 즉 힘만으로 올라선 이는 통치자로서 인
정할 수 없다는 당시 민중의 깐깐한 '제왕 커트라인'을 반영한다고도
할 수 있다.

밭을 갈던 순임금

우(虞)나라 순(舜)임금이 역산에서 밭을 갈다가 황하 옆의 바위 부근에서 옥력(玉歷: 왕조와 조대가 바뀌는 날짜를 기록한 목편 – 옮긴이)을 주웠다. 이를 통해 순은 천명이 자신에게 있음을 알았다. 그러나 묵묵히 몸소 도를 실행하며, 한 치도 게을리함이 없었다.

순임금은 눈썹 뼈가 튀어나온 용의 상으로, 입도 큼직하다. 게다가 손에는 '포(褒)'를 쥐고 있다.

이 구절에 대해 송균(宋均)은 이런 해석을 덧붙였다.

"'포'를 쥐고 있다는 말은 손바닥 손금이 '포' 자로 새겨져 있다는 뜻이다. 이는 그가 고된 일을 통해서 업적을 이룩해갔음을 나타낸다. 하늘이 그를 가상히 여겨 포상을 내리니 결국 황제의 지위에까지 이른 것이다."

탕임금이 비를 기원하다

탕(湯)임금이 하(夏)를 무너뜨리고 나서 7년 동안 극심한 가뭄이 들어 낙수(洛水)마저 말랐다.

탕임금은 상림(桑林)으로 가서 자신의 몸을 바치며 기원을 올렸다. 손톱과 머리카락을 잘라 이로써 자신의 몸을 희생 제물로 바치며 하늘에 비를 내려주십사고 빌었다. 그러자 곧 큰비가 내려 천하 만물을 풍요롭게 적셨다.

강태공을 얻다

강태공 여망(呂望)은 위수(渭水) 북쪽에서 낚시를 하고 있었다. 마침 문왕(文王)이 사냥을 하러 외유하고 있었다. 사냥을 떠나기 전 점을 쳐보니 이런 점괘가 나왔다.

"오늘 짐승 한 마리를 잡기는 잡을 텐데, 용도 아니요 이무기도 아니다. 곰 따위도 아니다. 틀림없이 제왕의 군대를 통솔할 태사(太師)를 얻으리라."

과연 예언은 틀리지 않았다. 문왕 일행은 위수 북쪽에서 낚시를 하고 있는 태공과 마주쳤다. 문왕은 태공과 이야기를 나눠보고서 매우 기뻐하며 그를 자신의 수레에 함께 태우고 왕궁으로 돌아왔다.

무왕이 풍랑을 가라앉히다

주나라 무왕(武王)이 상나라 주왕을 토벌하러 황하에 이르렀다. 갑자기 거센 비가 쏟아지고 천둥 번개가 쉴 새 없이 내리쳤으며, 주위는 온통 컴컴해졌다. 황하 물결은 높이 솟아올랐다. 이 광경을 보고 사람들이 두려움에 떨었다. 그때 무왕이 말했다.

"내가 여기 있노라. 천하에 누가 감히 나를 해칠 것인가!"

그러자 드세던 풍랑이 이내 잠잠히 가라앉았다.

기린의 예언을 얻다

노(魯)나라 애공(哀公) 14년의 일이다. 공자가 밤에 꿈을 꾸었다. 꿈에 풍(豊), 패(沛) 일대의 고을이 보였는데, 시뻘건 연기가 솟아오르고 있었다. 그래서 제자 안회(顔回)와 자하(子夏)를 불러 함께 보러 갔다. 수레를 몰아 초(楚) 땅 서북쪽 범씨 가문이 있는 거리를 지나다가 어떤 아이가 기린(麒麟)을 두드려 패고 있는 모습을 보았다. 기린은 왼쪽 앞발에 상처를 입었다. 아이는 장작더미를 안아다가 기린을 덮어 숨겼다.

공자가 말했다. "얘야, 이리 와보렴! 네 이름이 무엇이냐?"

아이가 대답했다. "성은 적송(赤松)이고, 이름은 시교(時喬)라 합니다. 자는 수기(受紀)입니다."

"혹시 여기서 뭘 보지 못했느냐?"

"짐승 한 마리를 보았습니다. 노루같이 생겼는데 머리는 양머리이고, 뿔이 났고, 그 끝에는 살이 있었습니다. 방금 여기서 서쪽으로 가던데요."

공자가 말했다.

"천하에는 이미 정해진 주인이 있단다. 그는 바로 적제(赤帝)의 아들 유방(劉邦)이다. 진승(陳勝)과 항우(項羽)가 그를 보좌한다. 목성, 화성, 토성, 금성, 수성 등 큰 별 다섯 개가 동정좌(東井座: 진나라의 외야를 뜻함 - 옮긴이)에 모여들었다. 뭇 별이 목성을 따르고 있다."

그제야 아이는 장작더미를 치우고 그 아래 숨겼던 기린을 공자에게 보여주었다. 공자가 황급히 다가가 그것을 보았다. 그러자 기린은 공자를 향해 서더니 귀를 덮고 입에서 두루마리 세 개를 토해냈다. 폭이 세 마디, 길이가 여덟 마디였고, 권마다 스물네 자가 적혀 있었다. 벌거숭이 유방이 곧 흥기한다는 내용으로 다음과 같았다.

"주나라가 망하고 붉은 기운이 솟아오르니 불과 빛의 덕을 지닌 이가 흥성하리라. 현묘한 성인 공구(孔丘)가 천명을 선포하리니 유씨 성이 제위에 오르리라."

황옥의 예언을 얻다

공자는 『춘추(春秋)』를 정리하고 『효경(孝經)』을 지었다. 책이 완성되자 목욕재계하고 북극성을 향해 절한 다음 하늘에 일을 마쳤음을 고했다.

이내 하늘이 자욱해지며 흰 안개가 뭉게뭉게 솟더니 대지를 덮었다. 위로부터 붉은 무지개가 내려와 누런 옥으로 변했다. 길이는 세 자요, 위쪽에는 글이 새겨져 있었다. 공자가 무릎을 꿇고 이를 받아 읽었다. 다음과 같이 적혀 있었다.

"보배로운 글이 나왔으니 유계(劉季)가 천하를 장악하리라. 묘금도(卯金刀)가 진성(軫星) 북쪽에 있도다. 자(字)를 화자(禾子)라고 하는 이에게 천하가 복종하리라."(유계는 유방의 자이다. '묘금도'라는 글자를 합하면 '유劉'이고 '화자'라는 글자를 합하면 '계季'이다 – 옮긴이)

목공이 꿩을 얻다

진(秦)나라 목공(穆公) 때 진창현에서 어떤 사람이 땅을 파다가 괴상한 동물을 발견했다. 어떻게 보면 양 같기도 하고 어떻게 보면 아닌 듯도 하고, 돼지 같기도 했지만 또 돼지는 아니었다. 동물을 목공에게 바치려고 끌고 가다가 동자 둘을 만났다. 동자들이 말했다.

"이 녀석 이름은 온(媼)이라고 해요. 땅 속에서 죽어 있는 사람의 뇌를 먹곤 하지요. 그놈을 죽이려면 동백나무를 머리에 꽂으시면 돼요."

그러자 괴물이 말했다.

"저 두 동자의 이름은 진보(陳寶)입니다. 수컷을 얻으면 천하의 왕이 되고 암컷을 얻으면 제후의 우두머리가 됩니다."

그 말을 들은 진창 사람은 온을 놓아버리고 동자들을 뒤쫓았다.

그러자 동자들은 돌연 꿩으로 변해 평림(平林)이라는 숲 속으로 날아 가버렸다.

진창 사람은 이 일을 목공에게 고했다. 목공은 날아간 꿩을 잡기 위해 사람을 풀어 수색에 나섰다. 그리하여 결국 암놈을 붙잡았다. 그러자 이 번에는 붙잡힌 암놈이 돌로 변했다. 목공은 그 돌을 견수(汧水)와 위수(渭 水) 사이에 놓아두었다.

진나라 문공(文公)에 이르러 이곳에 사당을 세우고 '진보'라 이름 붙였 다. 두 마리 꿩 중 수놈은 남양군으로 날아갔다. 오늘날 남양군에 치현 (雉縣)이라는 지명이 있으니 바로 그 꿩이 내려앉은 곳이다. 진나라는 장 끼가 가진 상징적 의미를 강조하려고 일부러 현의 이름에 붙인 것이다. 진창현에서 제사를 지낼 때마다 치현에서 십여 길이나 되는 붉은 빛이 진창현의 사당으로 날아들며 "꾸어엉, 꿩!" 하는 장끼 울음소리가 들렸 다. 그 후 광무제가 남양에서 천하 대업을 일으켰다.

하늘의 상으로 점을 치다

형사자신(邪史子臣)은 송(宋)나라 대부로 천도(天道)에 밝았다. 주경왕(周 敬王) 37년, 한번은 송나라 경공(景公)이 그에게 물었다.

"요즘 하늘의 상으로 점을 치면 어떠한 징조가 보이는가?"

형사자신이 대답했다.

"오년 뒤 오월 정해일에 저는 죽습니다. 제가 죽은 뒤 오 년이 되는 해

오월 정묘일에는 오나라가 망합니다. 오나라가 망한 뒤 다시 오 년이 지나면 경공께서 생을 마치십니다. 돌아가신 뒤 4백 년이 지나면 주(邾)가 천하를 통치하게 됩니다.”

　그 뒤 일어난 일이 모두 그 말과 들어맞았다. “주가 천하를 통치한다”라는 말은 위(魏)의 흥기를 일컫는다고 할 수 있다. 본래 주는 조(曹)씨 성을 가진 이의 나라다. 위왕이 조씨이니 바로 주의 후예인 셈이다. 다만 그 햇수는 틀렸다. 형사자신이 수를 잘못 점쳤을까? 아니면 워낙 오래된 일이라 기록하는 자가 전하는 과정에서 오류를 범했을까? 알 수 없는 일이다.

하늘에서 내려온 아이

　오(吳)는 건립한 지 오래되지 않은 나라로 기반이 탄탄하지 못했다. 변방에 주둔하는 장수들은 아내와 자식을 도성에 인질로 남겨야 했다. 이런 가술을 일컬어 ‘보험 인질’이라 했다. 같은 처지에 놓인 어린이와 청소년은 끼리끼리 모여 여남은 명이 함께 놀곤 했다.

　손휴가 통치하던 영안 3년 3월의 일이다. 하루는 특이하게 생긴 아이가 홀연히 나타나 모여 노는 아이들 틈에 끼었다. 키가 네 척 남짓이었고 나이는 예닐곱쯤 되어 보였다. 또 푸른 옷을 입고 있었다. 아무도 그 애를 알지 못했다. 그래서 아이들이 물었다.

　“너는 뉘 집 아이인데, 오늘 이렇게 갑자기 나타난 게냐?”

그 아이가 대답했다.

"그냥 너희들이 함께 노는 게 굉장히 재미있어 보여서 와봤을 뿐이야."

아이들이 자세히 들여다보니, 그 아이 눈에서 번쩍이는 불꽃같은 섬광이 나왔다. 그 모습을 본 아이들은 두려워했다. 그래서 어째서 그런지 까닭을 물었다. 아이는 이렇게 대답했다.

"내가 무섭니? 난 사람이 아니야. 난 화성이야. 알려줄 일이 있어. 장차 모든 천하는 사마씨 손에 들어가게 될 거야."

아이들은 크게 놀랐다. 그중 어떤 아이는 어른에게 달려가 이 일을 고해바쳤다. 어른들이 그 아이를 보기 위해 달려왔다. 그 아이가 말했다.

"너희랑 안 놀아. 난 갈 테다!"

그러고는 몸을 움츠렸다가 펄쩍 뛰어올랐는데 그만 눈앞에서 사라져버렸다. 고개를 들고 찾아보니 아이는 마치 흰 비단 자락 같은 연기를 잡고 하늘로 날아오르고 있었다. 때맞춰 이곳에 당도한 어른들도 이 장면을 목격했다. 아이는 하늘거리며 점점 높이 올라가더니 금방 보이지 않게 되었다.

당시 오나라 정국은 매우 급박하고 심각하게 돌아가고 있었다. 그래서 아무도 감히 이 상황을 입 밖에 내지 못했다. 그 뒤 4년 만에 촉이 망했고, 6년 뒤에는 위가 무너졌으며, 21년 만에 오가 평정됐다. 그리하여 천하 정권은 사마씨에게 돌아갔다.

꿈에 선인이 나타나다

도수(都水) 벼슬을 하는 마무(馬武)는 대양(戴洋)을 도수령사(都水令史)로 뽑았다. 대양은 급한 일로 고향에 다녀오겠노라며 말미를 청했다. 그가 낙양으로 떠날 채비를 하다가 밤에 꿈을 꾸었다. 꿈에 선인이 나타나 일렀다.

"낙양은 패해서 함락당할 테고 사람들은 모두 남쪽으로 피난 갈 것이다. 이후 오 년 안에 틀림없이 양주(揚州)에서 천자가 나오리라."

대양은 선인의 말을 믿고서 낙양에 가지 않았다. 과연 꿈에서 말한 대로 모두 이루어졌다.

마술 같은 판타지

「권 9」에는 마치 꿈에서 일어날 법한 신기하고 괴이한 사건이 현실로 나타난다. 마술과도 같은 판타지가 주로 모여 있다. 돌로 변한 새, 폭우에 젖지 않는 노파, 사당을 비추는 신비로운 빛 등의 마술적 사건은 마치 꿈처럼 미래의 일과 운명을 예언한다.

주로 무엇을 예언하고 있을까. 당시 유명 인사들의 운명이 유독 눈에 많이 띈다. 이 권에 등장하는 주인공들은 주로 통치자가 아니라 사대부 계층, 때로 관직에 나아가기도 하는 지식인 계층이다. 높은 벼슬에 오를 징조가 나타나 그들의 지위가 천명임을 밝히는 영웅 신화적 전설이 있는가 하면, 포악한 통치자나 간신의 모함으로 피바람 부는 숙청을 당할 운명이 예고되기도 한다.

후자에 속하는 이야기는 비록 짤막할지언정 마음을 움직이는 한 편의 역사 드라마처럼 느껴진다. 사화(士禍)를 앞둔 지식인의 인간적 심리를 곁들였기 때문이다. 이야기의 상징은 그들이 겪을 운명을 예언한다. 다른 한편으로는 번뇌와 갈등, 공포와 극복 의지, 의분과 각오 등 여러 심리가 절묘하게 어우러져 있다. 중국 문학사에 이름을 남긴 가의(賈誼)

의 일화도 바로 이런 내적 갈등과 번민이 우리에게 유명한 문학작품으로 남겨졌음을 설명해준다.

물론 민초의 전설은 간신에 대한 저주도 잊지 않는다. 꾸지람당한 가층의 이야기에서는 가층이 신에게 끌려가 판결을 받는 장면이 나온다. 꿈도 아닌 현실에서 하늘의 관부에 끌려가 호통을 당하는 간신의 모습을 판타지로 그려가며, 민초들은 얼마나 속 시원해했겠는가. 그런데 마술적 상징은 단지 속풀이에 지나지 않는 것이 아니다. 가슴이 서늘할 정도로 엄정한 정치철학을 내재하고 있기도 하다. 사람인 척 고급 의관을 정제하고 높은 곳에 올라앉은 개 이야기는 더 말할 것도 없고, 어린애가 시루에 쪄져 죽었다는 끔찍한 사건은 약자의 인권이 보호받지 못하는 세상이 도래함을 뜻한다.

무엇보다도 이러한 상징성의 백미는 양평현 장터에서 생겨난 고기 덩어리다. 길이와 둘레가 수 척이나 되는 거대한 덩어리는 손과 발이 없어 정교한 조작이 필요한 생산적인 일은 할 수 없다. 그런데도 움직이니, 오직 할 수 있는 일은 굴러다니며 짓누르고 파괴하는 것뿐이리라.

이는 체계적이고 효율적인 형태를 구비하지 못해 제 역할과 기능을 하지 못한 채 민폐만 끼치는 국가 조직을 상징한다. 게다가 머리와 눈, 입이 있는데 소리가 없다는 묘사는 아무도 바른말을 입 밖에 내지 못하는, 언로가 막힌 불통의 조정을 상징하는 것 아니겠는가.

신비로운 빛을 보고 점을 치다

동한(東漢) 중흥 초년, 여남군에 응(應)씨 부인이 살았다. 그녀는 아들 넷을 낳고 그만 과부가 되었다.

하루는 부인이 토지신을 모신 사당을 비추는 신비로운 빛을 목격했다. 점쟁이를 찾아가 이 일을 물으니 점쟁이가 말했다.

"하늘이 상서로움을 보여주었소. 자손이 크게 잘될 것이오."

오래지 않아 응씨 부인은 땅에서 황금을 찾아냈다. 그 뒤 자손들이 관직으로 나아가건, 육예(六藝)를 익히건, 모두 뛰어난 재주로 높은 명성을 얻었다. 응창(應瑒) 대에 이르기까지 7대가 모두 높은 관직을 지냈다.

붉은 뱀을 보고 점을 치다

파군 사람 풍곤(馮緄)은 거기장군 벼슬에 있었다. 자는 홍경(鴻卿)인데,

처음에는 의랑(議郞) 벼슬이었다. 의랑이었을 때 하루는 인장을 담은 상자를 열었더니 붉은 뱀 두 마리가 나왔다. 길이가 족히 두 척은 되었다. 한 마리는 남쪽으로, 한 마리는 북쪽으로 나뉘어 가버렸다.

풍곤은 이를 보고 몹시 근심스럽고 두려웠다. 그래서 허계산에 사는 손헌(孫憲)을 찾아갔다. 손헌의 자는 영방(寧方)이다. 그는 비밀리에 전해오는 선인들의 도술을 몸에 익힌 자였다. 풍곤은 손헌에게 점을 쳐달라고 청했다. 손헌이 점괘를 일러주었다.

"매우 길한 조짐이오. 그대는 훗날 삼 년 동안 줄곧 변방 장수를 맡아 동북쪽 사오천 리를 관장하게 될 것이오. 그대의 관직 이름에는 '동(東)' 자가 들어갈 것이오."

과연 5년 뒤 풍곤은 대장군을 따라 남쪽을 정벌하기 위해 길을 나섰다. 또 얼마 지나지 않아 상서랑, 요동태수, 남정장군으로 승진했다.

새가 금 도장으로 변하다

상산군의 장호(張顥)는 양주목(梁州牧)이었다. 하루는 비가 온 다음, 산까치처럼 생긴 새 한 마리가 저자로 날아들었다가 갑자기 땅에 뚝 떨어졌다. 사람들이 앞다투어 주우려고 덤비자 새는 이내 둥근 돌로 변해버렸다. 장호가 몽둥이로 돌을 깨보았다. 그랬더니 '충효후인(忠孝侯印)'이란 글귀가 쓰인 금 도장이 나왔다. 장호는 이를 가져다 황제에게 바쳤다. 도장은 비밀문서를 보관하는 밀실에 보관되었다.

나중에 의랑 벼슬을 하는 여남군 사람 번형이(樊衡夷)가 이렇게 상소를 올렸다.

"일찍이 요순시대에 이런 관직이 있었나이다. 이제 충효제후의 도장이 하늘에서 떨어졌으니 마땅히 이 관직을 다시 두심이 옳은 줄 아뢰오."

훗날 장호는 벼슬이 태위까지 올랐다.

비둘기가 품에 날아들다

장안에 장씨가 혼자 살고 있었다. 하루는 비둘기가 날아 들어와 침상 옆에 머물렀다. 장씨는 기꺼워하며 말했다.

"비둘기야, 잘 들어라. 만일 내게 화를 내리려거든 천장으로 날아가라. 만일 내게 복을 주려거든 내 품으로 날아들어라."

그러자 비둘기가 장씨 품으로 날아들었다. 손으로 쓰다듬으니 순간 비둘기는 온데간데없고 금 귀걸이가 하나만 남았다. 장씨는 그 귀걸이를 몹시 아꼈다. 그때부터 장씨의 자손은 점차 부유해져서 재산이 만 배로 불어났다.

촉 땅에서 온 가씨라는 이가 장안에 들렀다가 이 소문을 들었다. 그는 장씨 집 노비에게 뇌물을 두둑하게 챙겨주고 그 귀걸이를 훔쳐 오도록 시켰다.

귀걸이를 잃은 뒤 장씨의 가운은 점점 쇠락해졌다. 하지만 촉 땅의 가씨 또한 불운을 겪고 빈곤의 나락으로 떨어져 득을 본 게 하나도 없었다. 그래서 혹자는 이렇게 말한다.

"천명이란 억지로 구한다고 얻어지지 않는다."

결국 가씨는 귀걸이를 도로 장씨에게 돌려주었다. 그러자 장씨는 다시 번창하기 시작했다. 이런 일이 있었던 연유로, 관서 지방에서는 '장씨네 가보 귀걸이'라는 말이 생겨났다.

꿈속에서 비책을 얻다

한무제 정화 3년 3월의 일이다. 하루는 비가 많이 내렸다. 하비간(何比干)은 집에 있었는데, 낮잠을 자다가 꿈을 꾸었다. 꿈에 귀한 손님들이 탄 수레며 말이 집으로 줄지어 들어오고 있었다.

하비간은 잠에서 깨어나 꿈에서 본 바를 아내에게 들려주었다. 그의 말이 채 끝나기도 전에 문밖에 한 노파가 찾아왔다. 나이는 여든 남짓 돼 보였고 머리는 하얗게 세어 있었다. 노파는 비를 피할 동안 잠시 머물게 해달라고 청했다. 그런데 폭우가 쏟아지고 있었는데도 노파의 옷에는 비 한 방울 묻지 않았다. 비가 그치자 하비간은 노파를 문까지 배웅했다. 그러자 노파가 하비간에게 말했다.

"귀공은 드러나지 않게 많은 덕을 베풀었구려. 하늘이 공의 덕을 인정해 책을 한 권 내려주었소. 앞으로 그대의 자손은 크게 번영할 것이오."

그녀는 품에서 기호가 가득 적힌 비책을 꺼냈다. 모양이 죽간처럼 생겼고, 아홉 마디 길이에 모두 990매가 엮여 있었다. 노파가 책을 비간에게 전하며 말했다.

"그대의 자손 중 높은 벼슬의 인장을 지니게 될 이들이 모두 이 안에 담겨 있소."

예언을 확인하다

위서(魏舒)는 자가 양원(陽元)이고 임성군 번현 사람이다. 어려서 고아가 되어 떠돌다 야왕현에 이르렀다. 마침 그가 머물던 집에서 주인 아내가 한밤중에 아기를 낳았다.

잠시 뒤 밖에서 마차 소리가 들렸다. 마차 안에 탄 사람 중 하나가 물었다.

"아들이오? 딸이오?"

그러자 안에 있던 또 다른 사람이 대답했다.

"아들이라오. 내 말을 받아적으시오. 저 아이는 열다섯이 되면 병기에 맞아 죽소."

마차 안의 사람이 다시 물었다.

"이 집에 묵고 있는 사람은 누구요?"

다른 사람이 다시 대답했다.

"위공(魏公)이지 누구긴 누구요."

그 뒤 15년이 흘러 위서는 다시 그 주인집을 찾아갔다. 그리고 당시 낳았던 아들이 어디 있는지 물었다. 주인이 답했다.

"뽕잎을 따려고 뽕나무 가지를 베다가 그만 도끼에 찍혀 죽었다네."

그 말을 들은 위서는 자신이 삼공 벼슬에 오르리라는 사실을 알았다.

삶과 죽음을 동일시하다

가의(賈誼)는 좌천되어 장사왕(長沙王)의 태자를 가르치는 태부(太傅)가 되었다. 4월 경자일에 일어난 일이다. 부엉이 한 마리가 그의 집으로 날아들었다. 새는 한참 동안 의자 구석에 앉아 있다가 다시 날아갔다. 가의는 점치는 책을 꺼내 점을 쳐보았다. 그리고 이렇게 말했다.

"들새가 집 안으로 날아드니 주인은 머지않아 세상을 뜨겠구나."

가의는 근심스러운 나머지 「복조부(鵩鳥賦)」를 지어 마음을 달랬다. 이 시에서 그는 삶과 죽음이 한자리에 있으며, 재앙이나 행복이 결국은 같다고 꿰뚫어 보았다. 그리고 자신은 목숨을 바쳐 곧은 뜻을 굳게 세우리라고 다짐했다.

삼족이 멸문하다

왕망이 섭정을 하고 있을 때였다. 동군태수 적의(翟義)는 왕망이 한왕조의 정권을 찬탈하리라는 사실을 알아차렸다. 그래서 봉기를 도모하기 위해 은밀히 의병을 모으고 있었다.

적의의 형 적선(翟宣)은 학문을 가르치는 선생이어서 집에는 늘 학생들이 가득했다. 적선은 또한 집 가운데뜰에 거위를 수십 마리 키우고 있었다. 하루는 바깥에서 웬 개가 뛰어 들어와 거위를 물어 죽이기 시작했다. 놀란 사람들이 거위를 구하려고 했지만 이미 모두 목이 부러져 있었다. 개는 다시 문밖으로 도망가 어디론가 사라졌다. 적선은 극도로 혐오감을 느꼈다. 며칠이 지나 왕망이 적선의 삼족을 멸했다.

괴사가 연이어 일어나다

삼국시대 위(魏)나라 대장군이자 태자의 스승인 사마의(司馬懿)는 공손연(公孫淵)을 평정하고서 그 부자를 참살했다.

그보다 앞서 공손연의 집에 여러 차례 괴이한 일이 일어났다. 갓과 두건을 쓴 개가 붉은 옷을 입고 지붕으로 오르는가 하면, 또 웬 어린애가 시루에 쪄져 죽기도 했다.

양평현 북쪽에 있는 장터에는 고기 덩어리 같은 물건이 생겨났는데, 길이와 둘레가 각기 수 척은 됐고, 머리와 눈, 입은 있는데 손발은 없었다. 또 손발이 없는데도 움직였다. 이를 두고 점치는 이가 말했다.

"형체가 있으나 제 꼴은 이루지 못했고, 몸통은 있으나 소리는 없구나. 나라가 곧 망하겠다."

개가 옷자락을 물고 늘어지다

오나라 제갈각(諸葛恪)이 회남을 정벌하고 돌아오는 길이었다. 그는 다음 날 아침 조정에 나아가 군왕을 알현할 예정이었다. 그날 밤, 제갈각은 왠지 정신이 불안해서 밤새 잠을 이루지 못하고 뒤척였다. 아침이 되어 의관을 갖추고 문을 나서려는데 개가 옷자락을 물고서 잡아끌었다. 제갈각이 말했다.

"개가 나더러 가지 말라고 하는구나."

그래서 나갔다가 다시 돌아와 앉았다. 잠시 후 도로 일어나 나가려고 하자 또 개가 옷을 잡아끌었다. 제갈각은 부하를 시켜 개를 내쫓았다. 결국 그는 조정으로 들어갔는데, 과연 피살되고 말았다.

그때 그의 아내가 집에 있다가 노비를 보고 말했다.

"어째서 너한테서 피비린내가 나는 게냐?"

그러자 노비가 대답했다. "그럴 리가요."

그러나 한동안 냄새가 점점 진해졌다. 제갈각의 아내가 노비에게 다시 물었다.

"네 눈길이 불안한 듯 두리번대는구나. 어째 평소와 다르구나?"

그러자 노비가 돌연 펄쩍 뛰어올라 머리를 대들보에 찧었다. 그녀는 팔을 걷어붙이고 이를 갈며 말했다.

"제갈공께서 손준(孫峻)에게 살해되었다!"

그래서 집안사람 모두 제갈각의 죽음을 알게 됐다. 과연 얼마 지나지 않아 그의 주검을 수습한 관원과 병사들이 이르렀다.

사람 머리 형상을 쏘다

오나라 수장(戍將) 등희(鄧喜)가 어느 날 돼지를 잡아 사당에 제사를 지
내려 했다. 돼지 손질이 끝나자 이를 매달아두었다. 그런데 홀연 사람
머리가 나타나 돼지고기를 먹어치웠다. 등희는 활을 들어 그것을 쏘았
다. 화살이 적중되자 사람 머리가 "우와, 야" 하는 소리를 냈다. 그 소리
가 사흘간 계속 집 주위를 맴돌았다.

뒷날 누군가 등희가 모반을 꾀한다고 모함하는 바람에 그 집안 전체
가 주살당했다.

일족의 몰락을 예언하다

가충(賈充)은 동오를 정벌할 때 늘 항성(項城)에 주둔하곤 했다. 하루는
군중에 있던 가충이 홀연 사라졌다. 가충의 군막에 도독(都督)으로 있는
주근(周勤)이 잠시 낮잠이 들었는데, 꿈에 사람들 백여 명이 가충을 잡아
낯선 길로 끌고 가는 게 보였다. 주근은 깜짝 놀라 잠에서 깨어났다. 그
때 가충이 없어졌다는 말을 듣고 곧바로 그를 찾으러 나섰다.

도중에 갑자기 꿈에서 본 길이 나타났다. 주근이 그 길을 따라가자,
과연 가충은 그 길 끝에 있는 어떤 관부(官府)에 붙들려 있었다. 관부는
호위대가 삼엄하게 지키고 있었다. 관부의 주공(主公)은 상좌에 앉아 당
당히 아래를 내려다보았는데, 매우 엄숙한 모습이었다. 그가 꾸짖는 목

소리로 가충에게 말했다.

"장차 내 집안을 어지럽힐 자는 틀림없이 너와 순욱(荀勖)이로다. 너희는 내 아들을 미혹시키더니, 내 손자마저 어지럽히는구나. 얼마 전에 내가 임개(任愷)에게 너를 쫓아내도록 했는데도 너는 떠나지 않았고, 다시 유순(庾純)을 시켜 질책했는데도 너는 고치지 않았다. 지금은 저 오나라 도적놈들을 평정해야 마땅할 때이거늘, 너는 오히려 주상께 표를 올려 오나라를 정벌해야 한다고 주장하는 장화(張華)의 목을 베라고 했다. 이런 일만 봐도 네 미련함이 어느 정도인지 알 만하다. 조신하게 삼가지 않고 계속 그렇게 날뛰다간 조만간 주살을 면치 못하리라."

가충은 연신 머리를 조아리며 절을 한 나머지 머리가 땅에 부딪혀 피까지 흘렀다. 관부의 주공이 말했다.

"네가 그나마 수명을 늘리고 이토록 높은 벼슬과 재복을 누리는 것은 전에 조모(曹髦)가 공격할 때 상부(相府)를 호위했던 공훈 때문일 뿐이다. 종국에 가서 네 후계자는 종루에서 죽을 테고, 큰딸은 금주(金酒) 속에서 죽고, 작은딸은 죽은 나무 아래 갇히리라. 순욱도 너와 같은 운명에 처해야 한다. 그러나 순욱의 선조가 쌓은 덕이 적지 않기에 너보다는 나중에 일을 당할 것이다. 수 세대가 지난 후 너의 봉토와 후사도 모두 갈릴 것이다."

말을 마치고 가충에게 돌아가라고 명했다.

어느 틈에 가충은 군영으로 돌아와 있었다. 얼굴색이 파리하고 초췌해졌으며 제정신이 아니었다. 며칠이 지나서야 겨우 정신을 차렸다.

과연 나중에 가밀(賈謐)은 종루 아래서 죽었다. 가황후는 금주를 마시고 죽었고, 가오(賈午)는 옥에 갇혀 곤장을 맞으며 고문을 받다 숨을 거두었다. 모두 그때 관부에서 들었던 말대로 되었다.

복을 얻고도 약속을 지키지 않다

유량(庾亮)의 자는 문강(文康)이며 언릉현 사람이다. 그가 형주를 지키고 있을 때였다. 하루는 화장실에 갔는데 홀연히 무언가 나타났다. 질병과 악운을 몰아내는 신 방상(方相) 같기도 했다. 두 눈은 시뻘겋고 몸에는 빛이 번쩍거렸다. 놈은 땅속에서 점점 솟아 올라오고 있었다. 유량은 팔을 걷어붙이고 주먹으로 놈을 가격했다. 주먹을 맞자 놈은 소리를 내며 다시 땅속으로 꺼져 들어갔다.

그 때문에 유량은 병이 나서 앓아누웠다. 도술사인 대양(戴洋)이 설명했다.

"옛날에 소준(蘇峻) 때 벌어진 일입니다. 유량공께서 백석사(白石祠)에 가서 빌 때, 복을 내려주면 소를 잡아 공양하겠노라고 약속하셨지요. 그러나 복을 얻고서 약속을 지키지 않으셨습니다. 이 때문에 귀신이 노해서 벌을 내리는 것입니다. 어쩔 도리가 없습니다."

과연 유량은 이듬해 죽음을 맞았다.

양식이 벌레로 변하다

　동양군 사람 유총(劉寵)은 자가 도화(道和)이다. 호숙현(湖熟縣)에 살고 있었다. 괴이하게도 매일 밤 집 문 앞에 몇 되씩이나 되는 피가 저절로 흘러나왔다. 어디서 흘러나오는지 도무지 알 수가 없었다. 이런 일이 서너 번이나 일어났다.

　뒷날 유총은 절충장군이 되어 북벌을 위해 파견됐다. 그가 출발을 앞두고 있는데, 밥만 지었다 하면 모조리 벌레로 변했다. 가족이 말린 양식을 쪄도 모두 벌레로 변해버렸다. 게다가 불을 세게 때면 땔수록 벌레도 많아졌다.

　유총은 마침내 북쪽으로 원정을 나갔다. 군대는 단구(壇丘)에서 패했고, 그는 서감(徐龕)에게 죽임을 당했다.

꿈의 무의식

「권 10」은 주로 꿈과 해몽에 관한 이야기이다. 권력이나 벼슬을 얻을 꿈, 부유해질 꿈, 죽음을 예감하는 꿈 따위가 등장한다.

꿈은 인류 문화사에서 빠질 수 없는 소재다. 꿈은 신화나 문학에도 자주 등장한다. 인류는 늘 꿈이 신비롭다고 여겨왔다. 현실이 아니면서도 실재하는 꿈을 현실과 결부해 의미를 찾고자 했다. 해몽을 위한 오랜 동양적 방식은 오늘날까지도 민간에 성행한다. 곳곳에 간판을 내건 타로 카페를 보면 서양의 방식도 크게 다르지 않은 듯하다.

동양 문화에서는 꿈을 통해 생활 속 길흉화복에 대한 정보를 얻고자 하는 경향이 강했다. 이에 비해 주지하듯이 20세기부터 서양에서는 꿈을 인간 심리 중 무의식의 작용이라고 보았다. 프로이트 이론에서 더 나아가 융은 집단 무의식이 존재한다는 사실까지 탐구해낸다. 융을 비롯한 서양 심리학자들도 예지몽의 존재를 인정한다. 다만 이런 해석이 해당 문화의 방식을 빌려 구현되는 것뿐이다.

이야기에 등장하는 꿈을 통해 당시 사회의 신앙과 내세관, 문화 심리, 특히 민간 문화의 단면 등을 잘 볼 수 있다. 상당히 현실적이기도 하고 때로는 해학적인 면도 엿보인다. 저승사자며 하늘나라의 관리도 공무원과 마찬가지로 일을 잘하려면 무엇보다 우선 장부를 딱딱 맞춰놓아야 한다. 사람이 정성스럽게 살다 보면 때로는 하늘에서 돈도 빌릴 수 있고 명도 빌릴 수 있다. 다만 일하는 분이 장부를 맞춰야 하므로 거저는 아니다. 하늘이라고 마음대로 돈벼락을 내릴 수 있는 게 아니다. 그래서 재산도 명도 남의 것을 차용하게 한다. 변칙과 비리도 있는 셈이다. 아무튼 하늘나라 관리의 졸속 행정에 실소를 금할 수 없다.

여기 나오는 꿈은 주로 인생의 전기가 될 사건과 운명을 준비하게 한다. 이를테면 죽음처럼 받아들이기 어려운 사건조차 삶 속에 자연스럽게 수용하도록 돕는 역할을 하고 있다.

꿈 중에는 신화의 일부분일 법한 것들도 있다. 유명인, 주로 통치자의 꿈으로, 훗날 훌륭한 통치자가 될 것을 예언해준다. 또 반대로 형편없는 정치를 하는 황제 아들에게 선제가 꿈에 나타나 호통을 치기도 한다.

이런 꿈은 민간에 회자되었다. 즉 자연과 다른 또 하나의 축, 그들의 운명을 좌우할 사회적 축이었던 정치 및 역사에 대해 민초들이 공유했던 꿈이라고도 할 수 있다. 그러니까 민중의 의식과 감정 속에서 여과되며 나온 결과물이다.

의식이 표면으로 떠오르는 반면, 무의식은 의식의 아래로 침잠한다. 마찬가지로, 겉으로 드러나는 정치 행위와 문헌 역사의 아래에는 잘 드러나지 않지만 엄청난 잠재 에너지를 품고 있는 민중의 꿈이 또 다른 역사를 그리고 있다.

하늘에 오르는 꿈을 꾸다

한나라 화제(和帝)의 황후인 등황후(鄧皇后) 희(熹)는 일찍이 꿈을 꾸었다. 꿈에서 그녀는 사다리를 올라가 하늘에 닿았다. 하늘은 광활하고 평탄했으며 맑고 매끄러웠다. 어떤 부분은 종유석 모양으로 불룩 솟아 있어서 고개를 들어 입을 대고 빨아 마셨다.

꿈을 꾸고 나서 꿈풀이하는 사람을 찾아 내용을 들려주었다. 그러자 꿈풀이하는 이가 말했다.

"요임금은 하늘에서 내려온 사다리를 잡고 하늘에 오르는 꿈을 꾸었고, 상나라 탕임금은 하늘에 올라 그것을 핥아 맛보는 꿈을 꾸었지요. 이런 꿈은 모두 성왕이 될 징조를 나타내지요. 길하기가 이를 데 없습니다."

해와 달이 품에 안기다

손견(孫堅)의 부인 오씨(吳氏)가 임신했을 때 꿈에서 달이 품 안으로 들어왔다. 그러고 나서 손책을 낳았다. 손권을 임신했을 때는 해가 품으로 들어오는 꿈을 꾸었다. 오씨가 남편 손견에게 꿈 이야기를 했다.

"제가 예전에 책이를 태중에 가졌을 때는 달이 품으로 드는 꿈을 꾸었습니다. 이제 꿈에 해가 품으로 들어오니 대체 어찌 된 일일까요?"

손견이 말했다.

"해와 달이란 음양의 정화이니 지극히 귀한 상징이오. 그렇다면 우리 자손이 그토록 흥성한다는 뜻 아니겠소."

대들보에서 알곡을 따다

한나라 채무(蔡茂)는 하내군 회현 사람으로 자를 자례(子禮)라 한다. 원래는 광한군에 머물렀다.

하루는 그가 꿈을 꾸었다. 꿈에서 그는 어떤 커다란 전각에 앉아 있었다. 전각 대들보에는 알곡이 달린 벼 세 줄기가 있었다. 채무는 그것을 잡아 가운데 줄기에 달린 알곡을 땄다. 그런데 금방 사라졌다.

꿈을 꾸고 나서 채무는 주부(主簿) 벼슬을 맡고 있는 곽하(郭賀)에게 가서 길흉을 물어보았다. 곽하가 대답했다.

"커다란 전각이란 관부를 형상하네. 대들보에 벼가 걸려 있었다면 신하로서 높은 봉록을 받는 관직을 뜻하네. 가운데에 있는 알곡을 땄다 하니 이는 중대(中臺), 즉 승상의 상징일세. 글자로 따져보게. '화(禾)'와 '실(失)'을 합치면 관리의 봉록을 뜻하는 '질(秩)'이 되지 않나. 그러니 비록 '벼'를 '잃었다'고는 하나 사실은 '봉록'을 가리키니, 역시 관직을 의미하네. 천자의 부족한 부분을 자네가 채우게 될 걸세."

달포가 지나 채무는 조정에 임용되었다.

하늘에서 돈을 빌리다

주남책(周擊嘖)이라는 사람은 비록 가난하지만 성현의 말씀에 따라 인의와 덕행을 베풀며 살았다. 하루는 주씨 부부가 밤늦도록 농사를 짓다가 돌아와 피곤한 나머지 곯아떨어졌다.

주남책은 잠을 자다 꿈을 꾸었다.

꿈에 천공(天公)이 지나다가 부부를 보고 가엾게 여겼다. 그래서 수하를 불러 뭔가를 좀 주라고 명했다. 사명(司命)이 장부를 뒤적여보더니 말했다.

"이 사람은 관상이 가난할 상이라 아무리 애써봐야 지금 이 정도가 고작입니다. 다만 장거자(張車子)라는 사람에게 돌아갈 재물이 천만금 정도 되는데, 장거자가 아직 태어나지 않았으니, 저 사람에게 빌려주심이 어떨까 합니다."

천공이 말했다.

"그게 좋겠다."

주남책은 꿈에서 여기까지 보고 새벽에 깨어났다. 그리고 아내에게 꿈 얘기를 들려줬다. 부부는 온 힘을 다해 밤낮으로 노력한 끝에 얼마 지나지 않아 재산이 천만금에 달하게 되었다.

그전에 장씨 부인이라는 여인이 있었다. 그녀는 주씨네 집에 드나들면서 품을 팔다가 웬 놈하고 눈이 맞아 임신을 했다. 달이 차고 출산이 임박하자 집에 둘 수 없어 주씨네 집 밖으로 쫓겨났다. 장씨는 수레를 두는 창고에서 아들을 낳았다. 주남책이 보러 왔다가 추위 속에 홀로 아이를 낳은 모습을 불쌍히 여겨 죽을 끓여다 주었다. 그리고 물었다.

"그래, 아기 이름은 뭐라고 지을 셈인가?"

장씨가 대답했다.

"이렇게 수레간에서 낳지 않았습니까. 꿈에서 천제가 알려주시길 이름을 '거자(車子)'라고 부르라 했습니다."

주남책은 그제야 깨달았다.

"옛날에 내가 꿈을 꾸었을 때 하늘에서 돈을 꾸었네. 하늘나라 아전 나리께서 말씀하시길 장거자의 돈을 내게 빌려준다더군. 이제 보니 자네 아들이 틀림없네. 내 재산은 틀림없이 이 아이에게로 흘러갈 걸세."

과연 그때부터 주씨 집안 재산은 날이 갈수록 줄었다. 반면 거자는 장성하면서 주씨 집안보다 훨씬 부유해졌다.

개미굴에 들어가다

하양현 사람 노분(盧汾)은 자를 사제(士濟)라 했다. 하루는 꿈에서 개미굴에 들어갔다. 그곳에는 커다란 전각이 세 채 있었는데 모두 웅장하고 위풍당당했다. 노분은 전각에 '심우당(審雨堂)'이라는 편액을 썼다.

불태우면 깨끗해지는 옷

오나라 선조영사(選曹令史) 유탁(劉卓)은 병이 위중해졌다. 그가 꿈에서 어떤 이를 만났다. 그 사람은 백월포(白越布)로 만든 홑적삼을 유탁에게 주면서 말했다.

"이 적삼을 입다가 더러워지면 불태워라. 그러면 깨끗해지리라."

유탁은 꿈에서 깨었다. 곁을 보니 과연 적삼 한 벌이 놓여 있었다. 그는 그 옷을 입다가 더러워지자 불로 태웠다.

복통을 일으킨 도마뱀

유아(劉雅)는 회남군에서 서좌(書佐) 벼슬을 하는 사람이었다. 하루는 꿈에서 푸른색 도마뱀이 나와 천정에서 내려오더니 자기 뱃속으로 들어갔다. 그 뒤로 유아는 심한 복통을 앓았다.

아들의 죽음을 예언하다

후한(後漢)시대 장환(張奐)은 무위군 태수였다. 어느 날 장환의 아내가 꿈을 꾸었다. 꿈속에서 아내는 장환의 관직을 상징하는 관인과 인끈을 지니고 누각으로 올라가 노래를 불렀다. 깨어나 남편에게 꿈을 이야기 했다. 장환은 점쟁이를 불러 점을 쳤다.

점쟁이가 말했다.

"부인께선 얼마 지나지 않아 아들을 낳으십니다. 훗날 아드님은 이 무위군에 부임하실 테고, 또한 그 누각에서 숨을 거두십니다."

그런 일이 있은 뒤 과연 부인은 아들을 낳았다. 부부는 아들 이름을 맹(猛)이라 지었다.

건안 연간에 장맹은 과연 무위군 태수가 되었다. 그리고 더 훗날 그는 자사(刺史) 한단상(邯鄲商)을 죽여 자사의 군대에 포위되었다. 상황이 절박해지자 장맹은 포로로 잡히는 수모를 면하기 위해 누각에 올라가 스스로 불을 지르고 자살했다.

죽은 황제가 산 황제를 꾸짖다

한나라 영제는 환제가 나타나 노하며 꾸짖는 꿈을 꾸었다.

"송황후(宋皇后: 영제의 황후로 왕포 등의 모함과 저주를 받아 폐위되고 화병으로 죽음 - 옮긴이)가 무슨 죄가 있단 말이냐? 사악한 소인들의 말에 속아 넘어가 송황후의 목숨마저 잃게 하다니! 발해왕 회(悝: 환제의 아우. 왕포 등의 모함으로 영제의 핍박을 받아 결국 자살함 – 옮긴이)는 이미 좌천되었는데도 다시 죽음으로 몰아넣었구나! 지금 송황후와 발해왕은 하늘에 억울함을 하소연하고 있다. 이에 옥황상제께서 진노하셨으니 네 죄는 구제할 도리가 없으리라."

꿈속 광경은 너무나 생생했다. 영제는 깨어나 두려움에 벌벌 떨었다. 얼마 지나지 않아 영제는 붕어했다.

죽을 날을 알게 되다

삼국시대 오나라 가흥현에 서백시(徐伯始)라는 사람이 살았다. 그는 병이 나자 도사 여석(呂石)을 불러 신좌(神座)를 앉히는 일을 청했다. 여석에게는 대본(戴本)과 왕사(王思)라는 두 제자가 있었는데 모두 해염현에 살고 있었다. 서백시는 제자 둘도 청해 여석을 돕도록 했다.

그러던 어느 날 여석이 낮잠을 자다가 꿈을 꾸었다. 꿈에 그는 하늘로 올라가 북두성 문 입구에 서 있었다. 그런데 밖에 안장을 얹은 말 세 필이 보였다. 북두성신이 말했다.

"내일 저 말들로 그들을 맞이해야겠다. 한 마리는 여석을 맞이하고, 한 마리는 대본을, 나머지 한 마리는 왕사를 맞으러 간다."

여석은 꿈에서 깨어나 대본과 왕사에게 꿈에서 본 내용을 들려주었다. 그리고 덧붙였다.

"꿈대로라면 우리가 죽을 날이 닥친 셈이다. 다들 조속히 환향해 가솔들에게 작별을 고하거라."

여석은 신좌를 설치하는 일을 마치지도 않은 채 팽개쳐두고 다급히 떠날 채비를 했다.

서백시는 하도 이상해서 그들을 만류했다. 그러자 여석이 말했다.

"미처 가족을 보지 못한 채 죽을까 걱정스러워 서두르지 않을 수 없습니다."

그러고 나서 하루 만에 세 사람은 동시에 죽었다.

같은 꿈을 꾸다

영계군 사람 사봉(謝奉)과 영가태수 곽백유(郭伯猷)는 의좋은 벗이었다. 어느 날 사봉은 꿈을 꾸었다. 꿈에 곽백유가 사람들과 절강(浙江) 위에서 노름을 하고 있었다. 이에 강의 신이 나와 크게 꾸짖었고 곽백유는 물에 뛰어들어 죽어버렸다. 그러자 사봉 자신이 곽백유의 장례를 주관하고 있었다.

꿈에서 깨어 그는 즉시 곽백유를 찾아갔다. 두 사람은 함께 장기를 두었다. 한참이 지나고 사봉이 물었다.

"경은 내가 왜 왔는지 아시오?"

이어서 그는 꿈꾼 내용을 얘기했다. 곽백유는 그 얘기를 듣고 몹시 슬픈 얼굴로 말했다.

"나도 어젯밤 내가 다른 사람과 노름하는 꿈을 꾸었다오. 경이 꾼 것과 같은 꿈이지. 이 꿈이 무슨 뜻인지는 너무나 명백하구려!"

잠시 뒤에 그는 화장실에 갔다가 쓰러지더니 그만 숨을 거두고 말았다. 사봉은 곽백유의 장례를 치르기 위해 관이며 상례에 쓰일 도구를 마련했다. 모든 일이 꿈에서 본 그대로였다.

숙부의 죽음을 늦추다

가흥현 사람 서태(徐泰)는 어려서 부모를 잃고 숙부인 서외(徐隗)의 손에 자랐다. 숙부는 친아들보다 더 깊은 애정으로 그를 키웠다.

어느 날 숙부가 병이 나자 서태는 온 힘을 다해 그를 간호했다. 그날 밤 삼경, 서태는 꿈속에서 두 사람이 배를 타고 오는 모습을 보았다. 그들은 상자 하나를 지니고 있었는데, 서태의 침상 머리 쪽에 와서 상자를 열었다. 그리고 장부 같은 물건을 꺼내 보이며 말했다.

"네 숙부는 죽을 때가 되었다."

서태는 머리가 땅에 부딪히도록 조아리며 숙부를 살려달라고 간절히 빌었다. 한참 동안을 빌자 두 사람이 말했다.

"너희 고을에 네 숙부와 성과 이름이 같은 이가 있느냐?"

서태는 애써 생각해내어 말했다.

"장외라는 사람이 있습니다. 하지만 성은 서씨가 아닙니다."

그러자 두 사람이 말했다.

"아쉬운 대로 쓸 만하다. 네가 숙부를 섬기는 마음이 갸륵하니 너를 보아 숙부를 살려주겠느니라."

마침내 두 사람은 사라져 보이지 않았다. 서태가 잠에서 깨어나 보니 숙부의 병이 차도를 보이기 시작했다.

설화의 보고

「권 11」은 『수신기』에서 고사성(故事性), 즉 스토리텔링이 가장 강하다. 다루고 있는 시대는 혼재되어 있다. 한마디로 역대 설화 모음이라고 할 수 있겠다. 여기에 모아놓은 이야기는 짧다. 하지만 극적 전개, 드라마틱한 요소, 매력적인 캐릭터, 사실적인 상황 묘사, 깊이 있는 감정, 허를 찌르는 반전 등 상당한 수준을 자랑한다. 적은 분량인데도 읽는 이의 상상을 통해 얼마든지 영화나 드라마로 펼쳐질 수 있는, 그야말로 창작 모티프의 보고이다.

특히 『수신기』 전체를 통틀어 백미로 꼽히는 이야기를 여럿 선보인다. 그 가치를 헤아려보자. 우선 유명한 이야기로는 '간장막야'로도 잘 알려진 삼왕묘 전설이 있다. 업계의 전설인 장인(匠人) 부부와 그들의 가치를 제대로 읽을 줄 모르는 포악한 왕, 그로 인해 빚어진 비극, 그리고 수수께끼 등이 흥미롭게 펼쳐친다. 그리고 잠시 후 이야기는 바야흐로 극적 전개로 이어진다. 거대한 규모의 감정과 극적 전개가 짧은 분량 및 덤덤한 서술과 어우러져 오히려 그로테스크한 느낌을 자아낸다. 하지만 이것도 뒤에 펼쳐질 반전과 속도감, 그로테스크 미학의 수준에 비하면 시작에 불과하다. 이야기가 지닌 높은 예술성은 근대 대문호 루쉰(魯迅)에게 감지되었고,『새로 엮은 옛이야기(故事新編)』이라는 이름의 시리즈 중 한 편으로 리메이크되어 더욱 유명해졌다.

또 하나 많이 회자되는 이야기는 '한빙 고사'라고 일컬어지는 상사수(相思樹)다. 상사병이라는 말도 바로 여기에서 유래되었다. '상사수'는 말하자면 '서로 그리워하는 나무'이다. '상사병'은 흔히 한쪽만 사랑에 빠진 경우라고 생각하는데 실제 어원은 좀 다르다. 이야기 뒷부분에 나무가 이어져 자라는 모습은, 오늘날 우리의 상상 속에서 컴퓨터 그래픽으로 처리될 것이다. 이런 이야기는 오늘날 대중 장르로 각색을 하더라도 전혀 손색이 없다.

아니나 다를까, 현대에 와서『수신기』가 각색되거나 영향을 준 작품이 쏟아져 나오고 있다. 게다가 과거처럼 소설 분야에만 국한되지 않는다. 영화, 드라마, 아동극, 애니메이션 등 다양한 장르를 아우른다. 최근의 예를 들면, 2006년 홍콩에서는 〈수신전〉이라는 22부작 애니메이션이 제작됐다. 2008년에는 역시 홍콩에서 22부작 드라마가 제작됐다. 대류에서는 2012년 38부작 드라마가 제작되어 인기리에 방영되었다.

『수신기』는 게임 소재로도 각광받고 있다. 상해유점(上海遊点)에서 개발한 모바일 게임, 북경니파담(北京泥巴潭)에서 개발한 3D 온라인 게임, 또 제목을 약간 바꾸어 수신기(搜神紀)라는 이름으로 개발된 3D 온라인 게임이 나와 있다. 또 『만황수신기(蠻荒搜神記)』라는 소설을 게임 콘텐츠로 개발한 동명의 MMORPG 3D 온라인 게임도 있다. 이러한 게임은 배경, 테마, 스토리, 캐릭터, 액션 시스템 등 많건 적건 『수신기』에서 소스를 가져왔다.

중국에서 『수신기』가 현대에 와서 콘텐츠화될 만한 유망 분야는 관광 산업이다. 에피소드마다 역사적 좌표와 지리적 좌표를 매우 구체적으로 밝혀놓았기 때문이다. 스토리텔링을 지역 관광 활성화 콘텐츠로 삼는 추세가 두드러진 오늘날 상황으로 볼 때 매우 훌륭한 원전이 될 가능성이 있다. 관광지 홍보는 물론, 체험 및 상품 개발에 이르기까지 무궁무진한 문화콘텐츠 산업의 원천으로 활용될 전망이다.

정성이 지극하면 바위를 꿰뚫는다

초(楚)나라에 웅거자(熊渠子)라는 사람이 살았다. 어느 날 밤중에 길을 걷고 있는데, 가로놓인 커다란 바위를 보고 호랑이가 엎드려 있는 줄 알고 활을 들어 쏘았다. 그러자 화살이 바위 속에 박히고 화살깃이 부러지고 말았다. 그는 자세히 살펴보고 나서야 비로소 그것이 돌인 줄 알았다. 그래서 다시 한 번 화살을 쏘았다. 화살촉은 부러졌고 바위 위에는 아무런 흔적도 남지 않았다.

또 한나라 때 우북평태수(右北平太守)인 이광(李廣)이라는 자가 있었다. 그도 또한 호랑이가 나타난 줄 알고 활을 쏘았는데 나중에 보니 돌이었다. 웅거자와 똑같은 경우였다.

유향은 이런 말을 했다. "정성이 지극하면 단단한 쇠나 돌이라도 열릴 것이다. 하물며 사람의 마음을 열지 못하겠는가? 스스로 나서서 힘껏 대의를 부르짖었건만 별로 호응하는 이가 없다면, 혹은 대의를 위해 떨치고 일어났지만 사람들이 별로 따르지 않는다면, 필시 무언가 모자람이 있는 것이다. 무릇 자리에서 내려오지 않고도 천하를 구하고 바로잡을 수 있으려면 우선 자기 자신부터 돌아보고 올바로 서야 한다."

신궁의 경지

초나라 왕이 궁정의 정원을 거닐다가 흰 원숭이를 보았다. 왕은 활을 잘 쏘는 자에게 원숭이를 쏘라고 명령했다. 화살이 여러 발 나갔는데, 원숭이는 오히려 화살을 받아내며 웃어댔다. 그래서 다시 궁술의 명인 양유기(養由基)에게 그놈을 쏘라고 명했다. 유기가 활을 만지자 원숭이는 금방 나무를 끌어안고 울부짖었다.

전국시대에 경리(更嬴)라는 신궁이 위왕에게 이렇게 말했다. "신은 능히 화살 없는 활을 쏘아 나는 새를 떨어뜨릴 수 있나이다."

위왕이 놀라서 물었다. "아니, 궁술이 심지어 그런 경지에 이를 수 있단 말인가?"

경리가 대답했다. "그러하옵니다."

잠시 후 기러기가 동쪽에서 날아오는 소리가 들리자 경리가 화살 없는 활을 들어 쏘았다. 그랬더니 기러기 한 마리가 뚝 떨어졌다.

자라를 죽이다

제(齊)나라 경공(景公)이 황하를 건널 때였다. 자라 한 마리가 그의 수레를 끄는 말 중 왼쪽 말을 물더니, 물속으로 끌고 들어갔다. 신하들은 모두 놀라고 두려워했다.

그러자 고야자(古冶子)가 나서서 검을 뽑아 들고 자라를 쫓아갔다. 비껴서 5리를 따라가고 역류해서 5리를 쫓아가다가 끝내 황하 급류에 있는 돌섬 삼문산(三門山) 아래서 그놈을 해치웠다. 죽이고 나서야 그것이 자라인 줄 알았다.

고야자는 왼손에 자라 대가리를 들고 오른손에는 말의 고삐를 잡고서 제비처럼 날렵하게 뛰어올랐다. 그러고는 백조처럼 힘차게 날아 섬과 황하를 벗어났다. 그런 후에 고개를 들어 하늘에 대고 우렁찬 함성을 질렀다. 그의 함성에 황하의 물조차 3백 보나 역류했다. 그 모습을 지켜본 이들은 모두 그가 강의 신 하백(河伯)이라고 믿었다.

죽음으로써 원수를 갚다

초나라에 검을 만드는 장인 간장(干將)과 막야(莫邪) 부부가 있었다. 부부는 초나라 왕을 위해서 검을 만들었다. 그런데 검은 3년이나 지나서야 겨우 완성되었다. 초왕은 화를 내며 간장을 죽이려고 했다. 검은 자검(雌劍)과 웅검(雄劍) 두 개였다.

당시 간장의 아내 막야는 몸이 무거워 출산을 앞두고 있었다. 남편이 아내에게 말했다.

"내가 왕을 위해 검을 주조하는 데 3년이 걸렸소. 왕이 대노했으니 필시 나를 죽일 것이오. 당신이 만일 아들을 낳는다면, 그 애가 컸을 때 이렇게 이르시오. '집을 떠나 남산을 향해 가라. 돌 위에 난 소나무가 보일 것이다. 그 나무 북쪽에 검이 있을 것이다'라고 말이오."

그러고서 간장은 자검만 들고 초왕을 알현하러 갔다. 과연 왕은 크게 노했고, 결국 간장을 죽여버렸다.

막야는 아들을 낳아 이름을 적비(赤比)라고 했다. 훗날 적비가 장성하자 어머니에게 물었다.

"제 아버지는 어디 계시나요?"

어머니가 대답했다.

"네 아버지는 초왕을 위해 검을 만들었단다. 그런데 완성하는 데 3년이나 걸리자 왕이 노해 죽여버렸단다. 아버지가 돌아가시기 전 내게 당부하셨다. '우리 아들에게 이렇게 이르시오. 집을 나가서 남산으로 향하다가 소나무가 돌 위에 난 곳을 보면, 그 북쪽에서 검을 찾아내라고.' 이렇게 말이다."

그래서 적비는 집을 떠나 남쪽으로 향했다. 산은 보이지 않았지만 어떤 집 앞에서 소나무 기둥 아래 주춧돌이 받쳐져 있는 모습을 목격했다. 그는 즉시 도끼로 기둥 북쪽을 깨뜨려보았다. 그러자 거기에 아버지의 검이 있었다. 검을 찾은 아들은 어떻게 초왕에게 복수할지 밤낮으로 고민했다.

한편 초왕은 꿈에 한 아이를 보았다. 그는 미간이 한 척은 될 정도로 넓었다. 아이는 초왕에게 복수하겠노라고 말했다. 왕은 곧 천금의 현상금을 걸고 간장의 아들 적비를 수배했다. 적비는 자신의 목에 엄청난 현상금이 걸렸다는 소문을 듣고 도망쳐서 산속에 숨었다.

적비는 애절한 노래를 부르며 정처 없이 산속을 떠돌았다. 하루는 우연히 어떤 협객과 조우했다. 협객이 물었다.

"자네는 나이도 젊은데 무슨 사연으로 그토록 비통한 노래를 부르는가?"

적비가 대답했다.

"저는 간장과 막야의 아들입니다. 초왕이 제 아비를 죽였기에 그에게 복수하고자 합니다!"

사연을 들은 협객은 이렇게 말했다.

"듣기로 왕이 자네 머리에 천금의 현상금을 걸었다더군. 자네, 자네의 머리와 검을 모두 내게 주게. 내가 자네를 위해 대신 복수해주겠네."

"그런 좋은 방법이 있으니, 정말 다행입니다!"

말을 마치기가 무섭게 스스로 목을 베었다. 적비는 두 손으로 자신의 머리와 검을 받들어 협객에게 올렸다. 머리 없는 그의 몸은 여전히 뻣뻣하게 서 있었다. 협객이 말했다.

"결코 자네의 바람을 저버리는 일은 없을 걸세."

그제야 시신은 푹 쓰러졌다.

협객은 적비의 머리를 들고 초왕을 찾아갔다. 왕은 크게 기뻐했다. 협객이 말했다.

"이것은 용사의 머리이니 큰솥에 넣어 끓여야 마땅할 것입니다."

초왕은 그 말대로 했다. 머리를 솥에 넣어 물과 함께 끓이는데 사흘 낮 사흘 밤이 지나도 머리는 전혀 물러지지 않았다. 오히려 끓는 물속에서 수면으로 뛰어올라 눈을 무섭게 부릅뜨고 밖을 쳐다보고 있었다. 협객이 말했다.

"이 아이의 머리가 물러지지 않으니 청컨대 왕께서 직접 솥 앞으로 가시어 그를 보십시오. 그러면 틀림없이 물러질 것입니다."

초왕은 솥 앞으로 다가갔다. 그때 협객의 검이 휙 소리를 내며 단번에 왕의 목을 베었다. 왕의 머리는 솥 안의 끓는 물속으로 떨어졌다. 협객은 이번에는 자신의 머리를 휙 베어버렸다. 그의 머리도 끓는 물속으로 떨어졌다. 세 개의 머리가 함께 흐물흐물 물러지자 어떤 것이 누구의 머리인지 구별할 수 없었다. 사람들은 할 수 없이 솥 안의 고깃국을 셋으로 나누어 장사를 지냈다. 그러고는 한꺼번에 합쳐 삼왕묘(三王墓)라고 불렀다.

지금 여남군 북의춘현 경내에 있는 삼왕묘가 바로 이것이다.

머리 없이 돌아온 태수

한무제 때, 창오군 사람 가옹(賈雍)은 예장군의 태수를 맡고 있었다. 그는 도술을 부릴 줄 알았다. 어느 날 가옹이 군의 경계에 출몰하는 도적 떼를 토벌하러 나갔다가 도적 떼에게 잡혀 죽임을 당했다.

그런데 놀랍게도 머리를 잃은 채로 말을 타고 진영으로 돌아왔다. 진영에 있던 부하들은 태수가 돌아왔다고 외치면서 그를 보러 다가왔다. 가옹의 가슴속에서 말소리가 흘러나왔다.

"전세가 불리해 도적 떼에게 상해를 입었다. 너희가 보기에 머리가 있는 것이 나은가? 아니면 머리가 없는 것이 나은가?"

부하들은 울먹이며 말했다.

"머리가 있는 것이 낫습니다."

가옹이 말했다.

"그렇지 않다. 머리가 없는 것도 나쁘지 않다."

말이 끝나자, 마침내 죽었다.

죽은 여인이 물건을 되돌려주다

발해태수 사량(史良)이 어떤 여자를 좋아했다. 그 여자도 사량에게 시집오겠다고 약속했지만 결국 약속은 이루어지지 못했다. 사량은 분노해 여자를 목 베어 죽였다. 그리고 여자의 머리를 가지고 귀향해 아궁이에 던지며 말했다.

"불태워버려야 마땅하다!"

그러자 머리가 말했다.

"태수님, 그래도 한때 서로 사랑하던 사이였는데 어찌 이렇게까지 하십니까?"

나중에 사랑이 꿈을 꾸었는데 죽은 여자가 꿈에 나타나 말했다.

"당신의 물건을 돌려드립니다."

깨어나서 보니 지난날 약혼 예물로 주었던 오색 향낭과 금비녀 따위가 곁에 놓여 있었다.

피가 옥으로 변하다

주(周)나라 영왕(靈王) 때 대부 장굉(萇宏)이 살해당했다. 어떤 촉나라 사람이 그 피를 감추어두었는데, 3년이 지나자 푸른 옥으로 변했다.

술을 부어 괴물을 없애다

한무제가 동쪽을 순방하던 중에 일어난 일이다. 무제가 채 함곡관을 벗어나지 않았을 때 돌연 어떤 괴물이 나타나 길을 가로막았다. 몸의 길이는 몇 길이나 되고 모양은 소 같았다. 눈은 시퍼렇고 눈동자에서는 현란한 광채가 뿜어져 나왔다. 무게가 육중해 네 발이 흙 속에 파묻혀 있었는데, 놈은 발만 구를 뿐 자리에서 떠날 줄 몰랐다. 수행하던 신하들 모두 놀라고 두려워 혼이 빠질 지경이었다.

그때 동방삭(東方朔)이 나서서 그놈에게 술을 가져다 부어달라고 진언했다. 이에 술을 들이붓기 시작했는데, 수십 말을 붓고 나니 괴물이 사라졌다. 무제가 의아해서 그 까닭을 물었다. 동방삭이 답했다.

"이 괴물의 이름은 환(患)이라고 합니다. 우울함과 상심의 기로 태어난 놈입니다. 이곳은 필시 진(秦)나라의 감옥이 있던 땅일 것입니다. 그게 아니면 아마 죄수들을 모아놓고 부역을 시키던 곳일 겁니다. 모름지기 술이란 온갖 걱정과 슬픔을 잊게 하지요. 그런 까닭에 술을 부어 녀석을 없앨 수 있었던 겁니다."

무제가 말했다.

"허, 내 자네가 박학다식한 인사인 줄은 알았지만, 이런 경지일 줄이야!"

목숨을 걸고 비를 빌다

후한시대의 양보(諒輔)는 자가 한유(漢儒)이다. 광한군 신도현 사람이었다. 그는 젊었을 적에 좌사(佐史) 벼슬을 했는데, 매우 청렴해서 일체의 뇌물을 받지 않았다. 나중에 종사(從事)가 되어서도 대소사를 한결같이 공평하고 온당하게 처리했다. 그래서 군현 사람들 모두 존경하고 찬탄했다.

그러던 어느 날이었다. 바야흐로 여름이어서 모든 것이 말라붙을 정도로 극심한 가뭄이 들었다. 태수는 중정에 나와 자청해서 내리쬐는 폭염 아래서 비를 빌었지만 비는 여전히 내리지 않았다.

양보는 오관연(五官掾)의 신분으로 외곽에 나와 산천에 대고 빌었다.

그는 스스로 맹세했다.

"저 양보는 태수의 오른팔이고 심복이면서도 제대로 진언과 간언을 올리지 못하고 충성을 바치지 못했나이다. 현명한 지사를 천거하고 모리배를 물리치며 백성을 조화롭게 다스려야 했을 것. 그러지 못했기에 오늘날 하늘과 땅이 멀어져 불통하는 지경에 이르렀으니, 만물이 메말라 타들어가고 백성은 애처로이 비만 기다릴 뿐 하소연할 곳조차 없습니다. 이 죄는 모두 저 양보에게 있습니다. 지금 태수는 스스로를 책망하며 자성하느라 중정에 나아가 폭염을 맞고 있습니다. 또한 저 양보에게 사죄케 하며 백성의 복을 빌고 계시니 그 정성이 간절하기 그지없나이다. 저는 오늘 감히 서약하렵니다. 만일 오늘 정오까지도 비가 오지 않는다면 청컨대 제 목숨으로 이 죄를 씻도록 해주소서."

맹세를 마친 양보는 땔감을 쌓아놓고는 분신할 준비를 했다. 정오가 되었을 때 산이 온통 어둠에 뒤덮이더니 천둥이 울리기 시작했다. 그리고 이내 억수같은 비가 쏟아졌다. 이 비로 군 전체가 풍요롭게 젖어들었다. 세상 사람들은 이 일을 두고 양보의 지극한 정성이 빚은 기적이라며 그를 칭송했다.

마을의 재앙을 없애다

하창(何敞)은 오군 사람이다. 젊었을 적에 도술을 좋아해 은거했다.

마침 마을에 심한 가뭄이 들어 사람들의 몰골이 초췌하고 살림도 빈

한해진 시절이었다. 태수 경홍(慶洪)은 호적을 관리하는 호조의 속관을 파견해 하창에게 임명장과 인장을 보내 무석의 현령이 되어줄 것을 청했다. 그러나 하창은 받지 않고 물러났다.

하창이 탄식하면서 말했다.

"우리 군에 재난이 들었으니 어찌 도술만 추구할 수 있겠는가?"

그리고는 무석현으로 건너가 도술을 써서 금성을 집 안에 가두었다. 그러자 누리 떼가 모두 죽어 사라졌다. 재난을 해결하고 나서 하창은 소리 없이 떠났다.

그 이후로도 그는 계속해서 방정(方正)과 박사(博士) 관직에 천거되었지만 모두 마다하고 결국 자신의 집에서 생을 마쳤다.

누리 떼의 피해를 막다

동한시기에 서허(徐栩)라는 사람이 있었다. 자는 경경(敬卿)이고 오군의 유권현 사람이다. 그는 젊어서 옥지기를 했는데, 매우 공정하고 세심하게 법을 집행했다.

나중에 그가 소황현 현령으로 있을 때였다. 인근 현에 어마어마하게 많은 누리 떼가 날아왔다. 누리 떼는 들에 난 풀 한 포기조차 남기지 않고 갉아먹었다. 그러나 소황현의 경계를 넘어왔을 때는 어디론가 날아가 모여들지 않았다.

군에서 자사(刺史)가 나와 순행하며 각 현의 상황을 살필 때, 누리 떼의 재난에 제대로 대응하지 못했다며 서허에게까지 책임을 물었다. 이에 서허는 벼슬을 사직하고 떠났다. 그가 떠나자마자 누리 떼가 소황현으로 모여들었다. 그러자 자사는 서허에게 사죄하고 현령 자리로 복직하도록 명했다. 그랬더니 누리 떼가 멀리 날아가버렸다.

마음으로 다스리다

왕업(王業)은 자가 자향(子香)이다. 한나라 화제 때 형주자사를 지냈다. 그는 각 고을로 순찰을 나갈 때마다 매번 목욕재계하고 천지신명에게 이렇게 기원했다.

"단 한 명이라도 저 때문에 억울한 백성이 생기지 않도록 저의 우매함을 깨우쳐주시고 부족한 저를 거들어주소서."

왕업이 형주에 있는 7년 동안 민심은 훈훈했으며, 잔혹한 폭력과 악행은 일어나지 않았다. 심지어 산에서는 승냥이조차 사라졌다.

왕업은 상강(湘江)에서 숨을 거두었는데, 어디서 왔는지 흰 호랑이 두 마리가 고개를 숙이고 꼬리를 말고서 밤새 그의 곁을 지켰다. 호랑이들은 상례가 다 끝나고 나서야 형주의 경계를 넘어 어디론가 사라져버렸다. 백성은 힘을 모아 공덕비를 세웠다. 그리고 그의 묘를 일컬어 상강 백호묘라 했다.

올바른 덕행으로 화를 없애다

오나라 때 갈조(葛祚)는 형양태수를 지냈다. 형양군 경내에는 커다란 나무가 비스듬히 꺾인 채 강에 가로놓여 있는 곳이 있었다. 이 나무는 요물이라서 강을 오가는 이들을 골탕 먹였다. 백성은 나무를 모시는 사당을 지었다. 여행하는 이가 사당에 가서 제사를 지내고 빌면 나무는 물속에 가라앉았다. 하지만 그렇게 하지 않으면 나무가 떠올라 지나는 배가 부딪혀서 부서지기 일쑤였다.

태수직을 떠날 때가 가까워지자, 갈조는 커다란 도끼와 연장을 챙겨서 백성을 위해 골칫거리를 없애기로 작정했다. 그가 다음 날 강가에 닿았는데, 사람들이 말하길 전날 밤 밤새 강 쪽에서 웅성거리는 소리가 들렸다고 했다. 사람들이 무슨 일인가 하고 가보니 뜻밖에도 나무가 저절로 자리를 옮겼더라는 것이다.

나무는 물결을 따라 몇 리나 아래로 내려가서 굽이진 곳에 박혀 있었다. 그때부터 강을 오가는 배는 더 이상 뒤집히거나 물에 빠지는 수난을 겪지 않게 되었다.

형양 사람들은 갈조를 기려 기념비를 세웠다. 비석에는 이렇게 적혀 있다.

"바른 덕행으로 백성의 화를 없애려 기원하니 신목조차 이를 알고 옮겨 갔다."

만 리 밖에서 공명하다

증자(曾子)가 한번은 공자를 수행해 초나라에 갔는데, 갑자기 심상치 않은 느낌이 들었다. 그는 공자에게 작별하고 고향으로 돌아가 어머니의 안부를 물었다. 그의 모친이 말했다.

"내가 너를 그리워하다가 그만 손가락을 물어뜯고 말았단다."

공자가 이 일을 듣고 말했다.

"증삼은 만 리 밖에서도 정신적으로 공명할 수 있을 정도로 효심이 깊구나."

해골을 거두어 장사 지내다

동한 사람 주창(周暢)은 성품이 인자했다. 또한 젊을 적에 효성이 지극했다. 그는 홀로 모친과 함께 살고 있었다. 주창이 외출했을 때 어머니가 그를 부르고 싶으면 언제나 자기 손등을 물었다. 그러면 주창의 손도 아파졌다. 그때마다 주창은 어머니가 부르는 줄 알고 집으로 돌아왔다.

치중종사(治中從事) 벼슬을 하는 이는 이 사실을 믿기 어려웠다. 그래서 시험을 해보았다. 먼저 주창을 밭에서 기다리게 하고, 모친에게 손을 물어뜯으라고 시켰다. 그러자 과연 주창이 즉시 집으로 돌아왔다.

한나라 안제(安帝) 원초 2년에 주창은 하남(河南)의 행정장관이 되었다. 그해 여름은 가뭄이 극심했다. 백성은 비를 내려주십사고 줄곧 빌었지만 아무 소용이 없었다. 주창은 낙양성 부근에서 이름 없이 객사한 해 골 만여 구를 수습해 매장하고 공동 무덤을 세워주었다. 그러자 하늘이 감응해 단비를 내려주었다.

깊은 효심이 기적을 일으키다

진(晉)나라 사람 왕상(王祥)의 자는 휴정(休征)으로 낭야군 출생이다. 그는 성품이 지극히 효성스러웠다. 일찍이 어머니를 여의고 계모를 맞았는데, 계모인 주씨는 그에게 인자하지 못했다. 종종 아버지에게 왕상의 험담을 하곤 했다. 결국 왕상은 아버지의 사랑마저 잃었다. 아버지는 늘 그에게 외양간 청소만 시켰다.

훗날 부모가 병이 들자 왕상은 주야로 간병하느라 옷 벗을 틈조차 없었다. 한번은 계모가 살아 있는 생선을 먹고 싶어 했다. 바야흐로 날이 추워져서 강이 꽁꽁 언 계절이었다. 왕상은 옷을 벗고 얼음을 깨 고기 잡을 준비를 하려 했다. 그런데 돌연 얼음이 저절로 열리며 잉어 두 마리가 뛰어올랐다. 왕상은 잉어를 잡아서 귀가할 수 있었다.

또 하루는 계모가 참새구이가 몹시 먹고 싶다고 했다. 그랬더니 또 참새 수십 마리가 왕상의 방 안으로 날아들었다. 왕상은 이번에도 참새를 잡아 대접할 수 있었다.

이 소문이 마을에 퍼지자 사람들은 놀라며 왕상의 깊은 효심이 일으킨 기적에 감탄했다.

먹어도 줄지 않는 물고기

왕연(王延)은 효심이 지극했다. 하루는 엄동설한에 그의 계모 복씨가 활어를 먹고 싶어 했다. 그래서 왕연에게 물고기를 구해 오라고 일렀지만 잡지 못했다. 그러자 계모는 피가 흐를 만큼 호되게 그를 매질했다.

왕연은 분하(汾河)에 가서 고기를 찾아보았다. 그는 울면서 얼음장을 두드렸다. 그런데 갑자기 물고기 한 마리가 얼음 위로 뛰어올랐다. 크기가 다섯 척이나 되었다. 왕연은 그것을 잡아다 계모에게 올렸다. 복씨는 그것을 맛있게 먹었다.

그런데 며칠째 계속 먹어도 물고기가 그대로 남아 있었다. 그제야 복씨는 깨닫는 바가 있었다. 그 이후로 복씨는 왕연을 친자식처럼 아끼고 보듬었다.

효심이 지극하면 하늘도 감동시킬 수 있다

초료(楚僚)는 어려서 어머니를 잃었다. 그는 효심을 다해 계모를 받들었다. 한번은 계모가 용종을 앓으면서 날이 갈수록 초췌해졌다. 초료는 직접 부스럼에 입을 대고 천천히 빨았다. 그러자 피고름이 나왔다. 저녁 무렵이 되자 계모는 편히 잠들 수 있었다.

잠을 자던 계모는 꿈을 꾸었다. 꿈에 한 소녀가 나타나 말했다.

"만일 잉어를 잡아먹으면 당신의 병이 낫고, 목숨 또한 늘릴 수 있습니다. 하지만 그러지 못하면 오래지않아 죽을 겁니다."

계모는 깨어나서 초료에게 꿈 이야기를 했다.

때는 12월, 모든 것이 꽁꽁 얼어붙는 계절이었다. 초료는 얼어붙은 강으로 가 하늘을 바라보며 탄식의 눈물을 흘렸다. 그러고는 옷을 벗고 얼음 위에 누웠다.

그런데 문득 어디선가 어린아이가 와서 초료가 누운 곳을 만졌다. 그러자 얼음이 갑자기 저절로 열리며 잉어 한 쌍이 뛰어올랐다. 초료는 잉어를 가지고 돌아가 계모가 잡숫게 해드렸다. 잉어를 먹은 계모는 병이 완전히 나았을 뿐 아니라 수명도 길어져 133세까지 장수했다.

무릇 효심이 지극하면 하늘도 감동시켜 이런 조화가 일어날 수 있다. 이것은 왕상과 왕연의 경우와 마찬가지다.

눈먼 어머니가 눈을 뜨다

성언(盛彦)의 자는 옹자(翁子)이고 광릉 사람이다. 그의 어머니 왕씨는 병을 얻어 실명했다. 성언은 어머니를 극진히 모셨다. 어머니가 진지를 드실 때면 반드시 손수 먹여드렸다.

어머니는 병을 오래 앓다 보니 노비에게 짜증을 내며 매질을 하기도 했다. 그러자 노비가 앙심을 품었다. 성언이 일을 보러 한동안 집을 비운다는 소식을 듣고 풍뎅이 애벌레를 구워서 어머니에게 먹였다. 어머니는 그것이 맛은 있었지만 뭔가 이상한 음식이라는 의심이 들었다. 그래서 몰래 숨겨두었다가 성언이 집에 돌아왔을 때 보여주었다. 성언은 어머니가 벌레를 잡수신 것을 알게 되자 어머니를 안고서 대성통곡하기 시작했다. 너무 심하게 운 나머지 혼절할 지경이었다.

그때였다. 갑자기 사방이 훤해지며 어머니의 눈이 뜨였다. 결국 어머니는 병이 완전히 낫고 시력을 되찾았다.

뱀의 쓸개를 얻어 약을 짓다

안함(顏含)의 자는 굉도(宏都)이다. 그의 둘째 형수 번씨는 병으로 실명했다. 의원이 와서 처방을 내리길, 방울뱀의 쓸개로 약을 지어야 한다고 했다. 하지만 아무리 찾아봐도 구할 길이 없었다. 안함은 오랫동안 근심 어린 탄식을 하며 뱀의 쓸개를 찾고 또 찾았다.

하루는 낮에 홀로 앉아 있는데 어디선가 홀연 푸른 옷을 입은 동자가 나타났다. 나이는 열서넛쯤 되어 보이는데, 푸른색 주머니를 가지고 와서 안함에게 건네주었다. 안함이 주머니를 열어 보니 바로 방울뱀의 쓸개였다.

동자는 순식간에 집을 나서더니 파란 새로 변해 날아가버렸다. 안함이 쓸개로 약을 짓자, 형수의 병은 완전히 나았다.

아들을 묻으려다 금을 얻다

곽거(郭巨)는 융려현 사람이다. 일설에 따르면 하내온현 사람이라고도 한다.

곽거는 형제가 셋이었고 어려서 아버지를 여의었다. 아버지의 장례를 마치자 그의 두 아우는 재산을 나누자고 했다. 그래서 집에 있는 2천만 금의 재산을 나누어 두 아우가 각각 천만 금씩 가져갔다.

곽거는 어머니와 함께 객사에 머물렀다. 곽거 부부는 품팔이를 다니면서 어머니를 봉양했다.

그렇게 시간은 흘러 그의 처가 아들을 낳았다. 그런데 곽거가 곰곰이 생각해보니 문제가 있었다. 우선 아이를 양육하다 보니 어머니를 모시는 일이 아무래도 소홀해지는 것 같았다. 또한 노인께서 먹을거리를 얻으면 자꾸 손자에게 주려고만 하시니 당신이 잡수실 양이 줄어들었다. 결국 곽거는 들판에 땅을 파서 아들을 묻어야겠다고 결심했다.

그런데 곽거가 땅을 파다 보니 돌 뚜껑으로 덮인 무언가가 있었다. 그 아래 황금으로 가득한 솥단지가 있고, 안에는 붉은 먹으로 쓴 편지가 있었다. 거기에는 이렇게 쓰여 있었다.

"효자 곽거에게 황금 한 솥을 내리노라."

이렇게 해서 곽거는 천하에 이름을 널리 알리게 되었다.

땅속에서 곡식을 얻다

신흥군에 사는 유은(劉殷)은 자가 장성(長盛)이다. 일곱 살에 부친을 여의고 몰골이 해쓱해지도록 상을 치렀다. 그 애통함이 일반적인 상례의 규범보다 훨씬 더했다. 그는 삼년상을 치르는 동안 이를 드러내 웃어본 적이 없었다.

유은은 또한 증조모 왕씨를 모시고 있었다. 하루는 밤에 꿈에서 어떤 사람이 나타나 그에게 일렀다.

"서쪽 울타리 아래에 곡식이 있다."

꿈에서 깨어 그곳을 파니 곡식 열다섯 단지가 나왔다. 단지에는 "효자 유은에게 7년간 먹을 양식 백 석을 내리노라"라고 쓰여 있었다.

그때부터 온 집안이 그 곡식을 먹기 시작했는데, 꼬박 7년을 먹고서야 겨우 동이 났다.

왕씨가 세상을 뜨고 나서 부부가 상을 치르는데 심한 슬픔으로 몸이 상해 거의 생명마저 위태로울 지경에 이르렀다. 그런데 왕씨의 관이 아직 나가지 않았을 때 하필 서쪽 이웃집에 불이 났다. 거센 바람에 불길이 관 쪽으로 다가오자 유은 부부는 관을 부여잡고 애절하게 울기 시작했다. 그러자 불길이 곧 잡혔다. 훗날 흰 비둘기 두 마리가 유은의 집 나무 위에 둥지를 틀었다.

돌을 심어 옥을 얻다

양백옹(楊伯雍)은 낙양현 사람이다. 본래는 거간꾼이 생업이었다.

그는 효성이 깊었다. 부모가 돌아가시자 무종산에 장사 지낸 후 그냥 거기 머물러 살았다. 무종산은 80리 정도 되는 높이였는데, 물이 없었다. 양백옹은 산등성이에 머물며 물을 길어다 차를 끓여서 지나는 사람들에게 거저 주었다. 행인들은 누구나 차로 목을 축일 수 있었다.

그렇게 3년째 되는 어느 날이었다. 어떤 사람이 차를 마시고 나더니 돌 한 말을 주며 이르길, 높고 평평하며 돌이 있는 곳을 찾아 그것을 심으라고 했다. 그리고 또 이렇게 말했다.

"그 속에서 옥이 날 거요."

그때 양백옹은 아직 장가를 가지 못했다. 그가 또 말했다.

"훗날 아주 훌륭한 색시를 맞을 거요."

그는 말을 마치고 홀연히 사라졌다.

양백옹은 그가 말한 대로 돌을 가져가 심었다. 몇 년 동안 양백옹은 때때로 돌밭을 들여다보았는데 과연 옥이 돌 위에 나고 있었다. 그러나 그 사실을 아는 사람은 아무도 없었다.

한편 우북평군에서 명망 높은 유지인 서씨가 있었다. 서씨의 딸은 품행이 뛰어나다고 소문이 나서 언제나 구혼자가 몰려들었다. 하지만 그 누구도 청혼에 성공하지 못했다.

양백옹은 서씨 가문에 구혼을 해보기로 했다. 서씨를 찾아가 뜻을 전하니, 서씨가 그의 행색을 보고는 미친놈인 줄 알고 웃었다. 서씨는 양백옹을 놀리느라고 짐짓 이렇게 말했다.

"백옥(白玉) 한 쌍을 예물로 가져오면 혼사를 허락하겠네."

그러자 양공은 옥을 심었던 밭에 가서 백옥을 찾아 다섯 쌍을 예물로 가져갔다. 서씨는 크게 놀라며 마침내 딸을 그에게 시집보냈다.

황제가 이 소문을 들었다. 황제는 양백옹이 이채로운 인물이라 여겨 대부로 임명했다. 옥을 심은 밭에는 네 모퉁이에 한 장 높이의 커다란 돌기둥을 세웠다. 그리고 그 가운데 있는 땅을 옥전(玉田)이라고 이름 지었다.

호랑이가 발을 먹는 꿈

형농(衡農)의 자는 표경(剽卿)이고 동평 사람이다. 어려서 고아가 되었지만 지극한 효성으로 계모를 모셨다.

어느 날 남의 집에서 잠을 자고 있는데 밤새 번개가 치고 바람이 휘몰아쳤다. 그런데 꿈에 호랑이가 나타나 그의 발을 물어뜯었다. 형농은 아내를 불러 함께 정원으로 나왔다. 그리고 머리를 조아리며 세 번 절을 했다.

순간, 갑자기 집이 무너지면서 30여 명이 그대로 압사했다. 오직 형농 부부만 죽음을 모면할 수 있었다.

모친을 위해 잠자리를 덥히다

나위(羅威)의 자는 덕인(德仁)이다. 여덟 살에 부친을 잃고 어머니만 모시는데, 효심이 매우 깊었다. 어머니는 연세가 70이었다.

나위는 매우 추운 날이면 언제나 자기 몸으로 어머니의 잠자리를 덥혀드린 후 주무시게 했다.

죽은 어머니를 위해 곡하다

왕부(王裒)의 자는 위원(偉元)이고 성양군 영릉현 사람이다. 그의 부친 왕의(王儀)는 진나라의 문제(文帝)에게 죽임을 당했다.

왕보는 묘 옆에 움막을 짓고 밤낮으로 무덤 앞에 꿇어앉아 절을 했다. 그러고는 백양나무를 부둥켜안고 애통하게 곡을 했다. 그의 눈물이 나무를 흠뻑 적시자 나무조차 시들시들 말라갔다.

왕부의 어머니는 평소 번개가 칠 때 매우 두려워했다. 어머니가 돌아가신 후 번개가 칠 때마다 그는 부리나케 모친의 묘 앞으로 달려가 말했다.

"어머니, 왕부가 여기 있으니 두려워 마세요."

흰 비둘기가 둥지를 틀다

정홍(鄭弘)이 임회군 태수로 부임했을 때의 일이다. 임회군 안에 서헌(徐憲)이라는 사람이 살았다. 그는 부모의 상을 치르면서 너무나 애절하게 슬퍼했다. 마침 흰 비둘기가 그의 집 옆 나무에 둥지를 틀었다.

정홍은 서헌을 효렴(孝廉: 관리를 선발하는 시험 중 하나로, 도덕과 윤리를 기준으로 함. 효렴에 천거되면 '랑郞'의 칭호를 얻는다 – 옮긴이)에 천거했다. 조정에서는 서헌을 백구랑(白鳩郞)이라 칭하게 되었다.

억울한 죽음을 위로하다

한나라 때 동해군에 효부가 살았다. 그녀는 정성을 다해 시어머니를 모셨다.

어느 날 시어머니는 이렇게 생각했다.

'며늘아기가 나를 봉양하느라 저토록 고생스럽구나. 나는 이미 늙었으니 어찌 남은 생에 미련을 두어 젊은 애들의 짐이 될 것인가?'

결국 스스로 목을 매어 자진했다.

그런데 시어머니의 딸이 관아에 며느리를 고발했다.

"저 여자가 우리 어머니를 죽였소."

그리하여 관아에서 사람들이 나와 며느리를 오라에 묶어 잡아가서는 혹독한 형벌을 가하며 심문했다. 효부는 고초를 이기지 못해 무고한데도 그만 거짓으로 자복하고 말았다.

당시에 우공(于公)은 옥리로 있었다. 그가 태수에게 진언했다.

"저 며느리는 십여 년간이나 시어머니를 지극한 효성으로 봉양했습니다. 결코 시어머니를 살해했을 리 없습니다."

그러나 태수는 그의 말을 들으려 하지 않았다. 우공은 태수를 아무리 설득해도 이해시킬 수 없자 어쩔 수 없이 판결문을 끌어안고 울면서 관가를 떠났다. 그때부터 동해군에 극심한 가뭄이 들어 3년 내내 비 한 방울 내리지 않았다.

후임 태수가 부임하자 우공이 나아가 말씀을 올렸다.

"효부를 죽이지 말았어야 했습니다. 전임 태수께서 그녀를 억울하게 처형하시니 그 죄업 때문에 이렇게 심한 가뭄이 계속되는 것이 틀림없습니다."

태수는 곧바로 효부의 무덤에 이르러 친히 제를 지내고 묘 앞에 효행을 칭송하는 내용을 적은 비를 세워 그녀의 명예를 복권했다. 그러자 하늘에서 곧바로 비가 내리기 시작했고 그해에는 곡식이 풍성하게 영글었다.

마을의 노인들에게 구전되어온 전설에서는 이렇게 전한다. 효부의 이름은 주청(周靑)이라 했다. 주청이 처형당하러 갈 때 그녀의 수레에는 길이가 열 장이나 되는 대나무가 꽂혀 있었고, 대나무 끝에 오색 깃발이 걸려 있었다. 그녀는 사람들 앞에서 선언했다.

"저 주청이 만일 죄가 있다면 죽어 마땅하니 피가 아래로 흐를 것입니다. 하지만 만일 제가 억울하게 죽는 것이라면 피가 거꾸로 흐를 것입니다."

처형을 마치고 보니 그녀의 피는 퍼렇고 누런색인 데다가 깃대를 따라 꼭대기까지 거꾸로 오르다가 다시 아래로 흘러 내려왔다.

죽어서야 부친의 시신을 되찾다

건위군에 숙선니화(叔先泥和)라는 사람이 살았다. 그의 딸은 웅(雄)이라 했다. 동한시대 순제(順帝) 영건 3년의 일이었다. 숙선니화는 현에서 공조(工曹) 벼슬을 맡고 있었다.

현장(縣長) 조지(趙祉)는 숙선니화를 파견해 파군태수를 알현하고 공문서를 올리도록 명했다. 그는 10월에 배를 타고 떠났는데 배가 그만 성 근처의 격류 속에서 침몰하는 바람에 목숨을 잃고 말았다. 물에 빠져 죽었으니 시체조차 찾을 길이 없었다.

딸 숙선웅은 비통하게 울부짖었다. 심지어 목숨조차 아랑곳하지 않는 듯했다. 그녀는 동생 숙선현과 그 부인에게 무슨 수를 쓰더라도 부친의 시신을 찾아내라고 일렀다. 만일 찾지 못하면 자신이 직접 물속에 뛰어들어 찾겠다고도 했다.

당시 숙선웅은 27세였고 아들이 둘 있었다. 첫 아이는 이름이 공(貢)으로 다섯 살이고, 둘째는 세(賫)로 세 살이었다. 숙선웅은 수를 놓은 향낭을 만들고 안에 금 고리를 넣어서는 미리 아들들 목에 걸어주었다. 그러는 동안에도 그녀가 통곡하는 소리는 끊일 줄을 몰랐다. 가족과 일가

친족은 모두 내심 그녀를 걱정했다.

12월 15일이 되었지만 부친의 시신은 여전히 찾을 수 없었다. 숙선웅은 작은 배를 타고 부친이 물에 빠진 곳까지 다가갔다. 그녀는 잠시 흐느끼더니 돌연 물속으로 뛰어들었다. 물결을 따라 흐르던 그녀의 몸은 이내 물속으로 가라앉았다.

숙선웅은 아우의 꿈에 나타나 이렇게 말했다.

"21일이 되면 내가 아버지와 함께 떠오를 것이다."

과연 그날이 되자 꿈에서 일러준 대로 숙선웅은 아버지를 부여잡은 채 강 위로 떠올랐다.

현장은 이 일을 상부에 보고했다. 군 태수 숙등(肅登)은 황제께 상서를 올려 이 일을 알렸다. 이에 조정에서는 호조의 관리를 파견해 숙선웅을 기리는 공덕비를 세우고 그녀의 모습을 그려서 남기도록 했다. 사람들에게 그녀의 지극한 효성을 알리기 위해서였다.

강도에 죽음으로 맞서다

하남군에 사는 악양자(樂羊子)의 부인은 어느 집안 딸인지는 분명치 않은데, 아무튼 시어머니를 극진히 봉양했다.

한번은 남의 집 닭이 그녀 집 안마당으로 잘못 들어왔는데, 시어머니가 몰래 그 닭을 잡아 요리했다. 그러자 악양자의 아내는 닭고기를 앞에 둔 채 먹지는 않고 울기만 했다. 시어머니가 이상해서 왜 우느냐고 물었다. 며느리가 대답했다.

"없이 살다 보니 어머님이 드실 음식에 남의 집 고기가 섞여들게 하였습니다. 그것이 가슴 아파 그럽니다."

시어머니는 그 말을 듣고 결국 닭고기를 먹지 못하고 버렸다.

어느 날에는 집에 강도가 들었는데 두 여인을 범하려고 했다. 강도는 먼저 시어머니를 겁탈했다. 악양자의 처가 소리를 듣고 손에 칼을 쥐고 나왔다.

강도가 말했다.

"칼을 내려놔. 순순히 말을 들으면 살려주겠지만 반항하면 네 어미를 죽여버릴 테다!"

악양자의 처는 하늘을 우러러보며 탄식하더니 순식간에 칼을 들어 스스로 목을 베어 죽었다. 그러자 강도는 시어머니를 죽이지 못했다.

태수가 이 일을 전해 듣고 강도를 붙잡아 죽였다. 악양자의 처에게는 비단을 내리고 화려한 예장을 갖추어 장례를 치러주었다.

역병을 두려워하지 않고 가족을 돌보다

유곤(庾袞)의 자는 숙포(叔褒)이다. 진무제 함녕 연간에 온역(瘟疫)이 크게 유행했다. 유곤의 두 형도 병으로 사망하고 작은형 유비(庾毗) 역시 목숨이 위태로웠다. 역병의 기세가 드세어지자 부모님과 나머지 동생들은 모두 외지로 떠났다. 오직 유곤 혼자 가지 않고 남았다. 부모 형제들이 그에게 떠나야 한다고 강권했지만 유곤은 이렇게 대답했다.

"저 유곤은 천성적으로 병을 무서워하지 않습니다."

홀로 남은 유곤은 병든 형을 손수 간호하느라 잠잘 틈조차 없었다. 또한 틈틈이 죽은 형제의 관 옆에서 제를 지내며 애통한 곡소리를 멈추지 않았다.

유곤은 그렇게 100여 일을 보냈다. 역병의 기세는 수그러들고 가족도 모두 돌아왔다. 유비의 병은 차도를 보였으며 유곤 역시 무사했다.

나무가 엉키어 자라다

전국시대 송나라 강왕(康王) 밑에서 일하는 한빙(韓凭)은 하씨를 아내로 맞았다. 하씨는 너무나 아름다웠다. 하씨를 본 강왕은 그만 한빙에게서 아내를 빼앗아버렸다. 이에 한빙이 원한을 품자 강왕은 그에게 누명을 씌워 구금한 뒤, 변방에 보내서 밤에는 파수를 보고 낮에는 성을 축조하는 형벌에 처했다.

한빙의 처는 몰래 한빙에게 편지를 보냈는데, 들킬 것을 염려해 수수께끼처럼 알쏭달쏭한 비밀 은어를 썼다. 거기에는 이렇게 쓰여 있었다.

"비는 주룩주룩. 강은 넓고 물은 깊네. 해가 솟아 마음을 비추네."

결국 편지는 발각되어 강왕의 손에 들어갔다. 왕은 편지를 보았지만 도무지 무슨 뜻인지 알 수 없었다. 그래서 좌우의 신하들에게 내보였지만 신하들도 해독해내지 못했다.

그때 대신인 소하(蘇賀)가 대답했다.

"'비는 주룩주룩'은 슬프고 근심스러우며 그립다는 뜻입니다. '강은 넓고 물은 깊네'는 서로 오갈 수 없다는 뜻이고, '해가 솟아 마음을 비춘다'는 것은 죽을 마음을 먹고 있다는 뜻입니다."

얼마 지나지 않아 한빙은 자살했다. 아내 하씨는 암암리에 자기 옷을 썩히고 있었다. 이윽고 어느 날, 강왕이 하씨와 함께 높은 누대에 오르자 하씨는 스스로 누대 아래로 뛰어내렸다. 주위에서 급히 그녀의 옷자락을 붙잡았지만 이미 썩은 옷은 손을 대자마자 곧 찢어져버렸다. 그녀는 그대로 떨어져 죽었다.

하씨의 허리춤에는 유서가 있었다. 유서에는 이렇게 쓰여 있었다.

"왕께서는 제가 살기를 바라시나 저는 죽기를 소원합니다. 바라옵건대 왕께서 은혜를 베풀어 저의 시신을 한빙과 합장하여주십시오."

이에 강왕은 대노해서 그녀의 바람을 들어주지 않았다. 그는 마을 사람들을 시켜 둘을 따로 묻게 했다. 두 무덤은 서로 각자의 무덤을 바라보고 있었다.

왕이 말했다.

"너희 부부가 그토록 끔찍하게 서로 사랑한다니, 만일 너희들 스스로 무덤을 합칠 수 있다면 나도 말리지 않겠다."

그런데 하룻밤 사이에 두 무덤의 끝에서 커다란 가래나무가 나더니, 여남은 날 만에 아름드리 나무로 자랐다. 두 나무는 휘어져서 서로 닿더니 아래쪽은 뿌리끼리 뒤엉키고 위쪽은 가지끼리 엉켰다. 또 원앙새 자웅 한 쌍이 나무에 깃들어 밤이나 낮이나 떠날 줄 모르고 서로 고개를 기대며 슬피 울어댔다. 그 소리가 사람의 심금을 울렸다.

송나라 사람들은 부부의 사연을 애달프게 여겨 그 나무를 일컬어 상사수(相思樹)라고 불렀다. 상사(相思)라는 어휘는 여기에서 비롯된 것이다. 남방 사람들은 그 원앙새가 바로 한빙 부부의 혼이 서린 요정이라고들 말했다. 지금도 수양현에는 한빙성(韓凭城)이라는 곳이 있다. 한빙의 이야기는 지금까지도 그곳에서 민가로 남아 전해지고 있다.

물을 마시고 임신하다

한나라 말, 영양군 태수 사만(史滿)에게는 딸이 하나 있었다. 딸은 관가에서 서좌(書佐) 벼슬을 하는 사람을 연모하고 있었다. 그래서 시중드는 노비를 시켜 몰래 서좌가 세수하고 남은 물을 가져오게 했다. 딸은 그 물을 마시고 나서 임신해서 아들을 낳았다.

아이가 걸음마를 할 때쯤 태수는 아이를 안고 나오도록 명했다. 그리고 아이더러 아비를 찾아보라고 했다. 아이는 기어서 곧바로 서좌의 품으로 향했다. 서좌가 아이를 밀어내자 아이는 땅에 넘어져 물로 변했다. 태수는 집요하게 자초지종을 추궁한 끝에 비로소 앞서 일어났던 일을 모두 이해하게 되었다. 태수는 마침내 딸을 서좌에게 시집보냈다.

남편을 기다리는 언덕

파양현의 서쪽에는 망부(望夫) 언덕이 있다. 옛날에 그 마을 사람 진명 (陳明)이 매씨 여인과 혼약을 맺었는데, 요괴가 나타나 그녀를 속여서 데려가버렸다. 진명은 점쟁이를 찾아가 약혼녀를 되찾을 방도를 물었다. 그러자 다음과 같은 점괘가 나왔다.

"서북쪽으로 50리를 가면 그녀를 찾을 수 있다."

진명이 점괘에 이른 대로 갔더니, 그곳에 커다란 동굴이 있었다. 너무 깊어서 바닥이 보이지 않았다. 그는 밧줄을 내려 안으로 들어갔다. 그리고 마침내 약혼녀를 찾아냈다. 진명은 그녀가 먼저 나갈 수 있도록, 함께 갔던 이웃 사람 진문(秦文)에게 밧줄을 끌어올리라고 했다. 그런데 진문은 진명의 약혼녀만 구하고 진명은 구하지 않았다.

진명의 약혼녀는 스스로 지조를 지키기로 굳게 맹세하고 매일 봉우리에 올라 남편이 오기를 기다렸다. 그래서 망부 언덕이라는 이름이 붙었다.

개가한 아내

후한시대 남강군에 등원의(鄧元義)라는 이가 살았다. 그의 부친 등백고 (鄧伯考)는 상서부사(尙書仆射)라는 관직을 맡고 있었다.

등원의는 고향으로 돌아가야 했으므로 처를 시부모 곁에 남겨 시어머니를 모시도록 했다.

등원의의 처는 공경을 다해 시어머니를 섬겼다. 그러나 시어머니는 며느리를 끔찍이 싫어했다. 그래서 며느리를 외딴 방에 홀로 가두고 음식을 아주 조금씩만 넣어주었다.

며느리는 나날이 말라서 뼈가 드러날 지경이었으며 초췌하기가 이를 데 없었다. 그런데도 한마디 원망조차 하지 않았다.

한번은 시아버지 등백고가 며느리의 몰골이 너무 괴이하다 여겨 까닭을 물었다. 당시 등원의의 아들 등랑(鄧朗)은 예닐곱 살밖에 되지 않았다. 등랑이 할아버지 등백고에게 말했다.

"엄마는 병이 난 것이 아니에요. 그냥 너무 지독하게 굶어서 그렇게 되었어요."

등백고는 눈물을 흘리며 탄식했다.

"저 아이는 시어머니를 정성껏 섬긴 죄밖에 없는데 어찌 이런 화를 당하게 내버려 둘 수 있겠느냐."

등백고는 며느리를 친정으로 돌려보냈다. 결국 그녀는 개가해서 화중(華仲)의 처가 되었다.

화중이 장작대장(將作大匠)이 되자, 그의 아내는 외출할 때마다 조정의 수레를 타고 다니게 되었다. 등원의는 길가에서 그녀가 수레를 타고 지나가는 모습을 보았다. 그는 사람들에게 말했다.

"저 여인은 내 전처라오. 별다른 잘못이 있어 소박을 맞은 게 아니었소. 그저 내 모친께서 저이에게 너무도 가혹하게 대하셨다오. 저이는 본디 귀하게 될 상이었소."

그의 아들 등랑은 그때 낭관(郎官) 벼슬을 하고 있었다. 등랑의 모친은 아들에게 여러 차례 서신을 보냈지만 등랑은 한 번도 답장을 하지 않았다. 모친이 그에게 옷을 보내면 곧바로 태워버렸다. 그래도 등랑의 모친은 이를 서운해하지 않았다.

그녀는 등랑이 보고 싶어 사돈인 이씨네 저택에 가서 사람을 청했다. 그리고 어떤 구실을 마련해 등랑을 초대해달라고 했다. 등랑은 모친을 보고 눈물을 흘리며 절을 두 번 하더니 이내 나가버렸다. 등랑의 모친은 그를 쫓아 나가서 말했다.

"나는 몇 번이고 죽을 고비를 넘기다가 결국 너희 가문에서 버림받았다. 대관절 나에게 무슨 잘못이 있어 이토록 심하게 대하느냐?"

그 이후로 그녀는 마침내 아들과 왕래를 끊었다.

남편을 살해한 여인을 추궁하다

엄준(嚴遵)은 양주자사였다. 한번은 그가 관할지를 순시하다가 길가에서 어떤 여자가 곡을 하는 소리를 들었다. 그런데 곡소리가 조금도 슬퍼 보이지 않았다. 엄준은 그녀에게 누구의 상을 당해 곡을 하느냐고 물었다. 여자가 대답했다.

"불이 나서 남편이 타 죽고 말았습니다."

자사는 아전에게 명해 시체를 가져오게 했다. 그는 잠시 시체와 대화를 나누더니 아전에게 말했다.

"죽은 이가 자기는 불에 타 죽은 게 아니라고 한다."

엄준은 여자를 체포하고 사람을 시켜 시신을 지켜보도록 했다.

"틀림없이 억울한 사연이 숨어 있을 것이다."

시신을 지키던 아전이 고했다.

"파리들이 자꾸 시체 머리 부분에 모여듭니다."

엄준은 시신의 머리카락을 갈라 안쪽을 살피게 했다. 과연 뾰족한 쇠 꼬챙이가 정수리를 관통하고 있었다. 엄준은 여자를 심문한 끝에 그녀가 불륜을 저질러 남편을 살해했다는 사실을 밝혀냈다.

죽음도 함께할 만한 친구

동한(東漢) 때 사람 범식(范式)의 자는 거경(巨卿)이고, 산양군 금향현 출신이다. 범사(范汜)라고 부르기도 했다. 그는 여남군 사람 장소(張劭)와 친구가 되었다. 장소의 자는 원백(元伯)이다. 두 사람은 함께 경성에 있는 태학(太學)에서 공부했다.

훗날 두 사람이 작별을 고하고 고향에 돌아갈 때, 범식이 장원백에게 말했다.

"2년 후 다시 자네에게 돌아옴세. 그래서 자네 양친께 문안도 드리고 자네 자제들도 만나보세나."

그리하여 두 사람은 2년 뒤 만나기로 약속했다.

2년이 흘러 약속한 날이 다가오자 장원백은 사정을 어머니께 말씀드리고, 친구를 대접하도록 음식을 장만해달라고 부탁드렸다. 어머니가 말했다.

"2년이나 되었고, 게다가 천 리나 떨어진 곳에서 한 약속이다. 너는 어찌 그렇게도 철석같이 믿느냐?"

그러자 장원백이 말했다.

"거경은 신의가 있는 사람입니다. 틀림없이 약속을 어기지 않을 것입니다."

그러자 어머니가 말했다.

"그렇다면 술을 담가두어야겠구나."

약속한 날이 되자 과연 범식이 친구를 찾아왔다. 그는 친구의 양친께 문안하며 절을 드리고 나서 술상에 앉아 함께 먹고 마셨다.

그렇게 즐기며 정을 나누다가 이윽고 돌아갈 날이 되자, 범식은 작별을 고하고 떠났다.

훗날 장원백은 병이 위독해 몸져누웠다. 같은 군에 사는 친구 질군장(郅君章)과 은자정(殷子征)이 조석으로 문병 와 그를 돌보았다. 장원백은 임종을 맞아 탄식하며 말했다.

"죽고 못 사는 내 벗을 못 보고 가는 것이 한이다."

그러자 자정이 말했다.

"나와 군장이 이토록 지극하게 자네를 돌보지 않나. 우리가 바로 죽고 못 살 친구이거늘, 누구를 다시 찾는 겐가?"

그러자 원백이 대답했다.

"자네들은 살아 있을 때 함께할 친구일 뿐이지만, 산양의 범거경은 이른바 죽음도 함께할 만한 지기라네."

그러고 나서 오래지 않아 원백은 숨을 거두었다. 당시 범식은 홀연 꿈 속에서 원백을 보았다. 검은 옷을 입었는데 갓끈을 매지도 못하고 몹시 도 바쁜 듯 신발을 꺾어신고 있었다. 원백이 범식을 부르며 말했다.

"거경, 나는 아무아무 날에 죽을 걸세. 마땅히 자네가 있을 때 장례를 치러야지. 영원히 황천길로 떠나니 말일세. 자네가 나를 잊지 않았다면 서둘러 내 장례를 치르러 달려와주지 않겠는가?"

범식은 잠에서 깨어나 문득 모든 상황을 깨달았다. 그는 비탄에 젖어 눈물을 흘리다가 친구를 위해 상복을 마련해 입고는 꿈에서 들은 장례 날짜에 맞추기 위해 전속력으로 달렸다.

하지만 범식이 미처 도착하기도 전에 발인할 날이 되었다. 묏자리에 이르러 관을 내리려고 옮기는데, 뜻밖에 관이 움직이질 않았다. 원백의 어머니는 관을 어루만지며 말했다.

"원백아, 어찌 거경이 올 가망이 있겠느냐?"

그래도 어머니는 관을 옮기려는 시도를 멈추게 했다.

그런데 잠시 후, 백마가 흰 수레를 끌고 오는 것이 보였다. 수레 위의 사람은 통곡을 하고 있었다. 원백의 모친이 멀리 바라보면서 말했다.

"틀림없이 범거경일 것이다."

마침내 거경이 도착했다.

그는 예를 갖춰 절을 한 후 애도의 말을 했다.

"원백, 자네는 이제 떠나네그려. 삶과 죽음의 길이 서로 다르니 이로 써 영영 작별일세."

장례에 모인 천여 명의 조문객은 모두 그 광경에 눈물을 흘렸다. 범식이 밧줄을 잡고 이끄니 관은 그제야 앞으로 향했다. 범식은 장례가 끝난 후에도 묘 근처에 남아 머물렀다. 원백의 묘를 다듬고 무덤가에 나무를 심어놓은 다음에야 비로소 떠났다.

세계를 인식하는 방법

보르헤스가 한 단편에서 고대 중국의 백과사전 분류법이라고 소개하고 미셸 푸코가 언급하면서 유명해진 대목이 있다.

"이 오래된 백과사전에는 동물을 다음과 같이 분류할 수 있다고 쓰여 있다. a) 황제에 예속된 동물들, b) 박제된 동물들, c) 훈련된 동물들, d) 돼지들, e) 인어들, f) 전설상의 동물들, j) 헤아릴 수 없는 동물들, k) 낙타털로 만든 섬세한 붓으로 그려진 동물들, l) 그 밖의 동물들, m) 방금 항아리를 깨뜨린 동물들, n) 멀리서 보면 파리로 보이는 동물들."

실제로 그런 책은 없다. 하지만 「권 12」를 보면 보르헤스의 상상이 영 엉터리도 아니었다는 생각이 든다. 수컷이 없는 동물, 암컷이 없는 동물, 여인으로 변한 여우, 까치로 변한 매⋯⋯. 진지하기 짝이 없는 이런 박물지적 서술은 오늘날 웃음을 자아낸다.

물론 모든 부분이 비현실적인 것은 아니다. 자연현상에 대한 분석은 일견 논리적이다. 이런 분석은 『수신기』가 바탕에 삼은 음양오행설을 설명하기 위한 예시이다. 우주에 있는 다섯 가지 기운의 순리적 변화에 따라 모든 사물의 속성이 드러나고, 그 순리에 어긋나는 것은 요물이라고 하는 이론이다.

현상의 과학성 여부를 잠시 접어두면 그 사상에는 상당히 수긍되는 지점이 많다. 우선 현상을 지배하는 내적 법칙이 있으리라고 상정한 점, 물질세계가 순환한다는 것을 간파한 점이 그렇다. 또 모든 사물을 속성에 맞추어 분류하고 그 변화 계기를 찾아낸 점도 그렇다. 이를테면 풀이 반딧불이 되는 계기는 부패에 있다고 했다.

게다가 "농부는 보리의 변화를 막기 위해 재를 가져다 묻는다"고 했던 바, 순리에 맞추는 한 그 법칙을 인간이 이용할 수도 있다. 법칙을 가장 잘 이용하는 방법이 바로 성현의 도이다. 그러면 모든 변화를 인간에게 이롭게 다스릴 수 있다고 한다. 즉 리더가 구성원을 위하려는 의지만 있다면, 그리고 자연의 법칙을 이해하고 이를 이용한다면 그 사회는 풍요로워질 수 있다. 그런 순리에 역행하면 재앙(요물)이 된다. 사실 이 대목에서는 순리에 역행하다 재앙을 빚곤 하는 오늘날의 과학이 더욱 비이성적이라 할 법하다.

단순하게 파악해서 그렇지 사실은 현상에 대한 관찰도 상당히 정확하다. 볏짚이 젖으면 바구미가 생기기 마련이다. 천 년 묵은 여우가 여인이 된다는 상상은 심리적 현상이다. 한국에도 이런 설화의 모티프가 있거니와 심리학적으로 무의식에 있는 원형이라고 볼 수 있다. 자연현상과 인간의 심리를 구분하지 않았을 뿐이다. 무의식도 자연이니까. 이렇게 찬찬히 살펴보면, 몇 가지 현상에 대한 과학 수준의 시대적 한계를 제외하고 딱히 비과학적일 이유도 없지 않은가. 오히려 그들이 세계를 인식하는 방법은 시적이며, 아름답기까지 하다.

「권 12」에는 이밖에도 괴상한 짐승, 갖가지 정령이 등장한다. 그중에는 심지어 이름을 부르면 심부름을 시킬 수 있는 요정도 있다. 재미있는 것은 작가가 심드렁하고 약간은 언짢은 듯 던지는 결론이다. 즉 "신기할 것도 이상할 것도 없으며, 괴이하게 여길 만한 것이 아니"라고 말한다는 점이다. 옳은 말이다. 그런 게 없었다는 사실을 증명할 도리도 없지 않은가. 환상은 이성의 그물에 걸리지 않는, 다른 차원과 다른 종류의 진실이 존재할 거라는 가능성의 문을 연다.

세계적 붐을 일으킨 『해리 포터』 시리즈를 쓴 조앤 롤링은 늘 도서관에서 유럽의 고대 신화와 설화를 가방 가득 빌려 오곤 했다고 한다. 그렇게 해서 『해리 포터』 속의 적절한 자리에 트롤이며 그리핀 따위가 자리 잡을 수 있었다. 그러니 동양의 옛이야기가 현대의 어느 콘텐츠 속에 되살아오지 말란 법도 없을 것이다.

만물의 변화에는 이유가 있다

하늘에는 목, 화, 금, 수, 토라는 오행의 원기가 있으니 만물이 이것으로 이루어진다.

나무의 기운이 맑으면 인(仁)이 된다. 불의 기운이 맑으면 예(禮)가 된다. 쇠의 기운이 맑으면 의(義)가 된다. 물의 기운이 맑으면 지(智)가 된다. 흙의 기운이 맑으면 사(思)가 된다. 다섯 가지 기운이 모두 순정하면 성인의 덕성이 갖추어진다.

나무의 기운이 탁하면 허약해진다. 불의 기운이 탁하면 음란해진다. 쇠의 기운이 탁하면 흉폭해지고, 물의 기운이 탁하면 탐욕스러워진다. 흙의 기운이 탁하면 완고해진다. 다섯 가지 기운이 모두 탁하면 비루한 인간이 된다.

중원의 땅에 성인이 많이 나는 것은 중용과 화합의 기운이 서로 교차하고 융합하기 때문이다. 외딴 지역에 괴물이 많은 것은 괴이한 기운이 그것들을 만들어내기 때문이다. 무릇 오행의 원기 가운데 어느 하나의 기운을 타고났으면 반드시 그 기운의 모양을 지니게 마련이다. 그 기운의 모양을 지녔으면 또한 그것을 닮은 성질이 생긴다.

그러므로 곡식을 먹는 자는 지혜롭고 멋스럽다. 풀을 먹는 자는 힘이 세고 우매하다. 뽕잎을 먹는 자는 실을 토해내며 나방이 된다. 고기를 먹는 자는 용맹하고 사납다. 흙을 먹는 자는 감정이 없고 쉴 줄을 모른다. 원기를 먹는 자는 신령스럽고 장수한다. 아무것도 먹지 않는 자는 죽지 않고 신이 된다.

거북이처럼 허리가 큰 동물은 수컷이 없고, 벌처럼 허리가 가는 동물은 암컷이 없다. 수컷이 없는 동물은 다른 동물과 교배하고, 암컷이 없는 동물은 다른 동물에 의지해 새끼를 기른다. 세 번 변태하는 벌레인 누에는 먼저 알을 품고 나중에 교배한다. 겸애의 짐승 유(類: 『산해경』에 나오는 동물로 삵괭이같이 생겼다 - 옮긴이)는 자웅동체이다. 기생 덩굴은 높은 나무에 붙어 의지하고, 여라(女蘿) 이끼는 복령 버섯에 의탁한다. 수목은 흙에서 그루로 자라고, 부평은 물에 뿌리를 내린다. 새는 허공을 가르며 날고, 짐승은 발이 튼실해서 걸어 다닌다. 벌레는 흙 속에 묻혀 칩거하고, 물고기는 물 깊은 곳에 잠겨 머문다.

근본을 하늘에 둔 것은 위쪽과 친하고, 근본을 땅에 둔 것은 아래쪽에 친하며, 근본을 계절에 둔 것은 옆쪽으로 친하다. 즉 각각 제 부류를 따르기 마련이다.

천 년 묵은 꿩은 바다로 들어가 무명조개가 되고, 백 년 묵은 참새는 바다로 들어가 참조개가 된다. 천 년 묵은 거북은 사람과 말을 할 수 있고, 천 년 묵은 여우는 몸을 일으켜 아름다운 여인이 된다. 천 년 묵은 뱀은 몸이 동강나도 다시 이을 수 있고, 백 년 묵은 쥐는 길흉을 점칠 수 있다. 수명이 이미 일정한 정도를 넘어서 이루어지는 일이다.

춘분 날, 매는 비둘기로 변한다. 추분 날에 비둘기는 다시 매로 변한다. 이는 때가 일으킨 변화이다. 그래서 썩은 풀은 반딧불이가 되고, 무른 갈대는 귀뚜라미가 되며, 볏짚은 바구미가 되고, 보리는 나비가 된다. 깃털과 날개가 자라나고 눈이 만들어지면 감정과 지혜가 깃든다. 이것은 무지(無知)에서 유지(有知)로의 변화이니 바로 기가 변한 것이다.

학은 노루가 되고, 뱀은 자라가 되고, 귀뚜라미는 새우가 된다. 그 혈기는 잃지 않았으되, 형태와 성질이 변했다. 이런 예는 너무 많아서 일일이 다 언급할 수 없다.

변화에 맞추어서 움직이는 것은 자연의 순리에 따른다. 만일 순리의 방향에 어긋나면 요물이 된다. 그러므로 몸의 하부 기관이 상체에 자라거나 상부 기관이 하체에 생겨나면, 기가 거꾸로 뒤집힌 것이라 볼 수 있다. 사람이 짐승을 낳거나 짐승이 사람을 낳는 것은 기가 어지럽혀져서다. 남자가 여자로 변하거나 여자가 남자로 변하는 것은 기가 뒤바뀌어서다.

노(魯)나라의 공우애(公牛哀)는 병을 얻어 이레 만에 호랑이처럼 변했다. 형체가 변해 손톱과 이빨이 길어졌으며, 그의 형 계호(啓戸)가 들어오자 잡아먹고 말았다. 그가 사람이었을 때는 호랑이처럼 변할 것이라는 사실을 알지 못했고, 그가 호랑이처럼 되었을 때는 원래 사람이었음을 알지 못했다.

진(晉)나라 태강 연간에 진류군 사람 완사우(阮士瑀)는 독충에 물렸는데, 아픔을 참다 못해 수차례나 독창 냄새를 맡았다. 그랬더니 나중에 독충 한 쌍이 콧속에서 자라났다.

원강 연간에 역양현 사람 기원재(紀元載)는 여행길에 잡은 거북이를 먹었는데, 나중에 병이 났다. 의원이 병을 잡고자 약을 썼더니, 거북이 새끼가 수 홉이나 배설되어 나왔다. 크기가 동전만 하고, 머리와 발, 얇은 껍데기를 갖추고 있었다. 껍데기 위에는 거북이 등 무늬와 딱딱한 각질층까지 다 있었는데, 다만 약 때문에 죽어 있을 뿐이었다.

남편과 아내는 만물을 기르는 기를 가진 것이 아니며, 코는 임신을 하는 장소가 아니다. 또한 사람의 내장은 거북이 괴물을 쏟아내는 도구가 아니다. 이렇게 보면 만물의 생사와 변화를 이해하는 데 신령스러운 사상을 기반으로 삼지 않고서야 그 각각을 파헤친다 한들 어찌 그 근원을 알 수 있겠는가?

그러나 썩은 풀이 반딧불이가 되는 것은 부패함으로 말미암는다. 보리가 나비가 되는 것은 젖어 있음으로 말미암는다. 그러니 만물의 변화에는 모두 이유가 있는 셈이다.

농부는 보리의 변화를 막기 위해 재를 가져다 묻는다. 성인은 만물의 변화를 다스리기 위해 도를 가지고 닦는다. 그렇지 아니한가?

우물을 파다가 양을 얻다

춘추시대 노나라 대부 계환자(季桓子)는 우물을 파다가 항아리 같은 것을 얻었다. 그 안에 양이 있었다. 계환자가 사람을 보내 공자에게 물었다.

"제가 우물을 파다가 개를 얻었습니다. 어떻게 할까요?"

공자가 말했다.

"제가 들은 바로는 양입니다. 듣자 하니 목석(木石)의 괴물은 용처럼 생긴 전설의 동물 기(夔) 혹은 도깨비의 일종인 망량이라고 합니다. 물속의 괴물은 용 혹은 강에서 사람을 잡아먹는 망상(罔象)이며, 흙 속의 괴물은 양의 모습을 한 분양(賁羊)이라고 합니다."

괴이한 사물을 주조해 그림을 실은 책 『하정지(夏鼎志)』에는 이렇게 쓰여 있다.

"망상은 세 살배기 어린애처럼 생겼다. 눈이 붉고 얼굴이 검고 귀가 크며, 팔이 길고 발톱이 붉다. 밧줄로 묶어 잡으면 먹을 수 있다."

또 왕자(王子)는 이렇게 말했다.

"나무의 정령은 유광(游光)이라 하고 쇠의 정령은 청명(淸明)이라 한다."

땅 밑에서 나온 개

진(晉)나라 혜제(惠帝) 원강 연간의 일이다. 오군 누현에 회요(懷瑤)라는 사람의 집 땅속에서 홀연히 개 짖는 소리가 희미하게 들렸다. 소리가 들리는 곳에 가니 지상에 지렁이 굴만 한 작은 구멍이 있었다. 회요가 막대기를 들어 그곳을 찔러보니 몇 척이나 들어갔다. 마침내 막대기 끝에 무언가가 걸리는 것이 느껴졌다. 회요는 땅을 파고 그것이 무엇인지 확인했다. 강아지였다. 암컷과 수컷이 각각 한 마리씩 있었다. 눈도 채 못 뜬 상태였고 보통의 개보다 크기가 더 컸다. 회요가 녀석들에게 먹을 것을 주니 잘 먹었다.

회요의 이웃들이 구경하러 왔다. 그중 나이 지긋한 어르신이 말했다.

"이놈들은 서견(犀犬)이라 한다네. 서견을 얻은 이는 부를 누리고 가문이 번창하니 필히 잘 길러야 하고말고."

녀석들이 아직 눈을 못 떴으므로 회요는 강아지들을 원래의 굴속에 두고 돌방아로 덮어두었다.

하룻밤이 지나 강아지를 둔 자리에 가보니 뜻밖에 구멍이 사라졌다. 그렇게 해서 도리 없이 강아지들을 잃어버리고 말았다. 그러나 회요의 집에는 해가 가도 별다른 화나 복이 없었다.

태흥 연간에 이르러 오군태수 장무(張懋)가 어느 날 서재에 있는 침상 밑에서 개 짖는 소리를 들었다. 하지만 아무리 찾아도 아무것도 보이지 않았다. 그래서 침상 밑 땅을 파보았다. 그랬더니 강아지 두 마리가 있었다. 장무는 강아지들을 데려다 키웠지만 모두 죽고 말았다. 그 후 장무는 오흥군의 반군 심충(沈充)에게 살해당했다.

『시자(尸子)』에는 이렇게 적혀 있다. "땅속에 있는 개를 땅이리인 지랑(地狼)이라고 부른다. 땅속에 있는 사람은 무상(無傷)이라고 한다."

『하정지』에는 이런 내용이 있다. "땅을 팠는데 개가 나왔다면 그건 가(賈)라는 짐승이다. 또 땅을 팠는데 돼지가 나왔다면 그건 사(邪)라고 하는 짐승이다. 또한 땅을 팠는데 사람이 나왔다면 그걸 취(聚)라고 한다. 취가 곧 무상이다. 이런 생물은 자연스러운 것이지, 무슨 귀신이라며 괴이하게 여길 만한 것이 아니다. '가'와 '지랑'은 이름은 달라도 실은 같은 짐승을 지칭한다."

『회남자(淮南子)』의 주석본 『회남만필술(淮南萬畢術)』에서는 이렇게 말한다. "천 년 묵은 양의 간은 땅의 신으로 변한다. 두꺼비가 버섯을 먹으면 죽어서 메추리가 된다."

이러한 현상은 모두 원기의 변화가 서로 공명함으로써 이루어진다.

산의 정령을 만나다

삼국시대 동오의 제갈각이 단양태수로 있을 때였다. 한번은 수렵을 나갔다가 두 산 사이에서 어린아이같이 생긴 어떤 것을 보았다. 그것은 손을 내밀어 사람을 잡아끌려는 것 같았다. 제갈각은 녀석이 손을 이끄는 데로 따라갔다. 그랬더니 녀석은 제가 살던 곳으로 제갈각을 이끌고 갔다. 그러고는 가자마자 죽어버렸다.

나중에 제갈각의 수하인 참좌가 어떻게 된 상황이냐고 물었다. 제갈각이 설명해주었더니 참좌는 그것 참 신기한 일이라고 감탄했다. 그러자 제갈각이 말했다.

"이 일은 『백택도(白澤圖)』 안에 기록되어 있네. 거기에는 이렇게 쓰여 있지. '두 산의 가운데 어린아이 같은 정령이 있어서 사람을 보면 손을

잡아끈다. 그 이름은 혜낭(傒囊)이다. 제 살던 곳으로 끌고 가서 죽는다.'
그러니 별로 신기할 것도 이상할 것도 없네. 그저 공교롭게도 자네들이
볼 기회가 없었던 것뿐이네."

소인의 모습을 한 작은 정령

왕망이 나라를 세운 지 4년째에 지양현에 작은 사람들의 그림자가 나
타났다. 모두 키가 한 척 남짓이었다. 그중에는 수레를 탄 이도 있고 걷
는 이도 있었다. 그들이 다루는 물건도 모두 작은 몸 크기에 잘 맞았다.
그런데 사흘이 지나자 모두 자취를 감추었다.

왕망은 이 일을 듣고 매우 싫어했다. 그 후에 도적 떼가 날로 창궐하
고, 왕망은 결국 죽임을 당했다.

『관자(管子)』에는 이렇게 쓰여 있다. "시내가 말라 수백 년이 지났는데
계곡이 옮겨 가지 않았고 물길이 끊어지지 않았다면 이런 곳에는 경기
(慶忌)라는 정령이 나온다. 경기는 사람처럼 생겼는데 키가 네 마디쯤이
고 누런 옷에 누런 모자를 쓰고 누런 투구를 썼다. 작은 말을 타고 빠르
게 질주하기를 좋아한다. 그것의 본래 이름으로 부르면 천 리 밖으로 심
부름을 보내 하루 안에 결과를 보고받을 수 있다."

그러면 지양현에 출몰한 그림자가 혹시 경기인가? 책에는 또 다음과
같은 내용도 있다. "마른 시냇가의 작은 정령은 지(蚳)라는 독사를 낳는
다. 머리 하나에 몸은 두 개이고 뱀처럼 생겼다. 길이는 여덟 척이다. 그

의 본래 이름으로 불러주면 물고기나 자라 등을 잡아 오도록 시킬 수
있다."

벼락과 싸우다

진(晉)나라 부풍군 사람인 양도화(楊道和)는 어느 여름날 밭에 나가 일
을 하다 비를 만났다. 그는 뽕나무 아래에서 비를 피했다. 순간 벼락이
그를 향해 내리쳤다.

양도화는 괭이로 격렬하게 맞서, 결국 벼락의 다리를 부러뜨렸다. 벼
락은 땅에 쓰러져 하늘로 되돌아갈 수 없게 되었다. 벼락의 입술은 주단
(朱丹)처럼 붉었고, 눈은 거울처럼 번쩍거렸으며, 털이 덥수룩한 뿔은 세
치 정도 되었다. 그 모양새가 흡사 집짐승을 연상시켰고, 머리는 꼭 원
숭이 같았다.

머리를 떼어놓을 수 있는 사람들

진(秦)나라 남쪽 지방에는 머리를 떼어놓을 수 있는 사람들인 낙두민
(落頭民)이 있었다. 그들의 머리는 날아다닐 수도 있었다. 마을에는 충락
(蟲落)이라는 제사가 있었는데, 그래서 이 마을을 충락이라고도 했다.

삼국 동오시기, 손권의 수하였던 주환(朱桓)이 하녀 하나를 거두었다.

매일 밤 잠이 들고 나면 귀를 날개 삼은 머리가 하녀의 몸에서 떨어져 나와 개구멍이나 천장 안팎으로 드나들곤 했다. 그러다가 날이 밝아올 때면 머리가 제자리로 돌아왔다. 주변 사람들이 이를 괴이하게 여겨, 밤에 등불을 켜고 비춰 보았다. 하녀는 머리 없이 몸통만 누워 있었고, 몸은 좀 차가운 것이 호흡도 간신히 붙어 있는 정도였다. 그래서 사람들이 이불로 하녀의 몸을 감싸주었다.

날이 밝자 하녀의 머리는 돌아왔지만 이불 때문에 몸에 붙을 수가 없었다. 두세 차례 바닥으로 내려와 걱정스럽게 탄식했는데, 몸의 호흡 또한 급박해져서 곧 죽을 것만 같았다. 사람들이 서둘러 이불을 거둬내자 하녀의 머리가 다시 날아올라 목 위에 달라붙었고, 이내 호흡도 안정되었다.

주환은 너무 두려워 이 하녀를 거두는 것이 꺼림칙한 나머지 그녀를 인편에 돌려보냈다. 그러나 후일 이를 곰곰 생각해보면서 그것이 그녀의 천성임을 깨닫게 되었다.

당시 운남으로 정벌을 떠난 손권 장군도 자주 이런 사람들을 거둔 바 있다. 구리 쟁반으로 머리 없는 몸을 덮어버려서 되돌아온 머리가 몸에 달라붙지 못하자 끝내 죽음에 이른 적도 있었다.

호랑이로 변신하는 사람들

장강과 한수 유역에 추인(貙人)이 모여 살았다. 그 마을 사람들은 토가족(土家族)의 선조인 품군(稟君) 파무상(巴務相)의 후대로서, 호랑이로 변신할 수 있었다.

장사군 만현 동고구(東高口)에 사는 사람들이 일찍이 목책을 설치해 호랑이를 잡은 적이 있었다. 목책이 움직여 입구가 닫히자, 이튿날 마을 사람들은 일제히 호랑이를 때려잡으러 몰려갔다. 그런데 거기에는 호랑이가 아니라 붉은 두건을 두르고 큰 모자를 쓴 추인 우두머리가 앉아 있었다. 사람들이 물었다.

"어째서 이 목책 속에 있소?"

남자는 화를 내며 말했다.

"어제 갑자기 현(縣)의 부름을 받고 오다 밤이 되어 비를 피한다는 것이 이 목책으로 잘못 들어왔소. 얼른 나를 풀어주시오."

이에 사람들이 되물었다.

"부름을 받고 오는 길이라니, 증서가 있지 않겠소?"

남자는 즉시 품속에서 문서를 꺼내 보여주었다. 사람들이 남자를 풀어주고는 자세히 살폈는데 남자는 곧바로 호랑이로 변신해서 산속으로 사라져버렸다.

사람들은 추 마을 호랑이는 사람으로 변해 자색 갈옷을 즐겨 입는데, 변신한 사람에게는 발에 뒤꿈치가 없다고도 했고, 또 호랑이 중에 다섯 발가락이 있는 것은 모두 추 마을 호랑이라고도 했다.

원숭이를 닮은 괴물들

촉 지방 서남쪽 고산지대에 원숭이를 닮은 괴물이 있었다. 키가 칠 척이고 사람처럼 서서 걸어 다닐 수 있었다. 가국(猳國), 마화(馬化) 혹은 확원(貜猿)이라 불리는 이 괴물은 곧잘 사람을 뒤쫓아다니곤 했다. 괴물은 길을 걸어가는 아녀자를 엿보다가, 생김새가 고우면 아무도 모르게 납치해 데려갔다. 혹여 다른 행인이 여자 곁을 지나갈 때라도 긴 끈으로 붙잡아 끌고 가는 등 어떤 식으로든 데려가기 마련이었다.

이 괴물은 남녀를 식별할 수 있었는데, 유독 여자만 잡아갔다. 일단 여자를 끌고 가면 자기 아내로 삼았다. 자식을 못 낳는 여자들은 죽을 때까지 집으로 돌아갈 수 없었다. 끌려간 지 10년이 지나면 여자의 모습도 괴물과 비슷해졌고 정신도 미혹해져서 더 이상 집으로 돌아갈 생각을 하지 않았다.

자식을 낳은 여자는 곧장 아이와 함께 본가로 돌려보내졌다. 태어난 아이들은 모두 사람의 형상과 같았다. 아이를 맡아 키우지 않는 어미는 죽음을 면치 못했다. 여자들은 죽음이 두려워 아이를 맡아 키우지 않을 수 없었다.

자라난 아이들은 보통 사람과 다를 바가 없었고, 모두 양(楊)이라는 성씨를 가졌다. 오늘날 촉 지방 서남쪽에 사는 양씨 성 사람들은 대부분 가국과 마화의 자손들이다.

비바람과 함께 나타나는 도로귀

강서성 남성현 동남쪽에 위치한 임천군에는 산이 아주 많았다. 그곳에는 괴물이 살았다. 괴물이 나타날 때면 항상 거센 비바람이 내리쳤는데, 마치 짐승이 울부짖는 소리 같았다.

괴물은 사람을 수시로 습격했다. 괴물에게 습격당한 사람은 몸이 금세 부어올랐다.

독성이 강한 이 괴물은 암수 구별이 있었다. 수컷은 독성이 강하고, 암컷은 독성이 비교적 약했다. 독성이 강한 것에 습격당한 사람은 반나절 만에 발작을 일으켰고, 독성이 약한 것에 습격당한 사람은 하루가 지나서야 발작을 일으켰다. 습격당한 사람을 치료할 방법이 있긴 했지만, 치료가 늦어지면 죽을 수도 있었다. 사람들은 이 괴물을 도로귀(刀勞鬼)라 불렀다.

외서(外書)에는 이렇게 전한다. "귀신은 하늘에서 만들어낸 화와 복을 인간 세상에서 검증한다."

또 『노자(老子)』에서는 이렇게 전한다.

"자고로 만물은 모두 도(道)를 얻게 된다. 하늘은 도를 얻어 맑고 깨끗해지고, 땅은 도를 얻어 안정된다. 신(神)은 도를 얻어서 영험해지고, 산골짜기는 도를 얻어 기운이 충만해진다. 후왕(候王)은 도를 얻어 천하의 우두머리가 되었다."

그렇다면 천지의 귀신은 바로 우리와 함께 존재하고 있는 셈이다. 기질에 따라 귀신의 천성도 제각각이고 지역마다 귀신의 형체도 각양각

색이다. 두 가지가 겹쳐지는 것은 없다. 산 것은 양기가 주관하고, 죽은 것은 음기가 주관한다. 천성이 깃든 것이라면 각자 존재하는 곳에서 편히 살아간다. 지극한 음기가 깃든 곳에는 괴물이 있기 마련이다.

푸른색 깃털을 가진 야조

월(越) 지방 깊은 산속에 푸른색 깃털을 가진 야조(冶鳥)라는 새가 있다. 크기는 비둘기만 하다.

이 새는 곡식 대여섯 되를 담을 수 있는 그릇만 한 크기에 몇 치 안 되는 입구를 가진 둥지를 큰 나무에 튼다. 둥지 주변을 백색토로 바르고 붉은색과 흰색을 서로 교차시켜 과녁 문양을 만든다. 산에서 나무하는 사람은 이런 나무를 보면 피해 가곤 했다.

때로는 날이 어두워 사람이 야조를 보지 못하면, 야조도 사람이 자기를 보지 못한다는 것을 알기에, 곧바로 "롤롤, 올라가"라고 소리쳤다. 그러면 다음 날 재빨리 위쪽으로 올라가서 나무를 해야 했다. 또 "롤롤, 내려가"라고 소리치면 그다음 날에는 어김없이 재빨리 아래로 가서 나무를 해야 했다.

만약 야조가 아무 지시도 내리지 않고 계속 웃어댄다면 그 사람은 그곳에서 나무하는 일을 중지해야 했다. 지저분한 것으로 서식지를 어지럽히면 새는 호랑이를 시켜 밤새 그곳을 지키게 했다. 그래도 나무하는 사람이 그곳을 떠나지 않으면 호랑이에게 해를 입곤 했다.

낮에 보이는 이 새의 모습은 한 마리 새일 뿐이었고, 밤에 들리는 이 새의 울음소리도 한 마리 새일 뿐이었다.

때때로 떠들썩한 것을 좋아하는 이 새는 3척 장신의 사람으로 변해 물가에 가서 게를 잡아 불에 구워먹기도 했다. 이때 다른 사람들은 얼씬 할 수도 없었다. 월 지방 사람들은 이 새가 고대의 영험한 무당 무축(巫祝)의 조상이라고 했다.

물고기를 닮은 사람들

남해군 밖 바다에 물고기를 닮은 사람들이 있었다. 물고기처럼 물속에 살면서도 베를 짰다. 그들이 울면 눈에서 진주가 흘러나왔다.

대청 사람들과 소청 사람들

여강군 환현과 종양현 내에는 초야에 묻혀 사는 대청(大靑) 사람들과 소청(小靑) 사람들이 있었다. 이따금씩 남녀노소 할 것 없이 십여 명에 달하는 사람들의 곡소리가 들리기도 했는데, 누군가가 금방 숨을 거둔 듯했다. 주변에 사는 사람들이 놀라서 두려워하며 곡소리가 나는 곳으로 가면 늘 아무도 보이지 않았다. 하지만 그곳에는 틀림없이 시체가 놓여 있었다. 보통 곡소리가 클 경우는 대청 사람이 죽은 것이고, 곡소리가 작을 때는 소청 사람이 죽은 것이다.

벌거숭이 괴물 산도

여강군에 있는 큰 산속에 산도(山都)라는 괴물이 살고 있었다. 괴물은 사람을 닮았다. 벌거숭이로 다니다가 사람을 보면 도망을 갔다. 크기는 대략 사오 장 정도에 암수의 구별이 있고, 울음소리를 서로 주거니 받거니 할 수도 있었다. 괴물은 늘 어둡고 음침한 곳에 숨어 있어 마치 도깨비 같았다.

모래를 내뿜는 물귀신

한영제 중평 연간, 장강에 역(蜮) 또는 단호(短狐)라고 불리는 물귀신이 살았다. 물귀신은 모래를 머금어 사람에게 뿜어댔는데, 명중된 사람은 경련이 일고 두통에 열까지 났다. 심하면 죽기까지 했다.

강가에 살던 사람이 법술(法術)로 물귀신을 잡았는데, 몸속에서 모래와 자갈이 나왔다. 『시경』에서 "귀나 역이라면 사람의 눈으로 볼 수 없다(爲鬼爲蜮, 則不可得)"라고 했는데, 여기 나오는 역이 바로 이 물귀신이다.

오늘날 민간에서는 그 귀신을 계독(溪毒)이라 부른다. 고대 유가들은 남녀가 함께 강에서 목욕을 하다가 음탕한 여자가 음란한 기운을 일으켜 계독이 생겨났다고 여겼다.

강에 사는 괴물 귀탄

한나라 영창군 불위현에는 금수(禁水)라는 강이 있었다. 강물에 독기가 서려 있어 11월, 12월에야 겨우 강을 건널 수 있었다. 1월부터 10월까지는 강을 건널 수 없었다. 만일 이때 강을 건넜다가는 병이 나거나 죽기도 했다.

이 강에 사는 괴물은 형체를 드러내지는 않았지만 움직일 때마다 물건이 부딪히는 소리를 냈다. 나무에 부딪히면 나무가 부러졌고, 사람과 부딪히면 사람이 죽어버렸다. 그 지역 사람들은 이 괴물을 귀탄(鬼彈)이라 불렀다. 마을에서 죄를 지은 자를 이 강변에 끌어다놓으면 열흘 안에 모두 죽음을 맞았다.

양하 뿌리로 병을 다스리다

내 아내의 형부 장사(藏士)네 집에서 일하는 사람 하나가 병을 얻어 사혈(瀉血)을 했다. 의사는 독충에 물린 것이라 생각해서, 환자 몰래 양하(蘘荷) 뿌리를 침상에 깔아놓았다. 그러고는 환자에게 "내가 독충에 물리도록 만든 것은 장소소(張小小)다"라는 말을 내뱉고, 큰 소리로 '장소소'를 부르게 했다. 그러자 장소소는 도망가고 병도 곧 나았다. 오늘날 독충에 물린 상처를 치료할 때 양하 뿌리를 자주 사용하는데, 효과가 있다. 양하는 가초(嘉草)라고도 부른다.

여러 모양으로 변하는 견고

강서성 파양군에 사는 조수(趙壽)라는 사람이 견고(犬蠱)라는 독충을 기르고 있었다. 한번은 진잠(陳岑)이 조수를 만나러 갔는데, 갑자기 커다란 누렁개 예닐곱 마리가 일제히 나와 진잠을 향해 짖어댔다.

그 후로 내 큰어머니가 조수의 아내와 함께 음식을 먹던 중에 피를 토하고 사경을 헤매다가, 도라지를 갈아서 가루를 내어 마시고는 나은 적이 있다.

이 독충은 기괴해서 귀신처럼 여러 가지 모습으로 변할 수 있었다. 돼지나 개의 형상이었다가 벌레나 뱀이 되어 나타나기도 했다. 독충을 기르는 사람조차 자기 독충의 모양을 몰랐다. 조수가 독충을 사람들 몸에 풀어두면, 독충에 물린 사람들은 모두 죽었다.

집안의 독충을 죽인 며느리

하남성 형양군에는 요씨 성을 가진 사람들이 몇 대에 걸쳐 독충을 길러 부를 쌓았다. 훗날 요씨 집안에서 며느리를 들였는데, 독충에 대해서는 아무 말도 하지 않았다.

어느 날 가족이 모두 출타하고 며느리만 혼자 남았다. 며느리는 방 안에 커다란 항아리가 놓여 있는 것을 보고 뚜껑을 열어보았다. 그 속에 큰 뱀이 한 마리 들어 있었다. 며느리는 항아리에 끓는 물을 부어 뱀을 죽여버렸다. 가족이 돌아오자 며느리는 이 사실을 알렸다. 가족은 모두 놀라며 애석해했다.

얼마 후 그 집 사람들은 돌림병에 걸려 모두 죽고 말았다.

자연과 사물

「권 13」은 대자연의 신령함을 비롯해, 특정 장소 및 특정 사물이 만들어진 내력과 몇몇 생명체의 스토리를 다룬다. 이 가운데 가장 풍부한 함의를 지니고 있는 것은 단연 화완포(火浣布) 이야기다.

화완포는 불타고 있는 화산에 사는 새와 짐승의 털로 짠 직물이다. 그런데 화완포 전설은 『수신기』에만 수록된 게 아니다. 한대 동방삭이 편찬했다고 전하는 『신이경(神異經)』에서는 이 화완포가 불타는 화산 속에 사는 쥐의 털로 짠 천이라고 했다. 이 천을 사용하다 더러워질 경우 불로 태우면 다시 깨끗해진다.

동방삭의 또 다른 저작으로 알려진 『십주기(十洲記)』에도 남쪽 화림산 불 속에 사는 화광수(火光獸)라는 동물에게서 화완포를 얻을 수 있다는 기록이 있다.

그러나 현대의 시각으로 보았을 때, 이 천의 존재를 믿기란 어려운 일이다. 불 속에서 타지 않고 살아남을 수 있는 식물이나 동물의 존재 여부는 실로 불투명하기 때문이다. 위나라 문제도 화완포의 존재를 믿지 않았다. 그는 자신의 저작인 『전론(典論)』에서 그런 것은 없다고 논증한

바 있다. 그런데 아들 명제(明帝)가 이 『전론』을 비석에 새겨 후세에 전하려던 차에 서역으로부터 진짜 화완포가 헌상되자, 그 부분을 부랴부랴 지워낸다.

과연 화완포가 실제로 존재했다는 말인가? 그렇다면 누가 화완포를 소유했을까? 중국의 황제나 귀족이 이렇게 진귀한 천을 소유했다고 해도 실제 옷감으로 사용했을지는 미지수다. 그러니 화완포를 소유하고 있다는 것만으로도 그가 얼마만큼 대단한 존재이고 막강한 부를 누리는 자인지 가늠할 수 있었을 것이다.

중국에서 성공한 자의 표상으로 잘 알려진 석숭과 화완포에 관한 우스갯소리가 전한다. 중국 민간에서 아이가 태어나면 비는 소원이 있다. 바로 "석숭처럼 출세해 국가의 녹을 많이 받게 해주소서"라는 말이다.

중국 서진 무제 때 사람인 석숭은 오나라를 정벌한 공을 인정받아 높은 관직에 올랐고, 이를 이용해 엄청난 부를 축적했다. 당시 권력형 거부(巨富)로는 석숭 말고도 황제의 외삼촌인 왕개(王愷)가 있었다. 어느 날 왕개가 외국에서 수입한 고급 면포인 화완포로 옷을 만들어 입고 자랑

하자, 자존심이 상한 석숭이 집에 돌아와 하인 쉰 명에게 화완포로 옷을
지어 입혔다고 한다.

사실 여부를 떠나서 치열한 경쟁 심리를 드러내는 이야기 속에 권력
과 부의 표상으로서 화완포가 등장하는 것이 매우 흥미롭다. 오늘날에
는 화완포의 정체가 석면이 아닌가 하는 추측도 있다.

채옹과 관련된 거문고와 피리 이야기도 시사하는 바가 크다. 후한 시
대 채옹이 만든 '꼬리가 타버린 거문고'와 '가정의 대나무 피리'는 거문
고와 피리의 명기로 잘 알려진 바 있다.

악기장 채옹이 어딘가에서 들리는 소리를 따라갔다가 불타는 오동나
무를 꺼내 정성들여 다듬어 거문고를 만들었는데 그것이 바로 '꼬리가
타버린 거문고'이다. 이 거문고는 제환공의 호종(胡鐘), 초장왕의 요량(繞
梁), 사마상여의 녹기(綠綺)와 더불어 4대 명금으로 불릴 정도였다. 한편
서까래로 쓰였던 대나무를 다듬어 만들어낸 것이 바로 '가정의 대나무
피리'이다.

그저 평범한 땔감으로 타서 사라질 뻔한 나무와 평범한 집 서까래로

쓰였던 대나무가 좋은 귀를 가진 명장에 의해 명기로 환생한 것이다. 이렇듯 좋은 재목을 알아보는 일은 문인의 시 속에서, 불쏘시개 또는 서까래로 거문고와 피리 만드는 일에 종종 비유되고 있다.

사람의 마음을 시험하는 샘

태산 동쪽에 예천(澧泉)이라는 샘이 있었다. 겉보기에는 우물 같지만 본래는 돌덩이에 불과했다. 생각이 올바른 사람이 무릎을 꿇고 물을 푸면, 충분히 마실 만큼의 샘물이 솟아올랐다. 하지만 생각이 올바르지 않은 사람이 물을 푸면 물줄기가 그쳐버렸다. 마치 신령이 사람의 마음을 시험해보는 듯했다.

산을 쪼갠 거령

태화산과 소화산은 본디 하나의 산으로 황하와 마주보고 있었다. 황하는 이 큰 산을 굽어 돌아 흘러야 했다. 그러자 강의 신 거령(巨靈)이 손으로 산의 윗부분을 쪼개고, 발로 아랫부분을 밟아 큰 산을 양쪽으로 나누었다. 황하가 쉽게 흘러가도록 만든 것이다.

지금도 서악(西岳) 화산에는 거령의 손가락과 손바닥 흔적이 그대로 남아 있다. 거령의 발자국은 수양산 아래에 있다. 장형(張衡)이 쓴 『서경부(西京賦)』에 이런 구절이 나온다. "사납고 힘센 거령이 높은 곳에 손자국을 남기고, 먼 곳에는 발자국을 남겼다. 구불구불 흘러가던 황하가 막힘없이 흘러가도록 만들었다." 『서경부』의 기록은 바로 이 일을 가리킨다.

솥에 절로 물이 차다

한무제가 남악(南岳)에서 지내던 제사를 여강군 일대 첨현의 곽산(霍山)으로 옮겨 왔다. 이 산에는 물이 흐르지 않았다. 사당 안에는 40곡(斛)의 물을 채울 수 있는 솥이 네 개 걸려 있었다. 그런데 제사를 지낼 때가 되면 제사를 지내기 충분할 정도로 물이 솥에 가득 찼다가 제사가 끝나면 텅 비었다. 먼지나 나뭇잎조차도 솥을 더럽힐 수 없었다. 매년 네 차례씩 50년 동안 제사를 지내다가, 후에 세 차례로 제사를 줄였다. 그러자 솥 하나가 저절로 깨져버렸다.

산을 불로 태우다

번구(樊口) 동쪽에 번산(樊山)이 있었다. 날이 가물면 사람들이 산에 불을 냈다. 그러면 즉시 큰비가 몰려왔다. 이곳에서는 지금도 이런 영험한 현상이 나타나곤 한다.

제사 때마다 물이 솟는 동굴

공자가 태어난 공상(空桑)이란 곳은 지금은 공두(孔竇)라고 불리는데, 노나라 남산 동굴 속에 위치해 있다. 동굴 밖에는 집의 기둥처럼 곧게 서 있는 돌 한 쌍이 있었는데, 그 높이가 수 척에 이르렀다.

노나라 사람들은 이곳에서 가무를 즐기며 제사를 지냈다. 동굴 속에는 물이 없었다. 그런데 제사를 지낼 때, 사방에 물을 뿌리고 바닥을 쓸어 기도하려 하면 맑고 투명한 샘물이 돌 틈에서 흘러나왔다. 양도 충분해서 제사를 지내는 데 부족함이 없었다. 제사가 끝나고 나면 샘물도 그쳤다. 지금도 이런 영험한 현상이 나타나곤 한다.

동굴이 잠겨 큰비가 내리다

상동 신평현에 있는 동굴 안에는 검은 흙이 있었다. 큰 가뭄이 들 때면 사람들은 모두 함께 검은 흙으로 물길을 막아 동굴을 물로 가득 채웠다. 동굴이 잠기면, 그 즉시 큰비가 내렸다.

거북의 도움으로 성을 짓다

진혜왕(秦惠王) 27년, 장의(張儀)를 시켜서 도성을 축성하도록 했는데, 여러 차례에 걸쳐 성이 무너지고 말았다.

그러던 어느 날 큰 거북이 한 마리가 강 위로 떠올라 동쪽에 있는 내성(內城)의 동남쪽 모퉁이로 갔다. 거북이는 그곳에서 죽어버렸다.

장의가 이 일을 무당과 의논하자 무당이 이렇게 말했다. "거북이가 움직인 동선을 따라서 성을 지으시오."

그의 말에 따르자 성이 무사히 완성되었다. 그래서 이 성을 구화성(龜化城)이라고 했다.

마을이 잠겨 호수가 되다

유권현은 진(秦)나라 때의 장수현이다. 진시황 때 이런 동요가 퍼진 적이 있다. "성문에 피가 묻어 있으면, 성이 무너져 호수가 된다네."

어느 노부인이 이 노래를 듣고는 아침마다 성문을 몰래 엿보곤 했다. 성문을 지키는 장수가 노부인을 잡아들이려 하자, 노부인은 자기가 몰래 엿본 이유를 말해주었다.

후에 성문을 지키는 장수가 개의 피를 성문에 발라놓았더니, 노부인이 피를 보고는 달아나버렸다.

그런데 갑자기 물이 불어나 성이 수몰될 상황에 이르렀다. 현의 주부

(主簿)는 관리를 보내 현령에게 이 사실을 보고토록 했다.

현령이 물었다. "그대는 어째서 물고기 모양을 하고 있는 건가?"

관리가 대답했다. "현령께서도 물고기 모양을 하고 계십니다."

마을은 이미 물에 잠겨 호수가 되었던 것이다.

말굽 자국을 따라 성을 짓다

진(秦)나라 때 무주(武周)라는 요새 안에 성을 쌓아 오랑캐를 막으려고 했다. 그런데 성이 완성될 때가 되면 매번 무너져버리곤 했다.

어느 날, 말 한 필이 질주해 오더니 같은 장소를 빙글빙글 맴돌았다. 기이하게 여긴 마을 노인이 말굽 자국을 따라서 성을 쌓자고 건의했다. 과연 그렇게 쌓은 성은 더 이상 무너지지 않았다. 그래서 이 성을 마읍(馬邑)이라고 불렀다. 이 고성은 삭주(朔州)에 있다.

검은 회토가 나오다

한무제가 곤명지(昆明池)를 팔 때였다. 매우 깊게 땅을 팠지만 검은 회토(灰土)만 나올 뿐이었다. 조정의 신하들도 연유를 알지 못해 동방삭에게 물었다. 그러자 동방삭이 이렇게 대답했다.

"저는 어리석어서 그 까닭을 알 수 없습니다. 서역에 가서 그곳 사람에게 물어보십시오."

무제는 동방삭도 모르는 것이라면 다른 곳에 가서 물어보나 마나라고 생각했다.

동한 명제(明帝) 때, 서역의 한 도인이 낙양에 이르렀다. 당시 동방삭의 말을 생각해낸 사람이 무제 때 있었던 검은 회토 사건에 관해 물었다. 도인은 이렇게 대답했다.

"불경에 이르길 '천지의 대겁(大劫)이 끝날 때, 세상을 파멸할 큰불이 있게 된다'고 했습니다. 검은 회토는 그때 불타고 남은 잿더미입니다."

사람들은 그제야 동방삭의 말 속에 깊은 뜻이 깃들어 있었음을 깨달았다.

단사가 녹아든 우물

임원현에 요씨 성을 가진 사람들이 있었는데, 대대로 장수했다. 그런데 후에 다른 곳으로 옮겨 가면서 모두 단명했다.

반면에 요씨네가 살던 곳에 옮겨 와 살던 사람들은 모두 장수했다. 집의 위치와 관련이 있다는 것은 알았지만 정확한 이유는 알지 못했다.

그 뒤 우물의 물빛이 붉은 것을 의심해 우물 주변 땅을 파보았다. 그러자 옛사람들이 단사(丹砂) 수십 곡(斛)을 파묻어놓았다는 것을 알게 되었다. 단사의 액이 우물로 흘러들었고, 그 물을 마시면서 장수하게 된 것이다.

회를 닮은 물고기

강동에 여복(餘腹)이라는 물고기가 있다. 옛날에 오왕 합려(闔閭)가 장강에 순행을 나갔다가 생선회를 먹고 남은 것을 강 속에 던졌더니 모두 물고기로 변했다고 한다. 지금도 물고기 중에는 오왕회여(吳王膾餘)라는 종이 있다. 길이는 몇 촌쯤 되는데, 큰 것은 젓가락만큼이나 길었다. 마치 생선회를 떠놓은 모양을 하고 있다.

꿈에 나타난 게

팽월(蟛蚏)은 게의 일종이다. 일찍이 다른 사람의 꿈에 나타나서는 자신을 장경(長卿)이라 칭했다. 지금의 임해군 사람들은 자주 '장경'이라는 호칭을 쓴다.

되돌아오는 돈

남쪽 지방에 돈우(敦蝸)라고 하는 벌레가 있다. 적촉(蜊蠋) 또는 청부(靑蚨)라고도 한다. 생김새는 매미와 비슷한데, 매미보다는 좀 더 크다. 매운 맛이 나는 것이, 맛도 좋아서 먹을 만하다. 풀잎 위에 새끼를 낳아 기르고, 벌레 새끼는 누에만 하다. 새끼가 잡히려 하면, 어디에선가 어미가 쏜살같이 새끼가 있는 곳으로 날아온다. 아무리 몰래 새끼를 잡으려 해도 어미는 이를 즉시 알아챈다.

어미 피를 묻힌 엽전 81닢과 새끼 피를 묻힌 또 다른 엽전 81닢을 가지고 장에 물건을 사러 가면, 무슨 동전을 사용하든 모든 동전이 날아서 되돌아오곤 해서, 끝도 없이 동전을 돌려 쓸 수 있었다. 그래서 『회남만 필술』에서는 되돌아오는 돈이라는 의미에서 청부라고 칭했다.

다른 벌레의 새끼를 기르는 벌

과라(蜾蠃)라고 하는 땅벌이 있는데, 지금은 인옹(蝀蟵)이라고도 한다. 허리가 가는 벌의 일종이다. 이 벌레는 수컷만 있고 암컷은 없다. 교배를 하지 못해 새끼를 낳을 수 없다. 그래서 늘 상충(桑蟲)이나 부종(阜螽) 같은 다른 벌레의 새끼를 잡아다가 기르며 자기 새끼로 만들어버린다. 어떤 사람들은 명령(螟蛉)이라고도 부른다. 『시경』에 나오는 "명령이 새끼를 낳으면, 과라가 기른다네"란 구절이 여기에서 연유했다.

나무좀에서 태어난 나비

나무좀에서 벌레가 생기면 날개가 돋아 나비가 된다.

고슴도치의 가시

고슴도치는 몸에 가시가 많다. 그래서 서로를 넘어가거나 오르내리지 못한다.

화완포의 유래

곤륜산에 있는 토산(土山)은 대지의 끄트머리이다. 천제는 여기에 인간세계의 도성(都城)을 지었다. 도성 주변은 건널 수 없을 만큼 깊은 약수(弱水)로 막아놓고, 화산(火山)으로 사방을 둘러놓았다. 화산에 사는 새, 짐승, 풀, 나무는 모두 불 속에서 살고 번식했다. 이로 인해 화완포(火浣布)라는 천이 생겨났다. 이 천은 화산에 있는 초목의 껍질로 짠 것이 아니면 새와 짐승의 깃털로 짠 것이다.

한나라 때, 서역에 이 천을 공물로 바친 적이 있었지만 이후로는 오랫동안 바치지 않았다. 삼국 위나라 초기만 해도 사람들은 이런 천이 있다는 사실을 의심했다. 위문제(魏文帝)는 불의 성질이 맹렬하고 파괴적이어서 생명의 원기를 품을 수 없다고 여겼다. 그래서 『전론(典論)』에 화완포의 존재는 있을 수 없다고 서술해 식견 있는 사람들 사이에서 소문이 도는 것을 제지했다.

그 뒤 위명제(魏明帝)가 즉위하자, 삼공(三公)에게 이러한 조서를 내렸다. "선황제께서 과거에 『전론』을 저술하셨다. 이는 불후의 격언을 담은 책이다. 마땅히 비석에 새겨서 종묘 밖과 태학(太學) 안에 유교경전을 새긴 석경(石經)과 나란히 세워두고 영원히 후대에 알려야 한다."

그런데 이때 서역에서 온 사람이 화완포로 만든 가사(袈裟)를 공물로 바쳤다. 이로써 비석에 새겨 넣은 화완포 관련 내용을 없애야 했다. 그 바람에 세인의 비웃음을 샀다.

양수와 음수

쇠의 성질은 고정된 것이다. 그러나 5월 병오일 정오에는 쇠로 양수(陽燧: 고대 태양 아래서 불을 얻던 기구)를 주조하고, 11월 임자일 한밤중에는 쇠로 음수(陰燧: 고대 달빛 아래서 물을 얻던 기구)를 주조한다.(때에 따라 양수를 주조하면 불을 얻을 수 있고, 음수를 주조하면 물을 얻을 수 있다는 뜻이다 – 옮긴이)

꼬리가 타버린 거문고

동한 영제(靈帝) 때, 진류군 사람 채옹(蔡邕)이 공사(公事)에 관해 수차례 임금에게 아룀으로써 황제의 뜻을 거스르게 되었다. 게다가 황제의 총애를 받던 환관의 미움까지 샀다. 채옹은 죽음을 면하기 어려울 것이라 생각해 멀리 강호(江湖)로 도망쳐서 오군과 회계군에까지 행적을 남겼다.

오군에 이르러 채옹은 오동나무로 불을 피워 밥을 짓는 사람을 만났다. 채옹은 오동나무가 불 속에서 타닥거리는 소리를 듣고는 "좋은 나무로다"라고 말했다. 그러고는 바로 그 타들어가는 오동나무를 얻어다가 거문고를 만들었는데, 과연 자못 들음직한 소리를 냈다. 다만 거문고의 꼬리 부분은 이미 타버렸다. 그래서 꼬리가 타버린 거문고란 의미의 초미금(焦眉琴)이라 칭했다.

가정의 대나무 피리

채옹이 일찍이 가정(柯亭)이란 곳에 가보니, 그곳에서는 대나무를 서까래로 쓰고 있었다. 채옹이 대나무 서까래를 올려다보고는 이렇게 말했다. "좋은 대나무로다." 그러고는 대나무 한 토막을 가져다가 피리를 만들었는데, 소리가 맑은 것이 멀리까지 울려 퍼졌다.

또 다른 일설은 이렇다. 채옹이 오군 사람에게 이렇게 말했다고 한다. "내가 일찍이 회계군 고천정(高遷亭)을 지나다가 정자 동쪽 열여섯 번째 대나무 서까래를 보았는데 피리를 만들 만했다." 후에 그 대나무로 피리를 만들었는데 과연 더없이 좋은 소리가 났다고 한다.

권 14

모든 것의 유래

　「권 14」는 몽쌍씨의 유래에서 시작된다. 남매가 서로 사랑해 부부연을 맺자 천제인 전욱이 이들을 쫓아내는 바람에 결국 얼어 죽고 만다. 그러나 7년 후 이들은 머리 두 개에 팔다리 두 쌍을 가진 몸으로 다시 태어났다. 그리스신화에도 이와 비슷한 이야기가 있다. 헤르마프로디토스를 너무도 사랑한 요정이 구애를 했다가 거절당했다. 그러자 요정은 목욕하는 헤르마프로디토스에게 몰래 다가가 힘껏 껴안고는, 신에게 둘이 떨어지지 않게 해달라고 기원한다. 요정의 소원이 이뤄져 결국 헤르마프로디토스는 한 몸에 남자와 여자의 특성을 모두 갖춘 사람으로 변한다. 이 역시 '그'와 '그녀'가 결합해 한 몸이 되었다는 측면에서는 몽쌍씨다. 물론 중국의 몽쌍씨가 서로 사랑을 해서 한 몸이 되었다면, 이들은 요정의 소원에 의해 일방적으로 한 몸이 되었다는 차이가 있다. 몽쌍씨 이야기를 보면 사랑해서 한 몸이 된다는 비유는 결코 비유가 아닌 듯하다. 이들은 실로 한 몸에서 나와서 결국 한 몸이 된 것이다.

　한 몸에서 나온 남매가 부부연을 맺는 이야기는 반호(盤瓠)의 신화에도 등장한다. 반호 신화는 남매의 결합뿐 아니라 인간과 동물(개)의 결합을 통해 일국(一國)이 형성됨을 보여준다. 반호 신화는 현대에 와서 다양한 콘텐츠로 재탄생한다. 일본 애니메이션 〈후세: 말하지 못한 내 사랑〉이 대표적이다. 〈난소사토미 팔견전〉을 재해석한 작품으로, 중국의 반호 신화를 모티프로 삼았다.

깃털 옷을 입은 사람 이야기, 누에가 된 여자 이야기 또한 인간과 동물의 결합을 보여준다. 전편이 동물(새 또는 뱀)과 남성과의 결합을 묘사하고 있다면 후편은 동물(말)과 여성의 결합을 그린다. 전편의 이야기에서는 '깃털 옷을 입은 사람이 누군가?' 하는 문제가 흥미롭다. 깃털을 가졌으니 새인가? 그와 관계를 맺은 임곡이 뱀을 낳았다고 하니 깃털 달린 뱀인가? 아니면 잉카문명전이나 아메리카 인디언 신화에 자주 등장하는 스네이크 버드(snake-bird), 즉 새와 뱀이 결합된 신인가? 그뿐만 아니다. 이야기 속 임곡의 성별은 분명 남성인데 어떻게 자식을 낳을 수 있었다는 것인가? 동서양 민담에는 여성의 깃털 옷을 남성이 감춰놓는 바람에 부득이 부부연을 맺게 된다는 이야기가 자주 등장한다. 그러나 깃털 옷을 입은 사람 이야기에서는 기존의 패턴이 모두 전복

된다.

누에가 된 여자 이야기는 표면적으로 보면 양잠의 기원과 관련된다. 그런데 이야기 내부를 들여다보면 외로운 소녀와 수말 간의 야릇한 감정 흐름, 여기에서 비롯된 수말의 애욕과 소녀의 배신이 빚어낸 애증이 고스란히 감춰져 있음을 알 수 있다. 비극은 종종 장난삼아 던진 말에서 빚어지곤 한다. 더구나 일방에서 그 말을 사실로 믿게 되면 갈등의 골은 더욱 커지는 법이다. 이러한 느낌을 고스란히 담아낸 작품이 바로 대만에서 제작한 옴니버스 영화 〈육조괴담(六朝怪談)〉 중 제1부 〈마녀(馬女)〉 편이다.

그 밖에 알을 품어 사람을 탄생시킨 이야기도 자주 등장한다. 고구려를 세운 부여가 그렇고 서국(徐國)의 국왕도 그러하다. 버려진 아이를 들짐승과 날짐승이 기른 이야기도 등장한다. 버려진 아이를 호랑이가 먹여 기른 자문(子文) 이야기며 야생 고양이 젖을 먹고 송골매 품속에서 자라난 무야(無野)의 이야기 또한 모두 여기에 해당된다.

몽쌍씨 이야기

전설 속 왕조 고양씨(高陽氏) 때, 한 어머니에게서 태어난 남매가 부부의 연을 맺었다. 고대 제왕 전욱(顓頊)이 이들을 공동산 벌판으로 쫓아내자 두 사람은 서로 껴안은 채 죽고 말았다. 신조(神鳥)가 불사초(不死草)를 물어다가 그들을 덮어주었더니, 7년이 지나자 머리 두 개, 팔다리 두 쌍이 달린 몸으로 다시 살아났다. 이것이 바로 몽쌍씨(蒙雙氏)다.

반호의 자손

전설 속 왕조인 고신씨(高辛氏) 때, 한 노부인이 궁궐에 살았다. 노부인은 오랫동안 귓병을 앓고 있었다. 귀를 치료하던 의사가 부인의 귀 속에서 금색 벌레를 한 마리 꺼냈다. 의사는 노부인이 자리를 떠난 뒤, 벌레를 조롱박 속에 넣고 쟁반으로 덮어두었다. 잠시 뒤 금색 벌레는 몸뚱이가 오색찬란한 개로 변했다. 의사는 그 개를 반호(盤瓠)라 부르며 집에서 길렀다.

당시 융오족(戎吳族)이 강성해지자 자주 변경을 침략했다. 국왕이 장수를 보내 토벌토록 했지만 번번이 패하고 말았다. 국왕은 융오족 장수의 머리를 가져오는 자에게는 상금 천 금을 내리고, 성읍 만 호를 분봉하며, 어린 딸까지 주겠다고 만천하에 고했다. 후에 반호가 사람 머리 하나를 입에 물고는 궁궐로 들어왔다. 제왕이 자세히 살펴보니 바로 융오족 장수의 머리였다.

국왕이 물었다. "이 일을 어찌하면 좋은가?"

신하들은 이렇게 말했다.

"반호는 짐승이니 관료로 봉해 녹봉을 줄 수도 없고, 사람을 아내로 짝지어줄 수도 없습니다. 비록 공이 있기는 하지만, 상을 내릴 수는 없습니다."

제왕의 어린 딸이 이 일을 듣고는 제왕에게 말했다.

"대왕께서 기왕 저를 걸고 세상에 약속을 하였고, 반호가 적장의 머리를 가져와서 나라의 위기를 물리쳤으니, 이는 하늘의 뜻입니다. 개의 지혜로 어디 가당키나 하겠습니까! 왕은 약속을 귀히 여기고, 패자는 신용을 귀히 여기는 법입니다. 하찮은 여식 때문에 세상 사람들 앞에서 약속을 저버려서는 안 됩니다. 그렇게 되면 국가에 재앙이 닥칠 것입니다."

제왕은 어린 딸의 말을 듣고 그녀에게 반호를 따라가도록 허락했다.

반호는 국왕의 딸과 함께 남산으로 갔다. 그곳은 초목이 무성하고 인적이라곤 없었다. 어린 딸은 본래 입었던 화려한 옷을 벗고 노비처럼 꾸몄다. 반호를 따라 높은 산과 깊은 계곡을 지나 마침내 돌집에 머물며 살았다.

국왕은 어린 딸이 그리워 사람을 시켜 이곳저곳을 찾아보도록 했다. 하지만 하늘에 비바람이 몰아쳐 천지가 진동하고 먹구름이 짙게 깔려 어느 누구도 그들이 있는 곳에는 닿지 못했다.

3년이 지나, 국왕의 딸은 사내아이 여섯과 딸아이 여섯을 낳았다. 반호가 죽자 자녀들은 서로 짝을 지어 결혼을 해 부부의 연을 맺었다. 그들은 나무껍질로 옷감을 짜고 풀씨로 색을 물들였다. 오색찬란한 빛깔의 옷을 좋아했고, 만든 옷에는 모두 꼬리가 달려 있었다.

후에 그들의 어머니가 왕궁으로 돌아와 모든 사실을 국왕에게 아뢰었다. 국왕은 사신을 보내 자식들을 데려오도록 했다. 이번에는 하늘도 사신의 갈 길을 막지 않았다.

그들이 입은 옷은 색깔이 요란했고, 말을 하면 알아듣기 힘들었다. 또 밥을 먹을 때는 땅에 쪼그리고 앉아서 먹었다. 그런가 하면 산을 좋아하고 도시를 싫어했다. 국왕은 그들의 뜻에 따라서 그들에게 명산대천을 하사하고 만이(蠻夷)라고 불렀다.

만이인(蠻夷人)은 겉으로는 순박해 보였지만 속은 교활했다. 또 자기 땅에 안거하면서 옛 풍속을 중시했다. 만이인은 하늘이 부여해준 특이한 기질 때문에 특별한 법규로써 대해야 했다. 농사를 짓든 장사를 하든 모두 세금을 징수하지 않았고 관문을 통과할 때 증표를 요구하지도 않았다. 또한 모든 마을의 수령에게는 관인(官印)을 매다는 인끈을 주었다.

만이인이 쓰는 모자는 수달가죽으로 만들었다. 수달처럼 물에서 먹을 것을 구한다는 의미였다.

지금의 양주, 한중군, 파군, 촉군, 무릉군, 장사군, 여강군의 만이가 모두 이러하다. 그들은 밥에 생선과 고기를 섞고는, 나무로 만든 구유를 두드리며 반호에게 제사를 드린다. 이런 풍속은 지금까지도 전해진다. 세상 사람들은 "허벅지를 드러내고 짧은 치마를 입은 사람이 반호의 자손"이라고 말한다.

부여왕 동명

고리국(槀離國) 왕의 시녀가 임신을 하여, 국왕이 시녀를 죽이려 했다. 시녀는 이렇게 말했다.

"하늘에서 알 하나가 엄청난 기세로 떨어져 제 몸을 덮쳐서 임신하게 되었습니다."

시녀는 얼마 후 아이를 낳았다. 아이는 돼지우리에 버려졌다. 그런데 돼지가 주둥이로 아이에게 입김을 불어주었다. 그래서 아이를 다시 마구간에 던져버렸다. 이번에는 말이 또 아이에게 입김을 불어주며 아이가 얼어 죽지 않도록 보살폈다.

왕은 그 아이가 하늘의 아들일지도 모른다고 생각해서 아이 어미에게 맡아서 기르도록 명했다. 아이에게는 동명(東明)이라는 이름을 지어주었으며, 말을 놓아기르는 일을 맡겼다.

동명은 활쏘기에 능했다. 국왕은 동명이 자기 나라를 빼앗을까 근심해 죽이려고 했다.

동명은 즉시 도망쳐서 남쪽 엄시수(俺施水)에 이르렀다. 동명이 활로 수면을 내리치자, 물속의 물고기와 자라가 물 위로 떠올라 다리를 만들어주었다. 동명이 강을 건너자 물고기와 자라는 흩어져버렸고 동명을 쫓는 관병들은 강을 건널 수 없었다. 후에 동명은 부여에 수도를 세우고 왕이 되었다.

알을 낳은 궁녀

고대 서국(徐國)의 궁녀가 임신을 해서 알을 하나 낳았다. 궁녀는 이를 불길한 징조로 여겨 알을 강가에 내다 버렸다.

그런데 곡창(鵠蒼)이라는 개가 알을 물고 돌아왔다. 그 뒤 사내아이가 알을 깨고 나왔다.

훗날 이 아이는 서국 국왕의 자리를 이어받아 왕이 되었다.

곡창이 죽을 무렵이 되자 머리에서 뿔이 돋고 꼬리가 아홉 개 자라났다. 곡창은 본래 황룡(黃龍)이었던 것이다. 곡창이 죽자 서국 땅 어느 마을에 묻었다. 지금도 그곳에는 개 무덤이 남아 있다.

호랑이가 젖을 물려 기르다

초나라 사람 투백비(鬪伯比)는 아버지를 일찍 여의고 어머니를 따라서 운국(妘國) 외가에서 외삼촌과 살았다. 장성한 후엔 운국 국왕 운자(妘子)의 딸과 사통해 자문(子文)을 낳았다. 운자의 아내는 딸이 결혼도 안 했는데 자식을 낳은 것을 치욕이라 여겨 자문을 산속에 내다 버렸다.

운자가 산에서 사냥을 하다가 호랑이 한 마리가 사내아이에게 젖을 먹이는 것을 보고는 집으로 돌아와 아내에게 알려주었다. 아내는 이렇게 말했다.

"그 애가 바로 우리 딸과 투백비가 사통해서 낳은 아이예요. 내가 너무 수치스러워서 그 애를 산에 갖다 버렸어요."

운자는 아이를 다시 데려와 돌봐주었고, 자기 딸을 투백비와 결혼시켰다.

그래서 초나라 사람들은 자문을 누오도(穀烏菟)라고 불렀다. 초나라 말로 '호랑이가 젖을 먹여 기른다'는 뜻이다. 후에 자문은 초나라 승상 자리까지 올랐다.

들판에서 태어난 경공

제(齊)나라 혜공(惠公)의 첩인 소동숙자(蕭同叔子)가 혜공을 모시고 난 후에 임신을 했다. 그러나 출신이 비천한지라 이 사실을 입 밖으로 꺼내지 못했다. 소동숙자는 들판에서 자초풀을 깔고 아이를 낳았는데 역시 감히 거두지 못했다.

그러자 들고양이가 아이에게 젖을 물리고, 송골매가 품어주었다. 어떤 이가 아이를 발견해서 거두어 길렀는데 아이를 무야(無野)라 불렀다. 이 아이가 바로 제나라 경공(頃公)이다.

호랑이가 불길을 막다

원일(袁釰)은 서강(西羌) 부락의 우두머리였다. 진(秦)나라 여공(厲公) 때 진나라에 붙잡혀 노예가 되었다가 후에 도망쳐 나왔다. 진나라 사람들이 원일을 뒤쫓자 원일은 바위 동굴에 몸을 피했다. 뒤쫓던 자들이 동굴에 불을 놓았는데 호랑이 형체의 그림자가 나타나 불길을 막아주는 바람에 타 죽지 않을 수 있었다. 서강 사람들이 그를 신으로 여겨 우두머리로 추대했다. 그 후로 서강족과 부락은 번성했다.

두씨 집안에서 태어난 뱀

후한 때, 정양태수 두봉(竇奉)의 아내가 아들 두무(竇武)를 낳고, 이어서 뱀 한 마리를 낳았다. 두봉은 뱀을 들판에 풀어주었다.

두무는 장성해서 나라에 이름을 떨쳤다. 후에 두무의 어머니가 죽어서 관을 땅에 묻으려는데 큰 뱀 한 마리가 풀숲에서 기어 나와 곧장 관 아래로 내려갔다. 머리를 위아래로 조아리는 것이 꼭 절을 하는 것 같았다. 뱀은 머리로 관을 부딪치고 피눈물을 흘리며 애통해하더니 이내 사라져버렸다. 사람들은 모두 이것이 두씨 집안의 길조라고 여겼다.

뱀으로 변한 궐아

진(晉)나라 회제(懷帝) 영가 연간, 한씨 성의 노부인이 들판에서 큰 알을 하나 발견했다. 알을 가져와 부화시켜 아이를 얻어, 궐아(撅兒)란 이름을 지어줬다.

아이가 네 살이 될 무렵, 유연(劉淵)이 평양성을 쌓는 데 실패하자 성을 쌓을 수 있는 사람을 모집했다. 궐아가 여기에 지원했다. 그러고는 이내 뱀으로 변해 한씨 노부인에게 자신의 뒤를 따라오면서 횟가루를 뿌려 동선을 표시토록 했다. 궐아가 노부인에게 말했다.

"이 선을 따라 성을 쌓으면, 금방 완성할 수 있을 겁니다."

결과적으로 그 말대로 되었다.

유연이 이 일을 괴이하게 여겨 부하를 보내 궐아를 산속 동굴에 던져 넣도록 했다. 뱀의 꼬리가 동굴 밖으로 몇 촌 삐져나오자, 부하가 꼬리를 잘랐다. 그러자 별안간 동굴 속에서 샘물이 솟구쳐 저수지를 이뤘다. 후에 이 저수지를 금룡지(金龍池)라 했다.

깃털 옷을 입은 사람

진(晉)나라 원제(元帝) 영창 연간, 기양현 사람 임곡(任谷)이 밭일을 하다 지쳐 나무 아래서 쉬고 있었다. 그런데 갑자기 깃털 옷을 입은 사람이 나타나 임곡을 겁탈하고는 알 수 없는 곳으로 사라져버렸다.

임곡이 임신해서 몇 달 후 아이를 낳을 무렵이 되자 깃털 옷을 입은 사람이 또다시 나타났다. 그 사람은 칼로 임곡의 아랫도리를 찔러 작은 뱀 한 마리를 꺼내고 곧바로 그 자리를 떠났다. 이로 인해 거세된 임곡은 궁정으로 들어가 자기가 겪은 일을 이야기하고는 환관이 되어 궁정에서 살았다.

누에가 된 여자

상고시대에 전해오는 이야기다. 아버지가 먼 곳으로 길을 떠나자 딸과 수말 한 필만 집에 남았다. 딸은 직접 말을 길렀다. 집이 외진 곳에 있었던 터라 늘 외롭게 지내며 아버지를 그리워했다. 그러다 우스갯소리로 말에게 이렇게 말했다.

"네가 아버지를 데려와준다면 너한테 시집갈게."

말은 이 말을 듣자마자 말고삐를 강제로 끊고는 집을 떠나 곧장 아버지가 머무는 곳으로 달려갔다. 아버지는 말을 보자 놀랍고도 반가워서 즉시 말을 끌고 와 올라탔다. 그러자 말이 달려온 쪽을 향해 쉼 없이 슬피 울부짖었다. 아버지가 말했다.

"이 말이 아무 까닭 없이 이리 슬피 울진 않을 텐데, 우리 집에 무슨 일이 생긴 건가?"

아버지는 곧장 말을 타고 집으로 돌아갔다.

아버지는 이 말이 짐승이기는 하지만 특별한 데가 있었기에, 풀과 사료를 후하게 주면서 잘 대해주었다. 그런데도 말은 사료를 먹으려 하지 않았다. 그리고 딸이 드나드는 것을 볼 때마다, 기뻐했다가 화를 냈다가 경중경중 뛰었다가 하는 것이 한두 번이 아니었다.

아버지가 괴이하게 여겨서 넌지시 딸에게 물어보았다. 딸은 자신이 우스갯소리를 했던 일을 아버지에게 고하고는 틀림없이 그 일 때문일 것이라고 했다. 아버지는 이렇게 말했다.

"그 말을 입 밖으로 꺼내지 말거라. 우리 집안을 욕보일까 봐 두렵다. 너는 잠시 동안 출입하지 말거라."

아버지는 곧장 화살로 말을 쏘아 죽이고, 말가죽을 벗겨 마당에 널어 말렸다.

아버지가 외출하자, 이웃집 아가씨와 함께 마당에서 놀던 딸이 발로 말가죽을 차면서 비웃었다.

"너는 짐승인데 어찌 사람을 아내로 맞을 생각을 했느냐? 죽어서 가죽이 벗겨지니 기분이 어떠냐?"

그 말이 채 끝나기가 무섭게 말가죽이 돌연 날아들어 딸을 감싸 안고는 어디론가 날아가버렸다. 이웃집 아가씨는 당황스럽고도 두려웠다. 감히 딸을 구하러 가지는 못하고, 그녀의 아버지에게 사실을 고하러 뛰어갔다. 아버지가 집으로 돌아와 구석구석을 찾아보았지만 이미 어디론가 사라진 뒤였다.

며칠이 지난 뒤, 큰 나뭇가지 사이에서 딸과 말가죽이 누에로 변해서 나무 위에 실을 토해놓고 고치가 된 것을 발견했다. 거기에서 나온 실의 결이 굵고 단단해 일반 실과는 달랐다. 이웃에 사는 여자가 누에를 가져다가 길렀더니 몇 배나 되는 명주실이 나왔다. 사람들은 누에가 나온 나무를 상(桑)이라 불렀다. 상은 상실하다란 뜻의 상(喪)과 같은 음(音)이다. 그 후로 사람들은 앞다투어 그 나무를 심기 시작했고, 지금까지도 이 나무로 누에를 기른다. 이를 일컬어 상잠(桑蠶)이라 하는데, 누에치기는 이로부터 시작된 것이다.

『천관(天官)』에 따르면 진수(辰宿)의 별자리는 마성(馬星)이다. 『잠서(蠶書)』에서 "달이 대화성(大火星)에 위치(음력 2월)하면 누에알을 취한다"라고 했다. 누에와 말이 같은 기운에서 연유한다는 의미다. 또 『주례(周禮)』에서는 "마질(馬質)은 누에를 두 번 치는 것을 금지시키는 직책을 맡았다"라고 되어 있다. 학자 정현(鄭玄)은 여기에 주석을 달아 "동일한 물건을 두 번씩 생산토록 하지 말라. 누에를 두 번 치는 것을 금하는 것은 누에가 말을 상하게 하기 때문이다"라고 했다. 한대의 예의(禮儀)에 따르면, 황후가 몸소 뽕을 따고 잠신(蠶神)에게 "원유부인(菀窳婦人)" "우씨공주(寓氏公主)"라고 부르며 제사를 올렸다. 공주는 여자에 대한 존칭이고, 원유부인은 가장 먼저 백성에게 양잠을 가르쳐준 사람이다. 오늘날 사람들은 누에를 여아(女兒)라고 부르는데, 실은 고대로부터 전해 내려오는 말이다.

달로 도망간 항아

예(羿)가 서왕모에게서 장생불사 약을 구했는데, 그의 아내 항아(嫦娥)가 이를 훔쳐 달로 도망갔다. 도망가기 전에 항아는 무당 유황(有黃)을 찾아가 점을 쳤다. 유황은 항아에게 점괘를 일러주었다.

"길할지고. 시집간 누이가 사뿐사뿐 날아 홀로 서쪽으로 가는구나. 하늘이 어두워져도 두려워하거나 놀라지 마라. 장차 매우 흥하리라."

드디어 항아는 달로 날아올랐다. 그러나 항아는 달에서 두꺼비로 변해버렸다.

설타산의 괴이한 풀

설타산(舌堆山)에서 천제의 딸이 죽어 괴이한 풀이 되었다. 잎은 무성하고 꽃은 노란색이며 과실은 토사자(菟絲子)처럼 생겼다. 이 풀을 먹은 자는 늘 사랑을 받게 되었다.

백학이 된 부부

형양현에서 남쪽으로 백여 리 떨어진 곳에 있는 난암산(蘭巖山)은 기암괴석에 천 길 낭떠러지로 이뤄져 있다. 산속에는 순백의 깃털을 가진 백학(白鶴) 한 쌍이 밤낮으로 붙어 다니며 머물렀다. 사람들은 이렇게 전했다.

"이 산속에 수백 년을 함께 은거하던 부부가 있었는데, 나중에 백학이 되어서도 변함없이 함께했다. 어느 날 아침, 그중 한 마리가 사람에게 죽임을 당했다. 그러자 나머지 한 마리가 날마다 그곳에서 애통하게 울부짖었다. 지금까지도 그 울음소리가 산골짜기에서 울려 나온다. 그러나 學의 나이가 얼마나 되었는지는 아무도 모른다."

깃털 옷을 입은 여자

예장군 신유현에 사는 한 남자가 들판에서 예닐곱 명의 여자를 보았는데 모두 깃털 옷을 입고 있었다. 남자는 여자들이 새라고는 생각지 못했다. 남자는 땅에 엎드린 채 몰래 기어가 그중 어떤 여자가 벗어놓은 깃털 옷을 가져다 숨겨놓았다. 남자가 무리 곁으로 다가가자, 한 사람을 제외하고는 모두 뿔뿔이 날아가버렸다.

남자는 남아 있던 여자를 아내로 맞아 세 딸을 낳았다. 세월이 흐르자 여자는 딸을 통해 남자가 자신의 깃털 옷을 볏짚 더미에 숨겨놓은 사실을 알아냈다. 여자는 옷을 찾아 입고 하늘로 날아가버렸다.

얼마 뒤 여자가 세 딸을 데리러 왔고, 딸들도 엄마를 따라서 날아가버렸다.

자라가 된 황씨 어머니

한나라 영제 때, 강하군에 사는 황씨의 어머니가 욕조에 물을 담아놓고 목욕을 했다. 한참이 지나서도 몸을 일으키지 않더니, 어느새 자라로 변해 있었다. 하녀가 깜짝 놀라 밖으로 뛰쳐나가 가족에게 이 사실을 알렸다. 가족들이 와서 보니, 자라는 이미 깊은 못 속으로 들어가버린 뒤였다.

그 뒤로도 자라는 자주 나타났다. 황씨 어머니가 머리에 꽂고 있던 은비녀는 자라 머리에 그대로 꽂혀 있었다. 그 뒤로 황씨네 사람들은 몇 대에 걸쳐 자라 고기를 먹지 않았다.

자라로 변한 송씨 어머니

위문제 황초 연간, 청하군에 사는 송사종(宋士宗)의 어머니가 여름날 집에서 목욕을 하려고 가족을 모두 내보냈다. 그런데 한참이 지나도 어머니가 나오질 않자 가족들이 궁금함을 못 이겨 벽에 뚫린 구멍으로 안쪽을 살폈다. 그런데 어머니의 모습은 간 데 없고 욕조 속에 커다란 자라 한 마리만 보이는 게 아닌가. 문을 열고 식구들이 들어갔지만 자라와 말이 통할 리 없었다. 송씨의 어머니가 본래 머리에 꽂았던 은비녀는 그대로 자라 머리 위에 꽂혀 있었다. 가족이 모두 자라 곁에서 목 놓아 울어보았지만 별다른 방법이 없었다. 자라가 이곳을 떠나고 싶어 하는 눈치니 영원히 붙잡아둘 수도 없는 노릇이었다.

가족은 자라가 떠나지 못하도록 여러 날을 지켰다. 그러나 자라는 감시가 소홀해진 틈을 타서 문밖으로 도망쳐 나왔다. 그리고 아무도 따라올 수 없을 만큼 빠른 속도로 도망쳐서 강물 속으로 뛰어들었다.

며칠 후 송씨 어머니가 갑자기 돌아와서 보통 때처럼 집 주위를 둘러보는 듯하다가 일언반구도 없이 다시 사라져버렸다. 사람들은 송사종에게 상복을 입고 장례를 치러야 한다고 말했지만, 송씨는 어머니 모습이 변했을 뿐 여전히 살아계신다고 여겨 장례를 치르지 않았다. 이 일은 강하군에서 일어난 황씨 어머니의 일과 유사하다.

자라로 변한 선건의 어머니

동오의 마지막 왕인 손호 보정 원년 6월 그믐날, 단양군에 사는 선건(宣騫)의 어머니가 80세를 맞이해 목욕을 하다가 자라로 변했다. 그 상황이 강하군의 황씨 어머니에게 벌어진 일과 유사했다.

선건 4형제는 문을 걸어 잠그고 자라를 지켰다. 집 안에 커다란 구덩이를 파서 물을 채워주자, 자라는 구덩이 속으로 기어들어가 헤엄을 즐겼다. 그런데 하루 이틀 헤엄을 즐기던 자라가 목을 길게 빼고는 바깥을 하염없이 바라보았다. 그러다가 문이 조금 열린 틈을 타서 스스로 도망쳐 깊은 못 속으로 들어가서는 다시는 돌아오지 않았다.

괴이한 노인의 정체

한헌제 건안 연간, 동군 인가(人家)에 괴물이 나타났다. 아무 까닭 없이 항아리가 진동하더니 마치 누군가가 두드리는 듯 쿵쿵 소리를 냈다. 앞쪽에 놓여 있던 음식이 담긴 그릇도 홀연 없어지고, 닭이 방금 낳은 달걀도 어느새 사라져버렸다. 수년째 괴이한 일이 벌어지니, 그 집 사람들은 모두 넌더리를 냈다.

어느 날 그 집 남자가 맛있는 음식을 잔뜩 만들어 뚜껑을 덮은 채 방 안에 놓아두고 몰래 숨어서 지켜보았다. 과연 괴물이 나타나 소란스러운 소리를 냈다. 숨어 있던 남자는 소리가 나자 얼른 문을 걸어 잠그고 방 주변을 돌아보았지만 아무것도 보이지 않았다. 남자는 몽둥이를 사방에 휘둘렀다. 한참을 휘두르다 보니, 방 모퉁이에서 어떤 물건이 부딪혔다. 그러자 "아이고 아이고, 제기랄" 하는 신음소리가 나왔다.

대략 백 세는 넘어 보이는 노인이 형체를 드러냈다. 짐승처럼 생겼는데 말이 잘 통하지 않았다.

수소문 끝에 몇 리 떨어진 곳에 그의 집이 있다는 사실을 알아냈다. 그 집 사람이 "그 노인네를 못 본 지 10년이 넘었소"라고 말했다. 그러고선 노인을 보자 슬퍼도 하고 기뻐도 했다.

한 해쯤 지나자 노인은 다시 사라졌다. 진류군에 또 이런 괴물이 나타났다는 소문이 들렸다. 사람들은 모두 괴물이 그 노인이라는 사실을 눈치챘다.

권 15

부활하는 사람들

「권 15」에서 가장 많이 다루는 주제는 바로 사이복생(死而復生)이다. 17개 이야기 중 13개가 바로 사이복생, 즉 죽은 뒤 부활한 이야기를 다루고 있다. 그 가운데 왕도평의 아내, 하문군의 남녀, 아내를 얻은 가문합 이야기가 대표적이다.

왕도평의 아내와 하문군의 남녀 이야기에 나오는 패턴은 매우 유사하다. 남녀가 서로 사랑하는 사이였지만 남자가 징집되어 전장으로 간다. 그 바람에 여자가 부모에 의해 강제 혼인을 하고 결국 여자는 한을 품고 죽는다. 그러나 남자의 애끊는 통곡에 하늘이 감동해 여자가 되살아나고 두 남녀는 오래도록 해로한다.

전통 사회에서 남녀 간의 자유연애가 사회적 통념에 의해 가로막혀 비극을 초래하는 이야기는 매우 흔하다. 그러나 이들 이야기는 비극적 결말로 끝나지 않는다. 하늘을 감동시킨 남녀의 사랑이 죽은 연인을 되살려내 결국 해피엔딩을 이룬다. 이야기 속 여성은 사랑 때문에 죽고 사랑 때문에 다시 살아나는 셈이다. 바야흐로 인간의 가장 아름다운 소망이자 자유연애에 대한 갈망이 고스란히 드러나는 대목 아닌가?

아내를 얻은 가문합 이야기는 이와는 사뭇 다른 구조를 갖고 있다. 남녀 주인공이 저승사자의 실수로 죽음을 맞았다가 다시 살아나고, 저승에서 이승으로 돌아오는 길에 여자에게 반한 남자가 구애하지만 여자는 유교의 도를 따지면서 이를 거절한다. 가문합은 적극성을 발휘해 여자의 집에 찾아가서 결국 아버지의 동의를 얻어낸다.

이 이야기에 나타난 여성은 위의 두 여성과는 차이가 있다. 여성은 자신의 감정보다는 유교에서 강조하는 정절과 결백을 내세우면서 구애를 거절한다. 전통 사회에서는 이러한 여성이 훨씬 더 훌륭한 미덕을 갖춘 인물로 평가받았을 것이다.

무덤에서 살아난 왕도평의 아내

진시황 때 장안에 왕도평(王道平)이라는 사람이 있었다. 어렸을 때, 같은 마을에 사는 당숙해(唐叔偕)의 딸과 부부가 되기로 약속했다. 딸의 아명은 부유(父喩)로 용모와 자태가 뛰어났다.

그런데 얼마 뒤 왕도평이 징집되어 남쪽 전장에 나가 9년이 지나도록 돌아오지 못했다. 부유의 부모는 딸이 장성하자, 딸에게 유상(劉祥)의 아내가 되라고 명했다. 딸은 왕도평과 맺은 약속을 중히 여겨 이를 받아들이려 하지 않았다. 하지만 부모의 강요에 못 이겨 결국 유상에게 시집가고 말았다.

결혼한 지 3년이 지났지만 부유는 종일 우울해하며 왕도평만 그리워했다. 그러다 마음속 깊이 한을 간직한 채 죽고 말았다.

부유가 죽은 지 3년이 지난 뒤에 왕도평이 전장에서 돌아와 이웃사람에게 물었다.

"부유는 어디 갔나요?"

이웃사람이 말했다.

"마음속에 자네를 간직한 채 부모의 강요에 못 이겨 유상에게 시집을 갔네만, 지금은 이미 죽고 말았네."

왕도평은 무덤이 어디에 있는지 물었고, 이웃사람은 그를 무덤으로 안내했다. 왕도평은 애달피 울면서 부유의 이름을 하염없이 불렀다. 무덤을 돌면서 통곡하며 감정을 가누질 못했다. 왕도평이 말했다.

"나와 당신은 죽을 때까지 서로를 의지하기로 하늘에 맹세했소. 그런데 뜻밖에 나랏일이 오랫동안 우리를 갈라놓아, 당신 아버지가 당신을 유상에게 시집보낼 줄 누가 알았겠소. 당초의 염원을 이루지 못하고, 죽음이 우리를 갈라놓고 말았구려. 당신의 영혼이 있다면, 나에게 생전의 당신 모습을 한 번만 볼 수 있도록 해주시오. 그렇지 않다면 이로써 모든 것이 끝인 거요."

그러고는 또다시 통곡했다. 잠시 뒤 부유의 영혼이 무덤 밖으로 나와 왕도평에게 말했다.

"어디 갔다 오시는 거예요? 오랫동안 만날 수가 없었네요. 당신과 부부가 되어 백년해로하기로 맹세했건만, 아버지 강요로 유상에게 시집을 갔어요. 3년이 지나도록 날마다 당신을 그리워하다가 한을 품고 죽어, 지금은 저승에 가로막힌 몸이 되었지요. 하지만 당신이 옛정을 잊지 않고 이렇게 찾아와 저를 위로하고, 제 몸도 아직은 훼손되지 않았으니, 다시 살아나 부부연을 맺을 수도 있습니다. 얼른 무덤을 파고 관을 열어 저를 꺼내주세요."

왕도평은 부유의 말을 곰곰이 생각하다가 무덤에서 시신을 꺼내 어루만지며 유심히 들여다보았다. 과연 그녀는 다시 살아났다. 부유는 옷차림을 매만지고는 왕도평을 따라 함께 집으로 돌아왔다.

부유의 남편 유상이 이 일을 듣고 매우 놀라서 주현(州縣)의 관가로 가서 고발했다. 관에서는 법률에 따라 사건을 처리하려 했지만 관련된 조항이 없었다. 그래서 사실대로 기록해서 왕에게 상소를 올렸다. 왕은 부유에게 왕도평의 아내가 되라는 판결을 내렸다. 두 사람은 130세까지 해로했다. 실로 두 사람의 정성이 하늘에 닿아 이러한 보답을 얻을 수 있었던 것이다.

죽음도 갈라놓지 못한 사랑

진무제 때, 하간군에 사는 남녀가 서로 사랑해서 결혼을 약속했다. 그런데 얼마 뒤 남자가 군에 가서는 여러 해가 되어도 돌아오지 않았다. 그러자 여자 집에서는 딸을 다른 곳에 시집보내려 했다. 딸은 원치 않았지만 부모의 강요로 부득이 다른 곳으로 시집을 가서 얼마 뒤 병을 얻어 죽고 말았다.

남자가 변방을 지키다 돌아와 여자가 어디 있는지 묻자, 여자 집에서 모든 사실을 남자에게 알려주었다. 남자가 여자의 무덤에 찾아와 통곡하다 감정을 주체하지 못하고 무덤을 파고 관을 열었다. 그러자 여자가 곧바로 소생했다. 남자는 여자를 업고 집으로 돌아왔다. 며칠간 요양을 한 뒤에 여자는 평소대로 건강을 회복했다.

여자의 남편이 소문을 듣고 남자 집에 찾아와 여자를 데려가려 했다. 남자는 여자를 내어주지 않고 이렇게 말했다.

"당신 아내는 이미 죽었소. 세상 어디에 죽은 사람이 다시 살아난단 말이오? 이 여자는 하늘이 내게 내린 선물이지, 당신의 처가 아니오."

그러자 남편은 관에 가서 남자를 고발했다. 그러나 관에서도 판결을 내릴 수 없어 사건을 조정에 올렸다. 비서랑(秘書郞) 왕도(王導)는 이렇게 주청했다.

"그들의 정성에 하늘이 감동해서 여자를 다시 살아나게 했습니다. 이 것은 일반적인 일이 아니므로 일반적인 예법으로 판결을 내려서는 안 됩니다. 무덤을 판 사람에게 여자를 돌려주는 것이 옳습니다."

조정에서도 왕도의 의견에 동의했다.

죽었다 소생한 사람들

한헌제 건안 연간의 일이다. 남양군 사람 가우(賈偶)는 자가 문합(文合) 인데 병으로 죽었다. 귀신이 남자를 데리고 태산으로 갔더니 인명을 주 관하는 판관이 생사부(生死簿)를 읽어보다가 귀신에게 이렇게 말했다.

"다른 마을의 문합을 데리고 왔어야지, 어째서 이 사람을 데리고 왔는 고? 얼른 돌려보내거라."

그러나 이미 날이 저물어 가문합의 혼은 성 밖 나무 아래에서 밤을 보 내게 되었다. 그때 홀로 길을 재촉하는 여인이 그의 눈에 들어왔다.

"당신은 대가댁 규수 같은데 어째서 혼자 걸어가고 있소? 이름이 무엇이오?"

여자가 대답했다.

"저는 삼하 사람으로 아버지는 현재 익양에서 현령으로 계십니다. 어제 저승에 부름을 받고 갔다가 오늘 다시 돌아오는 중입니다. 날이 저물어 공연한 오해를 받는 상황에 처할까 걱정되옵니다. 보아하니, 현자(賢者)이신 듯한데 이곳에 잠시 머물렀다 가고자 합니다."

문합이 말했다.

"당신의 뜻이 마음에 듭니다. 오늘 밤 당신과 부부연을 맺었으면 합니다."

여자가 말했다.

"여자의 미덕은 한결같이 정절을 지키고 몸을 깨끗이 하는 것이라고 들었습니다."

문합이 재차 구애를 했지만 여자는 끝까지 뜻을 굽히지 않았고, 날이 밝자 각자의 길을 떠났다.

한편 문합이 죽은 지 이틀이 지나자 가족이 시신을 염하려고 했다. 그런데 그의 얼굴에 갑자기 혈색이 돌았다. 심장을 만져보니 온기가 돌기 시작했다. 문합은 잠시 후 소생했다.

후에 문합은 자신이 겪은 일이 사실인지 알아보려고 익양에 가서 현령을 알현하고는 이렇게 물었다.

"따님께서 죽었다가 다시 소생하지 않았습니까?"

문합은 자신이 본 여자의 행색과 함께 나눈 이야기를 그대로 아뢰었다. 현령이 방으로 들어가 딸에게 물어보니 딸이 말한 상황과 문합이 말한 내용이 완전히 일치했다. 현령은 크게 경탄하며, 선뜻 딸을 문합에게 배필로 내주었다.

유백문의 편지를 전하다

한헌제 건안 4년 2월, 무릉군 충현에 살던 이아(李娥)라는 여자가 60세에 병사했다. 이아가 성 밖에 묻힌 지 2주가 지났다. 이웃에 살던 채중(蔡仲)이 여자가 부자였다는 소문을 듣고는 금은보화도 함께 묻었을 거라 여겨 몰래 무덤을 파고 꺼내려 했다. 채중이 관을 쪼개려고 도끼로 몇 차례 관을 내리쳤을 때였다. 관 속에 있던 이아가 이렇게 말했다.

"채중, 내 머리는 건들지 말게!"

채중은 놀란 나머지 무덤을 도망쳐 나오다가 때마침 현의 관리에게 들켰다. 그는 곧바로 체포되어 심문을 받았다. 채중은 법에 따라 처형되어 시체가 사람들 앞에 욕보일 처지에 놓였다.

한편 이아의 아들은 어머니가 다시 살아났다는 소식을 듣고 무덤에서 어머니를 모시고 집으로 돌아갔다.

무릉태수도 죽었던 이아가 다시 살아났다는 말을 들었다. 태수는 여자를 만나 자초지종을 물었다. 이아는 이렇게 대답했다.

"저승에 잘못 불려가는 바람에 다시 풀려나게 되었습니다. 서문 밖을 지나다가 마침 고종사촌 오빠인 유백문(劉伯文)을 만나 서로 안부를 묻고는 비통해하며 눈물을 흘렸지요. 제가 오빠에게 말했지요. '잘못 부름을 받고 여기에 와서 지금 풀려나는 길인데, 돌아가는 길도 모르겠고, 또 혼자 걸어갈 수도 없는 노릇이오. 저에게 길동무를 하나 찾아주실 수 있으시오? 또 내가 불려온 지 이미 열흘이 지나 가족들이 시신을 매장해버렸을 텐데, 돌아간다 한들 제 스스로 무덤에서 나올 수 있겠는지요?' 유백문이 '내가 한번 알아봐주마'라고 하고는, 곧장 문지기를 보내 호조(戶曹)에게 이렇게 묻도록 했습니다. '무릉군에 사는 이아가 잘못 부름을 받고 왔다가 지금 풀려나게 되었는데, 이곳에 온 지 여러 날 되어 시체도 매장되었을 텐데, 어찌하면 무덤 밖으로 나갈 수 있겠습니까? 또 연약한 여자 혼자 걸어가기에는 무리가 있으니, 동행이 하나 있어야 하지 않겠습니까? 이아는 제 고종사촌 누이이기도 하니 잘 좀 부탁합니다.' 그러자 호조가 이렇게 말했습니다. '무릉군 서쪽에 이흑(李黑)이라는 남자도 지금 풀려나게 되었는데, 서로 길동무를 하면 되겠구나. 이흑에게 이아의 이웃에 사는 채중을 찾아가서 이아의 무덤을 파놓도록 일러놓겠네.' 이렇게 해서 제가 풀려난 것입니다. 헤어질 때 오빠는 제게 '가는 김에 편지 한 통을 아들 유타(劉佗)에게 전해주어라'라고 했습니다. 그렇게 해서 저는 이흑과 함께 돌아왔습니다. 전후 사정은 이렇습니다."

태수가 탄복하며 말했다.

"천하의 일은 실로 이해할 수 없도다!"

그러고는 조정에 상소를 올렸다.

"채중이 비록 무덤을 팠지만, 이는 귀신이 시킨 일입니다. 설사 무덤을 파고 싶지 않았다 해도 그렇게 하지 않을 수 없는 상황이었으니, 너 그러이 용서해주시기 바랍니다."

임금에게서 그렇게 하라는 회신이 내려왔다.

태수는 이아의 말이 사실인지 증명해보고 싶어 즉시 관리를 무릉군 서쪽으로 보내 이흑에게 물어보도록 했고, 이아와 같은 대답을 얻어냈다. 그래서 유백문의 편지를 인편에 보내 유타에게 전해주도록 했다.

유타는 이 편지가 바로 아버지가 죽었을 때 함께 묻었던 상자 속의 문서임을 알아챘다. 문서에는 글자가 그대로 남아 있었다. 하지만 이해할 수 없어서, 신선에게 도를 배웠다고 전해진 비장방(費長房)에게 해독을 부탁했다. 편지에는 이렇게 쓰여 있었다.

"아들에게 이르노니, 내가 태산부군을 따라 일을 처리하러 이승에 다니러 간다. 8월 8일 정오 무렵 무릉군 남쪽 개울가에서 잠시 머물 참이니 그때 꼭 오너라."

그날이 되자, 유타는 온 가족을 데리고 마을 남쪽에서 아버지를 기다렸다. 조금 있다가 과연 유백문이 나타났는데, 사람과 말의 소리만이 어렴풋이 들릴 뿐이었다. 개울가로 가자 누군가 외치는 소리가 들렸다.

"유타야 이리 오너라. 내가 이아 편에 보낸 편지를 받았느냐?"

유타가 말했다. "편지를 받고 이리 온 것입니다."

유백문이 집안의 크고 작은 일을 하나씩 묻고는 몹시 애통해하며 말했다.

"삶과 죽음의 세계가 달라서, 너희들의 소식을 알 수가 없었다. 내가 죽은 뒤 손자들이 이렇게나 많이 생겼구나."

그리고 한참 후 유타에게 이렇게 말했다.

"내년 봄에 큰 역병이 돌 것이다. 너희들에게 이 약을 주겠다. 문 위에 발라두면 역병을 피할 수 있을 것이다."

말을 마치고 유백문은 홀연히 떠나갔다. 시종 그의 모습은 보이지 않았다.

다음해 봄, 무릉군에는 과연 역병이 돌았다. 심지어 낮에도 귀신이 보일 지경이었지만 유백문의 집만은 평안했다. 비장방이 약을 살펴보고는 말했다.

"이것은 역병을 쫓는 방상(方相)의 뇌수(腦髓)로구나."

부활을 예고한 아들

한나라 진류군 고성현에 사는 사후(史姁)는 자가 위명(威明)이다. 어릴 때 중병을 앓다가 죽음을 앞두고 어머니에게 이렇게 말했다.

"제가 죽으면 다시 살아날 겁니다. 저를 묻을 때, 대나무 막대기를 봉분 위에 세워두셨다가 막대기가 부러지면 저를 꺼내주십시오."

어머니는 아들이 죽어 매장할 때, 그의 말대로 대나무 막대기를 세워두었다. 7일째 되는 날, 무덤에 가서 보니 과연 대나무 막대기가 부러져 있어서 즉시 아들을 무덤에서 꺼냈다. 살아난 아들은 우물가로 가서 목욕을 하고는 이전의 모습을 되찾았다.

그 후 사후가 이웃사람과 함께 배를 타고 하비군에 괭이를 팔러 갔다.

그런데 괭이를 다 팔지도 못한 사후가 이웃사람에게 잠깐 집에 다녀오겠다고 말했다. 이웃사람이 그를 믿지 못하겠다는 듯 말했다.

"어떻게 천 리 밖에 있는 집을 금방 다녀오겠다는 거요?"

사후가 말했다. "하룻밤이면 돌아올 수 있습니다."

이웃사람은 편지를 써주고는 증표로 답신을 받아오라고 했다. 과연 사후는 하룻밤 만에 돌아왔다. 물론 답신도 받아왔다.

고성현 현령은 강하군 담현 사람인 가화(賈和)인데, 자신의 누나가 고향에서 중병에 걸렸다는 소식을 들었다. 서둘러 병세를 알아보고자 사후에게 가서 살펴보고 와달라고 부탁했다.

사후는 이틀 밤 만에 3천 리나 되는 길을 갔다 돌아와 현령에게 상황을 알려주었다.

칼을 꺼내 토지신을 부리다

회계군 사람 하우(賀瑀)는 자가 언거(彦琚)이다. 병에 걸려 인사불성이었다가 죽은 지 3일 만에 다시 살아났다. 하우의 말에 따르면 귀신이 그를 데리고 하늘로 가서 관부를 알현했다. 밀실로 들어갔더니 실내에는 층층으로 된 선반이 있었다. 선반 상층에는 도장이 놓여 있고, 중간층에는 칼이 놓여 있는데, 귀신이 하우에게 아무거나 하나 꺼내도록 했다.

키가 작은 하우는 상층에 손이 닿지 않아서 칼을 꺼낼 수밖에 없었다. 문지기 관리가 그에서 무엇을 꺼냈는지 묻자 그는 "칼을 꺼냈습니다"

라고 했다. 문지기가 말했다.

"도장을 꺼내지 못한 게 유감이군. 모든 신을 부릴 수도 있었는데. 칼은 토지신 사공(社公)만 부릴 수 있을 뿐이지."

얼마 뒤에 하우의 병이 모두 나았다. 과연 귀신이 나타나서 사공이라 칭했다.

닷새 만에 되살아난 사람

대양(戴洋)의 자는 국류(國流)로 오흥군 장성현 사람이다. 12세 때, 병사했다가 닷새 만에 다시 살아나서는 이렇게 말했다.

"제가 죽은 뒤에 천제께서 저에게 술을 관리하는 주장리(酒藏吏) 일을 맡겼습니다. 위임장과 장부를 주시니 병졸들이 저를 뒤따랐습니다. 봉래산, 곤륜산, 적석산, 태실산, 여산, 형산 등지를 돌아보았습니다. 그러고는 얼마 뒤 다시 되돌려 보내주셨습니다."

대양은 하늘의 상을 보고 길흉을 점치는 일에 능했다. 대양은 동오가 장차 망할 것을 알고 병을 핑계 삼아 관리 자리를 사양하고 고향으로 돌아왔다. 뇌향(瀨鄉)에 이르러 노자(老子)를 모신 사당을 지나다 보니, 그곳은 이전에 대양이 죽어서 천제의 명을 받들어 간 곳이었다. 그런데 예전의 물건은 더 이상 보이지 않았다. 사당을 지키는 응봉(應鳳)에게 이렇게 물었다.

"20년 전에 누군가 말을 타고 동쪽을 향해 가다 노자묘를 지나치지 않았습니까? 말에서 내리지 않고 가다가 미처 다리에 이르기도 전에 말에서 굴러떨어져 죽었을 텐데요."

응봉이 그런 일이 있었다고 대답했다. 그리고 이것저것을 물어보았더니 대양이 겪었던 것과 여러 가지가 일치했다.

죽은 병사가 깨어나다

동오시기, 임해군 송양현 사람 유영(柳榮)이 오나라 군사(軍師) 장제(張悌)를 따라 양주에 갔다가 배 위에서 그만 병사하고 말았다. 함께 왔던 병사들은 이미 뭍으로 올라간 터라 죽은 지 이틀이 지나도 그를 매장할 사람이 없었다. 그런데 갑자기 누워 있던 유영이 고함을 질렀다.

"누가 군사를 묶는다! 누가 장제를 묶는다!"

목소리는 격앙되어 있었고, 유영은 그 뒤 곧바로 깨어났다. 사람들이 어찌 된 일인지 물었더니, 유영이 이렇게 말했다.

"내가 하늘에 올라 북두성문 아래로 들어갔는데, 누군가 군사를 묶는 것이 보이는 게 아니겠소. 깜짝 놀라 나도 모르게 '어째서 군사를 묶는 것인가!'라고 소리 질렀소. 문 옆에 있는 사람들이 내게 화를 내고 나무라더니, 나를 쫓아버렸소. 나는 두려워서 입 밖으로 고함을 지른 거요."

과연 그날 장제는 전사하고 말았다. 유영은 진원제(晉元帝) 때까지도 살아 있었다.

꿈에서 죽을 자를 보다

오나라 부양현 사람인 마세(馬勢)의 아내는 성이 장씨였다. 같은 마을에는 병으로 곧 죽게 생긴 사람이 하나 있었다. 어느 날 장씨는 하루 동안 깊이 잠들었다가 꿈속에서 그 사람이 병으로 죽는 것을 보고는 잠에서 깨어났다. 그리고 자신이 본 상황을 하나하나씩 이야기했다. 사람들은 장씨의 말을 믿지 않았다. 장씨가 말했다.

"내가 병든 남자를 죽이려고 했더니, 남자가 화를 냈습니다. 고집스러운 영혼은 죽이기 어렵습니다. 그는 바로 죽지는 않았습니다. 그 남자 집 선반 위에는 흰 쌀밥이 있었고 몇 가지 생선 반찬도 있었습니다. 잠시 부엌으로 들어갔더니 하녀가 까닭 없이 나를 무시해 하녀의 등을 내리쳤습니다. 하녀는 기절했다가 한참 만에 다시 깨어났습니다."

어느 날은 장씨의 오빠가 병에 걸렸다. 검은 옷을 입은 사람이 오빠를 죽이라는 명을 내리자, 장씨가 그에게 애걸복걸해 결국 오빠에게 손을 쓰지 않도록 했다. 장씨가 잠에서 깨어나서 오빠에게 "오빠는 살아날 겁니다" 하고 말했다.

땅에 묻히길 거부한 사람

진(晉)나라 함녕 2년 12월의 일이다. 낭야군에 사는 안기(顏畿)는 자가 세도(世都)로, 병에 걸려 장차(張瑳)라는 의원 집에 가서 치료를 받다 죽었다. 죽은 지 한참이 지나서야 가족이 죽은 자를 맞으러 갔는데, 상여에 달린 깃발이 자꾸 나무에 휘감겨 풀어지지 않았다. 사람들이 모두 탄식하며 애통해했다. 갑자기 상여를 이끌던 사람이 땅바닥에 넘어지더니, 스스로 안기라고 칭하면서 이렇게 말했다.

"내 수명이 아직 다하지 않았는데 약을 너무 많이 복용한 나머지 오장육부가 상해 죽었소. 오늘 다시 살아날 것이니 나를 매장하지 마시오."

안기의 아버지가 그를 어루만지며 말했다.

"명이 다하지 않았다면 다시 살아날 것이다. 누군들 그걸 바라지 않겠느냐? 너를 매장하지 않고 지금 당장 집으로 데려가마."

그제야 상여를 이끌던 깃발이 풀어졌다.

집으로 돌아오자, 안기의 아내는 꿈속에서 남편이 자신에게 했던 말을 가족에게 들려주었다.

"곧 살아날 것이니, 얼른 관을 여시오."

그날 저녁, 안기의 어머니와 가족들도 꿈속에서 안기가 그렇게 얘기하는 것을 보고는 즉시 관을 열려고 했다. 하지만 아버지가 이를 주저했다. 그때 나이 어린 동생 안함(顔含)이 탄식하며 말했다.

"범상치 않은 일들은 예전에도 있었습니다. 관을 여는 것과 열지 않는 것 중에서 어느 쪽이 더 손해겠습니까?"

안함의 말에 따라서 관을 열었더니, 과연 안기가 다시 살아날 조짐이 보였다. 손으로 관을 긁어댄 듯 손가락에 상처가 나 있었다. 그러나 숨결은 미약해서 생사가 분명치 않았다. 황급히 솜에 물을 적셔 한 방울 한 방울 입속으로 흘려 넣었다. 안기가 물을 삼키자, 곧바로 관에서 그를 꺼냈다. 몇 달 동안 보살핀 끝에 안기는 점점 더 많은 음식물을 넘길 수 있었고, 결국 눈을 뜨고 손발을 굽혔다 폈다 할 수도 있었다. 그러나 다른 사람과 의사소통을 하지는 못했다. 음식이 필요하면 꿈을 통해서 다른 사람에게 부탁하곤 했다.

이렇게 10여 년을 보내자 가족이 모두 병간호에 지쳐서 다른 일은 할 수 없을 정도였다. 동생 안함이 열 일 제쳐두고 몸소 형을 돌보았고 이 때문에 그 지역에서 유명해졌다. 후에 안기는 더욱 쇠약해지더니 결국 엔 죽고 말았다.

죽은 사람이 아끼던 물건을 찾아내다

양호(羊祜)가 다섯 살 때, 유모에게 자신이 예전에 가지고 놀던 금으로 만든 고리를 가져다 달라고 했다. 유모는 이상하다는 듯 "너한테는 그런 물건이 없었는데"라고 말했다. 그러자 양호는 곧바로 이웃 이씨네 집 동편에 있는 뽕나무 밭쪽으로 가더니 그곳에서 금 고리를 찾아냈다.

이씨가 깜짝 놀라며 말했다.

"이것은 죽은 내 아들이 잃어버린 건데 네가 어떻게 찾아냈느냐?"

유모가 상황을 설명해주었더니, 집주인이 애통해하며 탄식했다. 당시 사람들은 모두 기이하게 여겼다.

무덤에서 되살아난 궁녀

동한 말년, 관중 지방에 대란이 일어났을 때, 어떤 자가 서한의 궁녀가 묻힌 무덤을 팠다. 놀랍게도 궁녀는 살아 있었다. 궁녀는 무덤에서 나온 뒤 정상적인 삶을 회복했다.

위문제의 황후가 궁녀를 불쌍히 여겨 궁으로 들여 자기 곁에 두고 서한시기 궁정에 있었던 일을 묻곤 했다. 궁녀는 하나하나 상세하게 말해주었다. 황후가 죽자 궁녀는 너무나 애통해한 나머지 죽고 말았다.

30년간 관 속에 묻혀 있던 부인

위나라 때, 태원군에서 어떤 사람이 무덤을 팠는데, 살아 있는 부인이 관 속에서 발견되었다. 부인을 끌어 올려 말을 시켜보니, 살아 있는 사람이 틀림없었다. 부인을 경성(京城)으로 데려가서 어떻게 된 사정인지 물어보았지만 아무것도 기억하지 못했다. 무덤가에 있던 나무를 보니, 대략 30년은 자란 것 같았다. 그렇다면 이 부인이 30년 동안 줄곧 땅에 묻힌 채 살아 있었던 것인가? 아니면 일시적으로 갑자기 깨어났다가 우연히 무덤을 파던 사람과 마주친 것인가?

무덤에서 살아난 하녀

　　진(晉)나라 때 사람 두석(杜錫)은 자가 세하(世嘏)였다. 두석이 죽자 가족이 그의 장례를 치렀다. 그런데 그만 잘못해서 하녀 하나를 무덤에 파묻어버렸다. 10여 년이 지나 두석의 처가 죽어 무덤을 열어 합장을 하려 했다. 그런데 무덤을 파보니 하녀가 여전히 살아 있는 것이 아닌가.

　　하녀가 이렇게 말했다.

　　"잠이 와서 잠깐 자고는 깨어났습니다."

　　하녀에게 물어보니 자신은 하루 이틀 잤을 뿐이라고 대답했다.

　　하녀가 매장될 때 나이가 열대여섯 살이었는데, 10여 년이 지난 후에도 몸과 얼굴은 원래와 다름이 없었다. 그 후로 하녀는 시집가서 아들까지 낳았다.

무덤에서 나온 풍귀인의 시신

　　한나라 환제의 귀인(貴人) 풍(馮)씨가 병사했다. 한영제 때, 도적들이 귀인의 무덤을 파보았더니, 매장된 지 70여 년이 지났는데도 몸만 좀 싸늘할 뿐 얼굴은 그대로였다. 도적들이 귀인의 시체를 겁탈하려고 서로 목숨 걸고 싸우는 바람에 이러한 사실이 탄로나고 말았다.

　　그 뒤 두태후(竇太后) 집안이 몰살되자, 풍귀인을 황제의 무덤에 함께 모시는 제를 지내려 했다. 그러자 하비군 사람 진구(陳球)가 말했다.

"풍귀인이 비록 선왕의 총애를 받은 분이셨지만 시간(屍姦)을 당했으니 존귀하신 선왕과 함께 모시고 제사를 지낼 수는 없습니다."

그래서 결국 두태후를 선왕과 함께 모셨다.

광릉에서 발견된 거대한 무덤

오나라 손휴 때, 수장(守將)들이 광릉군에서 수많은 무덤을 파헤치고 관판을 가져다 성벽을 쌓는 데 사용했다. 이 때문에 훼손된 무덤이 매우 많았다.

어느 날 또다시 거대한 무덤이 파헤쳐졌다. 이 무덤은 안쪽에 층층 누각이 있었고 문짝에 회전축이 있어 열고 닫기가 가능했다. 사방에는 경계를 설 수 있는 길도 나 있었다. 길은 수레가 통과할 수 있을 만큼 넓고 사람이 말을 타고 지날 수 있을 만큼 높았다. 또한 동(銅)으로 주조된 사람들 수십 명이 있었다. 크기가 5척 정도였으며, 붉은 옷에 큰 모자를 쓰고 손에는 보검을 쥐고 늘어서서 영좌(靈座) 양옆을 지켰다. 그들 뒤쪽 석벽에는 저마다 전중장군, 시랑, 상시라는 글자가 새겨져 있었다. 마치 벼슬이 높은 왕후의 무덤 같았다.

무덤 속 관을 열자, 관 속에 시체 한 구가 누워 있었다. 머리카락은 희끗희끗했지만 의관은 여전히 선명한 색을 띠었고, 얼굴과 몸도 흡사 살아 있는 사람 같았다. 관 속에는 돌비늘인 운모(雲母)가 한 척이나 쌓여 있었고, 흰 옥벽 30개가 시신 밑에 깔려 있었다. 무덤을 파던 병사들이 일제히 시신을 들어 올려 무덤 벽에 기대어 세워두었다. 그러자 길이가 1척 정도인 호박 모양 옥(玉) 하나가 시신 품속에서 바닥으로 굴러떨어졌다. 시신의 양쪽 귀와 콧구멍은 대추알 크기의 황금으로 틀어막혀 있었다.

무덤에서 나온 흰 여우

한나라 광천왕(廣川王)은 무덤 파기를 좋아했다. 어느 날 왕이 진(晉)의 대부 난서(欒書)의 무덤을 파보았다. 관이며 기물(器物)은 모두 썩었는데 안쪽에서 흰 여우 한 마리가 나왔다. 여우는 사람을 보자 놀라 달아났다. 신하들이 여우를 쫓았지만 잡지는 못하고 왼쪽 다리에 상처만 입혔을 뿐이었다. 그날 저녁 광천왕의 꿈에 눈썹과 수염이 새하얀 남자가 나타나 이렇게 말했다.

"어째서 내 왼쪽 다리에 상처를 입히셨소?"

그러고는 나무 지팡이로 왕의 왼쪽 다리를 두드리니 금방 종기가 생겼다. 종기는 광천왕이 죽을 때까지도 낫질 않았다.

인간과 귀신의 사랑

「권 16」에서는 네 개 이야기가 인간과 귀신의 사랑을 다룬다. 흥미롭게도 이야기 속 남성들은 모두 여귀와의 사랑으로 이득을 얻는다.

먼저, 귀신 아내를 둔 담생 이야기를 보자. 어떤 여성이 야밤에 자발적으로 담생을 찾아와서 부부의 인연을 맺고 아이를 낳는다. 비록 담생이 약속을 어기는 바람에 존재가 발각된 여성은 떠나가지만, 그를 위해 선물을 남겨준다. 이를 계기로 왕의 사위임이 증명되어 담생과 아이가 혜택을 입는다.

노충의 이야기에서는, 죽은 최소부가 친히 노충을 이끌어 죽은 여식과 부부의 인연을 맺어주고 그릇을 선물한다. 이를 계기로 노충은 이승으로 돌아온 후 귀한 가문의 사위로 인정받아 큰 이득을 얻는다.

또한 귀신과의 부부연으로 얻게 된 이들의 자식도 모두 대대손손 번영한다. 이야기 속 남성은 모두 가난한 서생이고 여성은 명문가 출신 귀신이다. 모두 여귀 측에서 적극적으로 관계를 주도하고, 남성은 여귀와 결합해 모종의 이득을 얻는다. 여기에서 바로 위진육조시대 지괴소설가의 잠재의식과 문인의 심리를 엿볼 수 있다.

첫째, 계급 간 차별이 극심한 전통 사회에서 상류사회로 진입할 수 있는 첩경인 결혼을 통해 신분 상승을 꾀하고자 하는 욕망이다. 둘째, 이야기 속에 그려지는 여귀 형상은 전통적 미덕을 고루 가진 여성이다. 죽어서도 도의를 다하는 자옥, 높은 신분으로 인연을 소중히 하는 진나라 여인, 뛰어난 미모의 소유자인 담생의 아내, 시문에 뛰어난 노충의 아내는 모두 지덕미를 고루 갖추었다. 또한 이러한 여성이 자발적으로 주인공 남성과의 관계를 원했다는 것으로서, 전통적 여성상의 굴레를 넘어 이상적 신여성의 형상을 창조했다고 할 수도 있다.

한편, 「권 16」에는 여러 가지 성향의 귀신이 등장한다. 사람을 희롱하는 귀신이 있는가 하면, 불행을 초래하는 귀신도 있다. 어떤 귀신은 괴상망측한 형상으로 인간을 혼비백산하게 만들 뿐이지만, 어떤 귀신은 인간을 죽음에 이르게 한다. 귀신의 농간으로 할아버지가 두 손자를 죽이고 마는 극단적 비극이 있는가 하면, 사람으로 변신해 다른 사람과 귀신 유무 논쟁을 벌이다가 자신의 존재를 부정하는 인간을 죽음에 이르게 하는 귀신도 있다.

반면 인간의 기지에 제압당하는 귀신도 등장하고, 자신의 원한을 풀어줄 것을 간청하는 귀신도 등장한다. 귀신을 팔아먹은 송정백 이야기에서, 귀신은 정직하고 순박하게 묘사된다. 반면 인간은 어수룩한 귀신을 속여서 돈을 챙긴다. 지혜로운 혹은 교활한 인간이 초인적 능력을 지닌 귀신을 어떻게 극복하고 있는지 살펴볼 수 있는 부분이다.

　관을 옮겨준 문영, 곡분정의 여자 시체에 등장하는 여귀는 모두 원귀(冤鬼)다. 본래 원귀는 이승과 저승 사이를 방황하며 인간에게 여러 가지 해를 끼친다고 알려져 있다. 두 이야기 속 여귀는 인간에게 맺힌 원한을 또 다른 인간에게 하소연함으로써 이를 풀어내고 있다.

　「권 16」에서 흥미로운 점은 귀신의 삶이 인간의 삶과 별 차이가 없음을 보여주고 있다는 점이다. 귀신을 보는 구노 이야기는, 구노 아버지 하후개의 사후(死後) 생활을 그리고 있는데, 평소 복장을 하고 생전 행동을 하는 등 살아 있을 때의 모습이 똑같이 반복된다.

귀신이 된 전욱씨의 세 아들

옛날, 전욱씨(顓頊氏)에게 세 아들이 있었는데 죽어서 역귀가 되었다. 하나는 장강에 사는 학귀(瘧鬼)가 되었고, 하나는 약수(若水)에 사는 망량 귀(魍魎鬼)가 되었으며, 다른 하나는 사람의 집에 살면서 어린아이를 놀 라게 하는 소귀(小鬼)가 되었다. 그래서 제왕께서 매년 정월 방상씨에게 명해 역귀를 쫓는 의식을 거행하고 귀신들을 물리치게 했다.

만가의 노랫말

만가(挽歌)는 상가(喪家)의 노래로, 상여를 멘 사람들이 서로 주고받는 소리다. 만가 가사에는 「해로(薤露)」와 「호리(蒿里)」가 있다. 한대, 전횡(田 橫)의 제자들이 지은 것이다. 당시 전횡이 자살하자 제자들이 애달프게 노래를 불렀다. 사람이 염교(薤) 위에 서린 이슬(露)처럼 쉬이 사라져 없어지며, 죽은 후 영혼이 태산 남쪽에 있는 호리라는 곳에 모여든다는 내용이었다. 그래서 이 두 노래가 생겨난 것이다.

귀신과 토론하다

완첨(阮瞻)은 자가 천리(千里)이다. 줄곧 귀신이 없다는 무귀론(無鬼論)을 주장해왔지만 어느 누구도 이를 반박하지 못했다. 완첨은 항상 자신의 이론이 음양(陰陽)과 생사(生死)의 일을 족히 분별해낼 수 있다고 자신했다.

어느 날 어떤 손님이 완첨을 방문했다. 두 사람은 서로 인사말을 나누고 명리(名理)를 논하기 시작했다.

손님은 변론 재주가 뛰어났다. 두 사람은 한참 이야기를 하다가 귀신에 관한 토론에 돌입했다. 매우 치열하게 변론을 펼친 끝에 손님이 완첨의 논리를 당해내지 못하게 되자 안색이 변하더니 이렇게 말했다.

"귀신에 관해서는 고금의 성현도 모두 인정하고 있는데, 당신은 어째서 한사코 귀신이 없다고 하시오? 내가 바로 귀신이오."

그러고는 괴이한 모습으로 변하더니 이내 사라졌다. 완첨은 더 이상 말을 잇지 못했다. 낙담한 기색만 역력하더니 1년 뒤 병사했다.

귀신에게 목숨을 구걸하다

오흥군에 사는 시속(施績)은 심양군에서 독군(督軍)으로 있었다. 그는 위진시기 지식인들 사이에 성행하던 담론인 청담(淸談)에 능했다.

시속에게는 제자가 하나 있었다. 명리학을 깨치고 있었고 항상 귀신이 없다고 주장했다. 어느 날 검은 바탕에 흰 옷깃이 달린 옷을 입은 손님이 와서 제자와 이야기를 나누었다. 그러다 귀신에 관한 주제에 이르자 두 사람은 오랫동안 논쟁을 벌였다. 마침내 손님이 굴복하면서 이렇게 말했다.

"당신은 언변은 뛰어나나 논리가 충분치는 못하오. 내가 바로 귀신인데, 어찌 귀신이 없다 하시오?"

제자가 귀신에게 물었다.

"당신은 왜 이곳에 왔소?"

귀신이 답했다.

"당신의 목숨을 거두러 온 것이오. 내일 식사할 때쯤이 바로 그때요."

제자가 귀신에게 살려달라고 애걸복걸하자 귀신이 물었다.

"이곳에 당신과 비슷하게 생긴 사람이 있소?"

제자가 답했다.

"스승님 부하 중에 도독(都督)이 나와 닮았소."

제자는 귀신과 함께 군영으로 가서 도독과 마주하고 앉았다. 귀신이 손에 한 자쯤 되는 철로 된 정을 들고는 도독의 머리에 대고 쇠망치로 내리쳤다. 도독은 "머리가 좀 아프오"라고 말했다. 그러다가 고통이 점점 더 심해지더니 식사할 때쯤 죽고 말았다.

죽은 아들의 소원을 들어주다

장제(蔣濟)는 자가 자통(子通)으로 초나라 평아현 사람이다. 그는 위나라에서 영군장군(領郡將軍)을 지냈다.

어느 날 장제의 아내가 꿈을 꾸었는데 죽은 아들이 나타나 이렇게 한탄했다.

"삶과 죽음은 다른 세계이옵니다. 제가 살아서는 경상(卿相)의 자손이었지만 죽어서는 태산부(泰山府)의 심부름꾼이 되어 말할 수 없이 고된 생활을 하고 있습니다. 지금 태묘 서쪽에 사는 노랫꾼 손아(孫阿)라는 자가 태산령(泰山令)으로 부름을 받고 오게 되어 있습니다. 어머니께서 아버지께 말씀드려 손아에게 부탁해 저를 좀 편한 곳으로 옮겨주도록 해주십시오."

말이 끝나자 장제의 아내는 잠에서 깨어났다.

아내가 이 일을 장제에게 알리자, 장제는 이렇게 말했다.

"꿈은 헛된 것이니, 기괴하게 여길 필요가 없소."

밤이 되자 아내의 꿈에 또다시 아들이 나타나서 부탁했다.

"저는 신임 부군(府君)을 맞이하러 가는 길인데, 태묘 아래 묵고 있습니다. 아직 출발할 때가 되지 않아서 잠시 집에 들렀습니다. 신임 부군께서 내일 점심때에는 출발하셔야 하고, 저도 출발 전에는 해야 할 일이 많아서 다시 집에 올 수 없을 것입니다. 이제 어머님과도 영원히 이별입니다. 아버님 성격이 고집스러워 깨우쳐드리기가 어렵사와 어머님께 다시 부탁드리니, 부디 다시 한 번 아버님께 말씀드려주십시오. 어찌하여 제 말대로 한번 해보지 않으십니까?"

그러고는 손아의 생김새를 상세히 일러주었다.

날이 밝자, 아내는 또다시 장제에게 말했다.

"비록 꿈이라 기이하게 여길 필요 없다 하시지만 이 꿈은 너무도 선명합니다. 속는 셈치고 한번 해보심이 어떠하신지요?"

결국 장제는 사람을 시켜 태산 아래로 가서 손아에 대해 알아보도록 했다. 과연 그런 자가 있었고, 생김새도 아들이 이야기한 것과 똑같았다. 장제는 눈물을 흘리며 탄식했다.

"하마터면 아들의 말을 저버릴 뻔했구나."

장제는 손아를 불러들여 이러한 정황을 알려주었다. 손아는 죽음을 두려워하기는커녕 오히려 자신이 태산령이 된다고 즐거워했다. 그리고 장제의 말이 사실이 아닐까 걱정하면서 말했다.

"만약 말씀하신 대로만 된다면 제가 바라 마지않는 바입니다. 당신 아들이 어떤 직책을 원하는지 모르겠군요."

"저승에서 하기 쉬운 일을 아들에게 주시면 됩니다."

"말씀대로 하겠습니다."

장제는 손아에게 후한 상을 내려주고는 돌려보냈다.

장제는 이 일이 사실인지 검증해보고 싶어서, 관부 입구에서 태묘에 이르기까지 10보마다 사람 한 명을 배치해 소식을 전하도록 했다. 진시

(辰時)가 되자 손아의 심장에 통증이 생겼다는 소식이 전해지더니, 사시 (巳時)가 되자 통증이 심해졌다는 소식이 전해졌다. 정오가 되자 손아가 죽었다는 소식이 전해졌다. 장제는 이렇게 말했다.

"내 아들이 불행하게 죽은 것이 애통하기는 하지만 어쨌거나 아들이 세상물정을 아는 것은 기뻐할 만하구나."

한 달쯤 뒤에 장제의 아들이 다시 어머니 꿈에 나타나서 말했다.

"저는 이제 관부의 녹사(錄事)가 되었습니다."

물 위로 떠오른 관

한대 영지현에는 고대 고죽군(孤竹君)의 봉지였던 고죽성(孤竹城)이 있었다. 동한 영제 광화 원년에 요서군에 살던 사람이 요하(遼河)에 떠다니던 관을 발견하고는 이를 건져내어 관을 부수려 했다. 그러자 관 속에 있던 사람이 말했다.

"나는 백이(伯夷)의 동생으로 고죽의 왕이다. 바닷물이 내 관을 못 쓰게 만들어 지금 표류하고 있는데, 내 관을 부수어 뭘 하려는 건가?"

두려워진 남자는 감히 관을 부수지 못하고 사당을 세워 제사를 지내주었다. 관리든 백성이든, 관을 열어보러 왔던 사람들은 모두 까닭 없이 죽음을 맞았다.

죽음으로 절개를 지키다

온서(溫序)는 자가 공차(公次)로 태원군 기현 사람이다. 호군교위(護軍校尉)에 임명되어 농서군을 순행하다가 외효(隗囂)의 부하에게 붙잡히고 말았다. 체포될 때 온서는 대노해 부절(符節)로 자신을 생포한 도적들을 때려주었다. 그랬더니 도적들이 온서를 에워싸고 죽이려 했다. 이때 외효의 별장(別將) 순우(荀宇)가 도적을 제지했다. "의사(義士)는 죽음으로써 절개를 지키려는 자다"라고 하면서 온서에게 검을 주며 자결토록 했다. 온서는 검을 받아들고 수염을 입에 문 채 탄식하며 말했다.

"수염이 진흙에 더럽혀지지 않도록 해주시오."

그리고 몸을 굽혀 칼에 스스로 목을 베어 죽었다.

한대 광무제가 온서의 절개를 가상히 여겨, 낙양성 주변에 묻고 무덤을 만들어주었다.

온서의 큰 아들 온수(溫壽)가 인평후(印平侯)에 봉해지자, 아들의 꿈에 나타난 아버지가 이렇게 말했다.

"타향에 오래 머무르니 고향이 그립구나."

온수는 곧바로 관직을 버리고, 상서를 올려 아버지의 유해를 고향으로 모셔와 안장할 수 있도록 청했다. 황제는 이를 허락했다.

귀신의 부탁으로 관을 옮겨주다

한나라 때 남양군 사람 문영(文穎)은 자가 숙장(叔長)이다. 건안 연간에 감릉부승(甘陵府丞)을 지냈다.

어느 날 문영이 감릉 경계를 지나가다 날이 저물자 하룻밤을 묵게 되었다. 삼경 무렵이 되자 문영의 꿈에 누군가 나타나 무릎을 꿇더니 이렇게 말했다.

"이전에 제 아버지께서 저를 이곳에 묻어주셨습니다. 그런데 물이 이곳으로 흘러들어 무덤이 침식돼 관이 절반쯤 물속에 잠겨 있습니다. 때마침 당신이 이곳에서 하룻밤 묵는다고 하여 이렇게 부탁드리고자 왔습니다. 내일 잠시 시간을 내시어 저를 지세가 높고 건조한 곳으로 옮겨주셨으면 합니다."

귀신은 자신의 젖은 옷을 펼쳐 보여주었다. 문영은 마음이 몹시 아팠다. 잠에서 깨어난 문영이 즉시 이 사실을 주변 사람들에게 알렸다. 사람들은 대수롭지 않게 말했다.

"꿈은 헛된 것이니, 괴이하게 여길 필요 없습니다."

문영은 다시 돌아가 잠자리에 들었다.

문영이 막 잠들자 다시 그 귀신이 나타났다.

"제 괴로움을 모두 당신께 고했거늘 어찌 괘념치 않으십니까?"

문영이 물었다.

"당신은 누구요?"

"저는 본디 조(趙)나라 사람입니다. 지금은 왕망씨(汪芒氏)의 신계(神界)

에 속해 있습니다."

문영이 다시 물었다.

"당신 관이 지금 어디 있단 말이오?"

"가까이 있습니다. 군영 막사에서 북쪽으로 10보쯤 떨어진 물가에 늙은 백양나무가 있는데, 그 아래 있습니다. 날이 곧 밝아지면 다시는 당신을 만날 수 없습니다. 부디 저를 불쌍히 여겨주십시오."

문영은 "알겠소"라고 답하면서, 홀연 잠에서 깼어났다.

날이 밝자 모두 출발 준비를 했다. 그때 문영이 말했다.

"비록 꿈이라 기이하게 여길 필요 없다곤 하나 이번 꿈은 어찌 이리도 생생하단 말인가!"

주변 사람들이 말했다.

"그렇게 마음에 걸리면 잠시 확인을 해보시지요."

문영은 곧장 몸을 일으켜 10여 명을 이끌고 물길을 따라 올라갔다. 과연 늙은 백양나무 한 그루가 있었다. 문영이 "바로 여기다"라고 외치고는, 나무 아래를 파자 관이 하나 나타났다. 관은 썩어문드러져 절반쯤 물에 잠겨 있었다. 문영은 이렇게 말했다.

"다른 사람들이 이런 일을 이야기하면 줄곧 거짓이라고 여겼거늘. 세속에 전해지는 일은 한번 확인해볼 필요가 있는 것이군."

문영 일행은 그 관을 다른 곳에 옮겨 묻어준 뒤 길을 떠났다.

억울한 죽음을 하소연하다

한나라 때, 구강군 사람 하창(何敞)이 교주자사(交州刺史)로 임명되어 창오군 고요현으로 순행을 떠났다. 날이 어두워지자 곡분정(鵠奔亭)에 머물게 되었다. 한밤중도 채 되지 않은 시각에 한 여인이 누각에서 걸어 나오더니 이렇게 소리쳤다.

"저는 소아(蘇娥)이고, 자는 시주(始珠)입니다. 본래 광신현 수리(修里) 사람입니다. 어려서 부모를 잃고 형제도 없이 같은 마을 시(施)씨 집으로 시집을 갔습니다. 그러나 박복하게도 남편마저 잃고, 남은 것이라곤 비단 120필과 치부(致富)라는 하녀뿐이었습니다. 생활이 궁핍했지만 몸이 약해 혼자서 생계를 도모할 수 없어서, 하는 수 없이 이웃에 비단을 팔러 갈 생각으로 같은 마을 왕백(王伯)이라는 자에게 1만 2천 문(文)을 주고 소가 끄는 수레를 하나 빌렸습니다. 저는 수레에 타고 하녀는 소를 끌고 가다가 지난해 4월 10일 이 정자 밖에 도착했습니다.

날은 이미 저물고 행인도 보이지 않자 우리는 이곳에 머물기로 했습니다. 그런데 치부가 갑자기 배가 아프다고 하기에 제가 정장(亭長)네 집에 따뜻한 물과 불씨를 좀 얻으러 갔습니다. 그때 정장 공수(龔壽)가 칼을 들고 수레 쪽으로 걸어와서 제게 물었습니다. '부인은 어디서 오시오? 수레에 실은 것은 무엇이오? 남편은 어디에 있소? 왜 혼자 나오셨소?' 제가 '왜 그런 것들을 물으시오?'라고 했더니 공수가 제 팔을 잡고 '젊은 사람은 어여쁜 여인네를 좋아하지, 즐거움을 얻길 바라거든'이라 하였습니다. 저는 두려워 반항했습니다. 공수는 칼로 제 옆구리를 찔렀습니다. 저는 단칼에 죽고 말았습니다. 공수는 또 치부도 칼로 찔러 죽였습니다. 공수는 누각 아래 구덩이를 파고 저를 아래쪽에 치부는 위쪽에 묻었습니다. 재물을 빼앗고 나서 소는 죽이고 수레는 불태웠으며 수레 바퀴통과 소뼈는 정자 동쪽 빈 우물에 던져버렸습니다.

제 원한이 하늘을 감동시켜 이렇게 몸소 현명하신 자사를 찾아와 제 사연을 하소연할 수 있게 되었습니다."

"지금 시체를 파낸다 해도 무엇을 근거로 당신이 맞는지 증명한단 말이오?"

"저는 흰옷에 푸른색 비단 신을 신었습니다. 아직도 썩지 않은 채 그대로입니다. 저를 고향의 남편 곁에 묻어주시길 바랍니다."

누각 아래를 파니 과연 여자가 말한 그대로였다. 하창은 급히 관아로 돌아와 사람을 시켜 범인을 잡아 추문해 범행을 밝혀냈다. 또 광신현에 가서 여타 상황을 물어보았더니, 소아가 말한 것과 일치했다. 공수의 부모형제도 모두 감옥에 가두었다.

하창은 공수 사건에 대해 다음과 같은 표문을 써서 상부에 올렸다.

"보통 법률에 따르면 살인을 저질러도 멸족을 시키지는 않습니다. 하지만 공수는 그 범죄가 극악무도하고 죄행을 다년간 은폐해왔기에 국법도 이를 용인해서는 안 될 것입니다. 귀신이 억울함을 하소연하는 일은 천 년에 한 번 있기 어렵습니다. 그들 모두를 사형에 처해 귀신의 영험을 보여줌으로써 저승에서 악인을 징벌하는 데 힘을 보태주시길 간청하옵니다."

조정에서도 하창의 의견을 받아들였다.

기괴한 난파선

유수구(濡須口)에 있던 큰 배 한 척이 물속으로 가라앉았다가 수량이 줄자 모습을 드러냈다. 마을 노인이 이렇게 말했다.

"이것은 분명 조조의 배다."

이전에 한 어부가 저녁 무렵이 되자 큰 배 곁에 정박해 자기 배를 큰 배에 묶어두었다. 어부는 어디선가 들려오는 피리 소리와 기이한 향냄새에 취해 곧장 잠에 빠져들었다. 그런데 꿈속에서 누군가 나타나 그를 내쫓으며 말했다.

"관기(官妓)를 멀리하시오!"

들리는 말로는 관기를 태운 조조의 배가 이곳에서 전복되어 지금도 거기 그대로 있다고 한다.

죽어서도 집을 찾아오다

하후개(夏侯愷)의 자는 만인(萬仁)이다. 그는 병으로 죽었다. 일가친척의 아들 구노(苟奴)는 평소 귀신을 볼 수 있었다. 구노는 죽은 하후개가 여러 차례 집으로 돌아와서 말을 끌고 가려고 하는 모습을 보았다. 또 자기 아내를 몇 번 나무라는 것도 볼 수 있었다. 하후개는 위쪽이 평평하게 불룩 솟은 모자를 쓰고 홑옷을 입은 채 방으로 들어와, 서쪽 벽에 놓인 커다란 침상에 앉아서 차를 달래서는 마시곤 했다.

죽은 딸의 얼굴에 점을 찍다

　제중무(諸仲務)에게는 현이(顯姨)라는 딸이 있었다. 미원종(米元宗)에게
시집가서 아이를 낳다가 죽었다. 당시 민간 풍속에 따르면 아이를 낳다
죽으면 먹물로 얼굴에 점을 찍었다. 그러나 현이 어머니는 차마 딸의 얼
굴에 먹을 묻히지 못했다. 그러자 제중무가 아무도 모르게 직접 딸의 얼
굴에 먹으로 점을 찍었다.

　미원종이 시신현의 현승(縣丞)으로 임명되었을 때였다. 잠을 자다 꿈
을 꾸었는데, 아내가 막 잠자리에 들려고 했다. 그런데 화장을 곱게 한
흰 얼굴에 검은 점이 그려져 있었다.

활을 쏘아 귀신을 맞추다

　진대(晉代) 신채왕(新蔡王) 사마소(司馬紹)가 송아지가 끄는 수레를 관청
마당에 놓아두었다. 어느 날 저녁 이 수레가 아무런 이유 없이 관청으로
돌진하더니 벽에 부딪혀 튕겨 나왔다.

　나중에는 사람들이 고함을 지르며 공격하는 소리가 여기저기서 들렸
다. 사마소는 병사를 모으고 활과 화살을 갖춰 싸울 준비를 했다. 그리
고 소리가 나는 곳을 향해 일제히 활을 쏘라고 명했다. 화살에 맞은 귀
신들은 모두 땅속으로 사라졌다.

비파를 타는 귀신

오나라 적오 3년, 구장현에 사는 양도(楊度)가 여요 지방에 가게 되었다. 저녁이 되어 갈 길을 서두르는데, 비파를 든 소년이 나타났다. 소년이 자기를 수레에 태워달라고 하도 간청해서 양도가 그를 태워주었다.

소년은 비파를 10여 곡 연주했다. 연주를 마친 소년은 혀를 토해내고 눈을 찢어 양도를 겁주더니 가버렸다.

양도가 다시 20여 리 길을 가니 이번에는 자칭 왕계(王戒)라는 노인이 나타나 수레에 태워줄 것을 간청했다. 양도는 또다시 그 노인을 수레에 태우고는 이렇게 말했다.

"귀신은 비파를 잘 타는데 그 곡조가 아주 슬프더군요."

그러자 왕계가 "나도 비파를 잘 탄다오" 하고 말했다. 알고 보니 노인은 조금 전 그 귀신이었다. 귀신이 다시 혀를 토해내고 눈을 찢어 양도를 혼비백산하게 만들었다.

진짜 손자를 죽이다

낭야군 사람 진거백(秦巨伯)은 60세였다. 야밤에 술을 마시러 나갔다 봉산묘(蓬山廟)를 지나게 되었다. 그때 갑자기 두 손자가 진거백을 마중 나왔다며 나타났다. 그러고는 진거백을 부축해 백여 보쯤 가는가 싶더니 그의 목을 잡고 땅바닥 쪽으로 내리누르면서 욕을 했다.

"이 늙은것아! 네가 모일(某日) 나를 때렸으니, 오늘 내 손에 한번 죽어 봐라!"

진거백이 생각해보니 그날 틀림없이 손자를 때렸던 기억이 났다. 얼른 죽은 척했더니, 손자들이 그를 팽개치고는 가버렸다.

진거백이 집으로 돌아와 손자들을 혼내려 했다. 두 손자는 놀라고 당황스러워 머리를 조아리며 말했다.

"어찌 손자 된 몸으로 그런 짓을 할 수 있겠습니까? 아마도 귀신의 소행인 것 같으니 시험을 해보십시오."

진거백도 마음속에 짚이는 바가 있었다.

며칠이 지나 진거백은 술에 취한 척하며 다시 봉산묘를 지나갔다. 그랬더니 또다시 두 손자가 와서 부축을 했다. 진거백이 재빨리 그들을 붙잡자, 도깨비들은 옴짝달싹 못했다.

그런데 집에 도착해서 보니, 나무인형 두 개가 손에 쥐어져 있었다. 진거백이 인형을 불태우자 배와 가슴 부분이 타서 갈라졌다. 인형을 마당 바깥으로 내던져버렸더니, 밤이 되자 모두 달아나버렸다. 진거백은 그들을 죽이지 않은 것이 후회되었다.

한 달여가 지나자, 진거백은 또다시 술에 취한 척하며 야밤에 길을 나섰다. 이번에는 품에 칼을 숨기고 갔다. 가족 중 아무도 그 사실을 몰랐다. 밤이 깊어도 진거백이 돌아오지 않자, 두 손자는 할아버지가 도깨비에게 곤경을 당할까 걱정되어 마중을 나갔다. 뜻밖에 진거백은 두 손자를 도깨비로 오인해 죽이고 말았다.

술에 취한 세 귀신

한나라 건무 원년, 지씨 성을 가진 동래군 사람이 집에서 자주 술을 빚곤 했다. 어느 날 이상한 손님 셋이 면과 밥을 가져와서 빚은 술을 달라고 했다. 그들은 술을 다 비우고는 가버렸다. 얼마 뒤 어떤 이가 와서 숲에서 술에 취한 귀신 셋을 보았다고 말했다.

목마가 진짜 말이 되다

오나라 선주(先主)가 무위병(武衛兵) 전소소(錢小小)를 죽였다. 죽은 자의 혼령이 거리에 나타나 심부름꾼 오영(吳永)을 찾아갔다. 전소소의 혼령은 오영에게 큰길 남쪽 사원에 가서 서신을 전하고 목마(木馬) 두 필을 빌려 오라고 했다. 혼령이 목마에 술을 뿜자, 목마가 준마로 변했다. 심지어 안장과 고삐까지 모두 갖춰져 있었다.

귀신을 팔아먹다

남양군 사람 송정백(宋定伯)이 어릴 때 밤길을 가다 귀신을 만난 적이 있었다. 송정백이 귀신에게 누구냐고 묻자, 귀신이 말했다.

"난 귀신이오."

이번에는 귀신이 물었다. "그러는 당신은 누구요?"

송정백이 귀신을 속였다. "나도 귀신이오."

귀신이 물었다. "어디 가는 길이오?"

송정백이 "완성 장터에 가는 길이오"라고 대답하자 귀신도 "나도 거기 가는 길이오"라고 말해서 몇 리 길을 함께 걸어갔다.

귀신이 말했다. "걸음이 너무 느리니, 교대로 업으며 가는 게 어떠시오?"

송정백이 말했다. "그거 좋지요."

귀신이 먼저 송정백을 업고 몇 리를 걸어가다가 말했다.

"이렇게 무거운 걸 보니 귀신이 아닌 게 아니오?"

송정백이 말했다. "나는 귀신이 된 지 얼마 안 되어 몸이 무겁다오."

이번에는 송정백이 귀신을 업었는데, 귀신은 전혀 무겁지 않았다. 그들은 이렇게 몇 번을 번갈아 가면서 업고 갔다.

송정백이 말했다. "나는 이제 막 귀신이 되어 무엇을 조심해야 하는지 모르겠소."

귀신이 말했다. "사람이 뱉는 침만 조심하면 되오."

그들은 또다시 길을 재촉했다.

가는 길에 강이 나오자 송정백은 귀신에게 먼저 강을 건너라고 했다. 그런데 귀신이 강을 건널 때 첨벙거리는 소리가 전혀 들리지 않았다. 그가 강을 건널 때는 첨벙거리는 소리가 났다.

귀신이 물었다. "왜 소리를 내는 거요?"

송정백이 말했다. "나는 죽은 지 얼마 안 되어 강을 건너는 게 익숙지 않기 때문이오. 그러니 나를 탓하지 마시오."

완성 장터에 이를 때쯤, 송정백은 귀신을 어깨에 둘러메고는 재빨리 꽉 움켜쥐었다. 귀신이 크게 고함을 내지르며 얼른 놓아달라고 애걸복걸했다. 송정백은 들은 척도 하지 않고 장터에 이르러서야 귀신을 땅바닥에 내려놓았다. 귀신이 양으로 변하자 송정백은 얼른 양을 팔아버렸다. 또 귀신이 다른 것으로 변할까 봐 얼른 침을 뱉었다. 천오백 문(文)에 양을 팔아치운 남자는 집으로 돌아왔다.

당시 석숭(石崇)이 이 일을 두고 이렇게 한마디했다. "정백이 귀신을 팔아 천오백 문을 챙겼군."

죽은 여인에게 명주를 얻다

오왕 부차(夫差)의 딸 자옥(紫玉)은 방년 18세로 재주와 미모가 모두 뛰어났다. 당시 한중(韓重)이라는 청년은 나이 19세였고, 도술을 할 줄 알았다. 자옥은 그와 사랑에 빠져 남몰래 그에게 편지를 쓰며 그의 아내가 되기로 약속했다.

한중은 제노(齊魯)로 유학을 떠나면서 부모님께 자옥의 집안에 청혼을 넣어달라고 간청했다. 그러나 오왕은 크게 화를 내며 딸이 한중에게 시집가는 것을 허락지 않았다. 자옥은 끝내 마음의 병을 얻어 숨을 거뒀고, 창문(閶門) 밖에 묻혔다.

3년 후 한중이 돌아와, 부모님께 이 일에 대해 묻자, 부모님이 말했다.

"오왕이 대노하는 바람에 자옥이 마음의 병을 얻어 숨을 거뒀다. 땅에 묻힌 지 이미 오래됐다."

한중이 통곡하며 가축과 비단 등 제물을 준비해서 자옥의 묘 앞에 가져가 위령제를 지냈다. 그러자 자옥의 영혼이 무덤에서 나와 한중을 보고는 눈물을 흘리며 말했다.

"당신이 떠난 후, 당신 부모님이 부왕께 혼인을 청했어요. 반드시 성사될 것이라 생각했는데, 이런 운명을 맞이할 줄은 생각지도 못했군요. 어찌한단 말입니까?"

자옥은 왼쪽으로 고개를 떨구고 슬프게 노래를 불렀다.

남녘 산에 까막까치가 있어 북녘 산에 그물을 쳤네!

까막까치는 이미 하늘 높이 날아가버렸으니, 그물은 어찌할꼬!

당신을 따르고 싶었건만, 이 말 저 말 어찌나 많던지

슬픔이 맺혀 병이 되어 이슬로 사라졌네

운명이 너무나 각박하니, 억울함을 어이하리오?

새 중에 왕 봉황새

수컷을 잃고 3년을 애달파하네

뭇새가 아무리 많다 해도 어찌 짝을 이룰 수 있으리

이렇게 다시 나타나, 서로 만나 빛을 이루네

몸은 떨어져도 마음은 가까이 있거늘, 언제고 잊을 수 있었겠소?

자옥이 노래를 마치고 흐느끼며 한중에게 자기와 함께 무덤으로 들어가자고 했다. 한중이 말했다.

"생사가 서로 다른 세계에 놓여 있어 당신의 뜻을 따르면 필히 화를 부를 것이오. 당신의 청을 받아들일 수 없소."

자옥이 말했다.

"생사가 다른 세계임은 저도 알고 있어요. 그러나 지금 헤어지면 영원히 다시 만날 기회는 없을 거예요. 당신은 제가 귀신이어서 당신을 해칠까 두려운가요? 저는 제 마음을 바치고 싶을 따름이에요. 설마 저를 믿지 못하는 건가요?"

한중은 여자의 말에 감동해 곧바로 함께 무덤으로 들어갔다.

자옥은 연회를 베풀어 한중을 대접했고 3일 밤낮을 함께함으로써 그와 부부의 예를 마쳤다. 한중이 무덤 밖으로 나가야 할 때가 되자, 자옥이 길이 1촌쯤 되는 명주(明珠)를 한중에게 주면서 말했다.

"저는 이미 이름도 더럽혀졌고, 희망도 없습니다. 더 이상 할 말이 뭐가 있겠습니까? 항상 건강하시기 바랍니다. 그리고 만약 저희 집에 가거든 부왕께 경의를 표해주십시오."

한중은 무덤에서 나온 후, 곧바로 오왕을 알현하고 지금까지의 일을 이야기했다. 오왕은 대노하며 말했다.

"내 딸은 이미 죽었거늘, 어찌 거짓을 꾸며내 죽은 자의 영혼을 더럽힌단 말이냐. 몰래 무덤을 파헤쳐 물건을 훔치고 귀신 핑계를 대는 수작과 다름없다."

오왕은 즉각 한중을 체포하라는 명을 내렸다.

한중은 그에게서 도망쳐 나와 자옥의 무덤가에 가 이러한 사실을 고

했다. 그러자 자옥이 말했다.

"걱정하지 마세요. 제가 지금 집으로 돌아가 부왕께 사실을 말씀드리겠어요."

의장을 갖추고 있던 오왕은 갑자기 딸 자옥이 나타나자 깜짝 놀랐다. 희비가 교차한 오왕이 물었다.

"네가 어떻게 다시 살아났느냐?"

자옥이 무릎을 꿇고 말했다.

"예전에 서생 한중이 제게 청혼하러 와서 저를 아내로 맞이하려 했습니다. 그런데 부왕께서 허락하지 않아 제 명예는 실추되었고 그 사람에 대한 도의도 다하지 못하게 되어 결국 죽음에 이르렀습니다. 한중이 먼 곳에서 돌아와 제가 죽었다는 소식을 듣고 제물을 마련해 무덤에 가져와서 제 영혼을 달래주었습니다. 저는 그 사람의 한결같은 마음에 감격해 그에게 명주를 주었습니다. 그 사람이 무덤을 파고 훔쳐 간 게 아니니 부디 추궁하지 말아주세요."

그때 오왕의 부인이 자옥이 돌아왔다는 소식을 듣고 뛰쳐나와 딸을 안으려 했다. 그러나 자옥은 한 줄기 푸른 연기처럼 홀연히 사라져버렸다.

죽은 여인과 정을 나누다

농서군에 사는 신도탁(辛道度)이 옹주성에서 사오 리 떨어진 곳으로 유학을 갔다. 그는 푸른 옷을 입은 하녀가 큰 저택의 대문 앞에 서 있는 것을 보았다. 신도탁은 대문 쪽으로 걸어가서 먹을 것을 좀 달라고 청했다. 하녀가 집으로 들어가 안주인에게 상황을 고하자, 안주인은 신도탁을 안으로 들이라고 했다.

신도탁이 누각으로 조심스레 들어가니 안주인이 서쪽 침상에 앉아 있는 것이 보였다. 신도탁은 자신의 이름을 밝히고 인사를 했다. 예를 갖추고 나니 안주인이 그에게 동쪽 침상 위에 앉으라고 하고는 곧바로 음식을 준비했다.

밥을 먹고 나자 여자가 말했다.

"저는 진민왕(秦閔王)의 딸로서 조(曹)나라로 시집을 가기로 되어 있었지만, 불행히도 결혼도 하기 전에 죽었습니다. 죽은 지는 23년이 되었고 홀로 이 집에 살고 있습니다. 오늘 당신에게 저와 부부연을 맺어주시길 부탁드립니다."

그렇게 3일 밤낮을 함께 지내고 난 뒤 여자가 이렇게 말했다.

"당신은 산 사람이고 저는 귀신입니다. 당신과 인연이 있어 3일 밤낮을 함께할 수는 있었지만 더 이상 머물렀다가는 화를 입을 수 있습니다. 고작 이삼일 밤으로 두터운 정을 다할 길도 없고, 이렇게 또 이별을 고해야 하니 무엇을 증표로 삼아야 할지요?"

그러고는 하인을 시켜 침상 뒤편에 놓여 있는 상자를 가져다 열도록 했다. 여자는 안쪽에서 금베개를 하나 꺼내 신도탁에게 증표로 주었다.

얼마 뒤 진나라에 도착한 신도탁이 금베개를 시장에 내다 팔다가 때마침 동쪽으로 유람을 떠났던 진왕의 부인과 마주쳤다. 부인은 금베개를 팔고 있는 신도탁을 보고는 이상히 여겨 어디에서 그것을 얻었는지 물었다. 신도탁은 그가 겪은 일을 소상히 아뢰었다. 그러나 그 일을 믿지 못한 부인이 사람을 시켜 무덤을 파고 관을 열어보도록 했다. 다른 부장품은 모두 그대로 있었는데, 오직 금베개만 보이지 않았다. 여자의 옷을 헤치고 보았더니 부부의 정을 나눈 흔적이 역력했다. 진부인은 비로소 신도탁의 말을 믿게 되었다.

진부인이 탄복하며 말했다. "내 딸은 신령해서 죽은 지 23년이 지났어도 산 사람과 왕래를 할 수 있구나. 이 사람은 진짜 내 사위다."

진왕은 신도탁을 부마도위에 봉하고 금, 비단, 수레, 말 등의 상을 내려주고 고향으로 돌아가도록 했다. 이 일이 있은 후에 사람들은 사위를 가리켜 '부마'라고 칭했다. 지금도 제왕의 사위는 부마라고 한다.

귀신을 아내로 맞이하다

한나라 때 담생(談生)이란 자는 나이가 마흔이나 되었지만 아내가 없었다. 남자는 종종 마음속의 감정을 담아 『시경』을 낭송하곤 했다. 어느 날 밤, 보기 드문 용모와 자태를 지닌 열대여섯 살쯤 되어 보이는 여자가 담생에게 다가와서 그와 부부연을 맺고자 했다.

여자가 담생에게 말했다.

"저는 다른 사람과는 다르니, 밤중에 등불로 저를 비추면 안 됩니다. 3년 후에는 괜찮습니다."

여자와 담생이 부부가 되어 아들을 낳은 지 두 해가 지났을 때였다. 담생은 호기심을 이기지 못하고 아내가 잠들기를 기다렸다가 몰래 촛불로 아내를 비춰 보았다. 아내의 허리 위로는 살이 붙어 사람처럼 보였지만, 아래는 뼈만 앙상했다.

문득 아내가 잠에서 깨어나 말했다.

"당신은 저와 한 약속을 저버렸어요. 조금만 더 기다리면 완전한 인간이 될 수 있었는데, 어째서 1년을 더 못 기다리고 이렇게 불빛에 저를 비춰 보셨나요?"

담생이 얼른 사죄했다. 아내는 한없이 눈물을 흘리며 말했다.

"당신과는 부부의 연을 끊으면 그만이지만, 제 아들이 걱정입니다. 당신은 가난해서 아이를 데리고 살아갈 수 없을 테니 저와 잠시 같이 가시지요. 당신께 드릴 게 있습니다."

담생이 아내를 따라서 화려하게 꾸며진 방으로 들어갔는데, 방 안의 물건은 보통의 것들이 아니었다. 아내가 보석이 박힌 두루마기를 담생에게 주면서 말했다.

"가져가서 생계를 해결하는 데 쓰세요."

말을 마친 아내는 담생의 옷섶을 조금 찢어 잘라내고는 담생을 두고 떠났다.

얼마 뒤, 담생이 보석이 박힌 두루마기를 장에 내다 팔았다. 저양왕(雎陽王) 쪽 사람이 천만금을 주고 그것을 사갔다. 그런데 왕이 두루마기를 알아보고는 의아해했다.

"이것은 내 딸의 옷인데, 어떻게 장에 나올 수 있단 말인가? 필히 무덤을 도굴한 것이다."

그래서 담생을 체포해서 고문했다. 담생이 자초지종을 이야기했지만 왕은 이를 믿지 않고 직접 딸의 무덤으로 향했다. 무덤은 예전과 똑같은 모습이었다. 그런데 무덤을 파서 보니, 과연 관 뚜껑 아래에 찢어진 옷섶이 떨어져 있었다. 사람을 보내 담생의 아들을 데려와서 살펴보았더니, 생김새가 저양왕의 딸과 똑같았다. 왕은 비로소 담생의 말이 사실이었음을 인정하고 그를 불러와 재물을 하사하고 사위로 삼았다. 그리고 조정에 상소를 올려 담생의 아들을 낭중(郞中)에 봉해줄 것을 요청했다.

혼령과 결혼하다

노충(盧充)은 범양현 사람이다. 노충의 집에서 서쪽으로 30리 떨어진 곳에 최소부(崔少府)의 묘가 있었다.

노충이 20세 되던 해 동지 전날에, 집 서쪽으로 사냥을 나갔다가 고라니 한 마리를 발견했다. 곧장 화살을 쏘아 고라니를 명중시켰다. 그러나 쓰러졌던 고라니가 다시 일어나 달아나는 바람에 노충은 어느새 아주 멀리까지 고라니를 뒤쫓게 되었다.

그런데 북쪽으로 1리쯤 떨어진 곳에 홀연 큰 대문이 달린 저택이 한 채 보이는가 싶더니 그새 고라니가 사라져버렸다. 문 앞에 있던 하인이 큰 소리로 "어서 오십시오, 손님"이라고 청하자 노충이 물었다.

"여기가 뉘 댁이요?"

"최소부의 저택입니다."

노충이 "어찌 이 몰골로 소부를 알현하겠소?"라고 했다. 그 즉시 다른 하인이 새옷을 가져왔다.

"부군께서 이 옷을 손님께 가져다드리랍니다."

노충이 옷을 갈아입고 문으로 들어가 소부를 알현하며 자기 이름을 아뢰었다.

술잔이 몇 번 오가고 나자 소부가 노충에게 말했다.

"자네 아버님께서 우리를 잘 봐주셔서 근래 서신을 보내 내 딸아이에게 혼담을 넣으셨네. 그래서 자네를 이곳에 데려오게 된 걸세."

그러고는 서신을 꺼내 노충에게 보여주었다. 비록 노충이 어려서 아버지를 여의었지만 아버지의 필체를 잘 알고 있었다. 노충은 서신을 보고는 애통해했다. 노충으로서는 더 이상 혼사를 미룰 수 없는 상황이 되었다. 소부는 안채에 분부를 내렸다.

"신랑이 왔으니 딸아이를 치장시켜라."

그러고는 노충에게 말했다.

"동쪽 행랑채에서 편히 쉬시게."

해질 무렵, 안채에서 소리가 들렸다.

"신부께서 치장을 다 마치셨습니다."

노충이 동쪽 행랑채로 갔을 때 신부는 이미 가마에서 내려와 있었다. 두 사람은 각자의 자리에 서서 맞절을 하고 혼례를 올렸다. 연회는 사흘간 이어졌다. 매일 주연을 베풀어 손님을 맞이했다. 연회가 끝난 후, 최소부가 노충에게 말했다.

"이젠 집으로 돌아가도 좋네. 딸에게 임신한 징조가 있다네. 아들을 낳으면 자네에게 보내겠으니, 그렇게 알고 있게. 만약 딸을 낳으면 여기에 두고 키우도록 하겠네."

최소부는 하인에게 가마를 준비시켜 손님을 보내드리라고 했다. 노충은 하직 인사를 하고 나왔다. 최소부는 문까지 나와 배웅을 해주고는 노충의 손을 잡으며 눈물을 흘렸다. 노충이 대문 밖으로 나서자 푸른 소가 매어진 마차가 한 대 보였다. 노충이 본래 입던 옷과 활도 문밖에 있었다. 최소부는 또 다른 하인을 시켜 옷 한 벌을 가지고 와 노충에게 전해주며 위로의 말을 전했다.

"인연이 막 시작되었는데 이별이라니 얼마나 슬프고 아쉬우시겠습니까. 다시 옷 한 벌을 보내니 이부자리로나마 쓰라고 하십니다."

노충이 마차에 타자마자, 이내 집에 당도했다. 가족은 노충을 보고 희비가 엇갈렸다. 노충은 지금까지의 상황을 더듬어보고 나서야 비로소 최소부가 죽은 사람이고 자신이 그의 무덤에 들어갔다 나왔다는 사실을 알게 되었다. 그의 입으로 번민에 찬 탄식 소리가 새어나왔다.

4년 뒤 3월 3일, 물가에서 놀던 노충은 홀연 물속에서 우마차 두 대가 가라앉았다 떠올랐다 하는 것을 보았다. 그러더니 잠시 뒤엔 우마차가 언덕 쪽으로 다가왔다. 노충과 함께 있던 사람들이 모두 다 같이 이 상황을 지켜보았다. 노충이 다가가 마차 뒷문을 열어보니 최씨의 딸과 세 살 된 남자아이가 함께 앉아 있었다. 노충이 너무 기뻐서 여자의 손을 움켜잡으려 하자 여자가 손가락을 들어 뒤쪽에 있는 마차를 가리키며 말했다.

"아버지께서 당신을 보고 싶어 하십니다."

노충은 곧장 최소부 쪽으로 가서 인사를 드렸다. 여자는 아들을 안아서 노충에게 건네고, 금 그릇과 시 한 수도 함께 주었다.

영지처럼 빛나는 자질에

빛나는 아름다움은 얼마나 가득했던가

고귀한 아름다움 일찍이 드러난 바 있었고

예쁘게 도드라진 모습 신기에 가까웠네

꽃봉오리 머금은 꽃송이는 미처 피지도 못하고

한여름날 가을 서리를 맞아 시들어버렸네

빛나는 영화는 이로써 영원히 사라져

인간 세상에서는 더 이상 펼칠 수 없었네

저승과 이승 간에 오고감이 있을 줄이야

출중한 님께서 홀연 왕림하셨네

만남은 짧고 이별은 황급하였건만

이 또한 모두 신령의 안배인 것을

무엇을 내 님께 드려야 할까

금 그릇을 드리니 내 아들 잘 부탁하오

부부의 은애가 여기서 끝나노니

오장육부가 끊어지는 듯 애달프네

노충이 아들과 금 그릇 그리고 시 한 수를 받아들자 우마차는 홀연 사라졌다. 노충이 아들을 데리고 언덕 위로 돌아오자, 주위 사람들이 모두 귀신이라 여기고 멀리 떨어져서 아이에게 침을 뱉었다. 하지만 아이의 형체는 변하지 않았다. 누군가 아이에게 물었다.

"네 아비가 누구냐?"

아이는 대답 대신 곧장 노충의 품으로 뛰어들었다. 사람들이 처음에는 기괴하고 혐오스럽게 여기더니, 여자가 준 시를 돌려 보고는 모두 생사지간의 오묘한 만남에 감탄했다.

얼마 뒤 노충은 금 그릇을 내다 팔러 마차를 타고 장에 나갔다. 그는 일부러 값을 높게 불러보았다. 그릇이 빨리 팔리기보다는 누군가 그 그릇을 알아봐주길 원했기 때문이다. 그러다 홀연 늙은 여자 하인이 그릇을 알아보고 곧장 집으로 돌아가 주인마님에게 고했다.

"장에서 어떤 사람이 마차를 타고 와서 최씨 아가씨 관 속에 넣어두었던 금 그릇을 팔고 있습니다."

주인마님은 바로 최씨 아가씨의 이모였다. 여자는 아들을 시켜 장에 가서 노비가 한 말이 사실인지 알아보도록 했다. 과연 그 말이 사실이었다. 아들은 얼른 노충의 마차에 올라탄 후 자신의 이름을 밝히고 노충에게 말했다.

"예전에 제 이모께서 최소부 댁에 시집가서 딸을 하나 낳았는데, 그 딸이 시집도 안 가서 일찍 죽고 말았습니다. 제 어머니께서는 매우 슬퍼하며 금 그릇을 보내 관 속에 함께 묻도록 하셨죠. 당신이 금 그릇을 얻게 된 상황을 말씀해주십시오."

노충이 전후 사정을 모두 알려주자 이모의 아들은 이를 애달파하며 눈물을 훔쳤다. 아들이 그릇을 가지고 집으로 돌아와 어머니에게 고하자 어머니가 즉시 사람을 노충의 집에 보내 노충의 아들을 데리고 오도록 했다. 다른 친척들도 소식을 듣고는 서둘러 모여들었다. 아이에게는 최씨 딸의 생전 모습이 그대로 있었고 노충의 모습과도 닮아 있었다. 아이와 금 그릇을 모두 확인한 최씨 딸의 이모가 말했다.

"내 외조카는 3월 말에 태어났다네. 그래서 그 애 아버지가 '봄날이라 따뜻하니 아름답고 건강하길 바란다'라는 의미로 온휴(溫休)라는 이름을 지었네. 온휴라는 이름은 바로 '혼령과 결혼한다'는 유혼(幽婚)의 은어(隱語)였던 것일세. 일찍부터 징조가 있었던 게지."

노충의 아들은 후에 훌륭한 재목으로 자라나, 2천 석의 녹봉을 받는 군수가 되었다. 또 자손 대대로 관리가 되어 그 명성이 지금까지도 이어지고 있다. 그의 후손 노식(盧植)은 자가 자간(子幹)으로, 천하에 이름을 날렸다.

서문정에 출몰하는 귀신

후한 때, 여남군 여양현 서문정(西門亭)에 귀신이 나타났다. 그곳에 묵은 여행객 가운데 종종 죽는 자가 나왔다. 심하게 다친 사람들은 머리카락은 물론, 골수까지도 없어지곤 했다. 이 사건의 연유를 캐물으면 사람들은 이렇게 말했다.

"예전에 이곳에 괴물이 살았네. 군에서 시봉연(侍奉掾)으로 있던 의록현 사람 정기(鄭奇)가 이곳으로 오는 길이었네. 그런데 서문정에서 예닐 곱 리쯤 떨어진 곳에서 단정하게 생긴 부인을 만났다네. 부인이 마차를 태워달라고 해서 처음에는 좀 난처해하다가 결국 마차에 오르도록 해 주었지.

서문정에 도착해 서둘러 누각으로 걸어 들어갔더니 문지기가 이렇게 말했다네. '누각으로 올라갈 수 없습니다.' 그러자 정기가 이렇게 대꾸 했지. '난 두렵지 않소.'

날이 어두워졌던 터라 정기는 얼른 누각으로 올라 그 부인과 잠자리 를 같이했네. 그러고는 다음 날 채 날이 밝기도 전에 길을 떠났지.

문지기는 누각에 올라가 청소를 하다가 죽은 부인을 발견하고는 크 게 놀라서 정장(亭長)에게 이를 보고했네. 정장이 북을 쳐서 각 고을의 관리를 불러모아 함께 부인을 살펴보았지. 알고 보니 서문정에서 서북 쪽으로 8리쯤 떨어진 곳에 사는 오씨 부인이었다네. 죽은 지 얼마 후에 염을 하는데 갑자기 등불이 꺼져버려 다시 불을 밝히고 보니 부인이 사 라져버렸다고 했네. 그제야 시신을 찾은 오씨 가족은 부인의 시신을 집 으로 옮겨 갔다네.

한편 정기는 서문정을 떠나 몇 리쯤 걸어가고 있었는데, 갑자기 배가 아파오더니 남돈현 이양정(利陽亭)에 이르러 통증이 극에 달해 죽고 말 았네. 그 후로 감히 서문정에서 묵고 가려는 사람이 사라진 것이지."

귀신을 베다

영천군 사람 종요(鍾繇)는 자가 원상(元商)이다. 몇 달 동안 황제조차 알현치 않더니 사람이 좀 변해버렸다. 누군가 원상에게 무슨 연고인지 물었더니 이렇게 말했다.

"미색이 출중한 부인이 자꾸 날 찾아온다네."

남자가 말했다.

"틀림없이 귀신일 테니 죽이는 게 좋을 거요."

얼마 후, 그 부인이 또다시 종요를 찾아왔다. 이번에는 종요에게 곧장 다가오는 것이 아니라 한참을 문밖에 머물러 있었다. 종요가 물었다.

"왜 들어오지 않으시오?"

부인이 말했다.

"저를 죽이려 하시지 않습니까?"

"그런 일 없소."

재차 여자를 불러들이자 비로소 방으로 들어왔다. 종요는 차마 그러고 싶지는 않았지만 어쩔 수 없이 칼로 여자를 베어버렸다. 허벅지에 상처를 입고 도망친 여자는 솜으로 피를 닦았다.

이튿날 종요가 사람을 시켜서 혈흔을 쫓다가 큰 무덤을 발견했다. 관 속에는 살아 있는 듯한 아름다운 부인이 누워 있었다. 부인은 흰색 비단 소매에 붉은 수가 놓인 조끼를 입고 있었다. 왼쪽 허벅지에는 칼에 베인 상처가 있었는데 조끼 속의 솜으로 피를 닦은 흔적이 역력했다.

괴이한 이야기

「권 17」은 사람을 사칭해서 인간을 속인 귀신 이야기, 인간을 도와준 귀신 이야기, 신비로운 사물 이야기 등 총 13편으로 구성되었다.

귀신이 사람을 사칭해서 인간을 속인 이야기로는 우정국과 주탄의 부하가 대표적이다. 전편에서 귀신은 용모가 수려한 인물 우정국으로 변신해 미색을 갖춘 소씨네 딸을 현혹시키고, 후편에서 매미 귀신은 어린 소년으로 변신해 주탄 부하의 아내를 현혹시킨다. 그러나 결과적으로 이들은 모두 본색이 드러나서 낭패를 본다. 귀신들은 미남자, 혹은 소년으로 변신해 여성을 현혹하는데, 이는 당시 억압된 여성의 성적 환상을 은연중에 드러낸다.

인간을 도와준 귀신 이야기로는 대숲에 살던 키다리 이야기를 꼽을 수 있다. 이 귀신은 여러 해 동안 함께 기거했는데도 가족에게 별다른 해를 끼치지 않은 것으로 보인다. 오히려 귀신이 기거하는 동안에 진신은 부를 축적했고 귀신이 집을 떠나자 집안이 망하게 되었으니, 집안을 보호해준 선한 귀신이었던 셈이다.

한편 복류조 이야기는 조왕 사마륜이 진나라 황위를 찬탈한 지 얼마 되지 않아 진나라에 갖가지 재액과 이변이 잇달았던 때와 맞물린다. 이상한 새의 존재를 확인하던 중 한 아이가 새의 이름을 '복류조'라고 무심코 내뱉는다. 그 바람에 아이는 새와 함께 밀실에 갇혔다가 순식간에 사라진다. 그러나 훗날 낙양이 한나라 유총에게 함락되고 진왕이 항복하자 사람들은 비로소 이 복류조라는 기이한 새가 나타났던 까닭을 알게 되었다. 복류조라는 단어에는 유씨, 즉 한왕조에게 '항복한다(服)'는 뜻이 들어 있다. 결국 진나라는 이 새가 나타나면서부터 멸망의 길로 빠져들었던 것이다.

남강의 금귤 이야기는 금귤 열매와 이를 지키는 귀신을 소재로 삼고 있다. 배고픈 자에겐 얼마든지 먹을 수 있을 만큼 제공해주지만, 욕심을 부려 가져가는 것은 금한다는 이야기다. 고대 신화와 전설에 자주 등장하는 전형적인 인과응보 이야기라 할 수 있다.

귀신의 농간에 속아 넘어가다

진(陳)나라 사람 장한직(張漢直)은 남양에서 경조윤(京兆尹)을 지냈던 연숙견(延叔堅) 밑에서 『춘추좌씨전』을 배웠다. 집을 떠난 지 몇 달이 지났을 때, 장한직을 사칭한 귀신이 장한직의 누이동생에게 말했다.

"병들어 죽은 내 시체가 길바닥에 방치되어 추위와 배고픔에 시달리고 있단다. 집에서 엮은 짚신 두세 켤레를 집 뒤 닥나무 위에 매달아두었고, 부자방(傅子方)이 보낸 5백 문을 집 북쪽 담 밑에 두었는데, 떠날 때 깜박하고 챙겨오지 못했단다. 그리고 이유(李幼)에게 소 한 마리를 샀는데, 그 증서는 소서(小書)가 들어 있는 상자 속에 넣어두었다."

누이동생이 집에 와서 장한직이 말한 것들을 찾아보았더니 모두 일치했다. 장한직의 처조차도 그런 곳에 그런 물건이 있는 줄을 알지 못했다. 누이동생도 방금 시댁에서 돌아온지라 이러한 상황을 알 리 없었다. 가족들은 모두 애통해하며 장한직이 죽은 게 틀림없다고 믿었다.

부모형제는 모두 상복을 입고 남양으로 상을 치르러 갔다. 그러다 장한직이 공부하는 곳에서 몇 리 떨어진 곳에서 동학들과 함께 있는 장한직을 만나게 되었다. 장한직도 가족이 상복을 입은 모습을 기이하게 여겼고, 가족도 장한직을 보고는 귀신이라 여겨 한참이나 의아해했다. 이때 장한직이 부모님 앞으로 걸어가 무릎을 꿇고 절을 올렸다. 그 뒤 함께 사정을 이야기하자 가족들은 만감이 교차했다. 그들은 비로소 모든 것이 귀신의 농간이었음을 알게 되었다.

거짓 죽음을 고하다

한나라 진류군 외황현 사람인 범단(范丹)은 자가 사운(史云)이다. 젊어서 위종좌사(尉從佐使)가 되어, 공문을 가지고 독우(督郵)를 알현하라는 명을 받았다. 범단은 포부가 큰 사람이라 자기가 잡일을 처리하는 역리(役吏)인 것이 못마땅했다. 결국 진류군의 큰 늪에서 타고 온 말을 죽이고, 쓰고 있는 두건도 내던져버리고는 강도를 만난 척했다.

범단의 영혼이 범단의 집에 나타나 말했다.

"저는 사운인데 강도를 당해 죽었으니, 얼른 진류군에 있는 큰 늪으로 와서 제 옷을 거둬주세요."

가족은 그곳에 가서 범단의 두건을 찾아냈다.

범단은 남군으로 갔다가, 다시 삼보(三輔) 지역으로 넘어가 당시 걸출한 현인 밑에서 수학했다. 그로부터 13년이 지나 집으로 돌아와 보니, 가족이 모두 그를 몰라봤다. 진류군 사람들은 그의 기개 어린 행동에 탄복했고, 사후에 그를 정절(貞節)선생이라 칭했다.

귀신이 농간을 부리다

오나라 사람 비계(費季)가 고향을 떠나 초나라에 머문 지 오래되었다. 당시 길에는 강도가 기승을 부려서 비계의 아내도 늘 이를 걱정했다.

비계와 동료들이 여산으로 떠나 산 아래에 묵었다. 서로 집 떠난 지 얼마나 되었는지를 이야기하고 있었다. 비계가 말했다.

"나는 집 떠난 지 수년이 되었소. 떠날 때 아내에게 금비녀를 달라고 했었소. 그저 아내가 금비녀를 줄 마음이 있는지 없는지를 알아보려고 말이오. 아내가 주는 금비녀를 받아든 뒤에 나는 그것을 문지방 횡목 위에 두고 나왔소. 집 떠날 때 깜박하고 아내에게 이야기를 안 하고 왔으니, 아마도 여전히 거기 있을 거요."

그날 저녁, 비계의 아내 꿈에 남편이 나타나 말했다.

"길에서 강도를 만나 죽은 지 2년이나 되었소. 내 말을 못 믿겠거든 내가 집 떠날 때 당신이 준 그 금비녀를 문지방 횡목 위에 두었으니 한 번 찾아보시오."

비계의 아내가 깨어나 문 위를 더듬어보니 금비녀가 만져졌다. 집안 사람들은 정말로 그가 죽은 줄로 믿고 비계에게 장례를 치러주었다. 그런데 1년 남짓 지나서, 비계가 집으로 돌아왔다.

요괴가 우정국을 사칭하다

여요현 사람 우정국(虞定國)은 용모가 수려했다. 같은 마을 소씨네 딸도 용모가 뛰어났다. 우정국은 자주 소씨 딸을 만났고, 어느새 둘은 사랑에 빠졌다. 어느 날 소씨가 우정국이 오는 것을 보고는 하룻밤 묵어가라고 권했다. 한밤중에 우정국이 소씨에게 말했다.

"따님이 너무 아름다워서 제가 매우 사모하고 있습니다. 오늘 밤에 따님을 좀 불러내주실 수 있는지요?"

소씨는 우정국이 그 지역의 귀인이라 여겼던 터라 딸을 불러내어 우정국을 만나도록 했다. 우정국과 소씨네의 왕래가 점차 빈번해지자 우정국이 소씨에게 이렇게 말했다.

"무엇으로 보답해드려야 할지요? 관에 심부름 보낼 일이 있으시면 제가 대신 알아서 처리해드리지요."

소씨는 매우 기쁘게 여겼다. 그 일 이후, 관에 사람을 보낼 일이 생겨 소씨가 우정국의 집에 찾아갔다. 우정국은 깜짝 놀라며 말했다.

"우리는 전혀 만난 적이 없는데, 무슨 일로 그러신지요? 괴이한 일임에 틀림없습니다."

소씨가 일일이 상황을 설명해주었더니 우정국이 말했다.

"제가 어찌 남의 아버지에게 딸과 음사를 벌이게 해달라고 청할 수 있겠습니까? 만일 또다시 그자를 만나거든 베어 죽이세요."

그 뒤에 그자를 잡고 보니 요괴였다.

태수의 고약을 훔친 귀신

오나라 손호 때, 회남내사(淮南內史)였던 주탄(朱誕)은 자가 영장(永長)으로, 건안태수를 지낸 바 있다. 주탄을 모시는 급사(給仕)의 아내가 귀신에 홀리자, 급사는 아내가 다른 사람과 간통했다고 의심했다.

어느 날 급사는 외출을 한다고 말하고서는 몰래 돌아와 벽에 구멍을 내어 안을 들여다보았다. 아내는 베틀에서 베를 짜면서 멀리 뽕나무 위를 바라보았다. 그쪽을 향해 말하고 또 웃기까지 했다. 급사가 뽕나무 위를 바라보니, 푸른색 겹옷에 푸른 두건을 쓴 열네다섯 살짜리 소년이 있었다. 소년을 진짜 사람으로 여긴 급사가 화살을 쏘아 명중시키자 소년은 키(箕)만 한 크기의 매미로 변해서 어디론가 날아가버렸다.

아내도 활 소리에 놀라서 소리쳤다. "아! 누가 너를 쏜다!"

급사는 아내의 행동을 괴이하게 여겼다. 꽤 오랜 시간이 흐른 뒤, 급사가 길을 가다 두 소년이 이야기하는 소리를 엿듣게 되었다.

한 소년이 물었다.

"어째서 오랫동안 너를 볼 수 없었던 거지?"

다른 한 소년이 이렇게 대답했다.

"지난번에 뜻밖에 사람이 쏜 화살에 맞아서 오랫동안 고생했거든."

"지금은 어때?"

"태수 집 대들보 위에 있던 고약 덕분에 완전히 나았어."

그 말을 들은 급사가 주탄에게 아뢰었다.

"누가 태수님 고약을 훔쳐 갔는데 알고 계신지요?"

주탄이 말했다.

"고약을 대들보 위에 둔 지 오래되었거늘, 다른 사람이 어찌 알고 그것을 훔친단 말이냐?"

급사가 말했다. "한번 살펴보십시오."

주탄은 전혀 의심하지 않았지만, 그래도 한번 살펴보는 것이 좋을 듯싶었다. 고약을 싼 포장은 그대로였다. 주탄이 말했다.

"아랫것이 함부로 지껄였구나. 약이 그대로 있지 않느냐."

급사가 말했다. "열어서 보십시오."

살펴보니 과연 고약은 절반이나 없어진 상태였다. 긁어보았더니, 발자국 흔적이 보였다. 주탄은 크게 놀라서 이 일을 상세하게 물었고, 급사는 있었던 일을 아뢰었다.

도사조차 당해내지 못한 귀신

오나라 때, 가흥 사람 예언사(倪彦思)가 마을 서쪽 연리(埏里)라는 곳에 살고 있었다. 어느 날 예언사는 귀신이 자기 집으로 들어와 다른 사람과 이야기도 하고 사람처럼 먹고 마시는 것을 알아챘다. 그런데 그 형상은 보이지 않았다.

어느 날 하인 중 하나가 뒤에서 주인 욕을 하고 있었다. 귀신이 그에게 으름장을 놓았다.

"지금 한 욕을 네 주인에게 그대로 고할 테다."

예언사가 그 하인을 벌주자, 감히 어느 누구도 뒤에서 주인을 욕하지 못했다.

예언사에게는 첩이 하나 있었다. 귀신이 첩을 요구하자 예언사가 도사를 불러 쫓아내도록 했다. 술과 안주를 차려놓자, 귀신이 변소에서 똥을 가져다가 음식 위에 뿌려놓았다. 도사가 맹렬하게 북을 치며 여러 신선을 불러들였다. 이번에는 귀신이 오줌통을 가져다 신좌(神座) 위에서 호각 소리를 내며 난동을 피웠다. 잠시 뒤 도사는 갑자기 등이 서늘해지는 느낌이 들었다. 깜짝 놀라 일어나서 옷을 벗어 보았더니 오줌이 묻어 있었다. 도사는 의식을 멈추고는 그 자리를 떠났다.

예언사가 밤에 이불 속에서 아내와 은밀하게 이야기를 나누면서 귀신에 관해 걱정했다. 대들보 위에 있던 귀신이 예언사에게 말했다.

"너와 네 마누라가 나에 대해 이러쿵저러쿵했으니, 내 지금 당장 네 집 대들보를 잘라버리겠다."

뒤이어 갑자기 대들보에서 톱질하는 소리가 났다. 예언사가 등불을 켜서 대들보를 살펴보려 하자, 귀신이 곧바로 등불을 불어 꺼버렸다. 이번에는 대들보에 톱질하는 소리가 더욱 급해졌다. 예언사는 집이 무너질까 봐 무서워 일가족을 집 밖으로 내보냈다. 그러고는 다시 등불을 켰다. 대들보는 그대로 있었다. 귀신이 크게 웃으며 예언사에게 물었다.

"또 나에 대해서 이러쿵저러쿵할 테냐?"

마을의 전농교위(典農校尉)가 이 일을 듣고는 말했다.

"그 귀신은 여우임에 틀림없소."

귀신이 즉각 전농교위에게 말했다.

"너는 몇백 석이나 되는 관의 곡식을 모처에 숨겨놓은 놈이다. 관리가 되어 재물을 탐한 주제에 감히 나에 대해서 왈가왈부하는가. 지금 관에 이를 고하고 사람을 시켜 네놈이 훔친 곡식을 가져오도록 할 것이다."

전농교위는 겁을 집어먹고는 귀신에게 사죄했다. 그 뒤로 사람들은 감히 이 귀신에 대해서 왈가왈부하지 않았다.

3년 후, 귀신이 예씨 집을 떠났는데, 어디로 갔는지는 아무도 몰랐다.

남자를 두 번 기절시킨 귀신

위나라 황초 연간, 돈구현 경계 지역에 말을 타고 밤길을 재촉하는 사람이 있었다. 그는 길 가운데서 토끼만 한 크기에 두 눈이 거울처럼 반짝이는 괴물을 보았다. 괴물은 말 앞에서 번쩍 뛰어나와 앞길을 막아섰다. 놀란 남자가 말에서 떨어지자, 귀신이 남자를 붙잡았다. 남자는 더욱 크게 놀라 그만 혼절하고 말았다. 한참이 지나 남자는 다시 깨어났고 귀신은 종적을 감추었다.

말에 다시 오른 남자는 몇 리쯤 더 가서 행인 하나를 만났다. 서로 인사말이 오가고 나자 남자가 말했다.

"앞에서 이러한 변고를 당했는데, 지금 당신과 길동무를 하게 되어 참으로 기쁘오."

행인이 말했다.

"나도 혼자 길을 재촉하고 있는데 당신이 길동무가 돼줘서 얼마나 기뻔지 모르오. 당신 말이 빠르니 당신이 앞서시오. 내 뒤를 따르리다."

두 사람은 함께 길을 짚어 갔다. 행인이 말했다.

"방금 전에 만난 괴물은 어떻게 생겼기에 당신을 그렇게 두렵게 만들었소?"

"토끼처럼 생겼는데 두 눈이 거울처럼 빛나는 것이 모양새가 아주 고약했소."

행인이 다시 말했다.

"고개를 돌려 나를 좀 보시겠소?"

남자가 고개를 돌려 그를 보았더니, 바로 그 괴물이었다. 귀신이 말에 뛰어오르자, 남자는 땅에 떨어져 놀라 혼절하고 말았다.

남자의 가족들은 말이 홀로 돌아온 것을 괴이하게 여겨, 즉시 남자를 찾으러 나섰다. 그러다 길가에 쓰러져 있는 남자를 발견했다. 하루가 지나자 남자는 다시 깨어나서 자신이 겪은 상황을 이야기했다.

사당신 도삭군

원소(袁紹)는 자가 본초(本初)로, 기주(冀州)에 살았다. 그런데 원소의 신령은 도삭군(度朔君)이라는 이름으로 하동군에 출몰했다. 사람들은 그를 모시는 사당을 세워주었다. 사당에는 사당 일을 주관하는 주부(主簿)를 두었는데, 제사를 지내러 오는 사람들이 많았다.

청하태수를 지냈던 진류군 사람 채용(蔡庸)이 사당에 참배하러 왔다.

그에게는 죽은 지 30년이 지난 채도(蔡道)라는 아들이 있었다. 도삭군은 술자리를 마련해놓고 채용을 초대해 이렇게 말했다.

"아들이 이곳에 먼저 와서 자네를 만나고 싶어 하네."

잠시 뒤, 아들이 나타났다.

도삭군은 자칭 자신의 조상이 이전에 연주(兗州)에 살았다고 말했다.

어느 날 소씨 성 선비가 어머니의 병 때문에 사당에 기도를 하러 왔다. 주부가 말했다.

"도삭군이 하늘에서 온 선비와 만나야 하니 잠시 기다리시오."

서북쪽에서 북소리가 들리더니 도삭군이 나타났다. 얼마 뒤 손님이 왔는데 검은색 홑옷을 걸치고 머리엔 몇 촌쯤 되는 오색 깃털을 꽂고 있었다. 그 손님이 떠난 후에는 다시 흰색 홑옷을 입고 생선 대가리 모양의 높은 모자를 쓴 사람이 와서 도삭군에게 말했다.

"일전에 여산(廬山)에 오셔서 함께 흰 자두를 먹은 일이 얼마 되지 않은 듯한데, 이미 3천 년이나 지났군요. 시간이 너무도 빨리 가니 쓸쓸해집니다."

그가 떠난 후, 도삭군이 소씨 성의 선비에게 말했다.

"방금 왔던 분은 남해군(南海君)이다."

소씨는 글 읽는 선비이고, 도삭군은 5경을 통달한지라 『예기(禮記)』를 잘 알고 있었다. 둘은 『예기』에 대해서 서로 이야기를 나누었다. 그러나 아무래도 소씨의 식견은 도삭군만 못했다. 소씨가 어머니의 병을 낫게 해줄 것을 청하자 도삭군이 말했다.

"집 동쪽에 오랫동안 방치된 다리가 있을 것이다. 원래 마을 사람들이 자주 오가던 다리였지. 그 다리를 복원시키면 어머니 병은 나을 것이다."

이후 조조가 원담(袁譚)을 토벌하러 나섰다가 사람을 시켜 사당에 가서 비단 천 필을 빌려 오도록 했지만 도삭군은 이를 거절했다. 조조는 장합(張郃)에게 군대를 이끌고 가서 사당을 부수어버리도록 했다. 군대가 백 리쯤 되는 곳에 이르자, 도삭군이 신병(神兵) 수만을 보내어 그들을 맞이했다. 장합의 군대가 2리쯤 더 진군하자 이번에는 운무(雲霧)가 군대를 에워싸기 시작했다. 사당이 어디에 있는지 분별할 수 없을 정도였다. 도삭군이 주부에게 일렀다.

"조조의 기세가 거세니 일단 피하는 게 좋겠다."

후에 선비 소씨의 이웃집에 신이 내려왔는데, 소씨는 그것이 도삭군의 목소리임을 알아차렸다. 도삭군이 말했다.

"내가 이민족이 사는 땅으로 옮겨 가는 바람에 3년을 못 만났구나."

도삭군은 사람을 보내 조조와 담판을 벌였다.

"본래의 사당을 복원하고 싶은데 그곳은 터가 쇠약해져 기거하기 적합하지 않소. 청컨대 공이 있는 곳에 머무르게 해주시오."

조조가 허락하고는 성 북쪽 누각을 수리해 도삭군이 기거토록 했다.

며칠 후, 조조가 사냥을 나갔다가 어린 사슴만 한 괴물을 잡았다. 발이 크고 색이 눈처럼 희고 털이 매끄러워 사람들이 좋아할 만했다. 조조가 얼굴을 쓰다듬어주었다. 다만 누구도 그 짐승의 이름을 알지 못했다.

그날 저녁이 되자 도삭군의 누각 쪽에서 곡소리가 들렸다.

"아이가 나가서 집으로 돌아오지 않았다."

조조가 이 소리를 듣고 손뼉을 치며 말했다.

"그 괴물도 이제 곧 사라지겠군."

다음 날 새벽이 되자 조조가 수백 마리 개를 이끌고 도삭군의 누각을 에워쌌다. 개들이 킁킁거리며 누각 안팎을 뒤졌다. 그때 당나귀만 한 괴물이 누각 아래로 떨어지는 것이 보였다. 개들이 달려들어 괴물을 물어 죽였고, 이후 사당신은 종적을 감추었다.

귀신이 떠나자 곤궁해지다

임천군 사람 진신(陳臣)은 집이 부유했다. 한나라 영초 원년 어느 날, 낮에 진신이 집에 앉아 있는데, 집 안 대숲 속에서 키가 무려 1장이 넘는 남자가 홀연히 나타났다. 그 생김새가 마치 방상씨처럼 흉악하고 무서웠다. 남자가 진신에게 와서 이렇게 말했다.

"내가 이 집에 산 지 여러 해가 되었는데, 당신은 내가 있는지도 몰랐을 거요. 이제 내가 이곳을 떠나게 되어 당신에게 알려주는 것이오."

남자가 떠난 지 한 달쯤 되었을 무렵, 진씨 집에 큰불이 나서 노비들이 불타 죽었다. 그리고 1년도 안 되어 진신의 집은 매우 곤궁한 처지가 되었다.

집안이 몰살될 위기를 넘기다

동래군에 진씨 성을 가진 사람이 살았다. 가족이 무려 백여 명이나 되었다. 어느 날 아침에 밥을 짓는데, 솥의 물이 끓지 않아서 솥 위의 시루를 열었더니 백발노인이 튀어나왔다. 진씨가 점쟁이를 찾아가서 점을 보았다. 점쟁이는 이렇게 말했다.

"그자는 괴물이어서 일가를 몰살시킬 거요. 얼른 돌아가 무기를 만들어 문 안쪽 벽 아래 놓아두고 대문을 걸어 잠그시오. 그리고 온 가족이 집을 지키도록 하시오. 수레를 탄 이나 말을 탄 이가 와서 문을 두드려도 절대 대꾸하지 마시오."

진씨가 집으로 돌아와 가족을 불러 모았다. 함께 나무를 베어 무기 백여 개를 만들고 대문 안쪽 벽 아래 놓아두었다. 과연 점쟁이 말대로 군대가 들이닥쳐 문을 열라고 했지만 아무런 대답을 하지 않았다. 밖에 있던 우두머리가 대노해 대문을 타넘고 집으로 들어가라고 명했다. 병사들이 대문 안쪽을 엿보다가 크고 작은 수많은 무기를 발견하고는 우두머리에게 상황을 보고했다. 우두머리는 매우 놀라며 주위 사람들을 나무랐다.

"내가 너희한테 서둘러 오라고 했거늘, 꾸물거리느라 한 사람도 잡지 못하게 생기지 않았느냐. 이를 어찌한단 말이냐. 여기서 북쪽으로 80리쯤 가면 103명이 사는 인가가 있는데 그자들이라도 잡아가야겠다."

그로부터 10일 후, 그 집 가족들이 모두 죽었다. 그 집 사람들도 진씨 성이었다고 했다.

복류조와 함께 사라진 아이

진혜제 영강 원년, 경성에서 이상한 새가 잡혔다. 누구도 그 새의 이름을 알지 못했다. 조왕 사마륜(司馬倫)이 사람을 시켜 성안을 돌며 사람들에게 새 이름을 물어보도록 했다.

그날, 궁궐 서쪽에서 한 아이가 새를 보고는 혼잣말을 했다. "복류조(服留鳥)로군."

새를 데리고 있던 사람이 궁궐로 돌아와 사마륜에게 이를 고하자, 사마륜이 그에게 아이를 찾아오도록 했다. 아이를 데리고 궁궐로 들어오자, 사마륜은 새를 창살이 빽빽한 새장에 가두고, 아이도 방에 가둬버렸다. 이튿날 다시 가니 아이도 새도 모두 보이지 않았다.

금귤을 내려놓아라

세 사람이 남강군 남쪽 동망산(東望山)에 들어갔다가 산 정상에서 과일나무를 발견했다. 여러 가지 과일나무가 서 있었는데 마치 사람이 행렬을 이룬 듯 보였다. 금귤 열매가 잘 익어서 세 사람이 일제히 금귤을 따먹었다. 배가 부르자 다른 사람에게도 보여줄 생각으로 두 알을 품에 넣었다. 그때 공중에서 이런 소리가 들려왔다.

"얼른 내려놓거라. 그래야 내려갈 수 있을 것이다."

뇌 속으로 들어간 뱀

진첨(秦瞻)은 곡아현 팽황(彭皇) 벌판에 살고 있었다. 그런데 뱀처럼 생긴 괴물이 남자의 뇌 속을 뚫고 들어가버렸다. 어느 날 뱀이 남자에게 다가와 냄새를 맡더니 코 속으로 기어 들어가 뇌 속에 똬리를 틀었던 것이다.

남자의 머리는 욱신욱신했고, 뇌 속에서 뱀이 뭔가를 먹는 소리가 들렸다. 며칠이 지나자 뱀이 남자에게서 나가버렸다. 그러나 얼마 뒤 또다시 뱀이 나타났다. 진첨이 수건으로 코와 입을 막았지만 뱀은 기어이 이를 뚫고 뇌 속으로 들어갔다.

그러나 이렇게 여러 해를 지내는 동안 남자는 별다른 병을 앓지 않았다. 다만 종종 머리가 좀 무거운 느낌을 받을 뿐이었다.

귀신을 대하다

「권 18」에는 참으로 다양한 귀신이 등장한다. 밥주걱 귀신부터 절굿 공이 귀신, 개오동 귀신, 나무 요괴 등 나무와 관련된 귀신이 있는가 하면, 살쾡이 요괴, 여우 요괴, 노루 귀신, 돼지 귀신, 양 귀신, 개 귀신, 수 달 귀신, 쥐 귀신, 전갈 귀신, 수탉 귀신, 암퇘지 귀신 등 수많은 동물 귀 신도 등장한다. 그러나 여기 수록된 대다수 이야기는 인간이 용감무쌍 한 기지로 요괴(귀신)를 물리치거나 죽이는 내용이다.

어떤 이야기에서는 독특한 서사구조가 눈에 띈다. 유백조 이야기에 나오는 살쾡이 귀신은 매우 긍정적으로 그려진다. 조정에서 내려오는 소식을 유백조에게 미리 귀띔해주는가 하면, 유백조가 자신의 존재를 부담스러워하자 바로 종적을 감춰버린다. 마치 유백조의 오랜 친구를 보는 듯하다. 나무 귀신 황조 또한 매우 긍정적으로 묘사된다. 오랜 가 뭄에 시달리는 마을 사람들을 위해 비를 내려주고, 자신이 몸을 빌렸던 이헌이란 여인에게는 전란을 예고해주며, 마을이 병란의 해를 입지 않 도록 돕는다. 사악한 귀신이라기보다는 인간의 어려움을 보듬고 도와 주는 어질고 전지전능한 신의 모습으로 그려진 셈이다.

반면 오흥의 늙은 살쾡이, 여우 귀신 아자 등에 등장하는 귀신은 사악한 귀신의 전형이다. 오흥의 살쾡이 귀신은 앞서 나온 진거백 이야기 속의 귀신처럼 사람을 희롱하는 데 그치지 않고 농간을 부려 두 아들이 아버지를 죽이도록 만든다. 이러한 사실을 뒤늦게 알게 된 두 아들은 죄책감을 못 이겨 자결한다. 여우 귀신 아자 또한 미색의 여인으로 변신해 왕령효란 자와 부부의 인연을 맺고 남자의 심신을 피폐하게 만든다.

　　중국 문헌 『현중기(玄中記)』에 따르면, 여우는 암수를 불문하고 오십 년을 수행하면 여성으로 변신할 수 있고, 백 년을 수행하면 미녀나 남자로 변신할 수 있다. 그리고 천 년을 수행하면 신통력이 생겨 하늘과 소통하는 천호(天狐)가 된다. 문헌 속 내용은 여우라는 제재가 얼마나 풍부한 문화 자원인지를 보여준다. 이를 증명해주듯이 한중일 삼국을 막론하고 여우를 소재로 한 콘텐츠는 수도 없이 등장한다. 고전소설이나 설화에서 인간을 파탄에 빠뜨리는 사악한 요괴로만 나오는 게 아니다. 오늘날 만화나 애니메이션, 드라마에서는 주인공을 유혹하는 데 실패하거나, 오히려 희롱을 당하는 코믹한 형상으로 바뀌거나, 강력한 힘을 발휘해 주인공을 돕는 모습으로 그려지기도 한다.

　개 귀신을 죽인 전염 이야기의 서사는 독특하다. 기존 이야기에서 남성이 여자 귀신과 부부의 인연을 맺음으로써 많은 이득을 얻었던 것과는 다르다. 이 이야기는 개 귀신이 남편을 가장해 부인과 잠자리를 갖고, 이를 알게 된 아내가 자결하는 비극이다. 남자 요괴의 성적 욕망뿐 아니라 남권 사회에서 남성 요괴에게 정절을 잃은 여성이 수치스러움에 자결한다는 내용은 무엇을 말하는가. 곧 여성에 대한 사회적 속박이 심한 사회에서 잠시나마 이러한 욕망을 충족시킨 여성이 결국 죽음으로써 남성 위주 사회의 질서를 받아들이는 모습으로 볼 수 있다. 남성 중심 전통 사회에서 여성은 절대로 '짐승' 또는 남자 귀신과 사랑을 나눌 수 없다. 하지만 남성은 여자 요괴와 마음껏 사랑을 나누고도 수많은 혜택을 얻는다. 이는 당시 남성 중심 사회의 분위기를 적나라하게 드러내주는 한 예이다.

세간살이가 말을 하다

　위(魏)나라 경초(景初) 연간, 함양현 관리 왕신(王臣)네 집에 괴물이 살았다. 아무런 까닭 없이 손뼉을 치는 소리며 서로 부르는 소리가 들렸다. 이리저리 살펴보았지만 그 이유를 알 수 없었다. 어느 날 저녁 왕신의 어머니가 일하다 피곤해져 베개를 베고 잠을 자며 휴식을 취하고 있었다. 그때 부뚜막 아래에서 누군가를 부르는 소리가 들려왔다.

　"문약(文約)아, 왜 안 오느냐?"

　그때 머리 아래 있던 베개가 말했다.

　"머리에 깔려 있어서 갈 수가 없어. 난 안 되겠으니 네가 이리로 와서 같이 먹고 마시자."

　날이 밝자 부뚜막 쪽을 살피던 어머니는 베개와 대화를 나누었던 것이 밥주걱이었음을 알게 되었다. 어머니는 이것들을 한데 모아 불태워 버렸다. 그러자 집안의 괴물도 모두 사라졌다.

땅을 파서 부자가 되다

위군 사람 장분(張奮)은 집이 매우 부유했다. 그런데 갑자기 사람이 노쇠해지자 재물도 줄어들어서 하는 수 없이 집을 정응(程應)에게 팔았다. 정응이 이 집으로 이사 와 살게 된 이후로는 온 가족이 병들어 죽게 되었다. 그러자 정응은 다시 이웃사람 하문(何文)에게 집을 팔아버렸다.

어느 날, 해질 무렵 하문은 홀로 큰 칼을 들고 북쪽 본채로 들어가 들보 위로 기어 올라갔다. 삼경이 다 되자 갑자기 키가 1장 남짓한 사내가 나타났다. 높은 모자를 쓰고 누런 옷을 입은 사내는 대청으로 올라가 "세요(細腰)야"라고 불렀다. 그러자 누군가 대답하는 소리가 들렸다.

사내가 물었다. "집에 어찌 산 사람 냄새가 나느냐?"

세요가 대답했다. "산 사람이라곤 없습니다."

그러자 남자는 곧바로 사라졌다. 잠시 뒤 이번에는 높은 모자를 쓰고 푸른 옷을 입은 자가 나타났고, 이어서 또 높은 모자를 쓰고 흰옷을 입은 자가 나타나 대청에서 세요와 문답을 나누었다. 그 내용은 앞사람과 다를 바 없었다.

날이 밝을 무렵, 하문이 들보에서 내려와서는 앞사람들의 방식대로 세요를 부르며 물었다. "누런 옷을 입은 자는 누구냐?"

세요가 대답했다. "본채 서쪽 담벽 아래 있는 황금입니다."

이번에는 또 "푸른 옷을 입은 자는 누구냐?"라고 묻자, "본채 앞쪽 우물가에서 다섯 보 떨어진 곳에 있는 동전(銅錢)입니다"라고 답했다. 그다음엔 "흰옷을 입은 자는 누구냐?"라고 묻자, "담벼락 동쪽 모퉁이 기

등 아래 있는 백은(白銀)입니다"라고 답했다. "그럼 넌 누구냐?"라고 묻자, "저는 지금 부뚜막 아래 있는 절굿공입니다"라고 답했다.

하문은 날이 완전히 밝기를 기다렸다가 세요가 일러준 장소를 차례대로 파내 황금과 백은 5백 근(斤), 동전 천만 관(貫)을 얻었다. 나무로 만든 절굿공이는 불태워버렸다. 하문은 부유해졌고, 집도 조용하고 평화로워졌다.

나무 귀신을 물리치다

진(秦)나라 때, 무도군 고도현에 노특사(怒特祠)라는 사당이 있었다. 사당 위쪽에는 개오동나무가 자랐다. 진문왕(秦文王) 27년에 사람을 보내 이 나무를 베어내도록 했다. 나무를 한 번 내리찍자 갑자기 비바람이 몰아쳤다. 나무를 찍어낼 때마다 찍어낸 자리가 다시 아물어 온종일 나무를 찍어내도 결국은 나무를 베어내지 못했다. 진문왕이 이번에는 병사를 보내 나무를 베어내도록 했다. 도끼를 든 자가 40명에 달했지만 그래도 나무를 쓰러뜨리지는 못했다. 지친 병사들은 모두 돌아가 휴식을 취했다. 오직 다리에 부상을 입어 걸을 수 없게 된 병사만 나무 아래 누워 쉬고 있었다.

그때 갑자기 병사의 귀에 귀신이 나무신에게 묻는 말이 들렸다.

"싸우느라 지쳤소?"

나무신이 말했다. "지쳤다고 할 것까지야 있겠소?"

"진문공이 절대 멈추지 않을 텐데, 어쩌시겠소?"

"진문공이 뭘 어쩌겠소?"

귀신이 또다시 말했다. "진문공이 만약 병사 3백 명을 불러 머리를 산 발케 하고, 붉은 실로 나뭇가지를 동여맨 다음, 적갈색 옷을 입고 횟가 루를 뿌리면서 당신을 베어내면 어떻겠소. 그래도 난처해지지 않겠소?"

나무신은 침묵하며 아무 말도 하지 않았다.

다음 날, 다리를 다친 병사가 간밤에 들었던 내용을 모두 진문공에게 알렸다. 진문공은 병사들에게 적갈색 옷을 입혀 나무를 찍어내고, 틈이 벌어진 곳에 횟가루를 뿌리라고 명령했다. 나무가 쓰러지자 푸른 소가 뛰쳐나와 풍수(豐水) 속으로 뛰어들었다. 잠시 뒤 푸른 소가 다시 물에서 나와 괴이한 짓을 벌였다. 진문공이 기병(騎兵)을 보내 소를 공격했지만 소를 물리치지는 못했다. 그런데, 바로 그때 한 기병이 말에서 떨어졌다 가 다시 말 위로 기어 올라가면서 상투가 풀리고 머리카락이 풀어헤쳐 졌다. 푸른 소는 그를 두려워해 다시 물로 뛰어들고는 감히 나오질 못했 다. 이때부터 진나라는 소꼬리로 장식한 깃발을 든 모두기(旄頭騎)를 기 병 속에 배치하게 되었다.

마을 사람들을 도운 나무 귀신

여강군 용서현 육정(陸亭) 지역, 유수(流水)변에는 몇십 장 높이의 큰 나무가 있었는데, 수천 마리 황새가 둥지를 틀고 있었다. 당시 오랜 가

뭄에 시달렸던 마을 어른들이 함께 모여 상의를 했다.

"이 나무는 항상 누런 기운이 돌고 있소. 아마도 신령이 깃들어 있는 듯하니, 이 나무에 비를 내려달라고 기도를 올립시다."

그들은 술과 고기를 준비해 나무가 있는 곳으로 갔다. 당시 육정 지역에는 이헌(李憲)이라는 과부가 있었다. 밤에 자리에서 일어났는데, 꽃을 수놓은 고운 옷을 입고 스스로 나무신 황조(黃祖)라고 칭하는 부인이 나타나 이렇게 말했다.

"나는 나무신 황조로 구름을 만들어 비를 내릴 수 있다. 당신의 성품이 맑아 생계를 꾸려갈 수 있게 돕고자 한다. 아침에 왔던 마을 어른들이 모두 비 내리기를 기원해 이미 천제께 간청을 올렸으니, 내일 정오에는 큰비가 내릴 것이다."

과연 때가 되자 큰비가 내렸다. 사람들은 나무신 황조를 기리기 위해 사당을 지었다. 황조는 이헌의 몸을 빌려 이렇게 말했다.

"마을 어른들이 모두 여기에 모였구나. 내가 물 가까이 기거하고 있으니, 그대들에게 잉어를 대접하도록 하겠다."

말이 끝나자마자, 잉어 수십 마리가 사당 아래로 날아와 모여들었다. 자리에 있던 사람들이 이 광경을 보고 모두 어리둥절해했다.

그로부터 한 해쯤 지난 어느 날 나무신이 이헌에게 말했다.

"장차 큰 전란이 있을 것이다. 이제 나는 이곳을 떠난다."

황조는 이헌에게 옥환(玉環)을 남겨주면서 말했다.

"이것을 가지고 있으면 재난을 피할 수 있을 것이다."

후에 유표(劉表)와 원술(袁術)이 서로 싸움을 벌이는 바람에 용서현 사람들은 모두 마을을 떠나야 했다. 그러나 이헌이 사는 마을은 병란의 해를 전혀 입지 않았다.

괴물과 싸워 이긴 장료

위나라 계양태수는 강하군 사람 장료(張遼)로 자가 숙고(叔高)이다. 장료는 언릉 땅에 집과 밭을 마련해두고 있었다. 밭에는 10여 아름이나 되는 큰 나무가 한 그루 있었다. 가지와 잎이 무성한 탓에 밭의 일부가 그늘이 져 그곳에는 농작물이 자라지 못했다.

장료는 문객(門客)을 시켜서 나무를 베어버리도록 했다. 도끼로 나무를 몇 번 내리찍자, 붉은 액즙이 예닐곱 말이나 흘러나왔다. 문객은 놀랍고도 두려워서 이를 장료에게 알리러 갔다. 장료는 대노하며 이렇게 말했다.

"나무가 오래되어서 붉은 액즙이 나오는 것을 가지고 뭘 그렇게 호들갑을 떠시오."

그러고는 직접 나무를 베러 갔다. 나무에서 나온 붉은 액즙이 도처에 흐르고 있었다. 장료는 사람을 시켜 나뭇가지를 베어버리라고 했다. 가지를 베어내자 나무 위에 구멍이 드러났다. 그 안에 키가 사오 척 되는 백발노인이 있었다. 노인은 나무 위에서 뛰어내려 장료에게 돌진했다.

장료는 칼을 들고 그와 사투를 벌였다. 장료는 계속해서 네댓 명의 백발노인을 칼로 벴다. 장료 주변 사람들은 모두 놀랍고 두려워 땅바닥에 엎드려 있었다. 그러나 장료는 평소와 다름없이 태연한 모습이었다. 장료가 칼로 베어낸 자들을 자세히 살펴보니 사람도 아니고 짐승도 아니었다.

나무는 결국 베어졌다. 이것들이 바로 목석 요괴, 기(夔)와 망량이라는 것들인가? 그해, 장료는 사공에 위임되었고, 시어사, 연주자사를 두루 거쳤다. 장료는 군수의 존귀한 신분으로 고향을 방문해 조상에게 제를 올렸다. 오색 비단옷을 차려입은 그의 모습은 더욱더 빛이 났다. 그 후 이곳에는 어떤 괴물도 나타나지 않았다.

괴물을 삶아 먹은 육경숙

오나라 선주(先主) 때, 육경숙(陸敬叔)은 건안태수를 지냈다. 어느 날 사람을 시켜 커다란 녹나무를 베도록 했다. 도끼로 나무를 몇 번 내리찍자 갑자기 나무에서 피가 흘러나왔다. 나무가 베어지자 사람 얼굴에 개의 몸을 가진 괴물이 나무에서 튀어나왔다. 육경숙은 "이 괴물이 팽후(彭侯)다"라고 외치고는 괴물을 삶아 먹었다. 맛이 개고기와 같았다.

『백택도』에는 이렇게 전한다. "나무 요괴를 '팽후'라 한다. 형상이 검은 개를 닮았고 꼬리가 없으며 삶아 먹을 수 있다."

배가 스스로 날아 물로 들어가다

오나라 때, 아름드리 가래나무가 있었다. 잎의 넓이는 한 길이 넘었고, 무성하게 늘어진 가지는 몇 마지기나 되는 땅을 뒤덮었다. 오왕은 이 나무를 베어 배를 만들고 남녀 어린아이 서른 명을 보내 배를 끌어 진수 (進水)토록 했다. 그런데 이 배가 스스로 날아 물로 들어가는 바람에 어린아이들이 모두 물에 빠져 익사하고 말았다. 지금도 그곳에는 때때로 노래를 부르며 배를 끄는 구호 소리가 들린다.

동중서를 방문한 늙은 살쾡이

동중서가 주렴을 내리고 책을 읽고 있었다. 어느 날 손님이 그를 방문했다. 동중서는 그가 보통 사람이 아니라는 것을 알아챘다.

손님이 말했다. "비가 오겠군요."

동중서는 농담 삼아 이렇게 말했다.

"둥지에 사는 것은 바람이 언제 부는지 알고, 동굴에 사는 것은 비가 언제 내리는지 알지요. 당신은 여우나 살쾡이가 아니면 생쥐일 거요."

그러자 손님이 늙은 살쾡이로 변했다.

여우 요괴를 붙잡다

장화(張華)는 자가 무선(茂先)이다. 진(晉)나라 혜제(惠帝) 때 사공(司空)을 지냈다. 당시 연소왕(燕昭王) 무덤 앞에 얼룩덜룩한 털을 가진 여우가 살았는데, 오랫동안 둔갑술을 부리고 있었다.

어느 날, 여우는 선비로 둔갑해 장화를 방문해야겠다고 생각하고는 연소왕 무덤 앞의 화표목(華表木)에게 물었다.

"내 재주와 모습이 장화를 알현할 만하오?"

화표목이 대답했다. "당신 말재주가 좋으니 안 될 게 뭐요. 하지만 장화는 총명하고 박학해 만만치 않을 거요. 틀림없이 모욕을 당하고, 돌아오지 못할 수도 있소. 천 년 동안이나 갈고닦은 능력을 잃게 될 뿐 아니라 내게도 큰 타격을 줄 것이오."

그러나 여우는 그 충고를 귀담아듣지 않고 명첩을 가지고 장화를 알현하러 갔다.

장화는 옥같이 흰 피부에 우아한 행동거지를 갖춘 잘생긴 청년을 보고는 반해버렸다. 청년은 문학 작품을 논하고 그 명성과 실질을 변론했다. 장화가 이제까지 들어보지 못한 통찰력 있는 언변이었다. 청년은 또 전대 역사를 평가해 제자백가의 심오함을 논하며 노자와 장자의 현묘함을 토로했고, 『시경』의 국풍(國風)과 아송(雅頌)에 담긴 절지(絶旨)를 드러냈다. 아울러 고대 성현의 도를 개괄하기도 했다. 게다가 천문지리와 인사(人事)의 이치를 꿰뚫고, 각파의 유학을 비판하며, 각종 예법을 평했다. 장화가 대답할 말이 없을 정도였다. 장화가 탄식했다.

"천하에 어찌 이런 청년이 있을 수 있단 말인가! 귀신이 아니면 여우일 것이다."

장화는 자리를 정리하면서 청년에게 머물러줄 것을 청하고는, 사람을 시켜 그를 잘 감시하도록 했다. 그러자 청년이 말했다.

"마땅히 현인을 존중하고 다양한 사람을 받아들이며, 인재를 격려하고 능력이 부족한 사람을 동정해야 하거늘, 어찌 다른 사람의 학문을 시기하시오. 묵자(墨子)는 겸애(兼愛)를 주장했는데 어찌 당신은 이러하단 말입니까?"

말을 마친 청년은 돌아가겠다고 했다. 하지만 장화가 이미 사람을 시켜 문밖을 지키도록 한 터라 청년은 밖으로 나갈 수가 없었다. 그러자 청년은 또다시 장화에게 말했다.

"당신이 문밖에 병사를 배치했다는 것은 나를 의심한다는 뜻이오. 나는 세상 사람들이 입을 다물고 당신과는 더 이상 아무 말도 하지 않을까 걱정스럽소. 지모 있는 선비라 해도 당신 집 대문을 멀리서 바라볼 뿐 감히 들어가지 못할 것이오. 당신이 참으로 안타까울 뿐이오."

장화는 아무런 대꾸도 하지 않고 사람들에게 더욱더 철저하게 청년을 지키도록 명했다.

당시 풍성현 현령 뇌환(雷煥)은 자가 공장(孔章)으로, 해박한 지식을 갖춘 사람이었다. 마침 그가 장화를 알현하러 왔다. 장화가 청년의 일을 이야기하자 뇌환이 이렇게 말했다.

"의심스럽다면 왜 사냥개를 불러와서 시험하지 않으십니까?"

장화가 사람을 시켜 사냥개를 데리고 오도록 했지만 여우는 전혀 두려워하는 기색이 없었다.

"내 재능은 타고난 것인데 당신은 오히려 요괴라 여겨 시험하시는군요. 천 번이든 만 번이든 시험해보시지요. 그렇다고 저를 해칠 수 있을 것 같습니까?"

장화가 이 말을 듣고는 더욱더 분노했다.

"틀림없이 요괴로구나. 요괴는 개를 두려워한다지만 개가 식별해낼 수 있는 요괴는 수백 년 된 요괴일 뿐, 천 년 묵은 늙은 요괴는 개도 식별할 수 없다고 했다. 천 년 된 고목을 불태워 그 불빛에 비춰 보면 원래 모습이 드러날 것이다."

뇌환이 물었다. "천 년 넘은 신목을 어디서 구할 수 있습니까?"

장화가 말했다. "사람들이 말하길 연소왕 묘 앞의 화표목이 천 년이 넘었다고 하더군."

그러고는 사람을 시켜 나무기둥을 베어 오도록 했다.

장화의 명령을 받은 하인이 화표목 앞으로 걸어가자, 갑자기 푸른 옷을 입은 아이가 나타나 물었다. "무엇 하러 오셨습니까?"

하인이 말했다. "장사공 댁에 한 청년이 방문했는데 학식이 높고 변론에 능해 요괴가 아닌가 의심되어 화표목을 불태워 비춰 볼 참이다."

푸른 옷의 아이가 말했다. "늙은 여우가 현명하지 못해 내 말을 안 듣고 이 사달을 내어 나까지 화를 입게 되었구나. 어찌한단 말인가!"

그러고는 목 놓아 울음을 터트리고는 한순간에 사라져버렸다.

하인이 화표목을 베었더니 나무에서 피가 흘러나왔다. 베어낸 화표목을 가지고 돌아와 불태워 청년을 비춰 보았더니, 과연 청년의 본모습은 얼룩덜룩한 털을 가진 여우였다.

장화는 "나를 만나지 않았다면 천 년이 지나도 이들을 없애지 못했을 것이다"라고 말하고는 바로 여우를 삶아버렸다.

아버지를 귀신으로 오해하다

진나라 때, 오흥군에 사는 어떤 사람에게 아들이 둘 있었다. 두 아들이 밭에서 일을 할 때면 아버지가 욕을 하거나 쫓아와서 때리곤 했다. 두 아들이 이를 어머니에게 고하자, 어머니가 아버지에게 따져 물었다. 그러자 아버지가 크게 놀라며, 모든 것이 귀신의 짓임을 알아채고는 아들에게 귀신을 죽이도록 했다. 그러자 귀신은 자취를 감추고 더 이상 나타나지 않았다.

어느 날 아버지는 두 아들이 귀신한테 또 괴롭힘을 당할까 걱정이 되었다. 그래서 직접 밭으로 나갔다. 그런데 아버지를 귀신으로 오인한 아들들의 손에 죽어 땅속에 묻히게 되었다. 그러자 귀신이 아버지 모습으로 변신해 집으로 돌아와서는 가족에게 말했다.

"두 아들이 요괴를 죽였나보군."

해질 무렵 두 아들이 밭에서 돌아오자 온 가족이 떠들썩하게 축하를 했다. 수년이 지나도록 가족은 진상을 알지 못했다.

훗날 한 법사(法師)가 그 집을 방문해 두 아들에게 경고했다.

"자네들 아버지의 기색에 사기(邪氣)가 가득하네."

아들이 이 말을 아버지에게 전하자, 아버지는 몹시 화를 냈다. 아들이 이를 법사에게 알리고는 얼른 떠나도록 일렀다. 그러나 법사는 주문을 외우며 방 안으로 들어갔다. 아버지는 늙은 살쾡이로 변하더니 침상 밑으로 기어들어갔다. 법사는 살쾡이를 잡아서 죽였다. 비로소 가족들은 당초 잡아 죽인 것이 진짜 아버지였음을 깨닫고 상복을 입고 장례를 치렀다. 그러나 결국 한 아들은 자살하고, 또 다른 아들도 분을 이기지 못하고 죽고 말았다.

꼬리가 잘린 살쾡이

구용현 미촌(麋村)에 사는 황심(黃審)이 밭에서 일을 하고 있었다. 어떤 부인이 황심의 밭을 지나가는데, 밭둑 위로 올라서서는 동쪽으로 갔다 서쪽으로 갔다 했다. 처음에 황심은 그저 그런 사람이거니 했다가 부인이 날마다 이런 행동을 하자 괴이하게 여겨 물었다.

"부인은 매번 어디에서 이렇게 오시는 거요?"

부인은 잠시 걸음을 멈추더니 그저 웃기만 하고는 말없이 가버렸다. 황심은 더욱더 의심스러워져서 긴 낫을 준비해놓고 여자가 돌아오기를 기다렸다. 그러나 감히 부인을 베지는 못하고 부인을 따라다니는 하녀를 베었다. 그러자 부인은 살쾡이로 변신해 도망갔다. 하녀를 살펴보니, 살쾡이 꼬리로 변해 있었다. 황심은 살쾡이를 쫓아갔지만 따라잡지는 못했다.

그 후에 어떤 사람이 살쾡이 한 마리가 굴에서 나오는 것을 보고 굴을 파서 잡았는데 꼬리가 없었다고 한다.

유백조를 도운 살쾡이

박릉군 사람 유백조(劉伯祖)가 하동태수를 지낼 때였다. 거처하던 곳 천장에 말을 할 줄 아는 귀신이 있어 자주 유백조와 이야기를 주고받곤 했다. 귀신은 매번 경성에서 조서와 공문이 내려올 때마다 그 소식을 미리 유백조에게 전해주었다. 유백조가 귀신에게 무엇을 좋아하는지 물으니 양의 간이 먹고 싶다고 답했다. 유백조는 양의 간을 사 와 사람을 시켜 자기 앞에 썰어놓도록 했다. 그러자 고기가 하나씩 없어지더니 순식간에 간 두 개가 모두 사라졌다.

그런데 그때 늙은 살쾡이 한 마리가 책상 앞쪽에서 어렴풋이 모습을 드러내는 게 아닌가. 고기를 썰던 사람이 칼로 살쾡이를 내리치려 하자 유백조가 그를 말렸다. 살쾡이는 이내 천장으로 뛰어올라갔고, 잠시 후 크게 웃으면서 말했다.

"방금 양간을 먹고 너무 기분이 좋아 그만 내 모습을 당신에게 보이고 말았군요. 부끄럽소."

후에 유백조는 사예교위(司隷校尉)에 오르게 되었는데, 그때도 살쾡이 귀신이 유백조에게 미리 그 사실을 알려주었다.

"모월 모일, 조서가 내려올 것입니다."

때가 되자 과연 조서가 내려왔다. 유백조가 사예부(司隸府)에 들어가자, 살쾡이도 그를 따라 사예부 천장에 자리를 잡고는 왕실 내 은밀한 곳에서 벌어지는 일을 이것저것 알려주곤 했다. 유백조는 문득 너무 두려운 마음이 들어 살쾡이 귀신에게 말했다.

"지금 내 직책은 백관(百官)을 감찰하는 것이오. 귀신이 나에게 이것저것을 일러준다는 사실이 황제 측근에게 알려지면 해를 입게 될까 걱정이오."

살쾡이 귀신은 "당신이 걱정하는 바와 같을 수 있겠군요. 내 여기를 떠나리다" 하고 말하고는 바로 종적을 감춰버렸다.

여우에 홀리다

동한 건안 연간, 패국군 사람 진선(陳羨)이 서해도위(西海都尉)를 지냈다. 부하 왕령효(王靈孝)가 별다른 이유도 없이 자주 도망을 치자, 진선은 그를 혼내주려고 단단히 벼르고 있었다. 그런데 얼마 지나지 않아 또다시 왕령효가 도망을 가버렸다. 진선은 그가 오랫동안 돌아오지 않자 남자의 처를 가두어버렸다. 그랬더니 처가 실상을 고했다.

진선이 말했다.

"왕령호는 틀림없이 귀신이 데리고 갔을 테니, 반드시 그를 붙잡아야 한다."

보병과 기병 수십 명과 사냥개를 데리고 성 밖 곳곳을 수색하던 중,

과연 왕령효가 빈 무덤 속에 있는 것을 발견했다. 사람과 사냥개 소리가 들리자 귀신은 곧장 숨어버렸다. 진선은 사람을 보내 왕령효를 부축해 돌아오도록 했다. 여우 몰골을 하고 있던 왕령효는 다른 사람과는 일체 이야기를 하지 않은 채, 그저 울면서 "아자(阿紫)"만 불러댔다. 아자는 여우의 이름이었다.

10여 일이 지나자 왕령효는 차츰 정상으로 돌아오기 시작했다. 왕령효가 말했다.

"여우가 집 모퉁이 닭장 근처에서 처음 나타났는데, 아름다운 여인의 모습을 하고 있었습니다. 자기 이름이 아자라며 나를 불러냈는데, 한두 번이 아니었지요. 그러던 어느 날 저는 여자를 따라갔고, 여자는 제 아내가 되었습니다. 날이 저물면 저는 함께 여자의 집으로 돌아갔습니다. 그날 사냥개와 맞닥뜨리기 전까지 저는 아무것도 몰랐습니다."

그러면서 그때의 즐거움이란 비할 바가 없었다고 말했다.

어떤 도사는 "이것은 산매(山魅)다"라고 말했다. 『명산기(名山記)』에 "여우는 옛날 음부(淫婦)가 변신한 것으로 그 이름을 아자라고 한다. 그래서 여우 귀신도 자칭 아자라고 했다"라고 전해진다.

여우 귀신을 죽인 송대현

남양군 서쪽 교외에 정자가 하나 있었는데, 사람이 묵을 수 있는 곳이 아니었다. 화를 당하기 일쑤였기 때문이다. 남양군 사람 송대현(宋大賢)

은 정도(正道)로써 입신하고 처신하는 사람이라 귀신을 믿지 않았다.

어느 날 송대현이 이 정자에 머물게 되었다. 아무런 무기도 지니지 않은 채 한밤중에 거문고를 타고 있는데, 귀신이 홀연히 나타나서 송대현에게 말을 걸어왔다. 부릅뜬 눈과 들쭉날쭉한 이를 드러낸 귀신은 모양새가 흉측했다. 송대현은 거문고만 탈 뿐 아는 체하지 않았다. 그러자 귀신은 곧장 자리를 뜨더니, 마을로 내려가 죽은 사람의 목을 가지고 돌아와서 송대현에게 말했다.

"좀 주무셔야 되지 않겠소?"

그러고는 죽은 자의 목을 송대현 앞에 내던졌다. 송대현이 말했다.

"그래야지요. 자려고 하는데 베개가 없어 마침 이런 것이 하나 있었으면 하던 차요."

귀신은 또다시 슬그머니 자리를 뜨더니 한참이 지나서야 돌아와서 말했다.

"나와 맨손 결투를 해보지 않겠소?"

송대현은 "좋소"라고 말했다. 송대현의 말이 끝나기가 무섭게 귀신이 앞쪽으로 나오자 송대현은 곧장 귀신의 허리를 틀어쥐었다. 귀신은 힘도 못 쓴 채 황급히 "아이고, 나 죽네"라고 말했다. 송대현은 곧바로 그를 죽여버렸다.

다음 날 보니 늙은 여우 한 마리가 죽어 있었다. 이후로 이곳에는 더이상 요괴가 나타나지 않았다.

여우 귀신을 물리친 도백이

북부(北部)의 독우(督郵)인 서평군 사람 도백이(到伯夷)는 나이 서른에 재주 좋고 결단성도 있는 자로, 장사태수 도약장(到若章)의 손자였다.

날이 어두워지려 하자, 한 정관(亭館) 앞에 도달한 도백이는 앞서 가며 길을 열던 병사에게 이곳에서 머물다 갈 것을 명했다. 그러자 녹사연(錄事掾)이 보고했다.

"아직 날이 저물지 않았으니, 다음 관사까지 가서서 머물러도 좋을 듯합니다."

이에 도백이가 "지금 문서를 작성해야 할 게 있어서 그러네"라고 답했다. 그러자 부하들이 당황해하며 당장 이곳에서 떠나야 한다고 말했다. 도백이는 아랑곳하지 않고 전령을 시켜 "독우께서 누대에 올라 둘러보고자 하니 어서 청소를 하라"라는 말을 전하도록 했다. 그리고 잠시 뒤 누대에 올랐다.

날이 아직 저물지는 않았지만 누각 위의 등과 계단 아래쪽 등은 모두 켜져 있었다. 도백이는 다시 이렇게 명했다.

"내가 도학(道學)을 닦아야 해서 불빛을 보아서는 안 되니, 불을 모두 <u>끄</u>도록 해라."

관사의 아전은 틀림없이 변고가 생길 것이라 짐작하고 불빛이 새지 않도록 불빛을 병 속에 감춰두었다.

날이 저물자 도백이는 의복을 갖추고 앉아서 『육갑(六甲)』『효경(孝經)』『역경(易經)』을 읽어나갔다. 잠시 뒤 도백이는 자리에 누워 머리를 침상 동쪽으로 돌리고, 두 발을 천으로 묶어 그 위에 머리인양 두건을 씌워놓았다. 그리고 슬며시 보검을 뽑아놓고 허리끈도 풀었다.

한밤중이 되자, 사오 척쯤 되는 검은 물체가 나타나 점점 커지더니 본채로 걸어와서 백이를 덮쳤다. 도백이는 이불로 검은 괴물체를 뒤집어씌웠다. 도백이의 발에 뒤집어씌운 천이 벗겨져 발바닥이 드러나는 바람에 두세 차례나 괴물체에게 잡힐 뻔했다. 도백이는 보검과 허리끈으로 귀신의 발을 계속 내리쳤다. 그러고는 사람을 불러 불을 가지고 올라와 비춰 보도록 했다. 괴물체는 다름 아닌 털이 온통 빠져 붉은색 몸통을 다 드러낸 늙은 여우였다. 도백이는 여우를 불태워버리라고 했다.

다음 날 아침, 누대 위의 방을 조사해보니 여우 귀신이 잘라놓은 사람의 상투가 백여 개가 넘었다. 그 후로 이곳에서 요괴는 자취를 감췄다.

여우로 변한 백발 서생

오나라 땅에서 자칭 호박사(胡博士)라고 하는 백발의 서생이 학생들에게 학문을 가르쳤다. 그러던 어느 날 호박사가 홀연히 사라져버렸다.

9월 9일, 선비들이 산에 올라 유람을 하는데, 어디선가 호박사가 강의하는 소리가 들렸다. 선비들은 하인을 시켜 그가 어디에 있는지 찾아보도록 했다. 근처 빈 무덤 속에 여우 한 무리가 모여 있다가 사람을 보자곧장 달아나버렸는데, 유독 늙은 여우 한 마리만은 달아나지 않았다. 그 여우가 바로 백발 서생 호박사였다.

노루 귀신을 잡은 사곤

진군 사람 사곤(謝鯤)은 병을 핑계로 사직하고 화를 피해 예장군으로 거처를 옮겨 살고 있었다. 한번은 그가 빈 정관을 지나다가 밤이 되어 그곳에 묵게 되었다. 이 정관은 과거에 사람들이 죽어나가곤 했던 곳이었다.

사경(四更) 무렵이 되자, 누런 옷을 입은 사람이 사곤의 자를 불렀다.

"유여(幼輿), 문 좀 열어주게."

사곤은 전혀 당황해하는 기색 없이 남자더러 창문으로 팔을 내밀어보라고 했다. 남자가 손목을 내밀자 사곤은 힘껏 손을 잡아당겼다. 그랬더니 팔이 쑥 빠지고, 남자는 이내 도망을 쳤다.

다음 날 살펴보니, 그 팔은 노루의 앞다리였다. 사곤은 혈흔을 쫓아가서 결국 노루를 붙잡았다. 그 후로 정관에는 더 이상 요괴가 나타나지 않았다.

암돼지와 정을 통하다

진(晉)나라 때, 왕씨 성을 가진 선비가 오군에 살고 있었다. 집으로 돌아오다 곡아현에 이르렀을 때 그만 날이 저무는 바람에 배를 제방에 대어두었다. 제방 위에는 열일고여덟 살 즈음 되어 보이는 여자가 있었다. 왕 선비는 여자를 불러서 함께 밤을 보냈다.

날이 밝자, 선비는 금방울을 여자의 팔에 매어주었다. 그리고 사람을 시켜 여자를 따라 여자 집에 가보도록 했다. 그런데 분명 여자가 들어간 집에는 여자라곤 없었다. 방울 소리를 따라 돼지우리 쪽으로 갔더니, 다리에 금방울을 매단 암퇘지가 보였다.

고산군이라 칭한 양 귀신

한나라 때, 제(齊) 지방 사람 양문(梁文)은 도(道)를 좋아해 집에 신사(神祠)를 만들어놓았다. 신사는 서너 칸 규모였다. 신좌(神座) 위에 푸른 휘장을 쳐놓았고 신상(神像)은 그 속에 놓아 밖에서는 보이지 않았다.

그렇게 10여 년이 지난 어느 날, 양문은 제사 일로 신사에 가보았다. 그랬더니 휘장 속에서 자칭 고산군(高山君)이라는 자가 나타나 말을 하는 게 아닌가. 고산군은 음식도 잘 먹고, 사람을 치료하는 능력도 영험했다. 양문은 공손히 고산군을 받들어 모셨다.

수년이 지나 양문은 휘장 안으로 들어와도 된다는 허락을 얻어냈다. 고산군이 술에 취하자 양문이 얼른 고산군의 얼굴을 만져볼 수 있도록 해달라고 간청했다. 고산군이 양문에게 말했다.

"손을 쥐어보게."

양문이 손을 내밀자 고산군의 아래턱이 잡혔고 긴 수염이 만져졌다. 양문이 조금씩 수염을 손으로 감아 확 당기자, 뜻밖에도 양의 울음소리가 들렸다. 자리에 있던 사람들이 모두 놀라 양문을 도와 수염을 잡아당졌다. 알고 보니 고산군이라는 자는 원술(袁術)의 집에서 기르던 양이었다. 이 양은 칠팔 년 전에 이미 종적을 감춘 터였다. 양을 죽이자 귀신도 사라졌다.

남편 행세를 한 개

북평군 사람 전염(田琰)은 어머니 상중에 무덤가 오두막에서 지내고 있었다. 1주기가 다가오던 어느 날 밤, 전염이 홀연 부인의 방으로 들자 아내가 조용히 그를 나무랐다.

"상중에 피골이 상접한 몸으로 어찌 이러실 수 있습니까?"

전염은 아내의 말에 개의치 않고 잠자리를 같이했다.

그 후로 전염이 일이 있어 집에 잠시 들렀다. 전염은 아내와는 말을 섞지 않았다. 괴이하게 여긴 아내가 지난번 잠자리를 같이한 일을 들어 그를 책망했다. 그 말을 들은 전염은 귀신이 고약한 짓을 했음을 알게 되었다.

오두막으로 돌아온 전염은 그날 저녁 상복을 벗어 걸어두고 잠든 체하며 기다렸다. 잠시 뒤 흰색 개 한 마리가 오두막으로 들어와 상복을 물고 나와 사람으로 변신해 상복을 갈아입고 집으로 들어갔다. 이를 뒤쫓던 전염은 개가 아내의 침상에 오르려 하자, 두들겨 패서 죽여버렸다. 아내는 부끄러움을 이기지 못해 죽고 말았다.

죽은 자를 사칭한 개

사공(司空)을 지낸 남양군 사람 내계덕(來季德)이 죽어서 시신을 납관하고 장사까지 지냈다. 그런데 홀연 그가 모습을 드러낸 채 제사상 위에 앉아 있는 게 아닌가. 모습이며 복장과 목소리가 살아 있을 때 그대로였다. 아들과 손자, 며느리에게 차례차례 가르침을 주는 것도 매우 논리 정연했다. 노복들에게는 잘잘못에 따라서 적절하게 체벌을 가하기도 했다. 그런 뒤 제사상에 오른 밥과 술을 다 마시고는 떠났다. 가족들은 모두 슬픔에 젖었다.

그런데 이런 일이 몇 년째 반복되자 가족은 점점 그의 존재가 귀찮아지기 시작했다. 그러던 어느 날 남자가 술을 과하게 마시고 집으로 돌아오다 무심코 자기 본모습을 드러냈다. 그는 바로 늙은 개였다. 가족은 개를 때려죽었다. 개에 대해 알아봤더니 바로 마을에서 술 파는 사람의 개였다.

문을 두드리는 개

산양군 사람 왕호(王瑚)는 자가 맹련(孟璉)이다. 동해군 난릉현 현위(縣尉)를 지냈다.

어느 날 한밤중에 검은 두건을 쓰고 흰 홑옷을 입은 관리가 마을로 와서 관부의 문을 두드렸다. 문을 열러 나가자 홀연 그 모습을 감춰버렸다. 이런 일이 수년간 계속되자, 왕호는 사람을 시켜 그자가 누구인지 정탐해보았다. 결국 머리는 검고 몸통은 흰 늙은 개 한 마리가 사람처럼 꾸미고 관부에 찾아왔다는 것을 알아냈다.

사람들이 왕호에게 이 사실을 알리자 왕호는 즉시 그 늙은 개를 때려 죽였다. 그 후로 더 이상 이런 일이 벌어지지 않았다.

모자를 쓰고 사람처럼 걸은 개

계양태수 이숙견(李叔堅)이 일찍이 종사(從事)로 있을 때였다. 어느 날 집에서 기르는 개 한 마리가 사람처럼 서서 걸어 다니자 집안사람들이 모두 개를 죽여 없애야 한다고 말했다. 그러자 이숙견이 말했다.

"개나 말은 항상 군자에 비유되네. 개가 사람이 걸어 다니는 것을 보고 모방한 게 무슨 문제가 된다는 건가?"

얼마 뒤, 이번에는 개가 이숙견의 모자를 쓰고 뛰어다니는 바람에 가족들이 모두 놀랐다. 이번에도 이숙견은 대수롭지 않게 말했다.

"개가 어쩌다 모자를 잘못 건드려서 모자 끈이 머리에 걸렸겠지."

그런데 이번에는 그 개가 다시 부뚜막 앞에서 불씨를 지키자 가족은 더욱 불안에 떨었다. 이숙견이 말했다.

"하녀들이 밭에서 일하느라 돌보지 못했던 불씨를 개가 꺼지지 않게 도와주었다면 이웃에게 불씨를 빌리는 번거로움을 해결해준 셈이군. 그게 뭐가 나쁘다는 건가?"

그런데 며칠이 지나자, 그 개가 갑자기 죽고 말았다. 이씨 집에는 아무런 변고도 발생하지 않았다.

여인으로 변한 수달

오군 무석현에는 물이 밀려오는 것을 막기 위해 쌓은 커다란 제방이 있었다. 제방을 관리하는 정초(丁初)는 매번 큰비가 내릴 때면 제방으로 올라가서 순시를 했다.

어느 봄날 큰비가 내리자 정초는 제방을 돌아보고 해질녘이 되어 돌아오는 길이었다. 그때 푸른 옷을 입은 여인이 푸른 우산을 받쳐 들고 정초의 뒤를 따라오면서 그를 불렀다.

"정초 나리, 잠깐만 기다려주세요."

무슨 일인지 몰라 어리둥절해진 정초는 잠시 멈춰서 여자를 기다릴까 생각했다. 그러나 본 적도 없는 여인이라 내키지 않았고, 또 이렇게 큰비가 내리는 데도 돌아다니는 것을 보니 귀신이 틀림없으리라는 생각에 발걸음을 재촉했다. 도중에 고개를 돌려 보니 여자도 빠른 걸음으로 따라오고 있었다. 정초는 더욱 빠른 속도로 내달렸다.

한참을 뛰어가다 돌아보니 여자가 연못 속으로 뛰어드는 게 보였다. 풍덩 하는 소리가 들리더니 옷과 우산이 물살에 흩어졌다. 그런데 자세히 보니 물속에 빠진 것은 수달이었고 옷과 우산은 연잎이었다. 이 수달은 사람으로 변신해서 젊은이들을 자주 유혹하곤 했다.

죽음을 예고한 쥐

위나라 제왕(齊王) 조방(曹芳) 정시 연간, 중산국 사람 왕주남(王周南)이 양읍현 현장(縣長)을 지냈다.

어느 날 갑자기 쥐 한 마리가 나와 사무를 보는 공관 위로 올라가서는 이렇게 말했다.

"왕주남, 당신은 모월 모일에 죽게 될 것이다."

남자가 급히 쥐를 쫓아갔지만 쥐는 냉큼 구멍으로 들어가버렸다.

쥐가 일러준 날짜가 되자 이번에는 두건을 쓰고 검은 옷을 입은 쥐가 나와서는 이렇게 말했다.

"주남, 당신은 오늘 정오에 죽게 될 것이다."

남자가 아무 말도 하지 않자, 쥐는 다시 구멍으로 들어가버렸다. 쥐는 나왔다가 들어가기를 몇 차례 되풀이하면서 앞의 말을 반복했다. 정오가 되자 그 쥐가 또다시 나와서 말했다.

"주남, 당신이 아무런 반응을 보이지 않으니, 내가 무슨 말을 더 하겠는가!"

그러고는 땅바닥에 거꾸러져 죽고 말았다. 쥐가 쓰고 있던 모자와 입고 있던 옷도 보이지 않았다. 죽은 쥐가 있는 곳으로 가 보았더니 보통 쥐와 다를 바 없었다.

세 요괴를 없앤 선비

안양성 남쪽에 여객이 머무는 정관(亭館)이 있었다. 그런데 밤에 그곳에 머무는 사람은 항상 죽음을 당했기에, 더 이상은 어느 누구도 그곳에서 머물 수가 없었다.

어느 날 도술에 밝은 선비가 그곳을 지나다 하룻밤을 묵게 되었다. 마을 사람은 그를 말렸다.

"여기서는 묵으실 수 없습니다. 이곳에 머물렀다 살아 돌아간 자는 아무도 없답니다."

그러자 선비는 "괜찮소, 내가 알아서 하겠소"라고 답하고는 안으로 들어갔다.

선비는 자리에 바로 앉아 책을 읽었고, 한참 뒤에야 휴식을 취했다.

한밤중이 되자, 검은색 홑옷을 입은 사람이 문밖에서 주인을 불렀다. 그러자 주인이 대답했다. 문밖의 사람이 물었다.

"안에 누가 있소?"

"방금 전 한 선비가 이곳에서 책을 읽다가 지금 막 휴식을 취하고 있는데, 아직 잠들지는 않은 것 같습니다."

문밖에 있던 사람은 가볍게 탄식하더니 그곳을 떠났다. 잠시 뒤 붉은색 두건을 쓴 사람이 주인을 불러 같은 말을 묻자, 주인이 앞서와 같은 대답을 했다. 그 또한 가벼운 탄식을 하며 그곳을 떠났다.

그들이 가버린 뒤, 주변은 조용해졌다. 선비는 더 이상 아무도 오지 않자 몸을 일으켜 방금 전 사람들이 주인을 부르던 곳으로 갔다. 그리고는 앞서처럼 똑같이 주인을 불렀다.

"안에 누가 있소?"

주인은 앞사람들에게 했던 것과 똑같은 답변을 했다.

이번에는 선비가 이렇게 물었다. "방금 전 검은 옷을 입고 온 자는 누구요?"

주인이 대답했다. "북쪽 방에 있는 늙은 암퇘지요."

선비가 또 물었다. "붉은 두건을 쓰고 온 자는 누구요?"

주인이 대답했다. "서쪽 방에 있는 늙은 수탉이오."

선비가 다시 물었다. "당신은 누구요?"

주인이 대답했다. "나는 늙은 전갈이오."

선비는 감히 잠을 청할 수 없어 날이 밝을 때까지 조용히 책을 암송했다. 날이 밝자, 마을 사람들이 와서 선비를 보고는 놀라며 물었다.

"어떻게 살아날 수 있었소?"

대답 대신 선비가 말했다. "얼른 칼을 가지고들 오시오. 함께 요괴를 잡으러 갑시다."

선비는 칼을 들고 지난밤 주인이란 자와 이야기를 나눴던 곳으로 갔다. 과연 그곳에는 비파만 한 크기에 수척 길이의 독침을 지닌 늙은 전갈이 있었다. 서쪽 방에서는 늙은 수탉을 찾아냈고, 북쪽 방에서는 늙은 암퇘지를 찾아냈다.

단번에 세 요괴를 없애버리자 정관은 다시 평온해졌고 더 이상 아무런 변고도 일어나지 않았다.

돼지와 살쾡이 요괴를 죽인 탕응

오나라 때, 여릉군에 있던 도정루(都亭樓)에 요괴가 들끓어 그곳에 묵던 사람들이 죽어나갔다. 사신으로 오는 관리들은 어느 누구도 그곳에서 머물려 하지 않았다.

그러던 어느 날 단양군 사람 탕응(湯應)이 여릉에 와서 그곳에 묵게 되었다. 그는 배짱도 좋고 무예도 뛰어났다. 도정루를 관리하던 사람이 말렸지만 탕응은 듣지 않았다. 함께 온 부하들은 밖에 머물게 하고 혼자서 큰 칼을 들고 안으로 들어갔다.

삼경 무렵이 지나자 갑자기 누군가 문을 두드리는 소리가 들렸다. 탕응이 멀찍이서 "누구시오"라고 묻자, "부군(部郡)이 인사드리러 왔습니다"란 대답이 들렸다. 탕응이 들어오라고 했더니, 그자는 몇 마디 인사말을 하고 바로 나가버렸다.

조금 뒤에 또 누군가 문을 두드리며 "군수(郡守)가 인사드리러 왔습니다"라고 말했다. 안으로 들라고 했더니, 검은 옷을 입은 자가 들어와 몇 마디 인사말을 하고는 바로 나갔다. 부군과 군수가 인사를 마치고 떠나자 탕응은 그들이 틀림없이 사람이라고 생각하고 조금도 의심하지 않았다.

잠시 뒤, 누군가 문을 두드리며 말했다.

"부군과 군수가 인사드리러 왔습니다."

이에 탕응은 의아한 생각이 들었다.

'이 야심한 시각은 인사를 하기에 적당한 때가 아니고, 게다가 부군과

군수는 함께 올 리 없을 텐데…….'

탕웅은 그들이 요괴일 것이라 생각하고 칼을 들고서 그들을 맞았다. 두 사람은 화려한 복장으로 들어와 자리에 앉았다. 먼저 군수라는 사람이 탕웅과 대화를 나눴다. 그런데 군수와 대화가 채 끝나지도 않았는데, 부군이 갑자기 몸을 일으키더니 탕웅 뒤로 걸어갔다. 탕웅은 황급히 고개를 돌려 칼로 그자를 내리쳤다. 이어서 밖으로 달아나는 군수를 뒤편 담까지 쫓아가서 칼로 내리쳤다. 그러고는 방으로 돌아와 잠들었다.

날이 밝자, 탕웅은 사람을 데리고 가서 핏자국이 있는 곳을 둘러보다가 죽은 괴물을 찾아냈다. 군수란 자는 늙은 돼지였고, 부군이란 자는 늙은 살쾡이였다. 그 후로 이곳에는 더 이상 요괴가 나타나지 않았다.

기괴한 동물들

 「권 19」에는 주로 뱀 요괴, 악어 요괴, 거북이 요괴, 쥐며느리 요괴, 메기 요괴 등 각종 동물 요괴가 등장한다.

 뱀을 죽인 이기(李寄) 이야기는 가장 흥미로운 것 중 하나다. 주인공 이기는 딸만 여섯인 집안의 막내로, 용감하고 지혜로운 소녀다. 이기는 소녀를 잡아먹는 큰 뱀 때문에 마을에 위기가 닥치자, 자신의 희생을 통해 얻게 되는 재물로나마 부모에게 효를 다하고, 더불어 마을을 구하고자 결심한다. 이기의 결심에서 전통사회의 지배 관념이었던 효(孝)와 남존여비 사상을 엿볼 수 있다. 이야기는 이기가 뱀을 물리치는 과정을 매우 세밀하게 묘사함으로써 긴장감을 불어넣고, 뱀을 물리친 후 이미 죽은 아홉 소녀들에 대한 이기의 애달픈 감정을 고스란히 드러냄으로써 독자의 감정을 고조시킨다.

 천일주(千日酒) 이야기는 중국 신화와 전설 속에 종종 나타나는 과장적 묘사의 전형이다. 술 한 잔을 먹고 천 일 동안 잠이 들고, 삼 년이 지나 깨어난 후에도 여전히 풍기는 술 냄새 때문에 주위 사람들이 석 달을 취해서 드러누웠다고 한다. 과연 과장의 극치라고 하겠다.

중국 문인 가운데 술을 즐기기로 유명한 사람이 이백이다. 아마도 이백은 근심을 풀기 위해서 술을 마셨던 것 같다. 「월하독작(月下獨酌)」에서는 "누가 봄날 수심을 떨칠 수가 있으랴, 이럴 땐 모름지기 술을 마실 뿐"이라고 읊더니, 「우인회숙(友人會宿)」에서는 또 "천고의 시름을 풀어내려면, 연이어 술 백 병은 마셔야지"라고 하지 않았던가? 과연 이백은 술 백 병을 마시고 천고의 근심을 풀어버릴 수 있었을까? 적희가 만든 천일주는 한 잔만 마셔도 천 일 동안 잠들고, 냄새만 맡아도 석 달이나 취해 있게 된다는데, 이 술이라면 이백의 근심을 풀어줄 수 있지 않았을까?

뱀을 죽인 이기

동월국 민중군에 용령(庸嶺)이라는 고개가 있었는데, 그 높이가 수십 리에 달했다. 고개 서북쪽 계곡에 길이 칠팔 장에 굵기가 십여 아름 되는 큰 뱀이 살고 있었다. 마을 사람들은 이 뱀을 두려워했다. 동야도위(東冶都尉)와 그 밑에 속한 각 현의 관리들도 자주 이 뱀에 물려 죽곤 했다. 소나 양을 잡아 제사를 지내도 별다른 효험이 없었다.

때때로 이 뱀은 사람의 꿈에 나타나거나 무당을 통해 열두세 살 소녀를 먹고 싶다는 뜻을 내비쳤다. 군현의 관리들은 모두 이 일로 골치를 썩였다.

뱀의 요기(妖氣)가 불러일으킨 재앙이 끝이 없자, 하는 수 없이 사람들은 노비가 낳은 여자아이나 범죄자의 딸아이를 얻어다 길렀다. 그리고 8월 초하루가 되면 뱀이 사는 동굴 입구에 가져다놓고 제사를 지냈다. 제사가 끝나면 뱀이 나와서 아이들을 삼켜버렸다. 수년 동안 이러한 일은 계속되었고, 이미 아홉 명의 아이가 희생되었다.

이번 해에도 여자아이를 구하러 다녔지만 적합한 아이가 나타나지 않았다.

장락현에 사는 이탄(李誕)에게는 딸만 여섯에 아들이 없었다. 그런데 막내딸 이기(李寄)가 스스로 자원해서 뱀에게 가겠다고 나섰다. 부모가 모두 나서서 말렸다. 이기는 이렇게 말했다.

"부모님이 복이 있는 상(相)이 아니어서 아들 없이 딸만 여섯 두었으니, 자식이 있다손 하더라도 없는 것과 마찬가지입니다. 소녀가 효녀 제영(緹縈)처럼 부모님을 구제할 공덕도 없고, 그저 집에서 입을 것과 먹을 것이나 축낼 뿐이니, 산들 뭣 하겠습니까? 일찍 죽어버리는 것이 낫습니다. 저를 팔면 돈이 좀 생길 것이니 그것으로 부모님 공양한 셈 치는 게 뭐가 나쁩니까?"

그러나 부모가 자식을 아끼는 마음이 지극했던 터라 이를 극구 반대했다. 어쩔 수 없이 이기는 몰래 집을 떠났다.

8월 초하루가 되자, 이기는 사람들에게 예리한 칼 한 자루와 뱀을 물어뜯을 수 있는 개 한 마리를 가져다달라고 부탁했다. 그러고는 가슴에 칼을 품고 개와 함께 뱀을 모시는 사당 안으로 들어갔다. 이기는 먼저 쌀로 만든 떡을 꿀과 보릿가루에 버무려 뱀이 있는 동굴 입구에 놓아두었다. 그러자 머리는 꼭 짚단처럼 크고, 눈은 두 자 크기의 거울만 한 뱀이 동굴에서 기어 나왔다. 뱀은 먼저 떡 냄새를 맡고는 떡을 삼켰다. 이때 이기가 개를 풀어 뱀을 물도록 했다. 개가 뱀에게 달려들어 물고 늘어지자 이번엔 이기가 뱀 뒤쪽으로 돌아가서 예리한 칼로 몸통을 수십 번이나 찔렀다. 통증이 심했던지 뱀은 사당에서 날뛰더니 결국 마당 쪽으로 기어와 죽어버렸다. 이기가 뱀이 기어 나왔던 동굴 속으로 들어가 보니 여자아이 두개골 아홉 개가 놓여 있었다. 두개골을 모두 거두어 나온 이기는 슬퍼하며 말했다.

"너희들이 겁이 많고 연약해 뱀에게 잡아먹혔으니 애달프구나."

이기는 느린 걸음으로 집으로 되돌아왔다.

월왕(越王)이 이 소식을 전해 듣고 이기를 왕후로 삼았다. 또 그 아버지를 장락현 현령에 임명하였으며, 어머니와 언니들에게는 모두 상을 내렸다. 이로부터 동야현에는 요괴들이 나타나지 않았다. 이기가 뱀을 죽였다는 노래는 지금까지도 그곳에서 전해진다.

관청에 사는 큰 뱀

진무제 함녕 연간에 위서(魏舒)라는 자가 사도(司徒) 직책을 맡고 있었다. 그가 거처하는 관청에는 길이가 십여 장이나 되는 큰 뱀 두 마리가 처마 위에 숨어 살고 있었다.

뱀은 그곳에서 수년간 머물고 있었지만 사람들은 아무도 그 사실을 알지 못했다. 다만 사람들은 관청에서 수차례 아이며 닭과 개가 사라지는 것을 괴이하게 여길 뿐이었다.

어느 날 저녁 무렵, 뱀 한 마리가 밖으로 나와 대들보 옆을 지나가다 그만 칼날에 베여 상처를 심하게 입었다. 그 바람에 처마 위로 되돌아가지 못해서 정체가 드러나고 말았다. 위서는 수백 명의 죄수를 징발해 뱀을 때려잡도록 했다. 한참 뒤 두 마리 뱀은 죽고 말았다.

뱀이 숨어 있던 곳을 살펴보니 죽은 사람의 해골이 처마 사이에 가득 쌓여 있었다. 그 후 건물을 허물고 다시 지었다.

소송을 벌인 늙은 뱀들

한무제 때, 장관(張寬)이 양주자사를 맡게 되었다. 장관이 이곳에 부임하기 전부터 두 노인이 산지(山地)를 놓고 다툼을 벌여 소송을 넣었는데, 수년이 지나도록 판결이 나지 않았다.

장관이 새로 부임하자 두 노인이 또다시 소송을 넣으러 찾아왔다. 이들을 몰래 엿본 장관은 두 노인이 사람이 아니라는 것을 알아챘다. 장관은 병사들을 시켜 몽둥이와 창을 들고 노인들을 데리고 들어오도록 명하고는 큰 소리로 물었다.

"당신들은 무슨 요괴요?"

그 말을 들은 두 노인이 즉시 줄행랑을 치자, 장관이 뒤쫓아가서 때려잡으라고 명령했다. 그러자 두 노인은 두 마리 뱀으로 변했다.

나무토막을 타고 온 악어

형양현 사람 장복(張福)이 벌판을 가로지르는 물길을 따라 배를 타고 가고 있었다. 밤이 되자 자태가 고운 여인이 홀로 나룻배를 타고는 장복에게 와서 말했다.

"날이 저무니 호랑이가 나타날까 무서워 밤길을 갈 수 없습니다."

장복이 말했다.

"당신은 누구요? 어쩌다 이렇게 무모하게 여행에 나섰소? 비가 오는데 갓도 쓰지 않고 노를 저어 오시다니. 이리 건너와 함께 비나 피하십시다."

장복은 여자가 타고 온 배를 자신의 배에 묶어두었다. 둘은 서로 시시덕거리다가 장복의 배에서 함께 잠이 들었다.

삼경 무렵, 비가 그치고 날이 개어 달빛이 밝게 비추자 여인의 모습이 드러났다. 그런데 큰 악어 한 마리가 자신의 팔을 베고 잠들어 있는 게 아닌가. 장복이 놀라 몸을 일으켜 악어를 잡으려 하자, 악어는 황급히 물속으로 들어가버렸다. 여자가 타고 온 나룻배는 다름 아닌 한 장 남짓한 길이의 나무토막이었다.

사당을 차지한 거북과 악어

단양군에 사는 도사 사비(謝非)가 석성(石城)에 가서 가마솥을 사 가지고 돌아오는데, 날이 어두워져 집으로 돌아갈 수 없게 되었다. 사비는 산속 계곡 옆에 세워진 사당에 들어가서는 큰 소리로 말했다.

"나는 천제의 사자(使者)로 이곳에서 하루 머물 것이다."

사비는 누군가 자신의 솥을 훔쳐 갈까 봐 두려워 속으로 안절부절못했다.

이경 무렵이 되자, 누군가 사당문 앞에서 '하동(何銅)'을 불렀다. 그러자 하동이 대답을 했다. 밖에 있는 사람이 "사당에 사람 기운이 있는데, 누구냐?"라고 묻자, 하동은 "천제의 사자라고 하는 사람입니다"라고 대답했다.

그 사람이 돌아가자, 잠시 후 또 다른 사람이 와서 하동을 부르며 앞사람과 똑같이 물었고, 하동 역시 같은 대답을 했다. 그러자 그 사람도 탄식하며 가버렸다.

사비는 놀라서 잠을 이루지 못하던 차에 자리에서 일어나 하동을 부르며 "앞서 온 자들은 누구요?"라고 물었다. 이에 하동이 "물가 동굴에 사는 흰 악어요"라고 대답했다. 그래서 이번에는 "당신은 누구요?"라고 묻자, "사당 북쪽 바위 동굴 속에 사는 거북이오"라고 대답했다. 사비는 그 말을 가만히 마음속에 새겨두었다.

날이 밝자, 사비는 곧바로 마을로 내려가 이 사실을 알렸다. "이 사당 안에는 신령한 것이라곤 없습니다. 단지 거북과 악어가 있을 뿐이지요. 당신들이 괜한 돈을 들여 제사를 지냈습니다. 쇠 삽을 준비해서 함께 그것들을 없애버립시다."

사람들도 사당신에 대해 의심을 하던 차여서, 사비와 함께 동굴로 가서 그것들을 파내어 죽였다. 이어서 사당을 부수고 제사도 없앴다. 그 후로 이 일대는 조용해졌다.

메기를 잡은 공자와 제자들

공자가 진(陳)나라에서 궁핍하게 지내고 있을 때, 여관에서 금(琴)을 타며 노래를 부르곤 했다. 어느 날 저녁 검은 옷을 입고 높은 모자를 쓴 장정이 고함을 질러 주변 사람들이 모두 깜짝 놀라는 일이 벌어졌다. 사내의 키는 9척 남짓했다.

자공(子貢)이 나서서 물었다. "누구시오?"

그러자 사내는 자공을 들어 올려 겨드랑이에 끼워넣었다. 자로(子路)가 남자를 끌고 밖으로 나와 마당에서 싸움을 벌였지만 그를 당해낼 수 없었다.

공자는 그자의 갑옷과 양 뺨 사이에 손바닥만큼 틈이 벌어진 것을 보고는 말했다.

"어찌 그자의 갑옷과 양 뺨 사이를 힘껏 잡아당겨 올려치지 않느냐?"

자로가 손을 뻗어 공자가 말한 곳을 잡아 올려 땅바닥에 패대기를 쳤다. 뜻밖에도 9척 길이의 커다란 메기가 꼬꾸라졌다.

공자가 말했다. "이 괴물이 어찌 왔는고? 들기로는 어떤 사물이 오래되면 정령이 거기에 붙었다가 사람이 쇠약해질 때 나타난다고 했다. 지금 괴물이 이렇게 나타난 것은, 내가 양식이 바닥나는 곤경에 처하자 나를 따르는 그대들까지 병드는 지경이 되어서란 말인가? 육축(六畜)과 거북, 뱀, 물고기, 자라, 풀, 나무 등은 오래되면 신령이 붙어 요괴로 변한다. 그래서 오유(五酉)라고 했다. 오유는 오행의 다섯 방위마다 그에 상응하는 요괴가 있다는 것이다. 유(酉)는 오래되었다는 뜻이다. 그러나 어떤 사물이 오래되어 요괴로 변하면 그것을 없애버리면 되는 것이니 걱정할 것이 뭐가 있겠는가? 아마도 하늘이 예악교화(禮樂教化)의 이치를 잃지 않도록 이러한 괴물로 내 생명을 붙잡아두려 했는지도 모르겠다. 그렇지 않다면 이놈이 어찌 여기에 왔겠는가?"

공자는 거문고를 타면서 쉼 없이 노래를 불렀다.

그 뒤 자로가 그 메기를 삶았는데, 맛이 기가 막혔다. 병든 자들도 메기를 먹고 호전되어 다음 날 다시 길을 떠날 수 있었다.

쥐며느리가 장례를 지내다

예장군의 한 인가(人家)에서 하녀가 부엌일을 하고 있었다. 그때 갑자기 키가 몇 촌 남짓한 작은 사람들이 나타나서 부엌 벽 아래쪽으로 걸어왔다. 그런데 하녀가 잘 모르고 발로 그들을 밟아버리는 바람에 그 가운데 한 사람이 밟혀 죽고 말았다.

잠시 뒤 수백 명이 넘는 작은 사람들이 삼베로 만든 상복을 입고 관을 들고 장례를 치르는데 장례의 예를 완전히 갖추고 있었다. 장례 행렬은 동문 쪽으로 나가 뜰 안에 뒤집혀진 채 놓인 배 아래쪽으로 들어갔다.

배 쪽으로 가서 살펴보니, 그들은 모두 쥐며느리였다. 하녀가 끓는 물을 부어 모두 죽여버리자, 더 이상 이런 일이 벌어지지 않았다.

천일주를 마시다

적희(狄希)는 중산국 사람으로 한 번 마시면 천 일 동안 취하게 만든다는 천일주(千日酒)를 빚을 줄 알았다.

같은 마을에 사는 유현석(劉玄石)이라는 자가 술을 좋아했다. 유현석이 적희에게 와서 술을 달라고 하자, 적희가 말했다.

"술이 완전히 발효가 되지 않아서 아직은 줄 수가 없네."

유현석이 "발효가 덜 된 참에 일단 한 잔만 마셔보면 안 되겠소?"라고 했다.

적희가 이 말을 듣고는 하는 수 없이 그에게 술을 내주었다.

술을 마신 유현석은 이렇게 말했다.

"술맛이 기가 막히군. 한 잔만 더 주시오."

적희가 말렸다.

"우선 집으로 돌아가셨다가 다음에 다시 오시게. 이 한 잔 술로도 천일 넘게 잠들게 될 것이네."

어쩔 수 없이 유현석은 그에게 작별을 고했는데, 얼굴색이 좀 달라져 있었다. 아니나 다를까, 집으로 돌아온 그는 술에 취해 잠들고 말았다. 유현석의 가족은 그가 술에 취해 죽은 것처럼 보이는 것이라곤 의심하지 못하고, 울면서 그를 땅에 묻었다.

3년이 지난 어느 날 적희는 "유현석이 깨어날 때가 되었으니, 가서 한번 봐야겠군" 하고 혼잣말을 했다. 적희는 곧장 유현석의 집으로 가서 그를 찾았다.

"현석이 집에 있습니까?"

유씨네 가족들은 모두 기이하게 여기며 이렇게 대답했다.

"죽은 지 오래되어 상복도 이미 벗었습니다."

적희가 말했다. "천 일이나 술에 취해 잠을 자다니 기막힌 술임에 틀림이 없군. 지금쯤이면 깨어나겠군."

그러곤 유씨 가족들에게 무덤을 파서 관을 열어보도록 했다.

무덤에 가니 땅의 기운이 하늘을 찌를 정도였다. 다급히 무덤을 파보았더니, 때마침 유현석이 눈을 뜨고 입을 벌리며 크게 소리쳤다.

"아, 상쾌하다! 내가 취했었구나." 그러곤 적희에게 말했다. "당신이 빚은 것이 무슨 술이기에 한 잔 마시고 취해서 이제야 깨어난 것이오? 해가 벌써 저렇게나 높이 떴소!"

무덤가에 서 있던 사람들이 모두 웃었다. 유연석이 풍기는 술 냄새가 모든 사람들의 코를 찔러 그들도 석 달씩이나 취해서 드러눕고 말았다.

이것이 운명이다

진중거(陳仲擧)가 가난하던 시절에 황신(黃申)의 집에서 자주 신세를 졌다.

어느 날 황신의 처가 아이를 낳자마자, 그 집 문을 두드리는 자가 있었는데, 아무도 그 소리를 듣지 못했다. 한참 뒤에야 집 안에서 누군가 대답하는 소리가 들렸다.

"방에 사람이 있어서 들어올 수 없소."

문을 두드리던 자가 말했다.

"지금 뒷문으로 들어가보겠소."

그자는 바로 뒷문으로 들어갔다가 잠시 뒤 돌아왔다. 일행인 듯한 사람이 그에게 물었다.

"누가 태어났소? 이름은 무엇이고 수명은 몇이랍니까?"

"남자고, 이름은 노(奴)라고 합디다. 수명은 열다섯이고요."

"무엇 때문에 죽게 된답니까?"

"병기에 맞아 죽게 된다고 합디다"라는 대답이 돌아왔다.

진중거가 황신 가족에게 말했다.

"내가 관상을 좀 볼 줄 아는데, 댁의 아들은 병기로 인해 죽을 수 있소."

황신 부부는 이 말을 듣고는 놀라서 아들에게 작은 칼조차 잡지 못하게 했다. 그러나 황노(黃奴)가 열다섯이 되던 해, 대들보 위에 올려둔 끌이 떨어져 머리를 때리는 바람에 죽고 말았다.

후에 진중거가 예장태수에 임명되었다. 인편에 황신 집으로 선물을 보내는 김에 황노가 어디에 있는지를 묻도록 했다. 나중에 소식을 전해 들은 진중거는 큰 소리로 탄식했다.

"이것이 바로 운명이라는 것이로구나."

어떤 원인과 결과

「권 20」에 수록된 이야기는 모두 인과응보(因果應報)를 주제로 삼고 있다. 예컨대 주로 어려움에 처한 용, 호랑이, 학, 방울새, 뱀, 거북이, 개미, 개, 땅강아지에게 선행을 베푼 인간이 복을 받는 내용이다.

우리에게 매우 익숙한 이야기도 등장한다. 바로 의견총(義犬塚) 이야기다. 우리나라 전라도 임실 오수 지역에 전해지는 의견 이야기와 흡사하다. 한국에 전해지는 의견 설화의 대표격인 오수 지역 의견 설화는 고려 무신정권 때 활약했던 최자(崔滋)의 『보한집(補閑集)』과 조선 초에 편찬된 『신증동국여지승람(新增東國輿地勝覽)』에 실려 있다. 일본에도 관경오(關敬吾)의 『일본석화집성(日本昔話集成)』에 의견에 관한 이야기가 수록되어 있다. 각국 의견 설화는 등장인물의 이름과 장소만 다를 뿐, 줄거리는 비슷하다.

동물에게 선행을 베푼 인간이 결국 복을 받게 되는 반면, 동물에게 악행을 가한 인간은 결국 화를 당하고 만다. 그중 원숭이 어미와 원숭이 새끼 이야기는 우리에게도 잘 알려져 있다. 이 이야기는 유의경(劉義慶)이 지은 『세설신어(世說新語)』에도 등장한다. 어미의 아픔을 표현한 '단

장지애(斷腸之哀)'는 새끼 원숭이를 잃은 어미의 고통을 창자가 끊어지는 아픔에 빗대었다. 자식에 대한 부모의 사랑을 단적으로 보여주는 이야기다. 동서고금을 막론하고 인과응보 이야기는 오랫동안 사람들에게 감동과 교훈을 주어왔음에 틀림없다.

병든 용을 치료해주다

진(晉)나라 때, 위군에 큰 가뭄이 들었다. 농민이 용굴(龍洞)에 가서 기우제를 지냈다. 비가 내리자 농민은 이에 감사하는 제사를 지낼 준비를 했다. 그때 손등(孫登)이 말했다.

"이 비는 병든 용이 내리는 것인데 어찌 농작물을 살릴 수 있겠소? 못 믿겠다면 빗물 냄새를 맡아보시오."

과연 빗물에서는 비릿하고 썩은 내가 났다.

당시 용 등에는 커다란 종기가 자라고 있었다. 용이 손등의 말을 듣고 노인으로 변신해서 치료해달라고 청했다. 노인이 말했다.

"병이 나으면 반드시 보답할 것이오."

며칠 뒤 과연 큰비가 내렸다. 커다란 바위가 쪼개져 우물이 생겨났는데, 그 물이 매우 맑았다. 용이 이 우물로써 보답한 것이었다.

호랑이의 출산을 돕다

소이(蘇易)는 여릉군에 사는 부인으로 아이를 잘 받아냈다. 어느 날 저녁 갑자기 호랑이 한 마리가 나타나 소이를 물고 갔다. 예닐곱 리쯤 떨어진 커다란 묘 앞에다 소이를 내려놓고는 옆쪽에 쪼그려 앉았다.

그때 소이의 눈에 어미 호랑이 한 마리가 들어왔다. 새끼를 낳지 못해 바닥을 기며 사경을 헤매면서 자신을 바라보고 있었다. 소이는 무슨 뜻인지 알아차리고 어미 호랑이 몸을 더듬어 새끼를 꺼냈다. 새끼는 무려 세 마리나 되었다.

새끼가 모두 나오자 소이를 물어왔던 호랑이가 소이를 다시 태우고 집으로 데려다주었다. 그 후로 이 호랑이는 여러 차례 들짐승을 잡아다 소이 집 앞에 가져다놓았다.

은혜에 보답한 검은 학

쾌삼(噲參)은 어머니를 매우 극진하게 봉양했다. 어느 날 사람이 쏜 화살에 맞은 검은 학 한 마리가 궁지에 몰려 쾌삼을 찾아왔다. 쾌삼은 학을 거두어 상처를 치료해주었고 상처가 다 아물자 학을 놓아주었다.

며칠 뒤 학이 한밤중에 쾌삼네 집 문밖에 나타났다. 쾌삼이 등불을 들고 가서 비춰 보았더니, 검은 학 한 쌍이 입속에 명주(明珠)를 물고 와서 쾌삼에게 보답하는 것이었다.

옥환을 물고 온 참새

한나라 때 양보(楊寶)는 홍농군 사람이다. 아홉 살 때 화음산 북쪽에 갔다가 참새가 올빼미에게 습격을 당해 나무 아래로 떨어지는 모습을 보았다. 참새는 개미 떼에 에워싸여 곤혹을 치르고 있었다. 양보는 이를 가엽게 여겨 참새를 거두어 집으로 돌아와 작은 상자에 넣어주고 국화를 먹이로 주며 돌봤다.

백여 일이 지나자 참새 몸에 깃털이 새롭게 돋아났고, 아침이면 날아갔다 해질 무렵이면 돌아오곤 했다.

어느 날 밤 삼경 무렵에 양보가 책을 읽느라 잠자리에 들지 않았을 때, 노란 옷을 입은 아이가 양보에게 와서 여러 번 절을 올리고는 이렇게 말했다.

"저는 서왕모의 사자(使者)로, 봉래산으로 심부름을 갔다가 조심하지 않아 올빼미의 습격을 받았습니다. 인자하신 은인께서 저를 구해주셨으니, 그 큰 덕에 감사할 따름입니다."

그러고는 흰색 옥환(玉環) 네 개를 양보에게 건네주었다.

"은공의 자손들은 품덕이 이 옥환처럼 고상하고 고결해서 삼공(三公)의 지위에까지 오를 수 있을 겁니다."

상처 입은 뱀을 치료해주다

수현에 있는 자수(溠水)라는 강가에 단사구(斷蛇丘)라는 언덕이 있었다. 어느 날 수후(隋侯)가 출궁해서 순행을 하다가 큰 뱀 한 마리를 보았다. 뱀은 몸통이 베어져 가운데가 잘려 있었다. 수후가 이를 기이하게 여겨, 사람을 시켜 뱀의 상처를 싸매주도록 했다. 그제야 뱀은 기어갈 수 있었다. 그래서 이곳을 단사구라고 불렀다.

한 해가 지난 후, 큰 뱀이 명주(明珠)를 물고 와서 수후의 은혜에 보답했다. 명주는 직경이 1촌이 넘고 순백색을 띠었다. 밤에는 달빛처럼 밝게 빛나 집을 환히 비춰주었다. 그래서 이 명주를 일러 수후주(隋侯珠) 또는 명월주(明月珠)라고 했다. 단사구 남쪽에는 수(隋)나라 대부 계량(季梁)의 못이 있다.

잡힌 거북을 놓아주다

공유(孔愉)는 자가 경강(敬康)으로, 회계군 산음현 사람이다. 원제 때, 화일(華軼)을 토벌한 공로로 후(侯)에 봉해졌다. 공유가 어렸을 때, 여불정(餘不亭)이라는 곳을 지나다 길에서 어떤 사람이 바구니에 거북이를 담아놓고 파는 것을 보았다. 공유는 거북이를 사들여 여불계(餘不溪)에 놓아주었다. 그러자 거북이는 여불계 개울 가운데서 몇 번이나 왼쪽으로 머리를 돌려 공유를 바라보았다.

그 후 공유가 공로를 인정받아 여불정후(餘不亭侯)로 봉해져 관인을 만들게 되었다. 인장에 거북이 형상을 새겨 넣으려는데, 왼쪽으로 머리를 돌리는 형상으로 새겨지는 바람에 세 번이나 다시 만들었다. 그런데 이상하게도 세 번 모두 처음 모습 그대로 새겨졌다. 관인을 만드는 장인이 이 일을 공유에게 알려주자, 공유는 이것이 거북이의 보은이었음을 알게 되었다.

공유는 머리 돌린 거북이 형상 인장을 그대로 차고 다녔고, 그 후로 관직이 상서좌복야(尙書左僕射)에까지 올랐다. 사후에는 거기장군에 봉해졌다.

돌거북의 눈이 붉게 변하다

어느 날 장강의 물이 갑자기 불어나 고소현의 하천을 범람했다가, 금방 다시 원래대로 복구되었다.

당시 작은 개천에 무게가 만 근 정도 되는 거대한 거북이가 떠밀려 와 강으로 되돌아가지 못하고 있었다. 거북이는 사흘 만에 죽었다. 마을 사람들은 함께 거북이 고기를 나눠 먹었다. 그런데 유독 한 노파만 그 고기를 먹지 않았다. 그때 노인이 홀연히 나타나서는 탄식했다.

"이 거북이는 내 아들인데, 불행히도 이런 재난을 당하고 말았구나. 당신 혼자만 고기를 먹지 않았으니 내가 보답을 하려고 하네. 마을 동문(東門)에 있는 돌거북의 눈이 붉은색으로 변하면 마을은 함몰될 것이니 조심하게."

노파는 매일 동문 쪽으로 가서 돌거북을 살펴보았다. 한 아이가 이를 이상하게 여기자 노파가 아이에게 이 사실을 알려주었다. 그랬더니 아이가 노파를 속이려고 돌거북의 눈을 붉게 칠해놓았다.

돌거북 눈이 빨갛게 변한 것을 본 노파는 황급히 마을을 떠났다. 그때 푸른 옷을 입은 동자가 나타나 이렇게 말했다.

"저는 용의 아들입니다."

동자는 노파를 데리고 높은 산으로 올라갔다. 마을은 곧 물에 잠겨 호수가 되었다.

강물에 빠진 개미를 구해주다

오나라 부양현 사람 동소지(董昭之)가 배를 타고 전당강을 건넜다. 강 가운데에서 개미 한 마리가 갈댓잎 위를 기어올라 한쪽 끝에서 다른 쪽 끝을 오가며 두려워하고 있었다. 이를 본 동소지가 말했다.

"빠져죽을까 봐 두려워하고 있구나."

개미를 배 위로 끌어올리려 하자 배 위에 있던 사람이 욕을 해댔다.

"해를 끼치는 벌레를 살려둘 수는 없소. 배로 옮기면 내가 밟아 죽일 거요."

동소지는 개미가 가여워 끈을 이용해 갈댓잎을 뱃전에 묶어주었다. 배가 물가에 닿자 개미는 물속에서 빠져나올 수 있었다.

그날 저녁 동소지는 꿈속에서 검은 옷을 입은 사람을 보았다. 그가 백여 명을 이끌고 와서 감사 인사를 올렸다.

"나는 개미왕이오. 잘못해서 그만 물에 빠지고 말았는데 나를 구해줘서 감사하오. 어려운 일이 있으면 나에게 알려주시오."

그 뒤 10여 년이 지났다. 당시 마을에는 도적이 들끓었는데, 동소지가 그만 터무니없이 도적 두목이란 죄명을 뒤집어쓰고 여항현 감옥에 갇혔다. 동소지는 불현듯 개미왕이 나타났던 꿈을 떠올렸다.

"어려운 일이 생기면 알려달라고 했지. 그런데 어떻게 그에게 알릴 수 있단 말인가?"

마음속으로 이리저리 궁리를 하던 차에 함께 갇혀 있던 자가 무슨 일인지 물어보자 동소지는 사실대로 알려주었다.

그 사람이 의견을 내놓았다.

"개미 두세 마리를 손바닥 위에 올려놓고 한번 말해보시오."

동소지는 그의 말대로 해보았다. 밤이 되자 과연 검은 옷을 입은 사람이 꿈에 나타났다.

"어서 여항산으로 도망치시오. 세상이 혼란하니 머지않아 사면령이 내려질 것이오."

동소지가 깨어났더니, 포박줄은 이미 개미가 갉아서 끊겨 있었다. 동소지는 곧바로 감옥에서 도망쳐 강을 건너 여항산으로 들어갔다. 얼마 뒤 사면령이 떨어져 동소지는 죄를 면했다.

개의 보은이 사람보다 낫구나

손권 때 이신순(李信純)은 양양군 기남현 사람이다. 이신순은 흑룡(黑龍)이라는 개를 기르고 있었다. 개를 너무나도 좋아한 나머지 항상 개를 데리고 다녔고, 먹고 마실 때조차도 개와 함께 나눠 먹었다.

어느 날 이신순이 밖에서 술을 너무 많이 마셔 집으로 돌아오지 못하고 들판 풀숲에서 잠들었다. 공교롭게도 사냥을 나왔던 태수 정하(鄭瑕)가 들판에 풀이 너무 무성하다며 사람을 시켜 불을 놓으라고 명했다. 남자가 잠든 곳은 때마침 바람이 부는 방향에 있었고 불은 빠른 속도로 번져갔다. 불을 본 개가 주둥이로 남자의 옷을 잡아끌었지만 남자는 미동도 하지 않았다.

남자가 잠든 곳에서 30여 걸음쯤 떨어진 거리에 실개천이 흐르고 있었다. 개는 개천으로 달려가 물속에 몸을 담갔다가는 쏜살같이 주인이 잠든 곳으로 달려와서 몸에 묻은 물기를 주변에 뿌려댔다. 그 덕에 남자는 큰 화를 면할 수 있었다. 그러나 그렇게 오가느라 지친 개는 결국 주인 곁에서 죽음을 맞았다.

얼마 후 깨어난 이신순은 자기 곁에 온몸이 젖은 채 죽어 있는 개를 발견하고는 기이하게 여겼다. 불에 그을린 주변 흔적을 확인한 남자는 그제야 연유를 깨닫고 통곡했다.

이 일은 태수의 귀에까지 전해졌다. 개를 가엽게 여긴 태수가 말했다.

"개의 보은이 사람보다 낫구나! 보은을 알지 못하는 인간이 어찌 개만 하다 할 수 있겠는가?"

태수는 관과 의복을 준비해 개를 묻어주도록 명했다. 지금도 기남현에는 십여 장 크기의 의견총(義犬塚)이 남아 있다.

주인 대신 뱀과 싸운 개

진나라 원제 태흥 연간, 오(吳) 지역에 사는 화륭(華隆)이 적미(的眉)라는 개를 기르고 있었다. 적미는 매우 빨리 달렸다. 남자는 어디에 가든 언제나 개를 데리고 다녔다.

어느 날 화륭이 강가로 나가 풀을 베다가 그만 큰 뱀을 만났다. 뱀은 화륭의 몸을 휘감았다. 곁에 있던 개가 사력을 다해 뱀을 물어뜯어 죽였다. 한편 몸이 뻣뻣하게 경직되어 땅바닥에 쓰러진 화륭은 의식을 잃었다. 개는 화륭의 주위를 맴돌며 울부짖고는 배로 달려갔다가 다시 풀숲으로 돌아오기를 반복했다.

화륭의 동료가 이를 기이하게 여겨 개를 따라갔다가 쓰러져 있는 화륭을 발견했다. 동료는 화륭을 둘러메고 집으로 돌아왔다. 그날부터 개는 화륭이 소생할 때까지 아무것도 먹지 않다가 화륭이 정신을 차리자 그제야 음식을 먹기 시작했다. 그 후로 화륭은 친지마냥 더욱더 개를 아끼고 사랑했다.

땅강아지에게 도움을 받다

여릉태수 방기(龐企)는 태원군 사람으로 자가 자급(子及)이다. 방기는 자신의 선조 가운데 몇 대 조상인지는 모르겠지만, 죽을죄를 지지도 않았는데 모진 고문을 못 이겨 억지 자백을 한 분이 계시다고 했다.

당시 사건이 상부에 보고될 무렵이었다. 땅강아지 한 마리가 남자 곁을 기어가고 있어 이렇게 말했다.

"네게 신통력이 있어 내가 죽음을 면할 수 있도록 도와줄 수 있다면 얼마나 좋겠니?"

남자는 자신이 먹던 밥을 땅강아지에게 던져주었다. 땅강아지는 밥을 다 받아먹고는 떠나갔다. 그런데 잠시 후 땅강아지가 다시 나타났다. 이상하게 몸집이 더 커져 있었다. 남자는 참 기이한 일이라고 생각하면서 다시 땅강아지에게 먹을 것을 던져주었다. 이렇게 오며 가며 수십 일이 지날 즈음 땅강아지 몸집은 작은 돼지만 해졌다.

남자의 사건에 대해 최종 판결이 내려져 사형 집행이 확정된 어느 날 저녁, 땅강아지가 나타나 감옥 벽을 파더니 커다란 구멍을 냈다. 남자는 쇠사슬을 풀고 땅강아지를 따라 감옥을 도망쳐 나왔다.

시간이 흘러 대사면이 이뤄지고 남자는 사형을 면하게 되었다. 그 후로 방씨 집안은 대대로 사시사철마다 종묘 밖 큰길 위에서 땅강아지신을 모시는 제를 지냈다. 후대에 이르러서는 별도로 음식을 장만하지는 않고, 조상을 모시는 제를 지낼 때마다 남은 음식으로 땅강아지신에게 제를 지냈다. 지금까지도 이렇게 하고 있다.

어미 원숭이와 새끼 원숭이

임천군 동홍현에 사는 사람이 산에 들어가 원숭이 새끼를 잡아 집으로 데리고 돌아왔다. 원숭이 어미가 새끼 뒤를 따라서 남자 집까지 쫓아왔다. 남자는 보란 듯이 원숭이 새끼를 마당에 있는 나무에 묶어두었다.

어미 원숭이는 아무 소리도 내뱉지 못한 채, 그저 남자를 향해 자신의 뺨을 때려 보이며 애걸했다. 그러나 남자는 원숭이 새끼를 풀어주기는커녕 오히려 그 자리에서 원숭이 새끼를 때려죽였다.

어미 원숭이는 애달프게 소리를 내지르며 껑충껑충 뛰다가 그 자리에서 죽어버렸다. 남자가 어미 배를 갈라 창자를 꺼내니 마디마디가 모두 끊어져 있었다.

이 일이 있고 반년도 못 가서 남자의 집에 역병이 돌더니 가족이 모두 죽고 말았다.

사슴을 잡고 자신도 죽다

풍승현 사람 우탕(虞蕩)이 밤중에 사냥을 나갔다가 큰 사슴을 발견하고는 화살을 쏘아 명중시켰다. 사슴이 말했다.

"우탕아, 네가 나를 쏘아 죽이는구나!"

다음 날 새벽, 잡은 사슴을 가지고 집으로 돌아온 우탕은 곧바로 죽고 말았다.

잠든 뱀을 쏘아 죽이다

오군 해염현 북쪽 향정(鄕亭)이라는 곳에 진갑(陳甲)이라는 선비가 살았다. 본래는 하비현 사람이었다. 진(晉)나라 원제(元帝) 때, 화정(華亭)에 기거하면서 동쪽 벌판에 있는 늪지로 사냥을 나갔다가 큰 뱀이 언덕에서 잠들어 있는 것을 발견했다. 길이가 육칠 장에, 생김새는 꼭 백 곡(斛)이나 실을 수 있는 큰 배 모양이었고, 오색찬란한 무늬를 띠고 있었다. 진갑은 즉시 활을 꺼내 잠든 뱀을 쏘아 죽이고는, 이 사실을 아무에게도 발설하지 않았다.

3년 뒤 진갑은 마을 사람과 함께 사냥을 나갔다. 일전에 큰 뱀을 보았던 곳에 이르자 함께 간 사람에게 자랑했다.

"예전에 내가 여기서 큰 뱀을 쏴죽였다네."

그날 밤 진갑이 꿈을 꾸었는데, 검은 옷에 검은 두건을 쓴 사람이 그의 집으로 와서 꾸짖었다.

"일전에 내가 술에 취해 정신을 잃고 있다가, 네놈이 쏜 화살에 맞아 죽었다. 그때는 내가 술에 취해 얼굴을 기억하지 못한 터라 3년이 지나서도 네놈인지를 몰랐는데, 오늘 네놈이 죽을 자리를 찾아왔구나."

진갑은 놀라서 잠에서 깨어났고, 다음 날 배가 아파서 죽고 말았다.

마을을 물에 잠기게 만든 뱀

공도현에 가난한 노파가 홀로 지내고 있었다. 그런데 밥 먹을 시간이 되면 머리에 뿔이 달린 작은 뱀이 침상 곁에 나타났다. 이를 본 노파는 뱀이 가여워 먹을 것을 나눠주곤 했다. 그렇게 작은 뱀은 점점 자라나서 어느덧 1장 길이가 되었다.

어느 날 그 뱀이 현령의 준마 한 필을 삼켜버리는 일이 벌어졌다. 분노한 현령이 노파에게 뱀을 당장 내놓으라고 명했다. 노파가 뱀이 침상 아래쪽에 있다고 하자, 현령은 곧장 사람을 시켜 바닥을 파도록 했다.

바닥을 파낼수록 뱀 굴은 점점 더 커져가는데 정작 그 안에는 아무것도 없었다. 현령은 화풀이를 하듯 노파를 죽여버렸다.

어느 날 큰 뱀이 사람의 몸을 빌려 현령 앞에 나타나 울부짖었다.

"어찌해서 내 어머니를 죽였소? 내 어머니를 위해 복수하고 말 테요."

이후로 매일 밤마다 천둥이 치고 바람이 불기를 40여 일이나 계속됐다. 그러던 어느 날, 마을 사람들은 서로를 쳐다보면서 모두 의아하다는 듯 물었다.

"어째서 자네는 물고기를 머리에 이고 있는가?"

그날 저녁 마을과 마을 주변 40리가 단번에 함몰되어 호수로 변하고 만 것이다. 그 지역 사람들은 이를 함호(陷湖)라 불렀다. 그러나 노파가 살던 집만은 무사해서 지금까지도 호수 위에 남아 있다. 어부들이 호수에서 물풀을 뜯거나 물고기를 잡을 때면 필히 그곳에 머물렀다 갔고, 풍랑이 일 때 노파의 집 옆에 배를 대어놓으면 풍랑이 잦아들어 위험을 피할 수 있었다. 바람이 고요하고 물결이 잔잔할 때는 물속에 잠긴 성벽과 누대가 선명하게 비쳤다.

그 지역 사람들은 호수의 물이 얕아질 때면 물속으로 들어가서 옛 건물의 목재를 건져왔다. 목질이 단단하고 광택이 나서 마치 옻칠을 해놓은 것 같았다. 지금도 좋은 일을 맞이하는 사람들은 그것으로 목침을 만들어 서로에게 선물로 준다.

등에 혹이 달린 여자

건업(建業)에 한 아낙이 살았다. 등에 몇 두(斗) 크기의 주머니만 한 혹이 달려 있었다. 그런데 그 속에는 누에고치만 한 굵기에 밤처럼 딱딱한 것들이 가득 들어 있어 걸을 때마다 서로 부딪히는 소리를 냈다.

여자는 장터에서 구걸을 하며 지냈다. 자기 말로는 본래 시골에서 동서들과 같이 양잠을 했다고 했다. 그런데 자신의 누에가 몇 년간 계속 축나자 몰래 손위 동서의 누에를 훔쳐 태워버렸다. 얼마 후 등에 부스럼이 났고, 점점 더 커져서 혹이 되었다고 했다. 옷으로 혹을 덮으면 숨 쉬기가 힘들어져 밖으로 내놓고 다녔다. 등은 주머니를 매단 것처럼 무거웠다.

수신기

1판 1쇄 인쇄 2016년 6월 17일 | 1판 1쇄 발행 2016년 6월 27일

지은이 간보 | **옮긴이** 임대근 서윤정 안영은
발행인 김재호 | **출판편집인 · 출판국장** 박태서 | **출판팀장** 이기숙

기획 · 편집 정홍재 | **디자인** 이슬기 | **교정** 정미선
마케팅 이정훈 · 정택구 · 박수진
펴낸곳 동아일보사 | **등록** 1968.11.9(1-75) | **주소** 서울시 서대문구 충정로 29(03737)
마케팅 02-361-1030~3 | **팩스** 02-361-0979 | **편집** 02-361-1035
홈페이지 http://books.donga.com | **인쇄** 중앙문화인쇄

저작권 ⓒ 2016 임대근 서윤정 안영은
편집저작권 ⓒ 2016 동아일보사

ISBN 979-11-87194-13-2 94100 | **값** 22,000원

이 도서의 국립중앙도서관 출판예정도서목록(CIP)은 서지정보유통지원시스템
홈페이지(http://seoji.nl.go.kr)와 국가자료공동목록시스템(http://www.nl.go.kr/kolisnet)에서
이용하실 수 있습니다.(CIP제어번호: CIP2016014622)